ZIBEN SHICHANG TUIDONG
ZHONGXIAOQIYE FAZHAN YANJIU

资本市场推动中小企业发展研究

——中泰化学案例分析

《资本市场推动中小企业发展研究》课题组 著

中国财政经济出版社

图书在版编目（CIP）数据

资本市场推动中小企业发展研究：中泰化学案例分析/《资本市场推动中小企业发展研究》课题组著.—北京：中国财政经济出版社，2013.12
ISBN 978-7-5095-4981-0

Ⅰ.①资… Ⅱ.①资… Ⅲ.①资本市场-影响-化学工业-工业企业-企业发展-研究-新疆 Ⅳ.①F426.7

中国版本图书馆CIP数据核字（2013）第288057号

责任编辑：樊清玉等　　　　责任校对：黄亚青
封面设计：耕　者

中国财政经济出版社 出版

URL：http：//www.cfeph.cn
E-mail：ckfz@cfeph.cn

社址：北京市海淀区阜成路甲28号　邮政编码：100142
营销中心电话：88190406　北京财经书店电话：64033436　84041336
北京富生印刷厂印刷　各地新华书店经销
787×960毫米　16开　20.25印张　330 000字
2013年12月第1版　2013年12月北京第1次印刷
印数：1-3 560　定价：43.00元
ISBN 978-7-5095-4981-0/F·4043
（图书出现印装问题，本社负责调换）
本社质量投诉电话：010-88190744
反盗版举报热线：88190492、88190446

《资本市场推动中小企业发展研究》

课题组人员名单

课题发起单位： 新疆证监局、新疆中泰化学股份有限公司、东方证券股份有限公司、东方花旗证券有限公司

课题组成员：

总负责人： 侯丽春（新疆证监局局长）
王洪欣（新疆中泰化学股份有限公司董事长）
潘鑫军（东方证券股份有限公司董事长）

总 策 划： 马 炜（新疆证监局副局长）
马 骥（东方花旗证券有限公司总裁）
马继东（新疆证监局副局长）
魏 峰（新疆证监局副局长）

总协调人： 董文敬（新疆证监局新业务处处长）
崔洪军（东方花旗证券有限公司副总裁）
范雪峰（新疆中泰化学股份有限公司董事会秘书）

编写人员名单（以姓氏笔画为序，排名不分先后）：

马 迪 马春艳 王 桃 王智雯 石 昕 孙树军
向贵英 李 仅 李书奇 邵 红 肖建峰 李 瑾
范雪峰 洪 洋 费 翔 赵 鹏 徐 国 高俊昌
席 睿 董文敬 董雅娟 鄢志强

序一

中国资本市场从诞生之日起，就肩负着国有企业改革和发展“助推器”的历史使命，承担着促进国有企业改革和发展的特殊职能。改革开放以来，新疆国有企业通过改制上市，兼并重组，依托资本市场转化为公众公司，利用从资本市场募集到的资本金，实施横向、纵向并购，延伸产业链，有效地提升了企业竞争实力，逐步形成了一批具有国际影响力的行业龙头。在这些企业中，中泰化学可以说是国有企业中充分利用资本市场做大做强的典型代表。

自2006年上市以来，中泰化学依托新疆资源优势，利用资本市场融资功能，先后完成5次融资，募集资金95亿元，推动了公司规模的扩张和产业链的完善，为公司长远可持续发展搭建了更广阔的平台。作为新疆化工行业实施企业重组的先行者，中泰化学借助资本市场，依托资本的力量，彻底改变了一个濒临破产的国有化工老厂的命运，成功实现了由单一化到多元化资本运营的华丽转身，成为氯碱行业乃至新疆区域内有重要影响力的骨干企业。

“以铜为镜，可以正衣冠；以古为镜，可以知兴替”。本书从个案着手，深入探讨中泰化学的成功模式，透析公司的成长轨迹，从不同的侧面展示了中泰化学借力新疆资本市场所取得的成就。对国有企业如何依靠资本运作，突破管理瓶颈，解决发展中的难题具有重要的现实指导意义。

党的十八大和十八届三中全会对我国经济社会发展改革工作提出了一系列重要战略部署，为加快全国资本市场的发展提供了难得的历史机遇。衷心希望中泰化学的成功案例能给更多的新疆企业，特别是新疆国有企业以启示和思考，借东风之势，乘风破浪，突破“体制藩篱”，向优势产业集中、向优势资源转化，走出一条与资本市场互动发展的全新道路。

侯丽春

2013 年 11 月于乌鲁木齐

序二

2004年秋天，我在参加上海工业博览会期间，结识了一位台湾工业界的友人，当他得知我们来自新疆，并且做氯碱化工时，我们之间的交流便更加融洽起来，他说你们的企业和台湾的台塑有不少相似的地方，做好了会很有前途，我去过新疆，那里资源太丰富了，你们会在不久的将来把事业做起来。

十年过去了，这位台湾友人的话似乎得到了应验，中泰化学的事业确实发生了不小的变化：主导产品聚氯乙烯树脂、离子膜烧碱的产能比十年前分别增长了11倍和8倍，150万吨聚氯乙烯树脂、110万吨离子膜烧碱的规模已经做到全国氯碱行业的前列；建成了120万千瓦的发电机组，台塑倡导的电力＋重化工的模式也建立了起来，各项事业都得到了长足的发展。中国石油和化学工业联合会李勇武会长前些年到新疆，听说这里还有了一个大氯碱企业，一定要实地看看，看后很是惊奇："原来没有听说呀，真是天上掉下个林妹妹！"

实话实说，这十年，中泰化学的发展是比较快的，经济增速达到年均40%，被有的人称之为"中泰现象"加以研究。研究归研究，回过头去看，40%这个数字不是轻而易举写出来的，它来得非常不容易，中泰人为之付出了难以想象的心血和汗水。不少人对我说你们成功了，我说我们的成功只是初步的；也有不少人要我说说成功的秘诀，我说谈不上什么秘诀，就是资源加资本，实干加苦干。

十多年前，我们发展的并不快，为什么呢，中泰化学要取得规模和成本优势，光有资源还不够，光有自有资金也不行，大的发展、快的发展需要强大的资金支持。2006 年我们在深交所上市，资本市场给我们提供了难得的发展平台，在良好的业绩和规范运作的支撑下，中泰化学的上市和再融资十分成功，不仅融资次数多，而且募集资金额较大，加之新疆有丰厚的煤、盐、石灰石等化工矿产资源可依托，使我们在不到 10 年的时间里相继完成了米东、阜康、大黄山三大工业园建设，而且其他项目还在建设中。没有资本市场的资金支持，资源发挥不出最大的效能，中泰化学也不会有今天的发展，资本和资源的成功结合，是中泰化学快速发展最重要的途径。

另一个主要方面是实干加苦干。做企业就要实实在在，不能只动口不动手，要在实干上下功夫才行。中央新疆工作座谈会以来的三年，也是中泰化学发展最快的三年，我们抓住国家对新疆实行差别化产业政策的大机遇，以占领行业规模的制高点为目标，在甘泉堡、大黄山两大工业园里，完成了总投资 150 个亿，包括年产 80 万吨聚氯乙烯、60 万吨离子膜烧碱、100 万吨电石、90 万千瓦发电机组等项目建设。为此，全体项目建设者夜以继日、加班加点，放弃了几乎全部节假日，冬季冒严寒，夏季顶酷暑，“吃三睡五干十六”，一天当两天、三天地干，常常二三个月也回不了一次家。在全体员工的共同努力下，项目一二期分别在 2012 年 9 月、11 月建成投产，比正常施工期提前近两年。自治区领导评价这两座现代化工业园区的建设是“新疆建设史上的大手笔”。国内氯碱专家说：“现代化、大型化的氯碱化工工业园在这么短的时间内拔地而起，令人震撼！”提供技术装备支持的外国专家说：“这样的一流企业只有在欧洲才能见到。”中泰化学的实践证明，光说不干，不会出成果，只有少说多干才能推进事业发展。

实践证明，是资本市场直接促进了中泰化学平稳而又快速地发展，在中泰化学成功上市后，呈现出经营业绩不断提升，市场地位逐步提高，内部管理日趋改善，上下游一体化产业链稳固建立的良好局面。在这当中，作为公司的董事长，尤为感到欣慰的是，公司的高管人员勤勉尽责，员工队伍勤劳朴实，社会各界和上下游合作伙伴对我们非常支持。中泰化学未来的发展，还要依托资本市场多元化融资平台获取资金支持。我们坚信，只有努力，才能改变；只要努力，就能改变。作为新疆自治区本土培养起来的企业，为新疆的跨越式发展和长治久安两大历史任务的实现多做些贡献。

王洪欣

2013 年初冬于乌鲁木齐

序三

我国资本市场的建立和发展，有力推动了我国社会主义市场经济体制的建立和企业改革与经营机制的转换，成长起了一批作为中国公司群体优秀代表的上市公司。经过20多年的发展，和全国一样，资本市场已经成为新疆经济发展体系的重要组成部分，在产业结构调整、发展方式转变、推进新疆跨越式发展和长治久安等方面发挥了非常重要的作用。在新疆区域经济发展中，中泰化学等上市公司充分发挥了示范效应，带动了更多企业规范运作，资本市场已经成为落实新疆优势资源转换战略的重要途径。在新疆证监局的组织领导下，本书以中泰化学为典型案例，研究新疆资本市场在推动中小企业发展中的促进作用和重要意义，具有重大的理论和实践价值。

新疆中泰化学股份有限公司（股票简称：中泰化学，股票代码：002092）是新疆资本市场培育的典型上市公司。中泰化学前身新疆氯碱厂是地处西部新疆边陲的一家濒临倒闭的小厂，没有资金、没有技术、没有市场，不具备任何先天发展条件。然而2006年成功上市后，在资本市场的推动下，中泰化学充分依托新疆的资源优势，充分利用西部大开发的机遇和政策，以氯碱化工为主体，采用“整体规划、分步实施”方式，建设盐、煤、电、化一体的产业群，形成主业突出、上下游产业链紧密结合的效益型结构，成为可持续发展的现代化环保型氯碱化工企业，实现了资源和资本的有力结合。中泰化学坚持以先进技术改造传统产业，生产规模不断扩大，目前公司具有年产150万吨聚氯乙烯树脂、110万吨离子膜烧碱的生产规模，位居全国氯碱行业前列，迅速成长为新疆资本市场和我国氯碱行业的龙头企业。

自2006年上市之后，中泰化学通过首发、增发、公司债等方式，先后在资本市场进行了5次融资，融资规模高达95亿元，融资规模和融资次数都位居新疆上市公司前列。公司将上市及再融资募集资金全部用于主业的发展，历次募集资金均投向发展前景良好、产业升级、效益显著的募集资金投资项目。通过上述募集资金投资项目的实施，公司引进、消化、吸收了离子膜烧碱生产技术和大型PVC聚合装置，建设了装置规模最大、技术最先进、自动化程度最高、环境一流的氯碱化工基地，形成了规模优势显著的“煤炭—电力—电石—PVC”完整的一体化产业链，为公司长远可持续发展打下了坚实的基础。通过资本市场融资，中泰化学的资产规模迅速扩张，资本结构持续优化，抗风险能力明显提高，生产管理和营销能力得到显著增强。

因此，中泰化学是新疆资本市场推动当地中小企业发展的典型案例。本书通过中泰化学案例的研究，对新疆资本市场推动中泰化学发展的经验和成果进行系统的研究；探索资本市场推动新疆中小企业发展的一般规律，系统地考察资本市场在新疆中小企业的选拔、培育、改制、上市、融资、发展、公司治理、规范运作等方面所起到的推动作用，为资本市场更好地促进新疆经济的跨越发展提供相关理论支持。通过中泰化学成功案例的研究，还可以为新疆中小企业利用资本市场实现做大做强提供示范效应，鼓励新疆地区更多的中小企业通过资本市场做大做强。中泰化学的成功经验表明，在资本市场的推动下，新疆的企业完全可以在全国乃至全球的竞争中胜出。

2010年5月的中央新疆工作座谈会指出，新疆的发展和稳定关系到全国发展稳定的大局，全党全国必须充分认识做好新疆工作对党和国家工作全局的重大意义，切实做好新形势下新疆工作，把新疆经济社会发展搞上去，把新疆长治久安工作搞扎实，推进新疆跨越式发展和长治久安，不断开创新疆工作新局面。资本市场支持新疆跨越式发展，是贯彻落实中央精神，服务国民经济平稳健康增长，培育现代市场机制的一项重要工作。

东方证券、东方花旗证券积极响应中央和自治区政府的号召，为进一步做大做强新疆资本市场、支持新疆经济发展和社会稳定，加大了为新疆企业提供投资银行服务的力度和深度。未来东方证券、东方花旗证券将继续深入理解新疆企业的特点和需求，加强对新疆市场的开发与服务，积极协助新疆企业通过资本市场落实新疆优势资源转换战略，在适当时机走出去，利用资本市场优势为新疆经济发展作出贡献，以便更好地促进新疆的经济发展和社会稳定。

潘鑫军

2013 年 11 月于上海

前　言

一、课题研究背景

在过去的20年时间里，我国资本市场从无到有，从小到大，从区域到全国，得到了迅速的发展，在很多方面走过了一些成熟资本市场几十年甚至上百年的道路。我国资本市场在迅速发展的同时也为我国企业的做大、做强，引领企业制度改革，提高企业经营管理水平，推动企业自主创新作出了巨大贡献。在这20年的发展过程中，新疆维吾尔自治区政府、新疆证监局也积极引导新疆企业成为资本市场参与者，培育了一大批优秀的上市公司，为新疆维吾尔自治区的经济发展、社会稳定作出了巨大贡献。

新疆中泰化学股份有限公司（以下简称“中泰化学”）即新疆境内企业中充分利用资本市场做大做强的典型代表。从一个濒临破产的国有化工老厂，成长为目前国内PVC和烧碱产业的领军企业，资本市场在其发展过程作出的贡献是不可忽视的。仔细分析和研究资本市场对中泰化学发展的推动效应，不仅可以为政府在制定各项引导政策上提供理论支持，而且可以为其他企业提供示范，鼓励更多的企业借助资本市场平台实现跨越式发展。

经过近40年的发展，到1998年时，成立于1958年的新疆烧碱厂，成为新疆地区氯碱龙头企业，其生产能力和生产技术水平不断提高，并实现了从1983年至1995年的连续13年盈利。但由于该厂负债过高，利息负担较重，加之当时氯碱产品市场低迷，从1996年起该厂开始出现亏损。截至1999年底，负债率超过100%，所欠银行贷款利息已达约1亿元，走到了破产边缘。

在新疆烧碱厂陷入困境的时候，王洪欣——一个率性耿直的山东汉子——临危受命，凭着一腔热血，克服了难以想象的困难，在原新疆烧碱厂资产的基础上，联合乌鲁木齐环鹏有限公司、新疆自治区技改投公司等四家单位，共同发起设立了新疆中泰化学股份有限公司。

从 2001 年的 5 万吨/年离子膜烧碱、5 万吨/年聚氯乙烯的生产规模起步，中泰化学人以常人所不具备的勇气和魄力，紧紧抓住资源和资本两种优势，通过首发上市、股权增发、公司债券等多种方式，累计筹集资金近百亿元，使企业在十年间形成了 150 万吨/年聚氯乙烯、110 万吨/年离子膜烧碱、98 万吨/年电石、100 万吨/年原盐的生产能力，配套 120 万千瓦发电机组，生产规模跃居全国氯碱行业第一位。在企业规模迅速扩张的同时，企业营业收入、盈利能力也获得了巨大提升，至 2012 年末，中泰化学总资产达 219.25 亿元，净资产达 71.83 亿元，净利润达 2.78 亿元。

十年间，中泰化学“脱胎换骨”、“凤凰涅磐”、“展翅高飞”，靠的是对大势的准确把握和对小事的认真细致。在新疆这样一个经济欠发达地区，能够准确把握市场机会，成功完成资源转化的企业，中泰化学不是唯一的一家，但却是具有典型意义的一家：国有企业脱困盈利、资本市场助力发展、资源整合占得先机、企业文化有声有色。

而在这个过程中，广大通过资本市场来关注中泰化学的投资人无疑给予了它无穷的力量。因此，从资本市场的角度，通过对其多次资本运作的研究，结合其产业发展特点、宏观经济环境和企业发展战略，深入剖析中泰化学发展的特点，能够给现代企业发展，特别是现代国有企业发展提供有益的帮助。

二、课题研究意义

目前国内对于“企业发展与资本市场关系”的研究，要么建立于理论研究之上，要么基于大样本形态下的一些描述性分析之上，研究结果相对空洞，阅读者的直观印象不强。由新疆证监局、东方证券、东方花旗证券、中泰化学共同主导的“中泰化学典型案例研究”将改变这一局面。课题组将对中泰化学在 IPO 及后续的资本运作所带来的各种效应以纵向对比、横向对比、区域对比、同行业对比等直观的数字形式表现出来，并且将对于各项融资背后的原因进行细致分析，让阅读者充分理解资本市场与企业发展是一个相互促进，共同繁荣的关系。

三、研究内容和结论

本研究主要围绕资本市场对中泰化学的贡献这一主线展开，具体包括四部分。第一章“中泰化学的故事”主要对中泰化学进行一个整体性介绍，从企业的发展历程到企业管理者的发展历程，再到企业的上级主管部门、竞争对手、客户、供应商对中泰化学的评价等方面来描述中泰化学目前取得的成就。第二章“资本市场，不仅仅是融资”主要是分析资本市场对中泰化学上市近 7 年来在发展战略、公司治理、企业文化、品牌知名度、人才战略方面带来的变化。第三章“资本市场，实现多元化融资的平台”为本次研究的重点。在该部分主要侧重于从融资角度分析资本市场融资对企业带来的翻天覆地的变化。在该部分更多地采用对比分析的方式，以定性和定量的方法结合印证分析结论。第四章“资本市场铸造企业价值”，对整个研究进行了简单的总结，从巨额的资金来源推动企业的发展，良好的市场监督促进企业治理的改善，公开的信息披露促进企业品牌建设以及资本市场开拓企业未来发展之路四个角度来分析资本市场是如何帮助提升企业的价值。

四、借鉴意义

本研究对中泰化学整体发展过程进行了梳理，讲述了国内外化工行业的整体特征、发展状况以及重要化工企业发展状况，并分析了中泰化学在化工行业所处地位的情况。在此基础上对资本市场在中泰化学发展过程中对其品牌、公司治理和资金发挥的积极作用进行了集中分析，总结了资本市场在公司发展过程中起到的重要作用。综上，本研究能够为同行业其他公司、资本市场监管部门以及投资者提供相应的借鉴参考。

（一）对同行业其他公司的借鉴意义

1. 充分利用资本市场

较国外而言，中国贷款利率相对较高，且对企业的贷款门槛较高，审核严格，因此，通过银行贷款融资进行大规模扩张在中国市场环境下成本较高且持续性不高。从 20 世纪 70 年代末期中国资本市场开始萌生到今天，我国资本市场走过了发达国家百余年的历程，迅速发展成为全球规模最大的新兴资本市场。截至 2012 年 12 月 31 日，我国资本市场已有境内上市公司近 2 500 家。庞大的资本市场给上市公司融资提供了广阔的平台，主板、创业板、中小板以及新三板市场等股权融资平台的存在，银行间债券交易平台的逐渐完善，融资融券等新型证券业务的出现都丰富了公司的融资渠道。资本市场成为公司发展不折不扣的资金宝库。只有进入资本市场并充分利用资本市场提供的资金支持，企业才能够拥有长久的发展能力和持久的竞争力。

2. 丰富融资渠道，协调融资方法的使用

资本市场为上市公司提供了包括股权形式和债权形式这两大类多种融资渠道，上市公司能够根据自己的需要选择不同融资渠道进行资金融通。上市公司在融资过程中，选取多种融资渠道进行融资，丰富自身融资方式，将有利于分散融资风险、调整资本结构。股权融资和债权融资对调节公司资本结构有着正好相反的作用，因此，股权融资和债权融资渠道的交替或混合使用有利于调节公司资本结构、延长公司融资生命周期。在恰当的时点选取正确的融资方式，也有助于公司融得更多的资金，为下一次融资打下基础。融资渠道的多样化和融资方式的正确选择是提升公司融资能力、延长上市公司融资生命周期的关键所在。

3. 集群式发展，加强产业链建设

化工制造型企业，处于产业链的中端，对上下游产业链重要环节的把控将成为公司建立竞争优势的关键。中泰化学掌握了上游原材料，基本实现了重要原材料自给自足；开拓并健全了下游销售环节，实现了产销合一；扩张了产业链，以原材料为基础增加副产品的生产销售。这一系列举措降低了公司原材料成本和销售成本，建立了成本竞争优势；提高了公司资源利用率；增强了公司抵御原材料及销售等市场风险的能力。同时因为公司产销共同发展，有利于公司提高市场占有率。作为产业链中端的制造型企业，集群式发展及产业链的完善是公司在激烈竞争形势下生存的关键。

4. 建立完善治理结构

资本市场制度对公司内部控制的监管越来越严格，我国在 2006 年出台了公司内部控制披露要求。在 IPO 及股权增发审核方面，对公司内部控制情况要求也很高。因此，公司内部治理结构的完善不仅有助于公司自身经营效率和决策有用性的提高，也有助于公司在资本市场融资，对于公司在资本市场生存至关重要。

5. 加强品牌推广与文化建设

品牌是公司的外表，文化是公司的内在气质，只有内外兼修公司才能拥有良好的公众形象、较强的社会影响力。伴随公司上市与利益相关者的增多，关注公司品牌和文化建设的群体也在壮大。根据五力模型，利益相关者的行为将直接影响公司的发展，因此，具有号召力的公司文化有利于凝聚利益相关者，良好的品牌形象有利于增强利益相关者对公司的认同感，而利益相关者的积极作用也会帮助公司良性发展。

（二）对资本市场监管部门的借鉴意义

1. 扩大资本市场容量，拓宽融资平台

虽然现在中国资本市场上市公司数量已经非常庞大，但是就中国现实情况看，仍然有大多数公司没有充分进入资本市场，融资环境依然严峻，东部沿海地区的“地下钱庄”、“民间借贷”的出现已经反映出绝大多数非上市公司的融资难问题。因此，进一步扩大资本市场容量、拓宽融资平台，吸纳更多的公司进入资本市场融资是当前资本市场监管部门需要解决的问题。

2. 完善资本市场管理制度，丰富资本市场融资渠道

强有力的监管是保证资本市场健康运作的关键，也是促进公司良性发展的催化剂。完善的资本市场监管制度有助于降低投资者投资风险，提升投资者信心，扩大资本市场有效资金容量；能够规范公司行为、强化公司管理、增强公司社会责任意识。丰富的融资渠道是保障上市公司融资的关键之一，更多的融资渠道选择有助于解决上市公司由于融资形式单一造成的公司资本结构的过分偏离，通过融资调节公司资本结构。更多的融资渠道为上市公司提供了更多的融资选择，也扩大了上市公司融资的空间，隐性地增强了上市公司的融资能力。

（三）对其他利益相关者的借鉴意义

1. 上游供应商参股下游客户，提高协同性

中泰化学第二大股东乌鲁木齐环鹏有限公司是公司上游重要的原材料供应商。供应商作为重要股东有利于在采购以及原材料供应决策上进行更

多的协调，增强供应商与生产企业的共同利益，提高公司之间的协同效应。中泰化学在生产成本上的重大优势原因之一是乌鲁木齐环鹏有限公司作为公司重要股东，而中泰化学的发展也促进了乌鲁木齐环鹏有限公司的快速发展，股权持有形式构成的公司间的协同关系能够帮助两家公司快速发展。上游供应商或产业链其他环节的参股，与并购相关环节公司的行为相似，有助于降低公司上下游的经营风险，提升公司整体协同性。

2. 下游客户寻求有发展潜力的合作伙伴，共同发展

在中泰化学的众多客户中，上市公司客户占有较大的比重。中泰化学与他们的合作具有良好的协同效应，下游客户庞大的需求是公司发展的重要助推剂，而公司的产能和良好的产品品质也是下游客户的重要保障，这种上市公司间的强强联合对彼此的发展都具有重要的意义。

目 录

第一章

中泰化学的故事

一、中泰化学简介

（一）中泰化学现状及发展

2001 年 12 月中泰化学以发起方式在新疆乌鲁木齐市设立，2006 年 12 月 8 日公司在深圳证券交易所上市。

中泰化学是新疆维吾尔自治区重点支持的优势资源转换企业，属自治区国资委控股的上市公司。主要从事聚氯乙烯树脂（PVC）、离子膜烧碱、工业盐酸、液氯、次氯酸钠、工业盐、电石、焦炭等化工产品的生产和销售。公司的产品广泛用于石油、化工、轻工、纺织、建材、国防等 20 余个大行业。产品主要供应西北、华东、华南和华中地区，向西出口俄罗斯、哈萨克斯坦、乌兹别克斯坦以及巴基斯坦、印度、越南等中亚、南亚地区，并远销南美洲和非洲。

自 2001 年 12 月设立以来，中泰化学连续 10 多年保持年均 40% 以上的收入增长速度，截至 2013 年，生产能力已达到年产 150 万吨聚氯乙烯树

脂、110 万吨烧碱，跻身全国氯碱行业首位。公司自 2006 年 12 月公司在深交所上市至 2013 年，近七年的时间五次通过资本市场募集权益资本 70 多亿元、债务资金 26 亿元，实现了资本与资源的有机结合。2012 年底，公司总资产近 220 亿元，总股本达到 115 434 万股，员工人数近万人。中泰化学工艺技术先进，离子膜烧碱生产采用目前世界最先进的高电流密度零极距自然循环电解槽，聚氯乙烯树脂生产采用国产 $108m^3$ 大型聚合釜，控制系统采用全套 DCS 控制，具有国内领先水平。

中泰化学被自治区人民政府列为重点支持的 30 家最具成长型企业，先后被授予乌鲁木齐市经济发展“突出贡献企业”、“纳税突出贡献企业”、自治区“文明单位”，2004 年荣获“西部大开发新疆最佳优秀企业”、“新疆自治区循环经济试点单位”、自治区“两化”融合示范先进集体、“乌鲁木齐市大气污染治理先进单位”、“中国化工企业 500 强”、“中国化工最具成长性企业”，2010 年荣获“中国石油与化学工业知名品牌产品”，2011 年荣获中国上市公司十佳公司责任奖，入选“央视财经 50 指数”，2012 年荣获国务院“全国就业先进企业”、“中国制造业 500 强”荣誉称号。

依托于稳固的上游供应，公司坚持以先进技术改造传统产业，连续七年保持了 40% 以上的增速，生产规模不断扩大，经营业绩水平将不断提升。公司为自治区循环经济试点单位，已基本形成了煤、电、化工、节能减排四位一体的循环经济产业链，生产装置工艺技术具世界先进水平。生产过程中产生的电石废渣循环用于制水泥熟料，废水采用国内先进的膜法、生化法清洁生产技术处理后回用和绿化，实现了资源循环、综合利用。

在此基础上，公司进行了有效的管理创新和机制创新，在生产系统实现了全程的计算机控制，并在财务、销售、质量等系统实施 ERP 项目管理，实现管理流程的快捷高效，使公司的管理水平在全国同行业中处于领先地位。公司的快速发展得益于公司不断创新的现代企业管理制度和高素质的人才队伍。公司的法人结构完善，董事会保持着富有成效的沟通决策机制。公司拥有熟悉氯碱行业生产经营特点的高级管理人员、掌握先进技术并运用于生产实践的核心技术人员、熟悉市场的专业营销人员，以及技术熟练、操作规范的一线员工和形成了公司特有的人才梯队，为公司的发展奠定了坚实的基础。

在确立了资源优势和成本优势的同时，公司不断加大技术改造的投入，采用国内外领先的工艺技术和装置，确立了行业领先的技术装备优势。公司的烧碱生产采用离子交换膜法最新工艺技术，关键装置采用目前世界最先进的高电流密度零极距自然循环电解槽；聚氯乙烯树脂生产采用具有国内领先水平的 $108m^3$ 大型聚合釜，生产系统为 DCS 全程自动化控制，使产品质量得到了保证。公司按照国家化工行业的安全生产标准，建立健全了以安全生产责任制为核心的各项安全生产管理制度，建立了“一个中心、三级管理、四级监督”安全管理体系，同时不断加大安全生产方面的投入，采用先进、成熟、可靠的工艺和设备，加强对现有设备和安全设备的维护保养，实现了长周期安全稳定的运行。公司在保证安全生产的同时还切实加强环境保护工作，并根据公司的自身特点逐步建立起可持续的循环经济的发展模式。生产过程中的废水、废渣、废气全部得到有效处置和综合利用，促进了循环经济的发展。公司通过了 ISO9001：2000 国际质量体系认证，青峰牌聚氯乙烯树脂、离子膜烧碱为“新疆名牌”产品。公司紧紧抓住地处亚洲中心腹地的地缘优势，不断扩大品牌影响力，挺进东部，跻身中亚。目前，公司生产的离子膜烧碱和聚氯乙烯产品除供应本地市场外，大部分销往东部地区，并出口中亚、东南亚、俄罗斯及非洲等国家，呈现强大的市场冲击力和广阔的发展前景。

（二）中泰化学工业园建设

2009 年 6 月 26 日，投资超过 6 亿元的中泰化学化工园项目于乌鲁木齐甘泉堡工业园开工建设，这也是甘泉堡工业园招商引资工作掀起的一个高潮。

按照中共中央政治局委员、新疆维吾尔自治区党委书记张春贤在 2010 年对中泰化学提出的占领行业制高点的指示精神，中泰化学“两步并作一步走”，于 2011 年在阜康投资 150 多亿元，启动建设阜康工业园和大黄山工业园。这两大园区包括 80 万吨/年聚氯乙烯树脂、60 万吨/年离子膜烧碱、90 万千瓦发电机组、100 万吨/年电石循环经济项目。其中，中泰化学阜康工业园一期年产 40 万吨聚氯乙烯树脂、30 万吨烧碱项目已经于 2012 年 9 月 22 日投运，阜康工业园二期项目 40 万吨/年聚氯乙烯树脂、30 万吨/年离子膜烧碱及配套热电联产循环经济项目也于 2011 年 1 月 2 日投运。通常情况下，建成这样的工业园区需要两年至两年半时间，但中泰化学只用了一年半的时间就完成建设，两大工业园项目建设进度都

比原计划工期提前了一年以上。阜康工业园项目均采用国内外领先的工艺技术和装置，其中离子膜烧碱生产采用目前世界上最先进的日本高电流密度零极距自然循环电解槽；电厂采用国内先进的空冷装置和脱硫、脱硝技术；氯气输送采用德国先进技术，较以往的干燥输送方式节电50%；废水处理采用世界上最先进的生化、物化、膜法处理技术，污水回用率80%。该工业园还投资上亿元率先在全国建设防渗工程，园区内16万棵树、150万平方米绿地和近2 000亩红柳主体生态园可使园区年二氧化碳减排量达5 800吨。两大工业园项目建成后，可新增年销售收入超100亿元，能解决6 000多人的社会就业。中泰化学两个工业园区的建设，对于引领整个行业向大型化、规模化、集约化方向发展将起到积极作用。

中泰化学以科技为支撑，以“富民、兴疆、强国”为使命，立足现有基础，依托优势资源，采用新的政策，整合建设中泰化学阜康工业园、库尔勒工业园、大黄山工业园、奇台工业园、乌鲁木齐经济技术开发区工业园、托克逊工业园和米东区中泰化学工业园七大工业园区，同时，中泰化学也在深入实施优势资源转换战略、发展循环经济、带动上下游产业发展和解决社会就业等方面发挥更重要的作用，为新疆经济的跨越式发展和社会的长治久安作出重大贡献。

（三）中泰化学的环保建设

中泰化学近几年积极响应国家极力倡导节能环保的号召，再加上构建中泰化学良心的企业、放心的企业的社会形象，公司在安全环保问题上作出了突出贡献。

在安全方面，中泰化学定期召开安全环保会议。2009年，中泰化学在召开的安全环保工作会议中签订安全环保责任书，从此确立了抓好中泰化学股份公司安全环保工作责任的基石，要求各部门严格按照股份公司安全环保责任书要求，细化和落实安全环保重点工作，坚定信心，求实创新，将各项措施落到实处。要突出重点，狠抓落实，标本兼治，严格落实安全生产责任制，健全安全监管体系，完善对各类事故的预报、预警、预防和应急救援机制，深入开展安全生产专项整治，扎实做好基层和基础工作。要加强领导，深入开展“安全生产年”活动，突出落实安全生产责任制、深化安全专项整治、加强隐患排查治理工作，夯实安全基础，提高安全生产意识和安全防范能力，实现股份公司又好又快的发展。

在节能环保方面，中泰化学同德国合作的工业资源能源效率与废物资源化研究示范基地正在建设之中。这是自治区环保厅和德国海德堡大学开展“干旱区特大城市资源高效利用研究”项目内容之一。该项目把乌鲁木齐市列为中亚示范城市项目，其中中泰化学又被选为研究企业，全面开展能效与环境管理示范研究。在该项目的建设中筛选出了一批节能、环保领域急需解决的难题，同海德堡大学开展全面合作，充分利用他们的成熟技术和解决方案，建立低投入、低消耗、低排放、高产出、高回报，废物回收利用的循环经济型生产方式，借此将把中泰化学建成资源节约型、环境友好型企业。公司将采用世界先进工艺技术、大型化生产装置与集约化控制系统，全力建设七大工业园项目，争取到2015年将中泰化学打造成规模居世界前列的能源化工企业集团。

同时，中泰化学坚持绿色洁净生产，高度重视资源能源效率和废物资源化，采用先进技术积极推行清洁生产，努力实现废物资源化。如建立了废渣、废水、废气循环利用网络，与天山水泥建设了以电石渣为原料的年产160万吨的新型干法水泥熟料生产线，形成了资源—产品—废弃物—再资源化的循环经济产业链。并且，公司于2009年通过了自治区环保厅清洁生产审核批复。同年底被自治区确定为“工业循环经济示范单位”，被国家工信部列为自治区首批资源节约型、环境友好型试点企业。

二、中泰化学发展简史

中泰化学的前身是始建于1958年的新疆烧碱厂，初创时是原新疆八一农学院的校办工厂，是新中国最早的氯碱企业之一，历史上生产过很多氯产品，包括农药、次氯酸等，但是因新疆市场太小，先后放弃。1962年命名为“新疆烧碱厂”，1963年3月建成投产，1995年更名为“新疆氯碱厂”。经过40多年的积累和发展，原新疆氯碱厂逐步成为自治区规模最大的氯碱生产企业，生产能力和生产技术不断提高，并实现了从1983年至1995年的连续13年盈利。由于该厂于1995年投产的氯碱技改工程全部为贷款建设，企业负债过高，利息负担较重，加之当时氯碱产品市场低迷，因此，从1996年起该厂开始出现亏损。截至1999年底，该厂所欠银行借款利息已达约1亿元。

2000 年，在中国人民银行总行、中国工商银行总行、原国家经贸委、自治区人民政府、自治区经贸委、工商银行自治区分行、原自治区化工厅的协调下，全国兼并破产和职工再就业工作领导小组以［2000］28 号文件将新疆化工（集团）有限责任公司“以承债方式兼并新疆氯碱厂”列入 2000 年第二批全国企业兼并破产项目。通过兼并，原新疆氯碱厂的全部资产、负债及相关人员由新疆化工（集团）有限责任公司承接。2000 年 11 月新疆化工（集团）有限责任公司与中国工商银行自治区分行乌鲁木齐市经二路支行签订了《债权、债务转移协议书》，承接了新疆氯碱厂的全部银行贷款，所欠利息根据国家有关政策全部核销，本金 23 290 万元在 7 年内免息逐步偿还。

2000 年 11 月，新疆化工（集团）有限责任公司注销原新疆氯碱厂的法人资格，原新疆氯碱厂成为新疆化工（集团）有限责任公司的独立核算附属单位。

2001 年，由新疆化工（集团）有限责任公司、乌鲁木齐环鹏有限公司、新疆维吾尔自治区技术改造投资公司、新疆准噶尔生态工程股份有限公司、新疆盐湖制盐有限责任公司等五家法人股东经自治区人民政府新政函［2001］166 号文批准，共同发起设立新疆中泰化学股份有限公司，公司注册资本为 6 000 万元，新疆化工（集团）有限责任公司、乌鲁木齐环鹏有限公司、新疆维吾尔自治区技术改造投资公司、新疆准噶尔生态工程股份有限公司、新疆盐湖制盐有限责任公司分别持有中泰化学 4 195 万股、1 050 万股、595 万股、95 万股、65 万股股份，持股比例分别为 69.92%、17.50%、9.92%、1.58%、1.08%。

2003 年 6 月 28 日，经新疆维吾尔自治区人民政府以新政函［2003］104 号文批准，中泰化学以每股 1.20 元的价格增发 7 600 万股新股，新疆化工（集团）有限责任公司以中泰化学租赁使用的房屋建筑物、构筑物及配套设施等实物资产按照评估价值 65 048 147 元投入，其中 14 940 000 元作为出资认购 1 245 万股，其余 50 108 147 元作为中泰化学对新疆化工（集团）有限责任公司的长期负债；乌鲁木齐环鹏有限公司、新疆维吾尔自治区技术改造投资公司、乌鲁木齐国有资产经营有限公司、三联集团和新疆三河石油燃料有限公司分别以现金 1 740 万元、606 万元、1 200 万元、3 000 万元、1 080 万元作为出资，认购 1 450 万股、505 万股、1 000 万股、2 500 万股和 900 万股。新疆维吾尔自治区国有资产管理局以新国资调

［2003］42 号文批准了中泰化学的国有股权管理方案。

2005 年 10 月 8 日，经国务院国资委以《关于新疆化工（集团）有限责任公司股权划转有关问题的批复》（国资产权［2005］1317 号）文批准，新疆化工（集团）有限责任公司划归中国化工，中国化工随后将新疆化工（集团）有限责任公司划入其全资子公司中国化工新材料总公司管理。本次划转完成后，新疆化工（集团）有限责任公司由新疆国资委全资企业转变为国务院国资委直属企业中国化工控制的企业，中泰化学实际控制人法人主体由新疆化工（集团）有限责任公司变更为中国化工。

2006 年 11 月 15 日，经中国证监会以证监发行字［2006］124 号文核准，中泰化学以每股 6.60 元的发行价格于 2006 年 11 月 24 日公开发行了 10 000 万股人民币普通股。经深圳证券交易所深证上［2006］144 号文批准，中泰化学 8 000 万社会公众股股份于 2006 年 12 月 8 日在深圳证券交易所挂牌上市，其余 2 000 万股网下配售股份于 2007 年 3 月 8 日开始上市流通，股票简称“中泰化学”，股票代码 002092。

2009 年 8 月 28 日，经国务院国资委以《关于新疆化工（集团）有限责任公司等 3 户企业国有股无偿划转有关问题的批复》（国资产权［2009］814 号）文批准，中国化工橡胶总公司持有的中泰化学 81 600 000 股国有股权，占中泰化学总股本的 15.20%，无偿划转至新疆国资委持有；中国昊华化工（集团）总公司持有的新疆化工（集团）有限责任公司的国有资产划转至新疆国资委管理。

2011 年 10 月 11 日，经国务院国资委以《关于新疆中泰化学（集团）股份有限公司国有股东所持股份无偿划转有关问题的批复》（国资产权［2011］1184 号）文批准，新疆国资委持有的中泰化学 128 958 765 股（占中泰化学总股本的 11.17%）、新疆化工（集团）有限责任公司持有的中泰化学 36 736 256 股（占中泰化学总股本的 3.18%）无偿划转给新投集团持有。

2012 年 11 月 6 日，经国务院国资委以《关于新疆中泰化学股份有限公司国有股东所持股份无偿划转有关问题的批复》（国资产权［2012］1045 号）文批准，新投集团持有的中泰化学 193 011 621 股（占中泰化学总股本的 16.72%）无偿划转给中泰集团持有。

三、中泰化学的主要产品

（一）主营业务介绍

1. 主营产品种类

中泰化学的产品主要包括聚氯乙烯树脂、离子膜烧碱等化工产品。聚氯乙烯树脂是五大通用树脂之一，具有阻燃、绝缘、耐磨损、耐腐蚀、原材料来源广泛等优点，主要用于化学建材、化工、轻工、塑料、农业等行业。可被加工成各种塑料制品，按其用途可分为软质和硬质产品，主要用于生产软、硬管、板材、门窗、异型材、薄膜、电绝缘材料、电缆护套、管件、输血器材等。离子膜烧碱是国民经济的重要基本化工原料之一，从形态上可分为液态碱和固态碱两种，主要用于轻工、化工、纺织、医药、冶金、石油等行业。

（1）聚氯乙烯树脂。聚氯乙烯树脂为通用型合成树脂，应用领域很宽，可用于聚氯乙烯硬制品、软制品、涂料及粘合剂的生产加工。按其应用领域分：①建材：如管材、板材、门窗等。②包装材料。③电子器材：如电线、电缆、胶带、插销等。④家具、装饰材料。⑤其他：如汽车材料、医药器械等。

（2）离子膜烧碱。烧碱是重要的化工原料，主要用于人造纤维、纺织、染料、日用化工、石油和石油化学工业、有机合成、制药、化肥、造纸、塑料和水处理等工业上。随着我国工业的不断发展，各行各业对烧碱的质量提出了更高的要求，如：人造纤维、纺织、染料、有机合成、精细化工都需要含杂质少的高纯烧碱——离子膜烧碱。中泰化学生产的离子膜烧碱，采用国际上最先进的工艺生产技术，其杂质含量极低，完全能满足各行各业的生产需求。其中 30% 液碱生产质量指标符合 GB 209 – 2006 标准；45% 的液碱和固体烧碱生产质量指标符合 GB 209 – 2006 标准。

（3）其他主营业务。在聚氯乙烯树脂、离子膜烧碱为主营业务下，公司还涉足发电行业和电石行业。中泰化学现有发电机组 125 万千瓦，预计在“十二五”末可形成发电机组 260 万千瓦；电石现有产能 130 万吨，预计在“十二五”末可形成电石 360 万吨/年。

2. 主营业务突出

（1）主营业务收入产品结构。2006 年至 2012 年中泰化学主营业务收入的产品结构如图 1－1 所示：

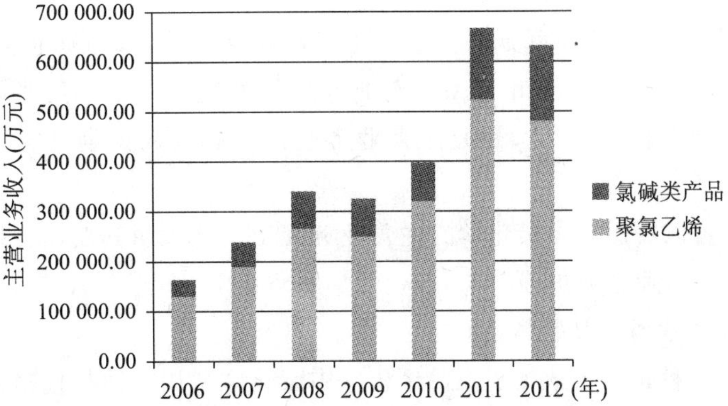

图 1－1　2006－2012 年中泰化学主营业务收入的产品结构

中泰化学近年来主营业务基本保持稳定，聚氯乙烯产品所产生的收入占中泰化学营业收入的比例保持在 70% 以上。2006 年以来，中泰化学主营业务总体呈稳步上涨趋势，虽受 2008 年金融危机冲击有所降低，但 2010 年以后迅速败退危机影响并高速增长。总体较 2009 年增长了 1.05 倍；聚氯乙烯收入增长 1.1 倍；氯碱类产品收入增长 0.88 倍。较 2006 年主营业务收入构成情况，公司各主营业务组成部分都稳步增长，且整体结构维持稳定。2011 年公司主营业务收入各部分规模较 2006 年均增长 3 倍以上，氯碱类产品的增长速度比聚氯乙烯更快。

（2）主营业务收入稳定增长。2006 年上市以来，中泰化学主营业务收入以及其占总收入的比重如表 1－1 所示：

表 1－1　　中泰化学主营业务收入及其占总收入比重

年份	主营业务收入（万元）	主营收入占总收入比例
2006	163 099.67	98%
2007	238 631.59	99%
2008	340 420.13	99%
2009	324 919.30	98%
2010	397 318.58	97%
2011	666 387.07	94%
2012	670 172.75	94%

从表 1－1 中不难看出，中泰化学上市以来主营业务收入呈现倍数增长，2012 年主营业务收入超过 2006 年刚上市之初的四倍。同时主营业务收入占总收入的比重始终维持在 90% 以上，虽然与前几年相比 2011 年和 2012 年该比重有所降低，但其中主营业务收入量上 2011 年较 2010 年增加了 70%，是公司上市以来主营业务增长最快的一年，其他业务的不断发展和业务范围的扩大也是主营业务收入占总收入比重有所下降的主要原因。

由此可以看出，中泰化学的主营业务突出，这表明其发展良好，核心竞争力较同行业企业更强。

3. 主营业务产品销售良好

（1）多种销售方式促进产品销售。中泰化学采用直销与代销相结合的营销模式。疆内市场以直销为主，疆外市场以代销、直销方式相结合。因为产品运距和在途时间等原因，中泰化学与疆外客户签署的销售合同以原则性框架合同为主。随着中泰化学自身销售网络的不断完善，直销占公司总销售额的比例不断提高，2012 年中泰化学直销占总销售额的比例超过 50%。中泰化学两种销售方式比例情况如表 1－2 所示：

表 1－2　　中泰化学主要产品直销经销比例

项目	2009 年	2010 年	2011 年	2012 年
直销	45.22%	54.86%	52.50%	57.30%
经销	54.78%	45.14%	47.50%	42.70%
合计	100.00%	100.00%	100.00%	100.00%

中泰化学已在新疆境内和兰州、无锡、上海等地设立了产品销售服务点，为客户提供有效的售后、技术等方面的服务。经过不断的努力和开拓，公司已在内地和新疆境内建立起了适合公司生产经营的营销网络，提高了对市场的快速、灵活反应能力，加快了对市场的响应速度。中泰化学在继续巩固与疆外市场现有经销商良好合作关系的同时，正在逐步提高疆外市场的产品直销比例。

针对国外市场，中泰化学产品出口采用以直销为主、代理为辅的销售模式，销售市场主要集中在中亚五国和俄罗斯。产品出口主要通过销售事业部进行。公司在哈萨克斯坦、乌兹别克斯坦设立了销售代表处，以拓展中亚地区销售市场，扩大产品出口。

销售渠道的拓宽和改善也维持了公司产品的产销平衡。2006 年至 2012 年中泰化学主要产品产销率如表 1－3 所示：

表 1－3　　　　中泰化学主要产品产销率

主要产品	2006 年	2007 年	2008 年	2009 年	2010 年	2011 年	2012 年
聚氯乙烯树脂	98.69%	100.65%	101.06%	100.18%	97.99%	99.07%	95.28%
离子膜烧碱	98.48%	97.31%	98.76%	93.77%	95.88%	96.16%	82.73%

（2）品牌建设提升产品市场地位。目前中泰化学主要产品聚氯乙烯和烧碱产品在疆内市场的销售占据绝对控制地位，其品牌“青峰”在疆内也逐渐树立起了强势地位。随着公司上市，在疆外市场的不断扩展，其品牌在疆外市场的影响力也得以不断扩大。

品牌影响力的提升也促进了中泰化学主要产品在国内外市场的扩张。随着公司产能扩张，聚氯乙烯和烧碱产量快速增长，公司在不断巩固疆内市场的基础上，积极开拓新市场。

由图 1－2 和图 1－3 可见，中泰化学在聚氯乙烯市场需求旺盛的华东、华南地区销量快速增长，2012 年度聚氯乙烯的销售额达到 4 811 778 669.05元。同时，公司的烧碱产品在市场空间较大的华东、华南、华中地区也保持了很高的销量比例，2012 年烧碱总销售额高达 15 亿元。此外，过去几年中泰化学充分利用地处新疆的地域优势，不断增加向中亚、俄罗斯等国家的出口量，从而进一步拓展市场空间，保证未来新增产量的消化。

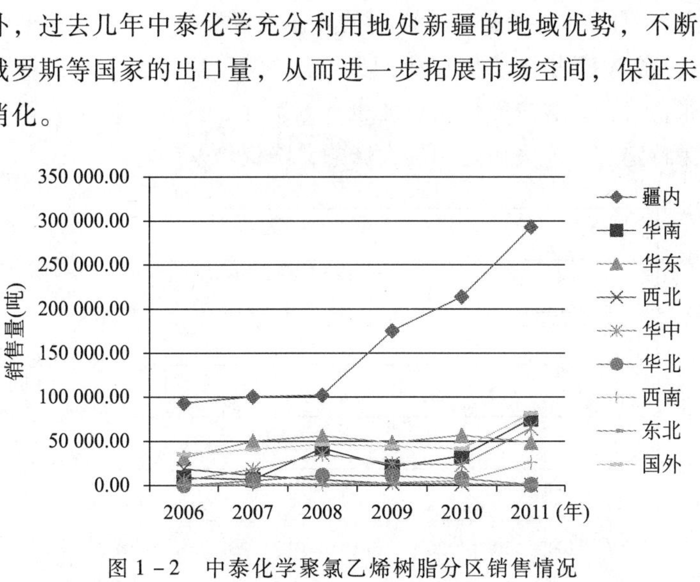

图 1－2　中泰化学聚氯乙烯树脂分区销售情况

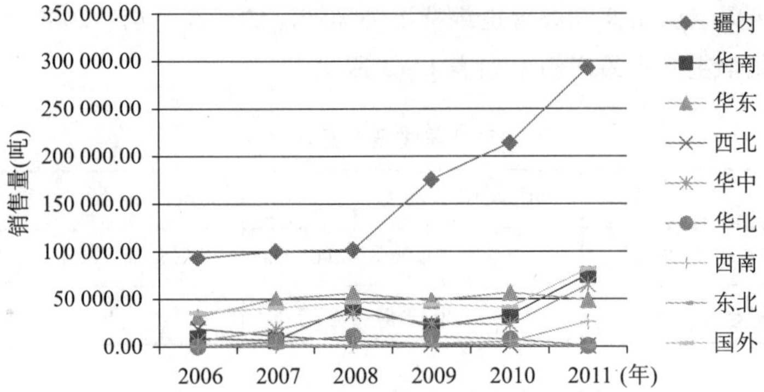

图 1－3　中泰化学烧碱产品分区销售情况

（3）客户群稳定保证公司的发展。稳定的客户群是公司产品稳定销售的基础，也是公司稳定快速发展的保障。对单一客户的过度依赖对于一家制造型企业而言，尤其是资本密集型企业而言是非常危险的，失掉该客户将会对公司造成不可换回的后果，所以稳定的客户群和对单一客户的低依存度将会促进公司主要产品的生产销售，同时也能保证公司的稳定及应对风险的能力。

中泰化学 2006 年上市以来主要销售客户及其销售情况如图 1－4 所示。从图 1－4 中可以看出，除 2006 年外中泰化学对其主要客户的单一销售额占总销售额的比例都未超过 10%，且该分散化程度愈见明显。2006 年以来前十五名客户的销售额占总销售额的比重逐年下降，到 2011 年已下降到 22.39%，在 2012 年度该值有所回升，达到 26.17%。可见公司客户面在不断扩张，对特定客户的依赖程度也逐渐减小，这也降低了公司主要产品销售因为特定客户流失而受到较大影响，降低经营风险。

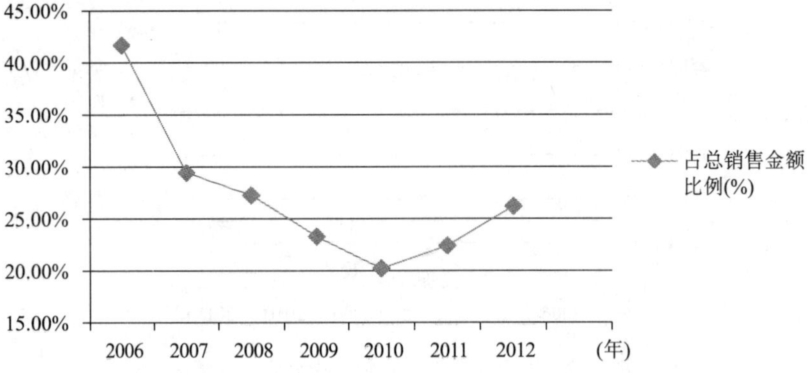

图 1－4　2006—2012 年中泰化学主要客户销售额占总销售额比例

同时，表 1－4 是中泰化学 2006 年以来客户维持情况。2006 年以来，有 20 家公司作为中泰化学的主要客户。其中：维持一年以上的客户有 14 家；厦门象屿股份有限公司、无锡利源化工集团有限公司、浙江特产石化有限公司和浙江中财招商投资集团有限公司 4 家公司自 2006 年中泰化学上市以来就一直是其主要客户。由此可见，中泰化学在客户维持方面取得一定成绩，稳定的老客户不仅可以降低销售成本，还能够促进主要产品的销售，降低公司经营风险，保证公司快速发展。

表 1－4　　　　中泰化学客户维持情况

客户维持年份数	1 年	2 年	3 年	4 年	5 年	6 年	7 年
客户数量	7	4	2	3	0	4	1

（二）行业政策介绍

中泰化学作为氯碱行业中的重要企业，其产品生产销售都受到行业整体情况的影响，介绍中泰化学主要产品有必要对行业整体状况进行剖析。

1. 行业政策促进产业发展

为提高我国氯碱行业的整体竞争力，降低能源及原材料消耗，保护环境，国家出台了多项氯碱产业发展政策。国家通过制定产业政策，对小规模、落后工艺项目进行限制，提高了行业的进入壁垒，有利于提高产业集中度，改善竞争环境，促进氯碱行业良性协调发展。在提高行业进入壁垒的同时，鼓励行业内一批具有资源、能源优势和规模优势等成本优势的大型氯碱生产企业做大做强，促进氯碱产业结构升级，推动我国氯碱产业向规模化、集约化发展，有利于氯碱行业的长期健康发展。

2. 氯碱行业产业政策介绍

产业政策主要针对国内产业发展和产品生产，对行业内主要产品的生产环节有重大影响。2006 年中泰化学上市以来，我国氯碱行业的产业相关政策涉及内容如下：

《产业结构调整指导目录（2011 年本）》将零极距、氧阴极等离子膜烧碱电解槽节能技术、废盐酸制氯气等综合利用技术列为鼓励类；将新建乙炔法聚氯乙烯、起始规模小于 30 万吨/年的乙烯氧氯化法聚氯乙烯、新建纯碱、烧碱、电石（以大型先进工艺设备进行等量替换的除外）列为限制类。

《关于加快电石行业结构调整有关意见的通知》，要求彻底关闭和淘汰1万吨/年以下的电石炉、开放式电石炉、排放不达标电石炉；严控新上电石项目，东部沿海地区原则上禁止新建电石生产项目。

《发展改革委员会等部门关于加强固定资产投资调控从严控制新开工项目意见的通知》，要求严把钢铁、电解铝、铜冶炼、铁合金、电石、焦炭、电力等产能过剩，特别是新上高耗能项目。

《发展改革委关于完善差别电价政策的意见》，规定对电解铝、铁合金、电石、烧碱、水泥、钢铁、黄磷、锌冶炼8个高耗能行业实行差别电价政策，明确了对上述行业中淘汰类和限制类企业用电实行加价的时间和标准，同时规定各地一律不得自行对高耗能企业实行优惠电价，已经实行优惠电价的要立即停止执行。

《国务院关于印发节能减排综合性工作方案的通知》，要求加大淘汰电力、钢铁、建材、电解铝、铁合金、电石、焦炭、煤炭、平板玻璃等行业落后产能的力度，并且在“十一五”期间淘汰6 300KVA以下炉型电石产能200万吨。

《电石行业准入条件（2007年修订）》对电石生产企业布局、新建能力规模、淘汰落后产能、技术装备水平、能耗和资源综合利用等方面作出了更加严格的规定，再次提高了准入门槛。同时鼓励新建电石生产装置与大型氯碱企业等配套建设。随后发改委相继公布了数批《符合电石行业准入条件的企业名单》和《电石行业淘汰落后生产能力名单》，国家开始从政策层面规范电石行业的发展。

《氯碱（烧碱、聚氯乙烯）行业准入条件》从产业布局、规模、能源消耗和环保等四个方面对氯碱行业新建、改扩建项目进行了准入限制，对电石法生产企业发展制定了导向性政策，对行业未来发展趋势将产生重要影响。在产业布局方面，要求新建氯碱生产企业应靠近资源、能源产地，有较好的环保、运输条件，并符合本地区氯碱行业发展和土地利用总体规划。除搬迁企业外，东部地区原则上不再新建电石法聚氯乙烯项目和与其相配套的烧碱项目。在规模、工艺与装备方面，要求新建、改扩建聚氯乙烯装置起始规模必须达到30万吨/年及以上，如新建、改扩建电石法聚氯乙烯项目，必须同时配套电石渣水泥等电石渣综合利用装置，且单套生产规模须达到2 000吨/日及以上。在能源消耗方面，要求新建、改扩建电石法聚氯乙烯装置，电石消耗应低于1 420千克/吨；乙烯氧氯化法聚氯乙烯装置，乙烯消耗应低于480千克/吨。

《关于加快电石行业结构调整有关意见的通知》，要求彻底关闭和淘汰1万吨/年以下的电石炉、开放式电石炉、排放不达标电石炉；严控新上电石项目，东部沿海地区原则上禁止新建电石生产项目。

《石化产业调整和振兴规划》决定加大对石化企业的信贷支持，坚持控制产能总量、淘汰落后工艺、保护生态环境、发展循环经济以及能源化工结合、全周期能效评价的方针，坚决遏制煤化工盲目发展势头，积极引导煤化工行业健康发展。今后三年停止审批单纯扩大产能的焦炭、电石等煤化工项目，原则上不再安排新的煤化工试点项目。

《国务院批转抑制部分行业产能过剩若干意见的通知》要求，要严格执行煤化工产业政策，遏制传统煤化工盲目发展，今后三年停止审批单纯扩大产能的焦炭、电石项目。禁止建设不符合《焦化行业准入条件（2008年修订）》和《电石行业准入条件（2007年修订）》的焦化、电石项目。综合运用节能环保等标准提高准入门槛，加强清洁生产审核，实施差别电价等手段，加快淘汰落后产能。对焦炭和电石实施等量替代方式，淘汰不符合准入条件的落后产能。

《新疆维吾尔自治区国民经济和社会发展第十二个五年规划纲要》指出要按照在新疆具备资源优势、在本地区和周边地区有市场的原则，认真落实差别化产业政策，积极推进一批项目建设，尽快形成产能，适应经济社会发展需求。化学工业要积极发展聚氯乙烯、离子膜烧碱、高效专用复合肥、无机盐等市场潜力大的产品。

《产业结构调整指导目录》鼓励节能、环保技改项目、年产20万吨以上乙烯氧氯化法聚氯乙烯新（扩）建项目、“三废”综合利用项目等；限制新建年产20万吨以下乙烯氧氯化法聚氯乙烯项目、新建年产12万吨以下电石法聚氯乙烯项目、新建15万吨以下烧碱项目等；淘汰石墨阳极烧碱生产工艺、水银法烧碱工艺等。

《西部大开发“十二五”规划》强调推进青海、新疆、西藏盐湖资源综合利用，加快发展并形成若干大型钾肥生产基地，优化发展氯碱、磷化工等基础化工原料，大力发展精细化工。

中泰化学在相关产业政策的扶持和规范下，更新生产工艺，扩大产能，主要产品聚氯乙烯树脂和烧碱产品在生产工艺和产量上都得到了显著的提升。公司主要产品生产已经达到了规模化和集约化。

3. 进出口业政策介绍

与产业政策相比，进出口政策更多的是影响产品销售。中泰化学地处新疆，随着公司规模的不断扩大，中亚市场已经逐渐成为其重要的产品销售市场，进出口政策对其主要产品在国外销售的影响不容忽视。以下是2006年中泰化学上市以来，我国相关进出口政策情况：

出口退税政策：2006年9月15日，我国调整了部分出口商品的出口退税率，聚氯乙烯及相关塑料制品的出口退税率由13%下调至11%；2007年6月18日，财政部、国家税务总局发布了《关于调低部分商品出口退税率的通知》，决定从2007年7月1日起将聚氯乙烯及相关塑料制品的出口退税率由11%下调至5%；2009年3月27日，财政部、国家税务总局发布了《关于提高轻纺电子信息等商品出口退税率的通知》，决定从2009年4月1日起将聚氯乙烯及相关塑料制品的出口退税由5%上调至13%。

出口加工政策：2007年7月23日，经国务院批准，商务部、海关总署联合发布公告，公布新一批加工贸易限制类目录，聚氯乙烯作为塑料原料，也是本次加工贸易限制类产品之一。

反倾销政策：商务部决定自2009年9月29日起对原产于美国、韩国、日本、俄罗斯和台湾地区的进口聚氯乙烯继续实施反倾销措施，实施期限为5年。

关税政策：我国自2001年加入世界贸易组织后，履行多边贸易协定，自2002年开始将聚氯乙烯进口关税由13.9%递减至6.5%。

相关产品出口退税的提升，对于正在不断扩展国外市场的中泰化学来说无疑是非常好的消息，公司在此契机下将进一步扩大其在国外的市场；反倾销政策的实行将在2014年前减小聚氯乙烯和烧碱产品主要生产国产品对国内市场的冲击，为国内氯碱企业营造成长空间，有利于中泰化学在这段时间内发展扩张；关税政策虽然有促进进口的作用，但由于对国际氯碱生产大国的反倾销政策，关税政策带来的国外市场对国内市场的冲击得到有效的降低。总体来说，进出口政策对于国内氯碱行业公司的发展起到积极作用，对于中泰化学来说也是千载难逢的快速发展的好机会。

（三）产业链情况介绍

1. 循环经济产业链构成

产业链的发展对行业的发展也起到重要作用，因此，本节着重介绍中泰化学所处氯碱行业的上下游及其循环经济产业链构成情况。

产业链一体化是氯碱企业最大程度获取利润的主要方法。氯碱产业获得较高的附加值，并保持持续发展的主要路径应是加快产业链一体化进程，形成上中下游一体化的发展模式。氯碱产业配套涉及热电、水泥、电石、塑料加工、其他氯产品等多个以烧碱、聚氯乙烯生产为核心的上下游产业，形成循环经济发展模式。“电—碱”联产、“盐—碱”联产、“电石—聚氯乙烯”联产将成为未来发展趋势。氯碱企业只有建设上下游一体化的煤炭、发电、电石、烧碱、聚氯乙烯、水泥等系列产能，才能够实现资源综合利用和经济效益最大化。

氯碱行业产业链布局如图 1 – 5 所示，图 1 – 6 和图 1 – 7 分别为烧碱行业和聚氯乙烯行业产业链布局。

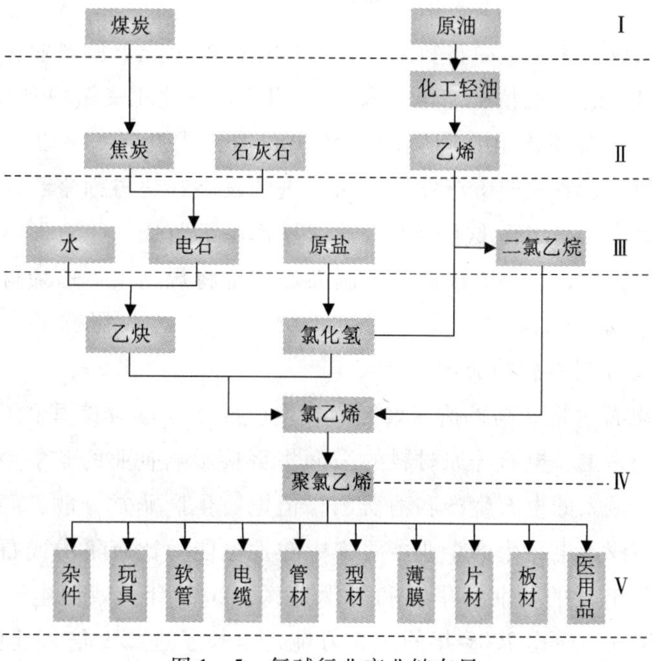

图 1 – 5　氯碱行业产业链布局

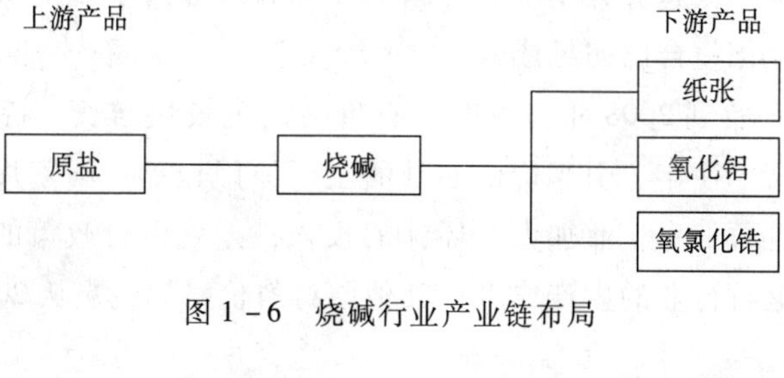

图 1 – 6　烧碱行业产业链布局

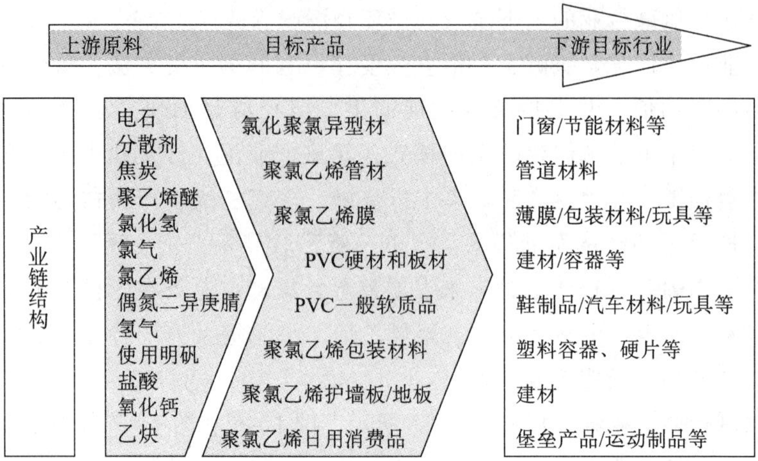

图 1－7　聚氯乙烯行业产业链布局

氯碱工业作为基础原材料工业，与产业链的上、下游产业保持着紧密联系。从目前的发展情况来看，按照“煤—电—化工—塑料加工—建材”一体化的产业循环式组合和资源循环式利用方式发展，可以有效实现环境、经济和生态效益的协调发展。从未来的发展趋势方面来看，按照产业链模式发展将在一定程度上解决行业发展面临的难题，一方面可以解决原材料供应的困难，另一方面向下游制品延伸也将规避聚氯乙烯行情变化时的风险。

2. 上游原材料影响成本

（1）电石价格走高，抬高聚氯乙烯生产成本。目前我国聚氯乙烯的生产以电石法为主，电石等原材料的采购将直接影响企业的竞争力。虽然我国是世界上最大的电石生产和消费国，但电石生产非常分散、产能利用率不高。目前我国电石生产企业主要集中在发电能力比较集中或石灰石和煤炭等资源较丰富的西北、华北和西南地区。2012 年，我国电石产量达到 1 869. 25万吨，相比 2005 年的 895 万吨，增长了进 2. 1 倍。且相比往年，电石产量的集中化趋势愈发明显，国家在电石行业所实施的淘汰落后产能及产业结构优化整合已初见成效。

2007 年开始到 2008 年三季度电石价格出现较快增长，特别是到 2008 年价格明显高于往年。引起价格上升的主要原因包括：国家加大了环保的力度，使得电石加工企业加大对环保的投入；差别电价政策的实施一定程度上提高了电石行业的生产成本；其他原材料价格如兰炭从 2007 年末开始持续上行。

2008 年四季度开始由于金融危机的影响，下游产业出现萎缩，电石价格也出现大幅下滑；2009 年 12 月开始伴随着宏观经济回暖，电石价格出现回升，2010 年底电石价格再次上升到高位。2011 年，国家两次上调工业用电价格，电石价格一直在高位运行。2012 年电石生产成本上升。而作为聚氯乙烯原料，原石价格的高位运行使得聚氯乙烯生产成本也持续走高。

（2）原盐价格持续攀升，助推烧碱成本。作为烧碱生产的主要原料，原盐能否足量供应以及采购成本的高低对烧碱生产具有非常重要的意义。

从价格方面来看，2006—2007 年我国原盐价格较为稳定，波动幅度不大，2008 年第二季度开始由于原盐货源不足导致价格出现一定上涨，进入 2008 年第三季度后由于井矿盐成本提升以及海盐受天气影响产量降低，原盐价格出现较大幅度攀升，2008 年第四季度由于金融危机影响，原盐价格出现回落。2009 年到 2012 年，原盐价格一直保持稳定增长。原盐作为烧碱的主要成本来源，其价格的攀升必然带来烧碱生产成本的增长，也给烧碱生产企业带来不小冲击。

总体来看，金融危机以来，氯碱行业上游原材料价格持续走高，而氯碱产品的主要成本构成为原材料，这就导致其生产成本也随之攀升，企业利润空间被压缩，企业要想取得长足发展，就需要在销售方面下工夫，因此，在这种情况下下游行业的发展状况将决定氯碱企业的发展。

3. 下游行业影响销售

（1）聚氯乙烯下游行业基本情况。聚氯乙烯主要用于加工成各种塑料制品，按其用途可分为硬制品和软制品，其中：硬制品主要包括型材、异型材、门窗、管材、管件、硬片、板材及其他型材等；软制品主要包括电线、电缆、人造革、薄膜、鞋及鞋底材料、地板革、壁纸、发泡材料、各类软管等。我国聚氯乙烯的主要消费市场逐渐向硬制品市场集中，当前产能总体上虽然过剩，需求也因欧债危机而有所萎缩，但从长期来看，该行业与宏观经济密切相关，未来市场需求仍有增长空间。2011 年我国聚氯乙烯下游消费结构如图 1－8 所示。

这些下游产业的快速发展将拉动聚氯乙烯市场需求持续增长，我国聚氯乙烯市场潜力巨大，前景十分广阔。

①聚氯乙烯型材。2010 年年底，各类塑料型材年产量在 500 万吨以上，塑料型材及门窗行业总产能大约在 750 万—800 万吨左右。规模以上

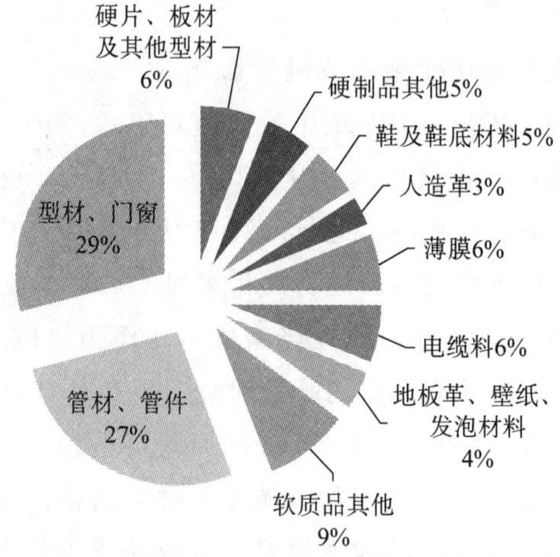

图 1－8　2011 年聚氯乙烯下游行业份额

门窗用塑料异型材产能大约在 300 万吨左右，拥有各种型号的挤出设备生产线大约在 12 000—13 000 条。中国目前塑料门窗加工制造能力可达 7 亿平方米/年，估计年应用量为 4.5 亿平方米以上，总产值达千亿元以上。目前中国是全世界每年新增建筑最多的国家，每年新增各类建筑 21 亿平方米，每年带动建筑门窗的需求量约 5 亿平方米。塑料异型材伴随我国的经济发展状况以其更适用于寒冷地区、冬冷夏热地区、更适合经济性需求的特点基本形成相应的产能布局。其产品基本覆盖了中低端消费市场，在我国半数以上的二、三线城市、农村县乡市场已广泛应用，目前在中小城市、农村的应用扩展势头仍在迅猛发展中。

②聚氯乙烯塑料管材。塑料管道是市政、建筑工程等建设用重要材料之一，广泛用于市政和建筑给水排水、城市燃气输送、建筑供暖、电力和通讯护套、农村安全供水、农业灌溉、工业等许多领域。塑料管道被誉为城市的血管，已经与我们的生活密不可分。据国家统计局数据，2010 年规模以上企业塑料管材及管件产量达 840.21 万吨，中国已成为塑料管道生产和应用量最大的国家。塑料管道行业加工能力超过 3 000 万吨，产业集中度高，规模企业数量多，生产能力 1 万吨以上的企业超过了 100 家，有 20 家企业的生产能力已达到和超过 10 万吨。“十二五”期间，塑料管材行业若按年均 12% 的平均增速增长，到 2015 年末塑料管材产量将达到 1 190 万吨左右。

（2）烧碱行业下游基本情况。中国烧碱消费已占全球消费总量接近

30%的份额，国内烧碱产品消费重点行业为造纸、印染、氧化铝、化纤四个行业。随着中国经济的快速增长，尤其是烧碱下游行业的快速增长，国内烧碱的市场需求也呈迅速增长态势。

①造纸行业。2011 年我国纸浆产量达到 2 276.4 万吨，同比增长约 12.1%。受经济增长及人均消费水平提高等因素的刺激，造纸行业需求仍然具有很大的增长潜力。造纸行业供给能力受固定投资增速放缓的影响而增长缓慢，而且国家对环保监控力度加强，淘汰落后产能将进一步压缩产能增速，但造纸行业的景气度仍将持续。虽然随着纸浆碱液回收技术的提高和木浆比例的提高，单位造纸耗碱量将会缓慢递减，但造纸行业对烧碱的需求总量仍将持续增长。

②印染行业。近年来，我国印染布产量以年均两位数的速度增长，跃居世界首位，成为世界第一印染布生产国。我国印染行业产销衔接良好，产值、产量及内销增速呈增长态势，出口总额逐步回升，对美欧出口也稳步增长。当前，印染行业在保持良好运行态势的同时，也面临生产要素成本持续上涨、国内外市场变数增多等因素影响，加快产业结构调整和发展方式转变仍是当前和今后的重大战略任务。

③氧化铝行业。截至到 2011 年底，中国氧化铝建成产能达到 4 800 万吨/年，但实际运行产能约在 4 100 万吨/年，开工率约在 80%以上；氧化铝产能在 200 万吨及以上的企业有 7 家，占全国总产能的 72.3%。氧化铝行业具有起步规模大、建设周期短、投产见效快的特点，预计未来几年我国氧化铝行业仍将保持 20%以上的增速。新建氧化铝项目多采用拜耳法生产工艺，该工艺在氧化铝生产过程中需要大量烧碱参与反应，2011 年国内每吨氧化铝的烧碱消耗约为 90 公斤—110 公斤。随着全国氧化铝项目的投产，将引发地域性的烧碱采购容量扩大。

④化纤行业。2008 年金融危机后，化纤行业恢复较快，2009 年至 2011 年化纤行业施工项目数约 400 多个，新开工项目近 300 个。分行业看，涤纶行业投资增长最快，大幅增长了 1 倍以上；锦纶和人造纤维行业也分别大幅增长约 80%和 50%。近年来，随着粘胶纤维生产技术和产品质量的不断提高，在下游棉纱、棉布等行业的支撑下，粘胶纤维产业处于高速的发展时期，也逐渐成为烧碱重要的下游消费领域之一。

国内聚氯乙烯和烧碱的主要下游行业的不断壮大和发展，使得国内对聚氯乙烯产品和烧碱产品的需求量在未来将显著增加。一方面从规模效应而言，相应需求的扩大，各企业将扩大产量，产能的扩大将是规模效应显现，由此降低成本；另一方面从供求关系而言，需求的不断扩大在短时间内会拉高氯碱产品的价格，增加氯碱企业的利润。

（3）市场表现。下游行业的发展对氯碱行业的作用，体现在氯碱产品的销售上，下游行业的不断成长和快速发展，将促使国内对氯碱产品的需求量增加。下面以烧碱产品为例介绍下游行业对氯碱行业发展的作用。

烧碱是重要的基础化工原料，广泛应用于轻工、化工、纺织、印染、医药、冶金、石油和军工等行业，在国民经济中占有重要地位，其消费增长率略低于同期国民生产增长速度。由于液碱的产品浓度所限，运输半径不大，价格表现出很强的区域性。一般情况下，同一地区的同一品种液碱（实物）最高价格与最低价格相差50—100元/吨；另外，同一地区的32%离子膜法液碱比30%隔膜法碱液（实物）的价格高20—80元/吨。需求的增加，价格的攀升，最终效果将是烧碱产品利润的增长。

中泰化学地处原盐、电石资源丰富的新疆地区，靠近国内最大盐湖察尔汗盐湖，原盐资源丰富，周边区域存在健全且发达的上游产业链。即使在国内原盐和电石价格整体上涨的情况下，中泰化学获取原料的成本也较其他区域同行业更低，在产业链上游具有明显的优势。但由于氯碱产品的消费市场主要集中在东部地区，限制了其发展。随着产业一体化的发展，国内经济一体化的形成，以及氯碱西移的不断推进，在西北地区围绕氯碱行业而形成的产业集成也在不断进行中。区域性的产业一体化将给中泰化学带来无限商机，对国内外市场的不断开拓也有助于中泰化学摆脱下游产业链的区域限制。

四、中泰化学的管理团队

随着当今社会经济由个体式向集约型转变，情势瞬息万变，彼此竞争激烈，关系错综复杂，如果没有能够“出将入相”的人才是不可能取得成功的。作为企业“领头羊”的管理层，是决定企业发展和影响企业业绩的核心群体，其能力的高低、决策的正确与否，势必对企业产生长远的重大影响。中泰化学自成立以来，能取得如此骄人的成绩，与它有一支具有奉献精神的高效能管理团队是密不可分的。

（一）高管人员勤勉尽责

中泰化学的总经理、副总经理、财务总监、董事会秘书，均属于专职工作。现任高管人员在其任职期间运作规范，经营情况良好，他们都具有较强的管理公司能力。公司员工对现任高管人员的评价较高，整个管理团队团结和睦，关键是管理人员之间不存在重大分歧和矛盾，为企业的经营创造了良好的环境。并且，现任高管人员都花费了足够的时间和精力来勤勉尽职地管理公司。在其任职期间忠实、勤勉地履行了其职务，这为中泰化学的健康顺利发展提供了重要的保障。

（二）管理团队促进企业不断发展

中泰化学自2006年上市以来，管理团队不断调整自身的人员构成以促进企业发展。

2006年以来，中泰化学管理人员结构基本趋于稳定，主要管理人员做到职位不变更、人员不替换，管理层结构维持在一个相对稳定的状态。由于政府监管部门以及内部控制对公司董事会和监事会结构的更高要求，公司在上市以来不断扩充董事会和监事会容量，引入独立董事，董事及监事的接替也按照公司主要章程进行，在壮大企业管理团队的同时维持了公司管理结构的稳定。

董事会成员教育背景良好，受教育程度普遍较高，所涉及的专业较全面地覆盖整个企业管理和产品生产销售。独立董事通过公司董事会下设各专业委员会发挥着积极的作用。公司五名独立董事则均为高校教授或行业专家。其中，易仁萍女士为北京大学、中央财政金融学院、北京工商管理大学、南京审计学院兼职硕士生导师，现任江苏银行外部监事、光大证券外部监事；宋岭先生、沈建文女士及何云先生均就职于新疆财经大学；郝振宇先生，工商管理硕士，高级经济师、律师，现任现任北京市国枫律师事务所任合伙人律师，新疆维吾尔自治区专家顾问团成员。独立董事自任职以来，认真履行职责，对公司重大关联交易、对外担保、财务资助、聘任公司高管等重大事项均出具了独立意见 对规范公司运作、充分发挥独立董事职能起到了积极作用。

中泰化学的管理团队的教育经历、专业资历和工作经历，都能够保证其具有担任高级管理人员的专业胜任能力。他们不仅拥有丰富的实践经验，同时大部分学历都较高。并且，高管人员不断进一步的学习，部分高管还在继续深造，将学习型组织的概念贯穿于整个中泰化学高管层中去。

五、中泰化学的声誉

中泰化学依托新疆丰富的煤、盐、石灰石等资源，连续10年保持了年均40%以上的经济增速，主导产品聚氯乙烯树脂、离子膜烧碱产能居全国氯碱行业首位。作为全国氯碱行业的骨干企业，公司按照自治区党委七届九次全委（扩大）会议提出的以现代文化为引导，以科技教育未支撑，坚持资源开发可持续，生态环境可持续的战略方针，制定了公司的《“十二五”发展规划纲要》，总体发展目标是：到2015年形成聚氯乙烯树脂300万吨/年、离子膜烧碱220万吨/年、煤制天然气40亿立方米/年，成为规模居世界第一位的氯碱化工企业。

作为中国氯碱工业协会常务理事单位，中泰化学先后荣获乌鲁木齐市经济发展“突出贡献企业”、2011年“纳税突出贡献企业”、2002年“自治区直属国有企业先进基层党组织”、“西部大开发新疆最佳优秀企业”、“自治区文明单位”、“2011年中国化工企业500强”、“中国化工最具成长性企业”、2011年“‘十一五’全国石油和化工行业节能减排先进单位”、“工业循环经济试点示范单位”、“两化”融合先进集体、“全国企业文化建设2010年度优秀单位”、全国安全生产月活动优秀单位，开发建设新疆奖状，2010年自治区级“民族团结进步模范单位”等荣誉，并被列为新疆自治区优势资源转换试验基地、循环经济试点单位，被中国氯碱协会推荐为全国节能降耗先进单位。

（一）政府各级领导高度评价

随着中泰化学的发展壮大，它得到政府各级领导越来越多的肯定和高度评价，并给予企业更高的期望。

新疆维吾尔自治区党委书记张春贤同志工作餐会上从四个方面给予中泰化学的发展高度评价，“资产负债率低、员工队伍年轻有朝气、生产经营务实稳健和节能环保思路清晰、理念领先、行动超前”。他希望中泰化学今后继续依托新疆资源优势、成本优势，结合企业已经形成的市场网络等优势，形成企业在行业和市场中的制高点，为推动新疆经济发展作出新贡献。同时也希望企业在下一步的发展方向和产品选择中，可以进行进一步筛选，市场占有率高的、技术把握大的项目可以早上快上。中泰化学发展后劲十足，前景广阔，是自治区的“宝贝儿子”，在电力、金融方面，自治区将给予企业大力的支持。

而早在2009年8月19日阜康工业园开工奠基时，时任中共中央政治局委员、自治区党委书记王乐泉同志出席奠基仪式并为工业园开工培土。自治区党委副书记、自治区主席努尔·白克力在开工仪式上致辞上提到，中泰化学是我区本土培育起来的大型企业集团，长期以来，中泰化学积极参与我区优势资源转换战略的实施，为自治区及乌昌地区经济社会发展作出了重要贡献。中泰化学阜康工业园的开工建设，是落实中央和自治区保稳定、保增长、保民生措施的具体体现，对于加快新型工业化进程，做大做强优势特色产业，促进自治区经济的繁荣和发展，必将产生积极的作用。他还指出，自治区党委、自治区人民政府将一如既往地支持中泰化学股份有限公司的发展，为企业营造良好的发展环境。希望中泰化学股份有限公司充分发挥自身优势，加快资源整合和开发力度，打造产业高度集中、资源综合利用、技术装备先进的高水平、现代化煤电煤化工工业园区，真正成为推动我区新型工业化建设的龙头企业。

2009年11月9日，中国证监会副主席刘新华、原自治区副主席王友三、新疆证监局局长侯丽春等领导莅临中泰化学股份公司视察工作。刘新华副主席表示，中国证监会一方面在推进新疆上市公司、证券公司、期货公司的发展，一方面也一直在加强对新疆上市公司和资本市场的支持。希望中泰化学在认真履行上市公司申报流程的同时，将规范化和企业发展有效结合起来，实现企业做大做强。

2012年8月2日，全国人大财经委副主任委员卫留成一行6人到股份公司调研，并与股份公司领导在华泰氯碱厂会议室座谈。座谈中，卫留成对中泰化学跨越式发展取得的辉煌成就表示了充分肯定：“这么大规模的项目在这么短时间内建成投产，中泰化学为新疆人民争了光，是新疆企业创造奇迹的典范。”

（二）社会各界同仁积极评价

1. 中国氯碱行业的排头兵

“今天我们来到了中国氯碱行业的排头兵——中泰化学，感到非常振奋。”上海氯碱原董事长、中国氯碱工业协会名誉理事长徐荣一表示，他深切感受到了中泰化学欣欣向荣的繁荣景象，感受到中泰化学依托新疆的资源优势和企业文化的优势，衷心希望中泰化学尽快成为中国氯碱行业包括能耗方面的领跑者和领头羊，未来在中国氯碱行业的发展将不可限量。

2. 上游供应企业的好伙伴

中泰化学战略供应商代表——新疆圣雄能源副总经理杨柯表示，作为中泰化学的电石、原煤等的供应企业，在多年的全方面合作中，圣雄能源与中泰化学结下了深厚的友谊。面对中泰化学的大发展、大跨越，圣雄能源将在完善自己产品供应的同时，进一步做好为中泰化学的服务工作。同时在与中泰化学并肩战斗的过程中，圣雄能源深深地被中泰化学领导干部的敬业精神感动，感受到了中泰化学的企业精神，在今后的合作中，圣雄能源将更全面的提供优质的产品、优质的服务，为中泰化学的大发展、大跨越贡献力量。

（三）节能环保建设先进出色

近年来中泰化学在安全生产、环境保护等方面工作正迅速开展并卓有成效。在中泰化学米东工业园，处理能力达200吨/小时的污水生化处理装置正在运转。在米东工业园生产建设过程中，公司立意高远，很早就开始着手环保工作，按照循环经济的理念，公司与天山股份合作建设石渣制水泥熟料循环经济项目，把米东工业园聚氯乙烯装置产生的电石渣输送到水泥熟料生产线作为原料，100%代替石灰石，彻底地利用了现有生产装置产生的电石渣，实现了资源的高效转化，形成了资源→生产→产品→废弃物→再资源化的循环经济产业链，也从根本上消除了电石法聚氯乙烯生产工艺中的技术和环保障碍；在废水处理方面，公司投资1.2亿元建设膜法、物化法、生物法装置进行综合治理，部分废水用于工业园及绿宝石山的绿化，实现了废水再利用。

在中泰化学甘泉堡工业园，园区内已种植树木16万棵，形成绿地250亩，改造建设2 000亩洪流主题生态园，可使园区二氧化碳减排量达到5 800吨/年。

中泰化学阜康工业园也采用了先进的工艺技术和装置，离子膜烧碱生产采用目前世界先进的日本高电流密集零极距循环复极式电解槽，较传统隔膜法工艺节能15%以上；电厂采用国内先进的空冷装置和脱硫、脱硝技术，氯气输送采用德国先进技术，较以往的干燥输送方式节电50%；污水回收技术采用世界先进的生化、物化、膜法处理技术，污水再利用率为80%。

新疆维吾尔自治区环保厅党组书记孙昌华、副厅长王联社在察看废水处理装置等环保设施、听取企业工作汇报之后，对中泰发展和环保工作给予高度肯定和殷切勉励。孙昌华强调，中泰从西山到米东，再从米东到阜康，这两大步的跨越体现出了企业环保意识的不断增强和产业的升级。可以说，中泰领导班子富有远见和忧患意识，经过西山、米东、阜康工业园不断的发展，在短短几年时间内发生了翻天覆地的变化，使企业获得了重生。同时孙昌华还指出，新疆企业中环保工作落实到位的并不多见，而中泰近年来无论从发展，还是环保意识的增强，都在新疆企业中树立了标杆，而通过此次调研，越看越鼓舞，越看越振奋，中泰发展让我们每个人为之震撼。

如今，“绿色”已经成为中泰化学发展的主色调，公司坚持绿色洁净生产，采用先进技术推行清洁生产，努力实现废物资源化，初步形成了发电、氯碱、电石、聚氯乙烯、电石渣制水泥上下游一体化的循环经济产业链。2010年，中泰化学被自治区确定为“工业循环经济示范单位”，被国家工信部列为自治区首批“资源节约型、环境友好型”试点企业之一。

（四）员工专业水平赢得好评

正如中泰化学将环境保护列为与发展战略内容一样，员工的培训也是企业发展中的重要内容，中泰化学通过各种形式对员工进行培训以提高其专业技能水平。

1. “化工工程项目建设”管理实战培训

“如果一个人能够尊重他人的劳动成果，他人就是再辛苦也会感到非常的欣慰。”中泰化学党委书记、董事长王洪欣在公司“化工工程项目建设”管理实战培训上要求，公司各级项目管理人员要倍加珍惜来之不易的项目管理培训机会，静下心思，认真总结以往项目建设中的利弊，相信对于所有参加培训的项目管理人员来说，今后无论走到哪里，都将受益终身。

“搞项目一定要依靠团队。”中国十大商战名家、中国十佳企业管理咨询大师、项目管理业界权威讲师张佩星在当天的项目管理培训开始前说，项目建设绝不是单打独斗，需要通过各部门共同努力才能完成的。“公司

实现‘十三五’末挺进世界500强的奋斗目标，管理、人才、项目建设和兼并重组等方面就必须跟上公司发展的步伐。”王洪欣强调，各级项目管理人员要清楚地认识到，在当前公司安全生产、项目建设如此繁忙的情况下，尽量压缩课程，让各级项目管理人员吃住在酒店，进行为期三天的封闭式项目管理培训，其目的就是让大家静下心思，实现从管理到学员的转变。通过培训，各级项目管理人员要系统地思考问题，改变传统思维模式，认真归纳总结以往项目建设中存在的问题，结合老师所讲的新的项目管理知识进行融会贯通。王洪欣希望通过此次培训，公司各级项目管理人员不论在今后的项目建设中，还是在创新管理上都会有一个质的飞跃和提升。

2. 赵金龙技能大师工作室授牌

2012 年 11 月 13 日，自治区高技能人才培训计划启动仪式在公司米东工业园隆重举行，新疆维吾尔自治区副主席艾尔肯·吐尼亚孜出席仪式并为赵金龙技能大师工作室授牌，他说，中泰化学是自治区在企业成立的第一个高技能人才培养基地，“赵金龙大师工作室”是高技能人才技术技能创新成果和绝技绝活传承的平台。启动仪式结束后，艾尔肯·吐尼亚孜等一行来到赵金龙全国技能大师工作室进行现场观摩。在近一个小时的观摩中，艾尔肯·吐尼亚孜对赵金龙全国技能大师工作室给予高度评价：“这是工作室成立的意义，这里主要是以培训、培养、锻炼职工队伍为基本出发点，为中泰实现更大发展平台提前做好准备、为中泰跨越式发展做出更大的努力。”

王洪欣表示，赵金龙国家技能大师工作室授牌、中泰化学高技能人才培养基地和职业技能鉴定指导中心揭牌，标志着高技能人才培养进入到了新的发展阶段，有利于企业开展技术攻关、工艺改进、科技研发；有利于传承技艺，培养“一专多能”、“一岗多证”的复合型人才；有利于技能人才的成长、成才。这对改变当前企业技能人才匮乏、促进产业结构优化升级、推进新型工业化建设、提高企业竞争力、推动技术创新和科技成果转化等方面有着十分重要意义。在今后的工作中，公司将深入贯彻落实党的十八大精神，坚持以现代文化为引领，按照高起点、高标准、高要求，从技能人才培养的源头做起，通过“培、练、赛”和“传、帮、带”等方式，为企业、行业乃至新疆新型工业化培养高素质技能人才。

3. 首届烧碱生产工、盐酸生产工职业技能鉴定考评中泰化学通过考评考试测试并努力提高员工的职业技能水平。自2011年12月股份公司取得新疆维吾尔自治区人力资源和社会保障厅下发的关于同意成立中泰化学职业技能鉴定指导中心和鉴定站的资质后，就紧锣密鼓地为首届烧碱生产工、盐酸生产工职业技能鉴定考评开始了大量前期工作。自从企业成立职业技能鉴定指导中心以来，这是第一次组织的技能鉴定，可以说企业领导对职工培训、人力资源的储备和培养非常重视，整个考场的纪律、考纪考风都非常好，考试标准、严谨、规范。“此次职业技能鉴定在我们企业是第一次，而第一步就是树立标准（烧碱生产工和盐酸生产工的标准），国家是1996年前的行业标准，有些已经发生变化了，我们根据企业的实际情况，首先制定了烧碱生产工和盐酸生产工的标准，对标准进行重新梳理，制定出符合中泰化学实际的标准，从操作工开车、停车、安全设备方面，对烧碱和盐酸生产工岗位具体有哪些标准制定出来。让每一位员工明白，作为烧碱生产工和盐酸生产工要掌握哪方面知识、具备什么能力，这也是考评的内容。”电解车间副主任刘宏谈到。可以说，股份公司首届烧碱生产工、盐酸生产工职业技能鉴定考评，这对于企业行业标杆典范、实施人才强企战略具有非常重要的意义。

2012年4月27日上午，自治区在新疆人民会堂隆重举行庆祝“五一”国际劳动节暨表彰大会，共庆工人阶级和劳动群众的光辉节日，表彰全区各行各业涌现出的先进集体和个人。股份公司两位获奖代表参加了此次大会。在这次表彰大会上，股份公司阜康能源技术总监王雅玲荣获“开发建设新疆奖章”；新疆华泰重化工有限责任公司氯碱厂烧碱车间荣获“全国工人先锋号”；新疆华泰重化工有限责任公司氯碱厂电解车间、新疆华泰重化工有限责任公司热电厂燃化二车间、中泰矿冶原料车间荣获“自治区工人先锋号”等光荣称号。员工是中泰化学的根本，也是中泰化学永远的骄傲。

第二章

资本市场，不仅仅是融资

资本市场作为社会主义市场经济的重要组成部分，是经济发展的晴雨表，资本市场的发育程度，往往是衡量区域经济发展水平和市场化程度的重要标志。包括股东、企业家、潜在投资者在内的社会大众一谈到资本市场，首先跃入脑海的常常是“融资”二字。的确，融资是资本市场提供给资金需求者进行资本运作和筹划的有效工具，从而也导致了社会大众把资本市场等同于融资的直接感官冲击，然而融资仅仅是资本市场对企业的重要作用之一。

经过近20年来的改革和发展，我国资本市场从无到有、从小到大，在国民经济中发挥作用的范围和程度也在日益扩大和提高。它在优化我国资源配置方式，改善公司治理结构，推动现代企业制度的确立以及促进产业结构的优化升级和经济发展方式的转变等方面发挥了越来越重要的作用。此外，资本市场的发展还推动了企业社会责任制度的建立和品牌知名度的提升。《上市公司社会责任指引》将社会责任引入上市公司，鼓励上市公司积极履行社会责任，披露社会责任的相关制度建设。上市公司应当在追求经济效益、保护股东利益的同时，发挥上市公司作为国民经济排头兵的示范效应，注意履行相关责任，促进公司本身与全社会的协调、和谐发展，提升公司市场地位。

因此，本篇将结合中国资本市场发展背景和中泰化学的实际情况来阐述资本市场的作用机制与企业成长的关系。本篇主要由六部分内容构成：完善整体发展战略，实现产业梦想；规范公司治理结构，促进企业良性发展；形成市场化经营机制，提高企业竞争力及抵御风险能力；促进企业文化发展，打造“百年老店”；提高品牌知名度，提升企业市场地位；实施人才资源战略，建立有效的激励机制。

一、完善整体发展战略，实现产业梦想

企业战略就是一定时期内对企业发展方向、发展速度与质量、发展点及发展能力的重大选择、规划及策略。企业战略可以帮助企业指引长远发展方向，明确发展目标，指明发展点，并确定企业需要的发展能力，战略的真正目的就是要解决企业的发展问题，实现企业快速、健康、持续发展。

发展战略通常由愿景、战略目标、业务战略和职能战略四大部分组成。

（1）愿景：企业未来要成为一个什么样的企业？

（2）战略目标：企业未来要达到一个什么样的发展目标？

（3）业务战略：企业未来需要哪些发展点？要在哪些产业、哪些区域、哪些客户中、哪些产品上发展？怎样发展？

（4）职能战略：企业未来需要什么样的发展能力？需要在市场营销、技术研发、生产制造、人力资源、财务投资等方面采取什么样的策略和措施以支持企业愿景、战略目标、业务战略的实现？

在发展战略框架中，所有构成部分都是围绕企业发展来进行的。愿景是企业发展的起点，它指引企业发展方向；战略目标是企业发展的要求，它明确了发展速度和发展质量；业务战略，包含产品战略、客户战略、区域战略和产业战略，是企业发展的手段，它指明了企业的发展点；职能战略是企业发展的支撑，它确定了企业的发展能力。愿景、战略目标、业务战略和职能战略构成企业战略自上而下的四个层面。上一层面为下一层面提供方向与思路，下一层面对上一层面提供有力支撑，它们之间相互影响，构成一个有机的发展战略系统。

发展战略框架是一种良好的战略方法论体系，它明确了企业发展方向、发展速度与质量、发展点和发展能力等战略问题。在瞬息万变的市场经济发展背景下，企业只有不断完善整体发展战略，才能帮助企业真正解决发展问题，实现企业快速、健康、持续发展，实现产业梦想。

（一）中泰化学的产业梦想

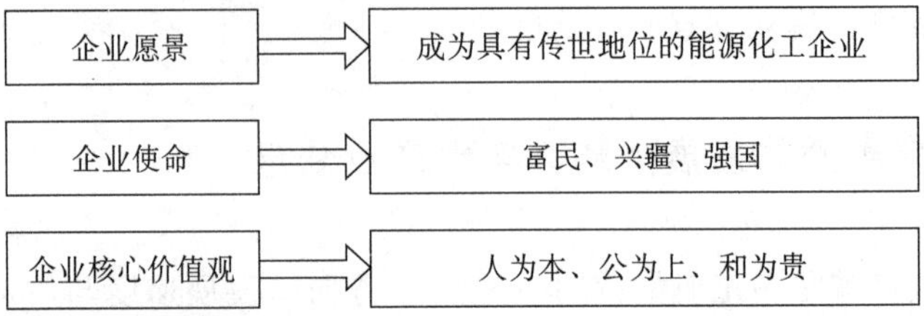

图 2－1　中泰化学的愿景、使命、核心价值观

中泰化学的企业愿景是成就世界级具有传世地位的能源化工企业集团。氯碱行业作为资源转化型产业，是资源和资本密集型的基础化工原料产业。因此，规模化和集约化是氯碱企业增强市场竞争力的必然选择。中泰化学的产业梦想建立在依托资源优势与规模效应的基础上，其最终的实现离不开资本市场的支持。资本与资源的有机结合，实现了中泰化学“十一五”规划关于成为西部地区重要的氯碱生产基地的目标，同时其持续的发展后劲有望在“十二五”期间把中泰化学铸造成为国内最大氯碱化工企业以及成为具有传世地位的能源化工企业。

1. 中泰化学的十年规划

中泰化学以科学发展观为指导，坚持循环经济发展理念，立足于公司已建立的产业基础，加大企业内部产品结构调整和优化的力度，实施化工材料和化工能源共同发展战略，“十一五”到“十二五”时期，规划建设以煤电煤化工为主体、上下游产业链紧密结合的产业集群，形成新的经济增长点，逐渐把中泰化学建设成新疆自治区主要化工能源基地之一，并成为国内最大的氯碱化工企业。

（1）中泰化学“十一五”规划——西部重要的氯碱生产基地。中泰化学“十一五”规划的发展战略是：依托新疆的优势资源和能源，充分利用西部大开发的机遇和政策，以氯碱化工为主体，采用“整体规划、分步实施”方式，建设盐、煤、电、化为一体的产业群，形成主业突出、上下游产业链紧密结合的效益型结构，成为可持续发展的现代化环保型氯碱化工企业。

“十一五”的总体发展战略明确提出了中泰化学的产业梦想，要按照盐、煤、电、化一体的方向，实现坚持一个中心、发展两大主导产业、实现三大突破、提升四大能力、提高六个方面水平发展目标。即把在发展中将公司做大做强作为“十一五”的中心任务；把发展氯碱化工和煤化工作为两大主导产业；实现产业和产品结构调整、延伸上下游产业链和建立新型的供电系统三个重大突破；重点提升企业的自主创新、经营管理、市场开发和综合竞争四大能力；提高资源综合利用、产品的技术含量和附加值、环境保护、三支队伍建设、企业文化建设、员工收入六个方面的水平。在新疆自治区的支持下，把中泰化学建成西部地区重要的氯碱生产基地。

（2）中泰化学“十二五”规划——国内最大氯碱化工企业。中泰化学“十二五”规划的发展战略是：未来5年，将中泰化学建设成资源和能源利用效率高、环境友好、主业突出、配套完善、具有较强国际竞争力、可持续发展的能源产业集群。争取到“十二五”末期，中泰化学成为国内最大氯碱化工企业，力争进入世界氯碱企业前列。

中泰化学将以现有产业为基础，充分发挥公司在技术、人才、管理、资金等方面的优势，稳妥有序地扩大电石法PVC和烧碱产能，从而继续强化氯碱产业的主导地位。同时，公司也将积极做好原盐和石灰石开采、发电机组、电石、炭材、电石渣制水泥等上下游配套产业的建设工作。

中泰化学“十二五”规划战略指导思想是：坚持以科学发展观为指导，全面贯彻落实自治区党委七届九次、十次全委（扩大）会议精神，利用国家大力扶持新疆自治区经济社会发展的有利时机，充分发挥新疆地区煤炭、天然气、电力、原盐、石灰石等资源丰富的优势，按照“结构调整、科技创新、节能减排、环境保护”的基本原则和“老项目补齐短板、新项目补充完善”的基本方针，强化氯碱化工作为中泰化学主营业务的地位，稳妥有序地扩大电石法PVC和烧碱产能，加快建设石灰石、兰炭、电石等上游产业项目以及发电等配套设施，积极开展煤制甲醇、甲醇制烯烃、已二酸、多晶硅等项目的前期工作，延伸产业链，完善产品体系，发展战略性新兴产业。按照“整体规划布局、相互配套完善”的发展思路，建设好中泰化学米东工业园、阜康工业园、大黄山工业园、奇台工业

园、乌鲁木齐经济技术开发区工业园、托克逊工业园六大工业园，形成具有中泰特色的产业集聚发展模式，大幅度提升中泰化学在国内外化工行业的地位，为打造国内领先、国际一流的一体化综合型能源企业奠定重要基础。

2. 资本市场培育龙头企业

2006 年 12 月 8 日，中泰化学在深圳证券交易所上市，正逢“十一五”规划的第一年，新融资渠道的开拓和充足的资金保证促使了中泰化学产业规模和资源效应的急速扩张。中泰化学首次融资 6 亿多元，鉴于公司当时正面临良好的市场发展机遇，为迅速扩大公司产能，强化公司竞争优势，首次募集资金用途为对控股子公司新疆华泰重化工有限责任公司增资 6 亿元，用于 12 万吨每年聚氯乙烯专用树脂配套 10 万吨每年离子膜烧碱工程项目。华泰一期项目已于 2006 年 4 月建成投产，截至 2012 年 9 月 30 日该项目累计实现收益 52 635.34 万元。同时上市后的持续融资为中泰化学的规模扩张提供了可能，实现了资本与资源的有机结合。2003－2012 年中泰化学股东权益和负债总额情况如图 2－2。

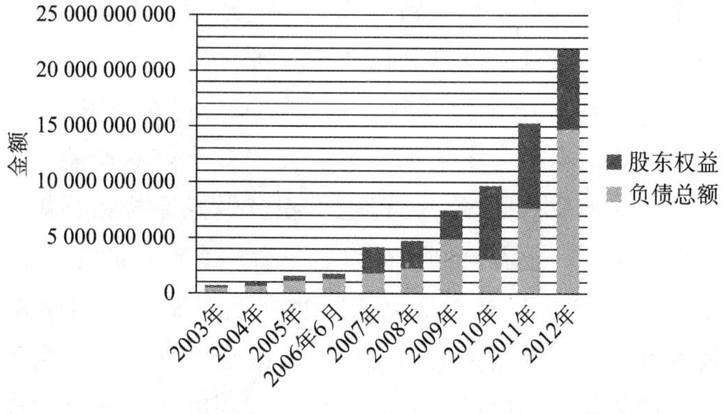

图 2－2　2003－2012 年中泰化学资本结构

资料来源：招股说明书以及年度报告。

从企业规模来看，自 2006 年企业上市以来，资产规模得以急速扩张。上市前总资产 18 亿，2007 年总资产达 41.75 亿元，之后每年呈现快速增长趋势，公司也加大了债务融资的力度，充分利用财务扛杆的作用。这主要是由于中泰化学充分依托新疆的优势资源，坚持以先进适用技术改造传统产业，自上市以来主要产品产量、销售收入保持了高速增长，生产规模不断扩大，经营业绩水平不断提升，从而使企业偿债能力大幅提升。

在资金充足的有利保证下，中泰化学积极进行资源储备，建设上游原料基地。2007 年 6 月，公司获得了新疆准东煤田南黄草湖 248.6 平方公里 9 个煤矿区的探矿权，探明煤矿资源储量为 147 亿吨。此外，中泰化学已拥有已探明储量达 6 973 万吨的盐矿，公司的原盐需求可以实现自足，是全国极少数实现了盐碱合一的企业。

2012 年，公司共生产聚氯乙烯树脂 89.77 万吨，完成年计划的 102.48%，同比增长 9.49%；生产烧碱 67.28 万吨（含自用量），完成年计划的 103.68%，同比增长 9.51%；发电量 25.13 亿千瓦时（含自用量）。全年销售聚氯乙烯树脂 85.53 万吨，销售烧碱 55.66 万吨；实现营业收入 7 112 887 951.78 元，实现营业利润 246 575 683.34 元，实现归属于上市公司股东的净利润 270 704 017.39 元。

作为西部大开发优秀企业、新疆重点支持的 30 户最具成长型企业之一，中泰化学依托新疆的优势资源和能源，充分利用资本市场开拓渠道，按照科学发展观的要求，坚持循环经济的发展理念，坚持盐、煤、电、化一体的战略发展方向，立足于可持续发展，通过募集资金投资项目建设，中泰化学的规模优势进一步扩大，在国内外市场上的竞争能力进一步提高。

股票发行上市，为中泰化学的研发、技术创新、增资扩张创造了良好的外部条件。建立资本市场融资渠道，为实现公司业务目标提供资金来源，保证了公司扩大生产规模的资金需求；持续融资拓展了公司发展空间，有利于增强公司中长期发展后劲，提高公司的社会知名度和市场影响力，进一步增强公司实力，提高公司参与市场竞争与合作的能力。充足的资金支持保证了中泰化学的资源规模扩张和研发投入，从而推动了中泰化学在氯碱行业规模效应的扩展和资源优势的竞争，奠定了中泰化学在全国氯碱化工产业中的龙头地位。

（二）坚定不移地走专业化路线

中泰化学始终坚定不移地走专业化路线，依托资本市场的资金支持，集中发展核心行业，同时高度重视科技创新工作，不断加强自主创新能力，完善技术创新体系，加大科研投入，从行业专业化和技术先进化两个层次不断地走向专业化道路。

1. 资本市场促进主导产业的形成及其扩散效应的实现

在经济发展过程中，选择主导产业并加以扶持，进而带动整个工业化

水平的提高，是加快工业化进程和经济增长的重要手段。而要有效地推动主导产业的成长，对其融资支持的关键时期是在该产业成长性充分体现之前，即某一产业的市场显性优势还没有通过系列价值指标反映出来的时期。主导产业作为产业结构调整中的核心部门和经济中的高增长率部门，其巨额资本需求往往由于资本转移和风险分散无法实现而受到阻碍，进而影响其对其他产业的扩散效应的顺利实现。而资本市场集中投资并且分散风险的功能正好适应主导部门的融资需要。与政府对产业的行政干预机制不同，资本市场的融资机制能够从市场经济的内在要求出发，通过市场来体现国家的产业政策导向，实现对产业的资源配置。

在抓住机遇、做大做强、集成优化、一主多元的发展理念指导下，中泰化学依托多次融资及投资，形成了以氯碱行业为首、包括发电行业和电石行业的三大核心产业。

首次募集资金到位后，中泰化学按照《首次公开发行股票招股说明书》承诺于2006年12月12日向新疆华泰重化工有限责任公司增资60 000万元，用于归还华泰一期项目建设银行贷款及应付款项。新疆华泰重化工有限责任公司在首次募集资金到位前，自行筹集资金先行投资建设了12万吨每年聚氯乙烯专用树脂配套10万吨每年离子膜烧碱工程项目。该项目于2006年4月建成投产，截至2012年9月30日该项目累计实现收益52 635.34万元。

2007年募集资金到位后，中泰化学按照《2007年增发新股招股说明书》承诺于2008年1月9日向新疆华泰重化工有限责任公司增资92 211万元，用于建设年产12万吨聚氯乙烯专用树脂配套10万吨离子膜烧碱工程一期技术改造项目。新疆华泰重化工有限责任公司在此次募集资金到位前，自行筹集资金先行投资建设了12万吨每年聚氯乙烯专用树脂配套10万吨每年离子膜烧碱工程技改项目。该项目于2007年12月建成投产，截至2012年9月30日该项目累计实现收益38 438.10万元。

2010年募集资金到位后，中泰化学按照《非公开发行股票预案》承诺于2010年4月29日向新疆华泰重化工有限责任公司增资371 963.99万元，用于建设36万吨每年聚氯乙烯树脂配套30万吨每年离子膜烧碱二期项目。该项目已于2010年11月建成投产，截至2012年9月30日该项目累计实现收益39 438.47万元。

2012年募集资金主要用于建设中泰化学阜康工业园120万吨每年聚氯

乙烯树脂、100 万吨每年离子膜烧碱循环经济项目（二期），总投资 722 034.73万元。项目预计 2015 年建成投产，达产后将为公司新增 80 万吨聚氯乙烯树脂、60 万吨离子膜烧碱生产能力。本项目正常达产后，预计年均实现营业收入 581 121.09 万元（不含税），年均利润总额 128 920.18 万元，项目财务内部收益率为 17.76%（税后），投资回收期为 7.26 年（税后，含建设期）。

从首次募资到后续增资，中泰化学募集资金的投向未有变更情况。在资本和专业化投产的有效推动下，中泰化学形成以氯碱产业为主导、发电和电石产业共同发展的产业模式（见图 2－3）。

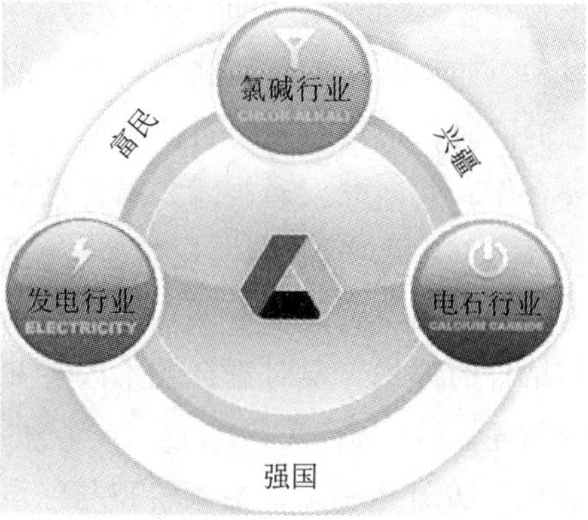

图 2－3　中泰化学的核心产业

资料来源：http://www.zthx.com.

2. 资本市场提供技术创新的有利保证

20 世纪 80 年代以来，“新经济增长理论”研究证明技术进步是经济增长的核心，是推动产业发展和升级的重要内生变量。技术进步和创新以及由此引发的生产函数的变化必然对产业间的比例关系以及产业的升级产生重要影响，从而改变产业发展的方向。在这个过程中，创新持续作用于产业成长的全过程，由创新导致新产业的出现，并促使其生产规模不断扩大，成本不断降低，并逐步替代传统产业成为主导产业，从而引领主导产业的更替和有序发展。

值得注意的是，创新推动经济增长以及产业结构调整升级的这一过程如果离开另一主导因素——金融支持，创新是无法实现的。18 世纪的许多技术发明并没有点燃英国工业革命之火，相反，具有高度流动性的金融市场使长期的和巨大的投资成为可能。技术进步使得劳动生产率提高、生产成本下降，但技术进步只有与金融革命相结合才能共同推动产业结构的高级化合理化发展。当具有高度流动性的金融市场能为产业发展提供必要的资金支持时，技术进步才能在产业发展中发挥作用。

中泰化学技术创新体系的建立和完善也离不开资本市场的支持。作为资金和资源密集型的企业，技术的创新和研发中心的建立特别是在其发展初期，对外源性融资尤其是股权融资有着更大的依赖性。与间接融资相比，直接融资的优势除了风险承担能力强之外，还能够给予企业良好的财务处理空间，有利于企业发展对长期资金注入的需求。

依托强有力的融资渠道，中泰化学目前已经形成以技术中心为研发核心，与各生产单位形成中心、分厂、车间三级技术开发和技术攻关网络，通过持续的技术开发和工艺创新，不断增强公司产品的竞争力。在建立企业内部技术创新体系的同时，积极与国家科研院所和北京化工大学、青岛科技大学等大专院校合作，共同开发新技术、新产品、新工艺，提高中泰化学技术装备和操作水平，优化产品结构，提高产品质量，同时不断追踪国内外新产品、新工艺的发展动态，积极调查了解市场需求变化情况，采取引进与自主开发相结合的方式，及时进行技术改造和新产品开发，力争使技术水平保持国内领先。

在“创新、产业化”方针指引下，探索科技与经济结合的新途径，加强科技成果向生产力转化的中间环节，促进科技产业化，形成了集理论研究、项目选择、技术研发、科技成果转化、化工行业技术服务为一体的联合开发体，共同致力于新产品的开发、新技术的应用和技术难题的攻关。

公司建设的中泰化学米东工业园，在连续三期的项目建设中不断地引进新技术，使得公司可以不断改进技术。公司投资购买了多种国内先进的工程设计、管道设计、仿真设计软件。近年来公司在技术能力提升、基础条件建设、产品研发和公司内部技术改造等方面有着坚实基础，并取得了一些具有自主知识产权的科研和工程技术成果。公司先后引进并自主开发了多项具有国内领先水平的工艺技术，如“一次盐水膜法脱硝技术”、“氯乙烯变压吸附 VCM 尾气氢回收技术”、“聚合干燥流化床干燥工艺技术的应用”、“乙炔气浓硫酸清净技术的开发应用”、“70m^3 聚合釜顶冷技术的开发应用”、“多型号树脂产品的开发” 等。

2012 年，公司不断加快推进产学研结合的技术创新体系建设，投入 1 000万元在北京化工大学设立校企联合技术研发中心和联合实验室，进行新型催化剂、资源综合利用以及现代煤化工、石油化工相关产业关键技术的开发应用，启动了研发试验基地建设项目。

长期以来，中泰化学技术创新工作的重点是对引进的新技术不断消化吸收再创新，开展技术攻关研究、新技术新产品的研究开发和技术储备工作。在新产品开发方面，根据公司战略规划和产业链发展趋势，深入开展煤化工新工艺技术方面的研究工作，重点研究学习煤气化技术、煤制烯烃技术、煤制天然气、煤基多联产等技术及示范装置的项目建设、新设备的应用和投产运行情况，以及国内相关产业政策。相关研究开发工作通常是与技术改造项目和新建项目以及新产品引进项目同步进行，通过新产品的开发，形成自己的特色产业链。努力掌握氯碱生产制造过程中的关键技术，在离子膜烧碱、降膜法液碱蒸发、片碱制造、PVC 聚合等关键和新技术上消化吸收再创新，实现在国内氯碱、聚氯乙烯市场产品的优势，在产品质量、产品种类、制造成本上做优做强，不断提升其专业化水平。

中泰化学不仅拥有世界一流的先进装备技术，而且在发展中不断提升自主研发能力，进一步巩固其在行业中的领先地位，尤其是科研技术能力的领先地位，同时公司加大科研投入力度，不断引进和培养人才，更好地对引进的技术进行消化吸收再创新。

聚氯乙烯树脂产品生产采用国内先进的 $108m^3$ 大型聚合釜、全套 DCS 控制技术，具备国内领先水平；聚合干燥采用国外节能型流化床干燥技术。在消化吸收先进技术、引进先进设备的同时，公司不断自主创新开发，目前生产正在向设备大型化、控制自动化方向发展。随着对先进生产技术消化吸收能力的不断提高，生产技术已达到国内先进水平，聚氯乙烯树脂产品处于大批量生产阶段。

烧碱产品采用离子膜法生产技术。离子膜法烧碱具有能耗低、污染小、产品纯度高等优点，是目前世界上最先进的制碱技术。离子膜制碱技术是具有划时代意义的电解制碱技术，已经被世界公认为技术最先进和经济上最合理的烧碱生产方法，装置技术含量高、自动化程度高、综合投资小。中泰化学的离子膜烧碱生产采用的是目前世界最先进的高电流密度零极距自然循环电解槽、DCS 控制技术，固体离子膜烧碱生产采用国际先进的瑞士博特公司粒碱生产工艺，烧碱产品处于大批量生产阶段。

另外，中泰化学自主开发并已应用的先进实用技术有废酸脱析回用技术、氯化氢合成废热制冷技术、电石发生器废水重复利用技术，这些技术

在降低生产成本以及环境保护方面发挥了显著的作用并取得了明显成效。

（三）瞅准时机，整合资源，促使产业链一体化

资本市场对资源整合，促使产业链一体化的积极效应首先体现在为企业发展提供了有力的直接融资支持。资本市场作为联系和沟通资金供给和需求的纽带，能够快速地将社会闲散资金直接向筹集企业集中，从而实现产业结构的增量调整，向产业结构中注入新的生产要素。其次，资本市场的产权界定功能为资源在产业间的有效配置提供了基本前提。初始和合理的产权界定，不仅是一切资源进行配置的首要和前提条件，也是产业结构调整不可缺少的前提和要求。资本市场的产权界定功能，为产业结构的调整提供了便利，使得生产要素摆脱了物质形态的制约，既可以进行分割，又可以在市场上进行各种权利的连续性交易。再次，资本市场的风险定价功能能够为产业结构升级提供基本导向。资本市场通过对资本资产的风险定价，结合供求竞争机制以及利益风险等因素的相互联系和相互作用，形成了灵敏的价格传导信号，通过价格形成机制及价格调节机制的引导，完成资本资源在不同产业之间的有效配置。

产业链一体化是氯碱企业最大程度获取利润的主要方法。氯碱产业获得较高的附加值，并保持持续发展的主要路径应是加快产业链一体化进程，形成上中下游一体化的发展模式，才能够实现资源综合利用和经济效益最大化。而氯碱行业资源的整合需要巨额的资金支持，中泰化学通过多次增发募集大量资金，瞅准时机进行资源整合，建立一体化的产业链，实现了资源的有效利用。

氯碱产业配套涉及热电、水泥、电石、塑料加工、其他氯产品等多个以烧碱、聚氯乙烯生产为核心的上下游产业。“电—碱”联产、“盐—碱”联产、“电石—聚氯乙烯”联产将成为未来发展趋势。产业链一体化能缓解用电紧张问题，并降低用电成本。近年来，我国大范围的用电紧张和电价上涨，直接影响了氯碱产业的经济效益。热电联产可充分利用能源，大大降低氯碱产品的生产成本。以热电联产和直接供电为主要方式的“电—碱”联产逐渐成为氯碱产业的主要发展趋势。随着电、盐体制改革的深入，产业链一体化的优势将会逐步显现出来。

产业配套对消除污染、实现循环经济具有重大意义。氯碱产业通过采用清洁生产工艺，把“三废”消除在生产过程中，按照循环经济“减量

化、再利用、资源化”的原则，实现从开环的末端治理到闭环的全过程控制，系统地节约资源和减少“三废”排放。产业配套和循环经济项目已在国内一批氯碱企业中实施。电石渣、粉煤灰渣生产水泥等废物资源化利用，取得了良好的综合效益。

为了遏制氯碱行业的盲目扩张，促进产业结构升级，国家发改委2007年颁布了《氯碱（烧碱、聚氯乙烯）行业准入条件》，在产业布局、规模、能源消耗和环保等方面对氯碱行业新建、改扩建项目进行了准入限制，提高了氯碱行业的产业集中度，进一步优化了资源配置，尤其对电石法聚氯乙烯生产企业起到了制约和导向性作用，也使得规模偏小的氯碱企业面临更大的竞争压力，而具有资源优势、规模优势和采取循环经济的龙头企业将从中受益，有望在竞争中取得更大的市场份额。

中泰化学及时紧抓新疆发展机遇，在规模扩大的同时完善公司产业链，加大产品结构的调整，加快新产品的研发，努力增加产品品种，提高核心竞争力，加大市场开拓力度，占领规模制高点、技术制高点、市场制高点、效益制高点。公司生产经营符合国家产业政策，而且所经营的氯碱业务能够发挥新疆的资源和能源优势，推动新疆资源的综合利用和转化，符合新疆优势资源转换战略。

早在“十一五”规划中中泰化学已提出按照盐、煤、电、化一体的方向，发展氯碱化工、煤化工两大主导产业，实现产业和产品结构调整、延伸上下游产业链和建立新型的供电系统三个重大突破。2007年，公司被列为新疆自治区优势资源转换试验基地、循环经济试点单位，被中国氯碱协会推荐为全国节能降耗先进单位。通过新、改、扩建项目不断完善上下游产业链，形成“资源—产品—再生资源”的循环体系。

长期以来中泰化学坚持把新疆的资源优势转化为现实的经济优势，凭借公司资源、技术、装置、市场等各方面的优势，以氯碱化工为主体，按照循环经济生产模式，建成“盐、煤—电—氯碱产品—氯碱产品深加工”循环经济产业链，即用盐、煤生产出烧碱、聚氯乙烯等氯碱产品，向下延伸生产氯苯、氯化聚乙烯、氯化聚氯乙烯、各种原料中间体、精细化工产品等，生产聚氯乙烯产生的废渣再加工成水泥。具体见图2－4。

随着氯碱产业竞争的进一步加剧，资源优势将会逐步显现出来。“电—碱”联产、“盐—碱”联产、“电石—聚氯乙烯”联产将成为氯碱产业的主要发展趋势。西部地区的企业积极利用资源、能源优势，加大对上游

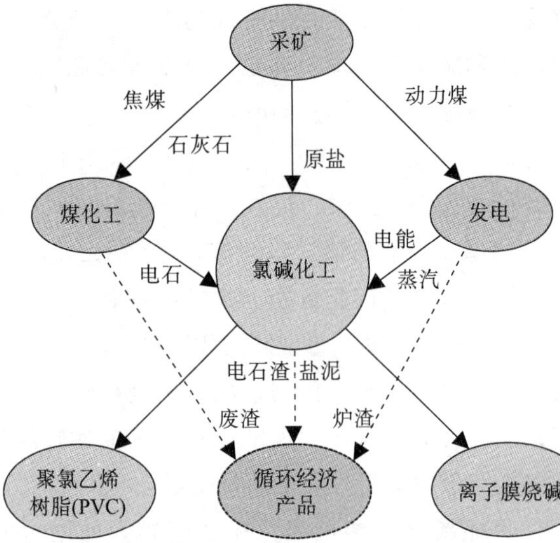

图 2－4　中泰化学一体化产业链

产业的投入，上下游平衡发展。这些企业将建设“煤炭—电力—电石—聚氯乙烯”完整产业链，依托资源禀赋优势和完整的产业利润转移链条，最终以“相对低成本搬运煤炭”的方式获得超额利润。电石法聚氯乙烯生产企业通过多种方式大力投资电石、热电，逐步增强原材料供应的自主性、稳定性，降低氯碱产品的生产成本。

经过投资建厂不断扩大产能和生产规模，现在公司主要产品产能已居行业前列，为占领行业规模制高点奠定了坚实的基础。因氯碱配套电石、热电，电石配套自备电，公司的产业链得到进一步完善，产业链一体化的成本优势将会逐步显现。

2013 年中央经济工作会议提出的“促进经济持续健康发展”、“积极稳妥推进城镇化”，将进一步加快城乡一体化建设，这将带动氯碱行业下游企业的回暖。中泰化学所在行业属于基础化工原料行业，是国民经济发展的基础，是不可缺少的。目前，新疆正处于大发展、大建设的机遇期，而且随着十八大的召开，全国经济正走向发展关键期，中泰化学的再融资是与项目发展结合在一起的，此时准备建设募投项目，可以进一步扩大公司的生产规模，完善产业链，发挥规模优势和成本优势，有利于提高资产质量、增强持续盈利能力。

基于中泰化学氯碱主业、煤化工等因素考虑，依托资本市场，瞅准时机，进行资源整合，不断优化氯碱产业链是目前公司战略规划的最佳选择。

二、规范公司治理结构，促进企业良性发展

公司治理结构又称法人治理结构，是现代企业制度中最重要的组织架构。狭义上公司治理结构是跟公司董事会功能、结构、股东权力等有关的一系列制度安排，广义上是与公司控制权和剩余索取权分配相关的整套法律、文化、制度的安排，是公司所有权安排的具体化，是一系列正式、非正式的契约关系组合。概括来说，公司治理结构是所有者对公司经营管理和绩效实施监督、控制的一整套制度安排。

国有企业的治理结构改革既要进行内部治理结构改革，也要进行外部治理结构改革。国有企业治理结构改革尤其是外部治理结构的改革需要资本市场的发展，资本市场的健康发展促进企业转换经营机制，优化企业治理结构，建立现代企业制度。企业改制上市，要确定法人治理结构，保持较高的透明度，依法定期不定期地披露信息，接受股东、监管部门和社会公众的监督，这些均有利于企业治理结构的改善。

完善的企业治理结构是现代企业制度的基本要求，有效的企业治理结构能使企业在市场竞争中立于不败之地。中泰化学按照《公司法》、《证券法》、《上市公司治理准则》等相关法律、法规和规范性文件的规定，建立了由公司股东大会、董事会、监事会和高级管理层组成的企业治理结构。随着企业的不断发展，企业逐渐形成健全的组织机构，形成股东大会、董事会、监事会独立运作的治理模式。

（一）建立现代企业制度

截至 2012 年 12 月 31 日，中泰化学的组织结构如图 2－5 所示。

2001 年 12 月 16 日，中泰化学召开创立大会暨第一次股东大会，通过了公司章程，选举产生了公司第一届董事会、监事会成员，建立了公司法人治理结构及运作规则。为了满足上市对于公司法人治理结构的要求，2005 年 1 月 25 日，公司召开第一次临时股东大会，按照《上市公司章程指引》、《关于在上市公司建立独立董事制度的指导意见》和《上市公司治理准则》的要求，修订了公司章程、股东大会议事规则、董事会议事规则、监事会议事规则、独立董事工作制度等内控制度，建立健全了符合上市公司要求的公司治理结构。

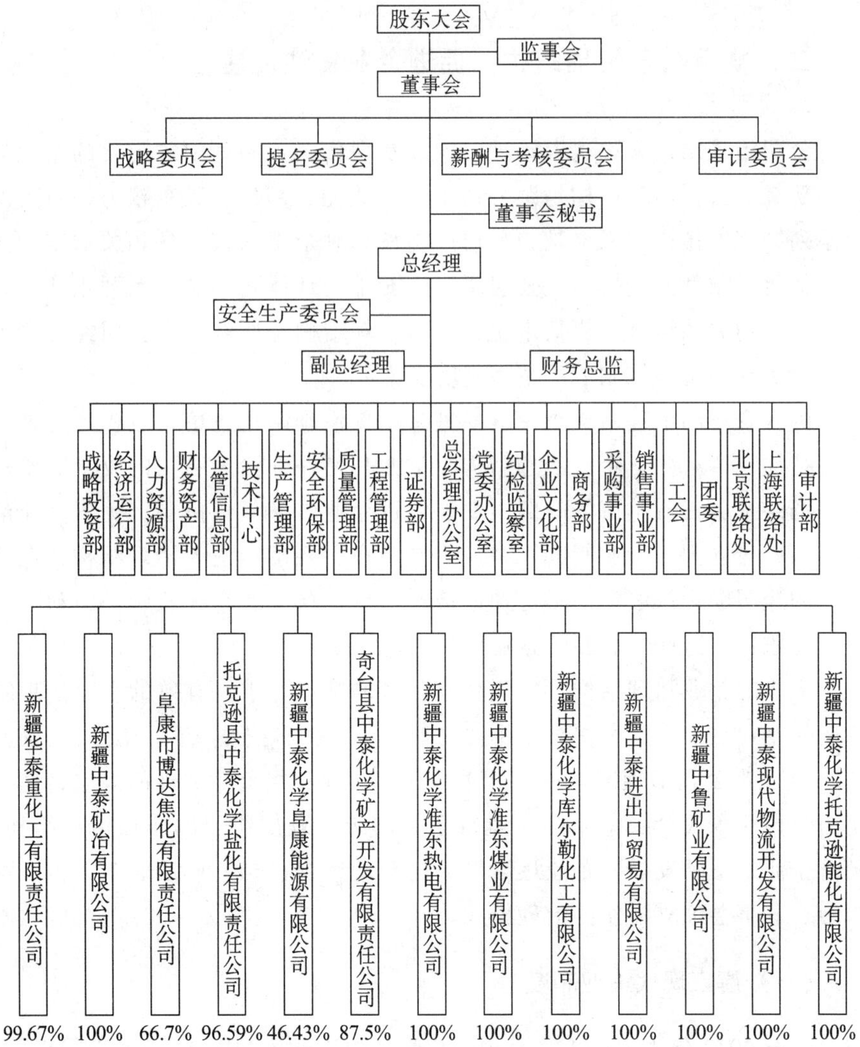

图 2－5　中泰化学组织结构图

资料来源：中泰化学 2012 年度社会责任报告。

按照《公司法》、《证券法》和《公司章程》的规定，中泰化学建立了较为完善的法人治理结构。股东大会是公司最高权力机构，通过董事会对公司进行管理和监督。董事会是公司的常设决策机构，向股东大会负责。董事会对公司经营活动中的重大决策问题进行审议并作出决定，或提交股东大会审议。监事会是公司的监督机构，负责对公司董事、经理的行为及公司财务进行监督。公司董事会下设战略、审计、提名、薪酬与考核四个专门委员会，专门委员会成员全部由董事组成，根据公司章程，公司设立监事会，代表全体股东监督董事会、经理层对企业的管理。公司下设总经理办公室、人力资源部、财务资产部、证券部、安全环保部、生产管理部、质量管理部、销售事业部、采购事业部等部门，各部门均按公司的管理制度在公司管理层的领导下运作，与股东完全分开且独立运作，不存在任何隶属关系。

1. 关于股东大会与股东

（1）股东大会运作情况。股东大会是公司的最高权利机关，它由全体股东组成，对公司重大事项进行决策，有权选任和解除董事，并对公司的经营管理有广泛的决定权。中泰化学制订了《公司章程》、《股东大会议事规则》，并按其规定和要求，规范股东大会的召集、召开和表决程序，对重要事项进行表决时，公司提供网络投票平台，确保全体股东特别是中小股东享有平等权力。

2001 年 12 月 16 日，中泰化学召开创立大会暨第一次股东大会，通过了公司章程，选举产生了公司第一届董事会、监事会成员，建立了公司法人治理结构及运作规则。2005 年 1 月 25 日，公司召开年度第一次临时股东大会，积极筹备公司上市工作。2010 年 5 月 20 日，中泰化学 2009 年年度股东大会审议通过了现行《股东大会议事规则》，该规则以《上市公司股东大会规则》为基础，结合中泰化学具体情况制定。该《股东大会议事规则》共 110 条，详细规定了股东的权利和义务、股东大会的职权、股东大会召开方式、召集程序、议事程序、决议的执行等一系列内容。

2012 年公司共召开 8 次股东大会，提交股东大会审议的议案共计 49 项。公司严格按照《公司章程》及《股东大会议事规则》的规定召开股东大会，确保股东能够依法行使表决权，股东大会的召集和召开程序、出席会议人员资格及表决程序均符合有关规定。除选择在公司所在地召开股东大会现场会议外，在审议修订公司章程、制定分红方案、进行再融资等重大事项时均采取了网络投票和现场投票相结合的方式，便于更多股东参加会议，行使其权力。

（2）股东情况。依照股权结构集中度的不同，可以将股权结构划分为分散型股权结构与集中型股权结构两种类型。其中，分散型股权结构是指公司没有大比例持股的大股东，一般的标准是公司最大股东的持股比例在 20% 以下（也有按照 10% 作为控制线）；与此相反，集中型股权结构是指

公司存在占有绝对优势的控股股东。不同的股权结构会对股东行为有不同的影响，尤其是会对参与公司治理的大股东行为产生重要影响。在分散股权结构条件下，单个股东的搭便车行为使得非公司所有者的管理者掌权，也导致了所有者—管理者代理问题成为公司治理研究的核心问题。同样，集中股权结构条件下大股东对管理者的监督作用以及大股东侵占其他利益相关者利益而引发的大股东—其他利益相关者代理问题又成为公司治理研究的焦点。

随着资本市场的扩大，机构投资者的规模也越来越大，在国内证券市场上的地位和作用也逐渐扩大，成为了证券市场上的主体投资者。机构投资者在提升上市公司治理水平方面发挥了重要的作用，机构投资者对上市公司治理的参与包括：一是着重于一般性的公司治理，主要涉及股东、董事、经理层关系和关联交易、信息披露等方面；二是着重于与行业相关的公司治理，探寻适应于所属行业的最佳公司治理行为；三是着重于监察公司内部的执行和控制系统。

得益于资本市场的发展完善和股改的完成，自上市以来，中泰化学持股比例大于5%的股东有所减少，前十大股东持股比例逐渐下降，股权结构呈现出相对制衡的机制。我国大多数上市公司由国有企业改制而来，这种特殊背景下形成的股权结构有其明显的不足，存在表面上的“一股独大”和实质上的国有资本完全控股的问题。股东大会、董事会、监事会和经营管理机构中形成了“内部人”控制的完整网络和“一股独大”的治理格局，在相当大的程度上扭曲了股份经济和上市公司的内在机制。中泰化学其他股东的持股比例逐渐提高，最大股东的持股比例已经低于20%，公司股权呈现出分散型的结构对于大股东可以起到监督作用，从而有利于公司治理绩效的提高。

中泰化学机构投资者持股比例自上市以来逐渐提升，受金融危机宏观因素的影响在2008和2009年有所下降，但随后前十大股东中机构投资者持股比例一度提升到27.28%，达到历史最高点。机构投资者在国有企业建立现代企业制度和实现资源合理配置方面也起到很大的作用。机构投资者可以通过运用自己在管理方面和人才方面的优势，帮助企业进行现代企业制度的建设，也可以通过兼并重组等方式取得公司的控制权，从而对企业进行再次改组，使企业成为符合市场经济要求的具有活力的现代化企业，在内部组织方面建成一个比较适合的结构模式。机构投资者在实现资源配置方面起的作用更加明显，通过自己信息掌握和信息分析方面的优势，发现市场上有价值的企业并进行投资，这可以使该类企业股价上扬，从而为该类企业的扩大再生产提供了条件。

2. 关于董事会与董事

（1）董事会运作情况。董事会是依照有关法律、行政法规和政策规定，按公司或企业章程设立并由全体董事组成的业务执行机关。董事会是股东会或企业职工股东大会这一权力机关的业务执行机关，负责公司或企业和业务经营活动的指挥与管理，对公司股东会或企业股东大会负责并报告工作。股东会或职工股东大会所作的有关公司或企业重大事项的决定，董事会必须执行。

2010 年 5 月 20 日，中泰化学 2009 年年度股东大会审议通过了现行《董事会议事规则》。该《董事会议事规则》共 75 条，详细规定了董事的任职、辞职、董事会的组成及职权、董事会会议的召开、表决程序、董事会决议、会议文档管理、董事会秘书等内容。

公司董事会下设的各专门委员会各尽其责，大大提高了董事会运作效率。公司董事会设立审计、提名、薪酬与考核、战略四个董事会专门委员会，同时制定了《董事会战略委员会实施细则》、《董事会审计委员会实施细则》、《董事会提名委员会实施细则》、《董事会薪酬与考核委员会实施细则》。专门委员会成员全部由董事组成，其中审计委员会、提名委员会、薪酬与考核委员会中独立董事占多数，审计委员会中至少应有一名独立董事是会计专业人员。各专门委员会对董事会负责，其提案也应提交董事会审议决定。

审计委员会下设审计督查部，主要负责公司内、外部审计的沟通、监督和核查工作；提名委员会主要负责对公司董事和高级管理人员的人选、条件、标准和程序提出建议；薪酬与考核委员会主要负责制定公司董事及高级管理人员的考核标准并进行考核工作，负责制定、审查公司董事及高级管理人员的薪酬方案；战略委员会主要对公司长期发展战略和重大投资决策进行研究并提出建议。

董事会设董事会秘书。董事会秘书是公司高级管理人员，对董事会负责。董事会秘书由董事长提名，经董事会聘任或解聘。

2012 年中泰化学共召开 11 次董事会会议，提交董事会审议议案共计 86 项。董事会专门委员会召开了 6 次战略委员会会议、9 次审计委员会会

议、2 次提名委员会会议。公司严格按照《公司章程》、《董事会议事规则》的规定召开董事会，正确行使董事会的职权，决策程序合法规范，董事能够诚信勤勉地履行职责，依据《董事会议事规则》等制度开展工作，积极参加相关培训。

中泰化学 2006 年至 2012 年董事会运作情况如图 2－6 所示。

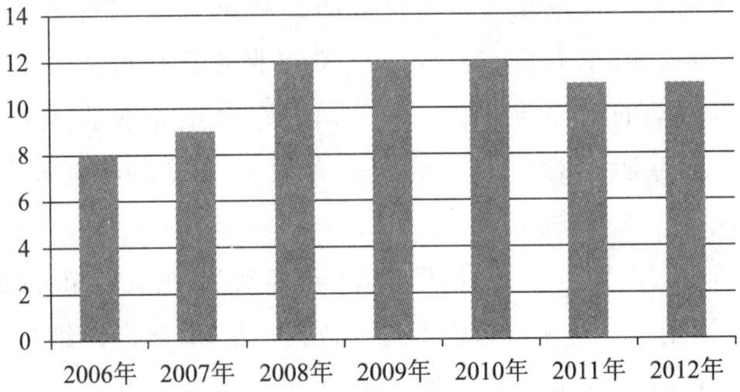

图 2－6　中泰化学 2006－2012 年董事会召开次数统计

资料来源：中泰化学年度报告。

从上图不难看出，中泰化学每年董事会召开次数相对稳定，2008 年以后，公司董事会召开次数较 2006 年和 2007 年有所增加，召开频率也更为密集。从董事会审议的内容上看，近几年来中泰化学董事会讨论内容存在以下几个特征：

①例行内容比重较高。针对临时股东大会决议、对公司中期及年度财务报表的审议、对上一年度工作的总计以及对本年度工作计划的审议、股东大会决议等的例行性会议在每年的董事会内容中都有很多体现，出现这种现象的主要原因是：公司上市后体制的转变带来了外部投资者及监管部门对公司相关信息需求的增加，使得公司对相关披露信息的关注程度提高，相关内容已经成为董事会会议的例行内容。

②投融资决议成为主要内容。银行贷款决议、银行授信额度申请计划、债券发行决议、股权融资决议、融资融券审议、套期保值审议等相关融资的审议已经成为各次董事会的重要内容之一，新建项目相关审议、新设公司相关审议、对外收购相关审议、对子公司以及新建项目追加投资的相关审议也一直是董事会的主要议题。中泰化学正处于快速扩张期，尤其是在上市之后，资本市场为上市公司提供了更多的融资机会，首发融资、增发融资、融资融券、发行债券等多样的融资方式被公司更娴熟地运用，

传统银行贷款融资也能解决公司短期资金需求。广阔的融资平台、多样化的融资手段大大提升了中泰化学的资本持有量，这也推动了中泰化学不断对外投资扩张，新公司设立、产能扩张以及产业链不断完善的节奏越来越快。因此，公司关于融资和投资的相关审议也越来越频繁。

③董事会审议内容针对性强。2006 年中泰化学上市、2007 年中泰化学股权增发融资、2010 年中泰化学股权增发融资、2011 年和 2012 年中泰化学分别发行债券融资、2013 年中泰化学股权增发融资，受到重大事件的影响，董事会当年对相关事项的审议及决议都围绕相关重大融资事项进行，次年以及以后年度还会针对融资用途对所融资金使用情况进行相关审议。由于重大融资时间对公司发展有重大影响，董事会对相关事项的重视程度较高，这也使得董事会审议内容受重大事件的影响较大，具有较强针对性。

④针对子公司相关事项的审议内容逐渐增加。2006 年至 2012 年，中泰化学董事会针对华泰重化、阜康能源、中泰矿冶等子公司的相关审议逐渐增加，针对子公司相关新建项目、增资、财务资助、担保等重大事项的审议在历次会议审议内容中也越来越频繁地出现。除此之外，收购子公司、新设子公司的相关决议数量也有所增加。随着中泰化学不断扩张，公司子公司在规模和数量上都快速增长，因此公司与子公司之间的相关业务也有所增加，子公司相关决策重要性也不断凸显，为加强公司对子公司的管理，董事会有必要增加对子公司相关事项的审议。

⑤内部治理相关审议一直是董事会讨论内容的主角。2006 年至 2012 年，中泰化学不断完善公司内部治理，董事会审议通过或修改了关于公司内部治理的相关规章制度 35 条，各年度审议通过的内部治理规章制度情况如图 2 - 7 所示。从图中不难看出，中泰化学上市后，不断完善自身内部治理，相关内部治理的规章制度在董事会上反复讨论审议，伴随着公司经营规模的不断扩大，董事会对公司内部治理相关建设的积极性也逐渐提高，相关制度文件得以不断制定或修改。公司针对股东与股东大会、公司与控股股东、董事与董事会、监事与监事会、绩效评价与激励约束机制、相关利益者、信息披露与透明度等 7 个方面都进行了卓有成效的制度建设，也有效完善了公司内部治理。

⑥重视公众形象，对外公益审议出现。2006 年至 2012 年，中泰化学董事会共进行了 4 次针对对外公益或捐赠的相关审议。把社会捐赠和公益

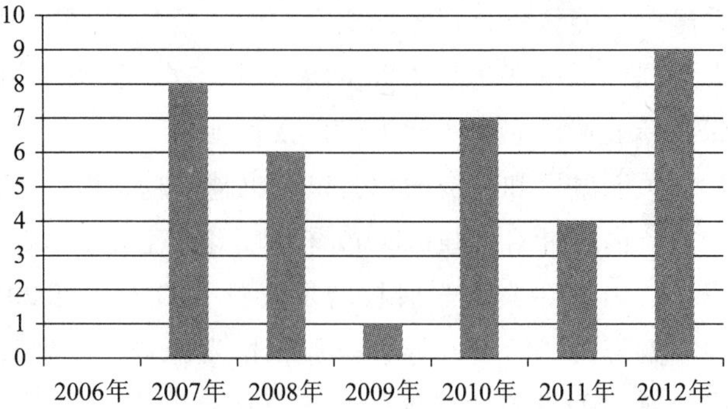

图 2 －7　中泰化学 2006 －2012 年发布施行的内部规章制度文件数量

资料来源：中泰化学年度报告。

事业作为公司的重大决策，可以看出公司董事会对建设公司良好社会形象的重视。

总体来看，中泰化学董事会讨论的事宜由一般性变得更加个性化，体现了企业已经习惯并纯熟运用现代企业法人治理结构来管理企业，规范意识在不断增强。

（2）董事情况。董事是由公司股东会选举产生的具有实际权力和权威的管理公司事务的人员，是公司内部治理的主要力量，对内管理公司事务，对外代表公司进行经济活动。

中泰化学按照《公司章程》规定的选聘程序选举董事。公司现有董事 13 名，其中独立董事 5 名，独立董事中有 2 名会计专业人员和 1 名法律专业人员。公司全体董事能够依据《董事会议事规则》、《独立董事工作制度》、《中小企业板块上市公司董事行为指引》等要求勤勉尽职地开展工作，能按时出席董事会和股东大会，积极参加相关培训，并熟悉有关法律法规。

3. 关于监事会与监事

（1）监事会运作情况。监事会是由股东（大）会选举的监事以及由公司职工民主选举的监事组成的，对公司的业务活动进行监督和检查的法定必设和常设机构。监事会也称公司监察委员会，是股份公司法定的必备监督机关，是在股东大会领导下，与董事会并列设置，对董事会和总经理行政管理系统行使监督的内部组织。2011 年 8 月 29 日，中泰化学 2011 年第三次股东大会审议通过了现行《监事会议事规则》。该《监事会议事规则》共五十八条，详细规定了监事会的构成、监事的义务、监事会职责，监事会会议的召开、议事范围、规则、表决程序、决议及公告等内容。

中泰化学监事会由五名监事组成，设主席一名，监事会主席由全体监事过半数选举产生。监事会主席召集和主持监事会会议；监事会主席不能履行职务或者不履行职务的，应指定一名监事召集和主持监事会会议；监事会主席不指定或不能指定时，应由半数以上监事共同推举一名监事召集和主持监事会会议。监事会应当包括股东代表和适当比例的公司职工代表，其中职工代表的比例不低于1/3。

2012年中泰化学共召开9次监事会会议，提交监事会审议议案共计26项。

（2）监事情况。监事是公司中常设的监察机关的成员，又称“监察人”，负责监察公司的财务情况、公司高级管理人员的职务执行情况以及其他由公司章程规定的监察职责。监事由股东代表和公司职工代表担任。监事会中的职工代表由公司职工通过职工代表大会、职工大会或者其他形式民主选举产生。中泰化学严格按照《公司法》、《公司章程》的规定程序选举监事，监事会共有五名监事，其中职工监事两名，监事会的人数及构成符合法律、法规的要求。公司监事通过列席董事会、股东大会，对公司生产经营、财务运作以及董事会和经营层履行职责的合法合规性进行监督，对公司重大事项、关联交易、财务状况、董事和经理的履职情况等进行有效监督并发表意见，维护公司及股东的合法权益。

4. 关于职能部门与职责

部门划分的目的在于确定组织中各项任务的分配与责任归属，以求分工合理，职责分明，有效地达到组织的目标。中泰化学采用了现代组织最广泛采用的部门划分方法：按职能划分部门，这种部门设置有利于充分发挥专业职能，使主管人员的注意力集中在公司的基本任务上，有利于目标的实现。中泰化学的部门设置充分考虑了公司的经营业务需求、内部控制需要和管理体系完善，主要部门及其职责如下：

总经理办公室，负责协调公司各部门需要解决的问题，是公司的指挥中心。

人力资源部，负责制定公司人力资源战略和人才规划，优化人才结构。

企管信息部，负责公司组织机构设置和部门职责的调整，完善公司各级管理制度。

企业文化部，负责依据公司发展愿景和战略目标，建立和完善企业文化管理体系。

工会，在公司党委领导下，围绕公司中心工作，负责工会组织建设，开展各项工会活动。

这些部门的设置与建立有效的管理体制紧密关联，在构建中泰化学有效管理体制的职能部门设置中不可缺少。

财务资产部，负责制定公司财务管理的各项制度，优化财务工作流程，集中管理和调配资金。同时，负责公司资产管理。

审计部，负责拟定公司审计方面的管理制度，并监督、检查。负责贯彻执行国家审计等方面的法律、法规和规定，建立健全公司内控体系。

财务资产部门对公司资产集中管理，优化财务运作，有利于公司专设的审计部对公司进行内部审计，从而有助于中泰化学内部控制体系的完善。

战略投资部，负责根据公司的战略发展目标，组织制定公司战略规划。实施资本运作事宜，包括投资、并购、收购及重组，对新增煤、盐、石灰石、土地等资源，办理相应的各项权证。

证券部，负责管理公司证券市场融资，研究拟定公司股票增发、配股和债券等融资方案。同时，负责出具公司资本运作事宜的投资可行性分析报告。

战略投资部和证券部的设置有利于推进公司产业结构调整和产业链拓展完善，为公司突破主营产品生产经营瓶颈提供有利保障。

经济运行部，负责制定公司经营计划，同时制定各部门绩效指标，监控各项指标的执行情况。

技术中心，负责集团公司科技项目、新产品研发、技术及专利、知识产权的管理。

商务部，负责收集、宣传、贯彻执行国家有关合同、招投标及法律事务管理方面的法律、法规，建立股份公司法律事务管理体系，拟定相关制度及流程。

生产管理部，负责公司生产、能源管理，组织制订技术标准与操作规范，负责生产事故的管理。

安全环保部，负责组织公司“新、改、扩建”项目的安全、环保、消防、职业卫生“三同时”的评价评估、审查论证和验收工作。

质量管理部，制定公司产品质量管理、质检管理制度及标准，并监督执行。

工程管理部，负责公司项目建设的管理工作，包括工程进度目标、质量目标及项目竣工验收的管理工作。

销售事业部，根据公司的发展计划，拟定市场营销工作方针和目标，建立健全公司销售管理制度，规范相应流程，指导经济业务开展。

采购事业部，根据公司的发展计划，拟定采购工作方针和目标，建立健全公司采购管理制度、供应商管理制度，规范相应流程，指导经济业务开展。

这些部门的设置与公司正常的生产经营活动密不可分，在中泰化学实现发展扩张，进行项目建设的过程中起到了非常重要的作用。它保证了公司生产经营的高效率运作，有利于公司进一步发展壮大，为公司实现战略发展目标提供保障。

综上所述，中泰化学在法人治理结构下有一套体系完备、行之有效的部门体系。

5. 关于独立董事

独立董事是指独立于公司股东且不在公司内部任职，并与公司或公司经营管理者没有重要的业务联系或专业联系，能够对公司事务作出独立判断的董事。

从 1997 年开始，证监会逐步引进了独立董事制，从建立到完善，独立董事制在上市公司治理结构中的作用逐渐提升，独立董事制将是完善我国公司治理结构的制度保障。

中泰化学根据证监会发布的《关于在上市公司建立独立董事制度的指导意见》、《上市公司治理准则》、《关于加强社会公众股股东权益保护的若干规定》及《公司章程》的有关规定，结合自身实际情况，制定了完整的独立董事制度，其中明确规定了董事会秘书应当积极配合独立董事履行职责。公司董事会、监事会、单独或者合并持有公司已发行股份 1% 以上的股东可以提出独立董事候选人，并经股东大会选举决定。

公司董事会成员中应当有 1/3 以上独立董事，其中至少有一名会计专业人士。独立董事应当忠实履行职务，维护公司利益，尤其要关注社会公众股股东的合法权益不受损害。独立董事应当独立履行职责，不受公司主要股东、实际控制人或者与公司及其主要股东、实际控制人存在利害关系

的单位或个人的影响。独立董事对公司及全体股东负有诚信与勤勉义务。独立董事应当按照相关法律和章程的要求履行职责，维护公司整体利益，尤其要关注社会公众股股东的合法权益不受损害。

中泰化学独立董事的人数、提名、选举和换届均符合证监会的有关规定。公司独立董事严格遵守《关于在上市公司建立独立董事制度的指导意见》及公司《独立董事工作制度》等规定，积极参与公司决策，对诸多重大事项发表了独立意见，充分发挥了独立董事特有的职能。自任职以来，独立董事认真履行职责，积极出席董事会会议，认真审议各项议案，提出了许多建设性的建议。对公司的重大关联交易、对外担保、对子公司提供财务资助、聘任公司高管等重大事项均出具了独立意见，对规范公司运作、充分发挥独立董事职能起到了积极作用。

自中泰化学建立独立董事制度以来，独立董事积极参加董事会会议，并对董事、监事的调整，中泰化学关联交易和对外担保情况及其他要求独立董事发表独立意见的事宜发表了独立意见，独立董事知悉中泰化学的经营情况和财务情况，能够充分发挥其所在专业领域的优势，在董事会决策和中泰化学经营管理中发挥独立作用。

（二）内部控制制度

内部控制机制作为企业生产经营活动的自我调节和自我制约的内在机制，处于企业中枢神经系统的重要位置。近年来随着中泰化学的企业规模不断壮大，对内部控制制度和政策的关注愈加明显。公司不断完善内部控制体系、组织结构、管理框架和工作流程，在建立健全公司内部控制制度方面取得了较大的进展，对于加强中泰化学经营管理，维护财产安全和提高经济效益具有十分重要的现实意义。

2009 年 7 月 18 日，中泰化学三届十九次董事会审议通过了《新疆中泰化学股份有限公司内部审计制度》，该制度共二十八条，系统规定了中泰化学内部审计机构和人员、内部审计的职责和权限以及内部审计工作程序等。

中泰化学公司审计部对董事会及审计委员会负责，向审计委员会报告工作，能独立行使审计职权；审计部定期对公司及各控股子公司实施财务审计；对专项项目、重大项目进行审计；对募集资金的使用与管理，以及规章制度的执行情况等进行内部审计与监督。

2011 年，为进一步贯彻《企业内部控制基本规范》、《企业内部控制配套指引》等相关内部控制规定和要求，提高公司经营管理水平和风险防范能力，促进公司可持续发展和公司战略发展目标的实现，结合公司实际，制定了《内部控制规范实施工作方案》，成立了领导小组，由董事长王洪欣担任组长。聘请专业咨询机构，对公司现有内部控制程序及制度进行了梳理检查，并整改完善，最终形成《内部控制手册》，进一步健全了公司内部控制体系。

2011 年 9 月，根据深圳证券交易所中小企业板《关于开展“加强中小企业板上市公司内控规则落实”专项活动的通知》，公司对照深圳证券交易所有关内部控制的相关规则，依据公司实际情况，认真核查了公司内部控制制度的制定和运行情况，比照《中小企业板上市公司内部控制规则落实情况自查表》，对内部控制制度的执行情况进行了梳理，提出了需整改的事项，自查报告经四届八次董事会审议通过，并于 2011 年 11 月完成了整改。

公司依据相关法律法规的规定和行业相关标准，结合公司实际情况，建立了一系列较为完善的内部控制制度，具体包括：

（1）生产经营控制。公司明确了各职能部门的工作权限与职责，规定了生产、采购、销售及安全管理等的程序与工作流程。建立了质量、测量、环境、职业健康安全、能源一体化的管理体系，对各部门职责，各项工作的管理程序、工作要求进行了明确，保证了公司各项工作的有效控制及持续改进。

（2）财务管理控制。公司依据《会计法》和《企业会计准则》等国家有关财税法规的规定，建立了完善的财务管理制度及相关办法，有效降低了财务风险，保证了财务信息的真实性、准确性和有效性，保证了公司资产的安全与完整。

（3）重大投资管理控制。公司制定了《投资管理办法》，对公司重大投资的基本原则和决策程序予以明确的规定。报告期内的重大投资行为，均事前进行了市场调研、可行性论证，经过战略委员会讨论，根据投资额大小提交董事会、股东大会审议通过。

（4）对外担保管理控制。公司《对外担保制度》对公司发生对外担保行为时的被担保对象、审批权限和决策程序等作了详细规定。

（5）关联交易管理控制。公司制定了《关联交易决策制度》，对关联

人的认定、关联交易的范围及决策程序、关联交易的执行与披露作了明确规定，规范与关联方的交易行为。

（6）信息披露管理控制。公司制定了《信息披露事务管理办法》、《重大信息内部报告制度》和《内幕信息知情人管理制度》，分别对信息披露的基本原则、信息披露的内容、信息披露程序与传递、信息披露的责任划分、信息披露的方式、档案管理、内幕信息知情人范围和保密措施以及责任追究作了明确规定。

（7）募集资金管理控制。公司制订了《募集资金管理办法》，根据《公司法》、《证券法》、《上市公司证券发行管理办法》、《关于进一步规范上市公司募集资金使用的通知》、《深圳证券交易所股票上市规则》、《深圳证券交易所中小企业板块上市公司特别规定》、《深圳证券交易所中小企业板块公司规范运作指引》等有关规定，对募集资金的存储、使用审批、用途变更、监管等方面作了明确规定。

（8）子公司管理控制。公司通过向全资及控股子公司委派董事、监事及重要高级管理人员以加强对其管理，并制定《子公司管理制度》等规章制度加以约束和控制，包括但不限于子公司的运作、人事、财务、资金、担保、投资、信息、奖惩、内部审计等方面。

（9）财务报告控制。公司以《企业内部控制基本规范》等有关规定作为建立财务报告内部控制的依据，未发现财务报告内部控制存在重大缺陷的具体情况。

（10）内部审计控制。公司制定了《内部审计制度》，对公司内部审计工作作了明确的规定和要求。审计部直属董事会，在董事会审计委员会的领导下，根据年度审计工作计划开展审计工作，实施日常或专题内部控制检查。通过内部审计及时发现经营活动中存在的问题，提出整改建议，落实整改措施，提升内部控制管理的有效性，进一步防范经营风险和财务风险。

公司根据五部委下发的《企业内部控制基本规范》及《内部控制配套指引》，编制了公司的《内部控制手册》，在手册中对公司的主要业务从内控角度出发进行规范，公司内部审计部门根据《内部控制自评手册》，每年对公司的内控情况进行自我评价，出具内控自评报告。

经过多年的内部控制建设，在自2006年上市以来的内部控制鉴证中，会计师事务所都认定中泰化学内部控制是有效的。

三、形成市场化经营机制，提高企业竞争力及抵御风险能力

随着市场经济体制的不断推进和完善，企业面临着瞬息万变的形势。要想在这风云变幻的市场中求得生存和发展，企业必须树立“面向市场，抢抓机遇，提质增效，强化品牌”的工作思路。中泰化学通过打造管理、技术和质量三位一体的方式，不仅提高了企业抵御市场风险的能力，而且还确立了化工行业的“龙头”地位。

（一）与国内同业比较，中泰化学市场竞争优势突出

我国氯碱行业的市场集中度较低，产能相对分散的产业状况导致市场竞争较为激烈，加之国内氯碱企业产能快速扩张，致使氯碱产品的市场竞争更加激烈。尽管如此，作为“百年老店”的中泰化学自上市以来，通过加强资本市场的运作，不断进行技术创新，加强结构的调整，建立起了自己的竞争优势，从而加强了中泰化学参与市场竞争和抵御市场风险的能力。

1. 运用波特五力模型从战略角度分析中泰化学所占领的制高点

“自古不谋万世者，不足谋一时；不谋全局者，不足谋一隅”。在商业背景下，战略是实现和引导企业潜力、实现企业目标、应对日益复杂和不断变化的外部环境的核心作用力。在企业发展的过程中，虽然战略不是万能的，但没有战略却是万万不能的。美国哈佛大学教授波特在 20 世纪 80 年代提出一个可供企业分析自身所处行业竞争力量的模型，即著名的五力分析模型。波特认为，任何行业都存在来自潜在进入者、替代者、顾客、供应商、业内竞争对手五个方面的竞争力量，这些因素相互作用、相互影响，共同决定了企业的竞争优势和盈利能力。如图 2－8 所示。在比较中泰化学与同行业其他竞争对手时，可以以此为基点。

（1）进入威胁。对于一个行业来讲，进入威胁的大小取决于呈现的进入障碍与准备进入者可能遇到的现有在位者的反击。它们统称为进入障碍，前者称为“结构性障碍”，后者称为“行为性障碍”。其中，“结构性障碍”包括规模经济、现有企业对关键资源的控制以及现有企业的市场优势；“行为性障碍”包括限制进入定价和进入对方领域。而对于中泰化学来说，其主要有利因素就是所建立的“结构性障碍”。

首先是规模经济。中泰化学的主要产品是聚氯乙烯树脂和离子膜烧

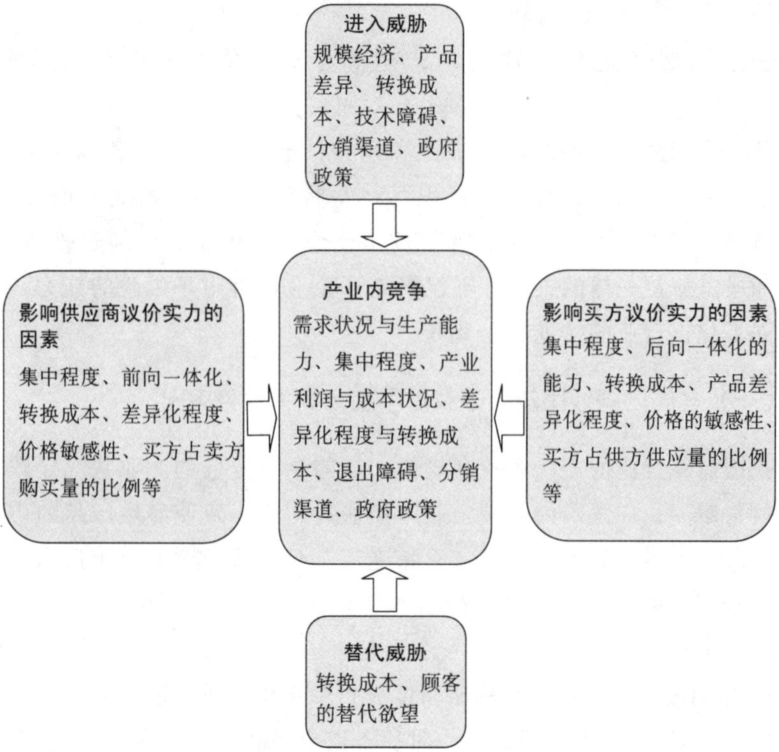

图 2－8　波特竞争五力模型分析要点

碱，就这两种产品来讲，生产的规模和成本高低是主要进入障碍。但是对于中泰化学而言，在长期的发展过程中，已建立起明显的规模优势和成本优势：

就规模优势而言，截至 2012 年末公司形成了 150 万吨每年聚氯乙烯（PVC）树脂、110 万吨每年离子膜烧碱的生产能力，规模优势显著。

就成本优势而言，公司位于新疆，电力供应充足，生产所用的主要原材料（原盐、电石、煤炭等）资源丰富，公司致力于完善“盐/煤—电/电石—PVC/烧碱—电石渣制水泥”产业链。公司拥有煤矿已探明储量 147 亿吨，拥有盐矿储量 6 973 万吨，电力煤和工业用盐自给率达 100%，在同行业中资源优势处于龙头地位，已经具备完善产业链的资源基础。新疆自发电成本为 0.17 元每千瓦时，而当地购电成本为 0.42 元每千瓦时（电石用、含税）和 0.36 元每千瓦时（离子膜烧碱、含税），以每吨 PVC 生产消耗约 5 730 千瓦时电力、每吨烧碱生产消耗 2 340 千瓦时电力计算，通过自发电生产，公司的 PVC、烧碱每吨成本将分别降低约 1 000 元和 350 元，因此

公司自建电厂有助于单位产品成本大幅度降低。同时丰富的上游原材料资源将确保公司具有绝对低成本优势，这是公司在市场竞争中取得成本优势的关键。表2－1是中泰化学与同行业其他企业主营业务毛利率的比较。

从表2－1可以看出，中泰化学2009－2012年聚氯乙烯、烧碱的毛利率均高于同行业平均水平。之所以能取得高于同行业毛利率的优势，其主要原因是充分利用了地处新疆所拥有的资源能源优势以及对产业链上游资源的不断整合，从而不断强化自身的成本优势。随着中泰化学全产业链的进一步完善，成本将继续降低，其毛利率还会有所提高。

表2－1　　中泰化学主营业务毛利率与同行业上市公司的比较

公司简称		氯碱化工	湖北宜化	内蒙君正	金路集团	英力特	滨化股份	中泰化学	电石乙炔法平均	行业平均
聚氯乙烯工艺路线		石油乙烯法	电石乙炔法	电石乙炔法	电石乙炔法	电石乙炔法	电石乙炔法	电石乙炔法		
聚氯乙烯毛利率（%）	2012	-16.57	33.98	8.54	-12.63	1.41	—	9.15	8.09	3.98
	2011	-0.96	7.56	16.02	-5.20	15.62	-21.80	16.44	10.76	9.13
	2010	2.15	10.62	23.75	4.60	18.72	—	19.29	15.52	12.87
	2009	-4.81	7.33	5.83	-4.02	6.05	—	5.96	4.13	1.86
烧碱毛利率（%）	2012	37.48	2.23	50.91	46.97	46.86	50.86	60.18	43.00	42.21
	2011	36.34	25.14	35.70	33.57	34.19	44.58	46.48	38.87	38.26
	2010	19.54	16.14	-9.88	11.84	-19.30	23.17	36.45	18.93	19.13
	2009	18.73	12.23	-3.54	36.24	15.71	29.27	44.07	31.87	27.35

数据来源：各上市公司年报。

其次是对关键资源的控制。企业对资源的控制一般表现为对资金、专利或专有技术、原材料供应、分销渠道、学习曲线等资源及资源使用方法的积累与控制。如果企业通过纵向一体化的发展，控制了生产经营所需的原材料，那么它就提升了自身的竞争能力。中泰化学通过资本市场的运作，快速扩张企业规模，及时整合区位优势、产能优势和资源优势，形成了包括原煤、煤炭、焦炭、电石、电力、PVC、烧碱等产品在内的较为完善的产业链体系。通过这种纵向一体化的集群式发展，中泰化学建立起明显区别于行业其他企业仅仅依靠产能扩张的优势。同时，作为新疆化工行业的龙头企业，在“学习曲线”和规模经济的交叉影响下，企业的单位成本大幅度下降。

再次是企业的市场优势。波特在《竞争战略》一书中，提出现有企业的市场优势主要表现在品牌优势上，这是产品差异化的结果。但是，对于化工行业而言，通过产品差异化战略来建立品牌优势往往是行不通的。中泰化学之所以能美名远播，与它大刀阔斧地进入资本市场是分不开的。资本市场不仅为中泰化学提供了大量资金，而且提升了企业的品牌效应，可以说，资本市场使中泰化学名利双收，为“百年老店”打下坚实的基础。一方面，中泰化学上市，促使了公司股东授权、董事决策、经理经营、监事监督等权力制衡机制的形成，独立董事也成为把关公司治理结构质量的重要角色；另一方面，通过几次融资，实现了企业独立运营能力和持续生产能力的跨越式发展，同时也有助于提高中泰化学的信用等级，降低了企业的资本成本，实现了资金的良性循环；另外，公司的股票价格每天在各种媒体上刊登，这无疑对公司进行了免费的宣传。而且，这种广告的密度和效应要远远大于一般广告，因为随着资本市场在国民经济中地位和作用的进一步提升，不仅仅是追求投资收益的投资者，而且有许多对经济发展感兴趣的人也日益关注资本市场，中泰化学通过在资本市场的反复“露脸”，其形成的知名度效应将比通过广告或其他方式达到的效果要更为有效和持久。

因此，尽管随着中国经济的快速健康发展，中国市场规模巨大、潜力巨大，吸引了很多新进入者，但是中泰化学仍然是氯碱行业的龙头，有较高的市场占有率和较大的市场影响力。

（2）现有竞争者之间的抗衡。随着近几年氯碱行业的快速发展，各企业之间的竞争越发激烈。但不管是规模、技术还是产品上，中泰化学都占有绝对的优势。

①技术装备优势。中泰化学离子膜烧碱生产采用目前世界最先进的高电流密度零极距自然循环电解槽、DCS 控制技术，固体离子膜烧碱生产采用国际先进的瑞士博特公司粒碱生产工艺。聚氯乙烯聚合工艺采用天津大沽化工股份有限公司聚合专利技术，聚合装置采用了国内先进成熟的 $108m^3$反应釜、溢流堰板浆料汽提塔、二段式沸腾干燥床、全自动包装机。这些技术在降低生产成本、提高产能利用率方面发挥了显著的作用并取得了明显成效。图 2-9 是中泰化学与行业产能利用率的对比。

②融资优势。为实施公司战略规划，加快项目建设，扩大生产规模，提升企业及产品市场竞争力，中泰化学充分利用资本市场优化资源配置，

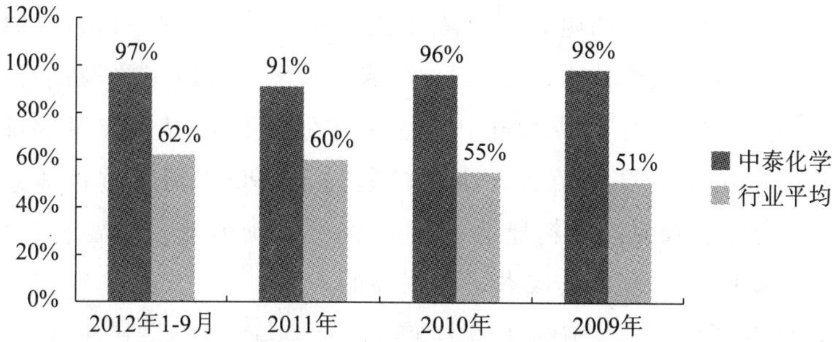

图 2－9　中泰化学 PVC 产能利用率与行业对比图

开创了一条先期以自筹资金及银行贷款投入项目，其后通过证券融资手段置换自有资金和银行贷款的可持续发展道路，成为资源与资本市场有机结合的成功典范，受到了市场和投资者的广泛青睐。公司通过 2006 年首发、2007 年公开增发、2010 年定向增发、2011 年公司债券发行、2013 年定向增发从资本市场共募集资金约 90 多亿元，其中公司债券发行两期融资 26 亿元。表 2－2 显示了 2006 年以来公司股票融资情况。

表 2－2　　2006 年以来股票融资情况　　单位：万元

时间	募集资金总额	发行费用	实际募集资金净额	备注
2006 年 11 月 24 日	66 000.00	2 766.50	63 233.50	首发
2007 年 12 月 20 日	100 208.70	3 229.96	96 978.74	增发
2010 年 4 月 6 日	379 999.10	8 035.11	371 963.99	增发
2013 年 9 月 16 日	159 939.57	2 222.00	157 717.57	增发

资料来源：巨潮资讯网。

（3）替代品的威胁。产品的替代可以分为两类：一类是直接产品替代，另一类是间接产品替代。所谓直接替代是指某一种产品直接取代了另一种产品，间接替代是指由能起到相同作用的产品非直接地取代另外一些产品。替代品往往是新技术与社会新需求的产物，对于现代企业而言，这种“替代”威胁的严重性是不言而喻的。

就化工行业而言，聚氯乙烯树脂主要应用于化学建材、化工、轻工、塑料、农业等行业，随着这些行业的快速发展和应用技术的不断扩散，在新的替代品问世之前，对聚氯乙烯树脂的需求肯定会不断增加。作为我国最大的电石法聚氯乙烯生产企业之一，中泰化学已基本形成了煤、电、化工、节能为一体的循环经济产业链。公司生产装置工艺技术具备世界先进

水平，生产过程中产生的电石废渣用于制作水泥熟料，废水采用国内先进的膜法生化法清洁生产技术，处理后回用和绿化，实现了资源循环、综合利用。公司生产的所有产品均由中国太平洋保险公司提供质量保证保险，享有较高的市场知名度和信誉，企业已通过 ISO9002 国际质量体系认证，“青峰”牌烧碱、聚氯乙烯树脂为新疆名牌产品。因此，想要替代中泰化学的产品，就同质而言，其成本是相当高的。

（4）顾客或消费者。中泰化学生产的是化工产品，是其他行业的工业原料，因此主要顾客或消费者为下游行业的生产企业，一般不会直接面对最终的消费者。中泰化学在产品销售模式上采用经销和直销相结合的方式，新疆地区以外的市场销售主要采用经销模式，销售目标市场主要集中在华东、华南地区。新疆地区之内主要采用直销模式，营销网络覆盖全新疆。

中泰化学已经在新疆地区和兰州、无锡、上海、青岛等地设立了产品销售服务点，为客户提供有效的售后、技术服务。公司在继续巩固与新疆地区以外的现有经销商的良好合作关系的同时，正在逐步扩大新疆以外的市场的产品直销规模。中泰化学出口产品采用以直销为主、代理为辅的销售模式，销售市场主要集中在中亚五国。公司已经在哈萨克斯坦、乌兹别克斯坦设立了销售代表处，以拓展外销市场。多年来，中泰化学一直在主要销售区召开年度营销大会，目的是方便客户，进一步与他们沟通、联络感情。

（5）供应商。企业战略分析的一个中心问题就是如何组织纵向链条。如果企业能够实现一体化，在讨价还价中就处于能迫使对方让步的有利地位。中泰化学生产所用的主要原料为电石、原盐、煤炭等。其中原盐由公司控股的子公司托克逊盐化公司和新疆本地其他盐业公司供应；电石主要由控股子公司博达焦化、中泰公司股东乌鲁木齐环鹏有限公司供应，部分电石由宁夏、甘肃等企业供应，所需原料能得到稳定供应。随着煤、电、化工、节能一体的循环经济产业链的建立，不论是在原料数量还是价格上，中泰化学都具备了独特的优势。

随着 2010 年中央新疆工作座谈会的召开，党中央、国务院就推动新疆跨越式发展和长治久安作出了重大决策部署，出台了一系列优惠政策支持新疆的建设和发展，新疆迎来了大建设、大开放、大发展的历史性机遇，也为中泰化学实现跨越式发展带来了新的机遇，公司整体经营运作有了良好的平台，这也进一步提升了企业解决风险的能力。公司牢牢把握“发展”这个主题，积极占领行业规模制高点、效益制高点、技术制高点、市场制高点，力争成为新疆一流、全国一流的企业。

2. 从财务角度分析中泰化学在行业中的地位

如果说战略是企业发展的航标，那么良好的财务状况则是企业发展的血液。良好的财务状况不仅为企业的发展提供有利的资本支持，而且还能提高企业在市场中的影响力和竞争力，从而增强企业发展的后劲和抗御风险的能力。以下从财务的角度来勾勒中泰化学在同行业中的“轮廓”。

（1）企业规模的比较。企业的发展需要有一定的规模来支持，企业的发展壮大也在一定程度上由企业规模来体现。中泰化学通过进入资本市场，抓住有利时机，调整企业结构，进行产业链整合，有效地开展资本运营，实现企业规模发展，提高了资源优化配置能力和市场竞争力，降低了企业的风险。下面先从企业规模的角度来比较中泰化学与行业巨头企业，如表 2－3 所示。

表 2－3　　中泰化学与其他行业巨头规模比较　　单位：亿元

排名	代码	简称	总市值	流通市值	营业收入	净利润
1	000792	盐湖股份	458	166	82.7	27.5
2	600309	烟台万华	387	387	159	30.2
3	600315	上海家化	313	296	45	6.28
4	600352	浙江龙盛	146	146	59.2	4.40
5	002250	联化科技	128	81.7	21.8	2.51
19	002092	中泰化学	79.0	65.7	71.1	2.79
行业均值			44.7	32.0	27.9	1.11
行业中值			30.0	20.7	14.6	0.5479

资料来源：东方财富网（截至 2012 年）。

从表 2－3 可以看出，尽管中泰化学的市值不如前五家企业，但是收入和净利润水平并不落后于行业先进水平。另外，中泰化学的企业规模远远大于行业平均水平和中值，处于行业领先地位。

（2）企业业绩的比较。企业经营的成败，在很大程度上取决于企业业绩。企业的业绩既包括业务方面的业绩，也包括财务方面的业绩。下面将从业绩弹性的角度，比较中泰化学与几个相关上市公司的 PVC 弹性，如表

2－4 所示。

表 2－4　　企业 PVC 业绩弹性比较

股票代码	公司名称	PVC 权益产能（万吨）	股本（亿股）	业绩弹性（元）	备注
002386SZ	天原集团	81.00	4.80	0.14	
002092SZ	中泰化学	80.00	5.78	0.12	
600075SH	新疆天业	32.00	4.39	0.02	
000635SZ	英力特	27.50	4.27	0.06	按照增发后股本计算
601216SZ	内蒙君正	45.50	7.40	0.05	

注："业绩弹性"是指年均价上涨 100 元每吨（含税）时公司每股收益增加额。

资料来源：广发证券发展研究中心。

从表 2－4 可以看出，就业绩弹性而言，中泰化学在行业中处于领先地位，企业发展前景良好。

（3）企业盈利能力分析。作为电石法 PVC 的龙头企业，中泰化学目前已形成 90 万吨每年聚氯乙烯树脂、65 万吨每年离子膜烧碱的生产能力，在产能扩张的带动下，公司 PVC、离子膜烧碱产销量连续增长，并且随着公司一体化程度的加深，公司盈利能力持续提高。表 2－5 是中泰化学与同行业部分上市公司 2012 年及未来几年预期市盈率的比较。

表 2－5　　中泰化学与部分同业公司 2012 年及未来预期市盈率的比较

排名	代码	简称	市盈率				
			PEG	12A	13E	14E	15E
1	002648	卫星石化	0.42	15.31	12.99	8.51	5.98
2	002092	中泰化学	0.43	29.17	16.29	13.15	6.22
3	603077	和邦股份	0.48	17.48	17.82	9.86	6.88
4	000553	沙隆达 A	0.57	48.48	14.93	10.89	7.67
5	600426	华鲁恒升	0.57	14.89	11.07	8.94	7.45
6	002470	金正大	0.70	21.32	15.78	12.25	9.64
行业均值			2.11	49.47	34.54	27.32	27.32
行业中值			1.04	36.34	19.82	14.68	12.22

资料来源：东方财富网（截止日期 2012 年 12 月 31 日）。

从表 2－5 可以看出，中泰化学在盈利与增长方面都居于行业领先地位，未来几年的盈利也有较大的空间。结合下面的市场表现的图形（如图 2－10所示），能进一步证实中泰化学前景良好，未来几年，中泰化学还将继续有一个“黄金”发展期。

图 2－10　中泰化学股票市场表现

资料来源：东方财富网。

良好的盈利能力有利于保持中泰化学在资本市场上的吸引力，以及保留深刻的印象和独特的市场地位，从而加大了抗击市场大潮冲击的能力。

（4）企业的成长性分析。如果一家企业虽然收益很好，但是其成长性不高，对投资者也不会有吸引力。成长性是衡量企业发展速度的重要指标。下面将从企业成长性的角度来分析中泰化学，如表 2－6 所示。

表 2－6　中泰化学与部分同业公司 2012 年及未来预期基本每股收益增长率

排名	代码	简称	基本每股收益增长率（%）			
			12A	13E	14E	15E
1	000553	沙隆达 A	96.29	224.81	37.00	42.12
2	002092	中泰化学	－44.75	79.10	23.81	111.54
3	300054	鼎龙股份	20.57	98.22	50.78	12.36
4	002170	芭田股份	41.05	32.69	56.00	58.97
5	002061	江山化工	839.16	52.51	78.02	15.93
6	002683	宏达爆破	－31.16	101.62	23.55	23.03
行业均值			－26.97	58.45	27.99	26.41
行业中值			－8.85	36.87	25.22	22.17

资料来源：东方财富网（截止日期 2012 年 12 月 31 日）。

为方便进行比较，将上述表格化成柱状图，如图 2－11 所示。

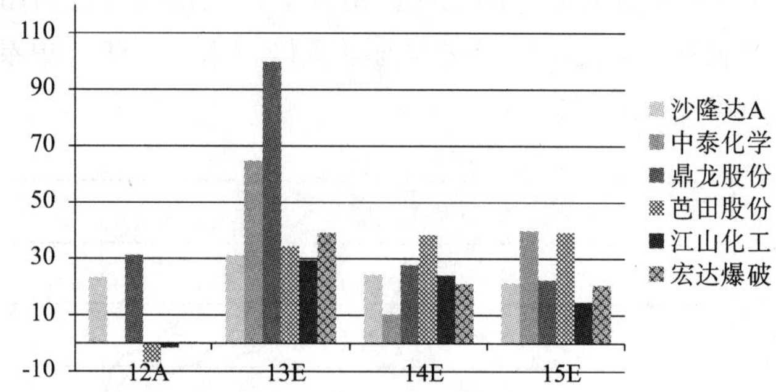

图 2－11　中泰化学与同业公司 2012 年及未来预期基本每股收益增长率柱状图

下面再对中泰化学的营业收入增长率进行对比，以看出其成长趋势，如图 2－12 所示。

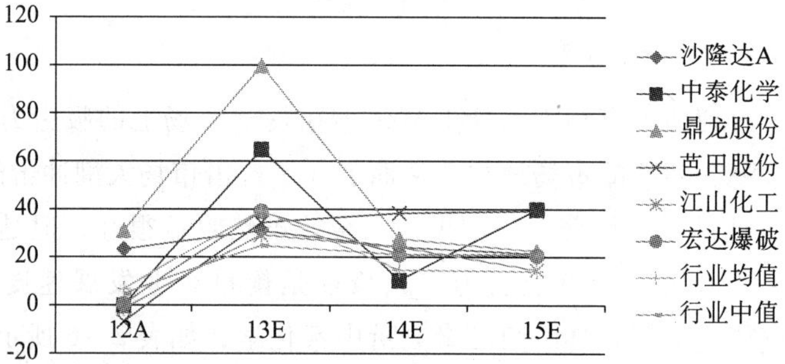

图 2－12　中泰化学与同业公司 2012 年及未来预期营业收入增长率

资料来源：东方财富网（截止日期 2012 年 12 月 31 日）。

从以上三个图表可以看出，中泰化学的总体成长性都比较好，其速度均高于行业平均水平。良好的成长性增强了中泰化学在资本市场的融资能力，降低了企业陷入财务困境的风险。

（二）与省内同业比较，中泰化学领先地位明显

目前新疆地区仅有两家企业拥有片碱加工装置，其中中泰化学有 95 万吨每年片碱加工装置，新疆天业（注：仅指上市公司产能）有 26 万吨每年片碱加工装置和 30 万吨每年粒碱加工装置。坐落于拥有丰富的煤炭、原盐和石灰石资源的新疆，中泰化学和新疆天业都拥有得天独厚的资源优势和地缘优势。在外部环境雷同的情况下，与新疆天业相比，中泰化学所拥

有的优势表现在以下几个方面：

1. 技术创新方面

公司技术创新工作的重点是对引进的新技术不断消化吸收再创新，开展技术攻关研究，进行新技术、新产品的研究开发和技术储备工作。在新产品开发方面，根据公司战略规划和产业链发展趋势，依托资本市场提供的巨额资金，深入开展煤化工新工艺技术方面的研究工作，重点研究学习煤气化技术、煤制烯烃技术、煤制天然气、煤基多联产等技术及示范装置的项目建设、新设备的应用和投产运行情况，以及国内相关产业政策。相关研究开发工作通常是与技术改造项目和新建项目以及新产品引进项目同步进行，通过新产品的开发，形成自己的特色产业链。努力掌握氯碱生产制造过程中的关键技术，在离子膜烧碱、降膜法液碱蒸发、片碱制造、PVC 聚合等关键技术和新技术上消化吸收再创新，实现在国内氯碱、聚氯乙烯市场中的产品优势，在产品质量、产品种类、制造成本上做优做强。在建立和完善企业内部技术创新体系的同时，公司以本企业为核心，以北京化工大学、新疆大学、中国天辰化工设计院、新疆化工设计研究院等各大科技研发实体为技术支撑，将博士后科研工作站作为引进高技术人才的通道，结合现有生产工艺提出一些有价值、有意义的研究课题，通过引进外脑，开展技术研究工作，为公司引进博士后人才，开发和研究新产品，解决生产技术难题创造条件。利用突出的技术优势，中泰化学今年来取得的成就有：新疆华泰重化工有限责任公司二期 36 万吨每年聚氯乙烯树脂配套 30 万吨每年离子膜烧碱项目平稳运行，热电装置成功并网；阜康能源年产 40 万吨聚氯乙烯树脂、30 万吨离子膜烧碱一期循环经济项目，二期 40 万吨每年聚氯乙烯树脂、30 万吨每年离子膜烧碱及配套 2 ×15 万千瓦热电联产循环经济项目，以及中泰矿冶 90 万吨每年电石、配套 60 万千瓦自备电联产项目稳步推进。全年共生产聚氯乙烯树脂 81.99 万吨，完成年计划的 102.49%，同比增长 59.76%；生产烧碱 61.44 万吨（含自用量），完成年计划的 102.40%，同比增长 53.52%。全年销售聚氯乙烯树脂 81.23 万吨，销售烧碱 59.08 万吨。表 2 –7 是中泰化学与新疆天业近 5 年的产量比较。

从表 2 –7 可以看出，不论是烧碱还是 PVC 树脂，中泰化学的产量都比新疆天业高出许多，这与企业先进的技术是分不开的。中泰化学自成立以来，连续 10 年保持年均 40% 以上的增长速度。目前，公司正以“弯道

表 2－7　　中泰化学与新疆天业 2008－2012 年产量　　单位：万吨

年份	中泰化学		新疆天业	
	烧碱	PVC 树脂	烧碱	PVC 树脂
2012 年	67.28	89.77	20.85	28.44
2011 年	61.44	81.99	19.17	26.00
2010 年	40.02	51.32	21.63	28.28
2009 年	35.13	45.22	22.17	19.60
2008 年	31.69	40.31	19.60	26.40

资料来源：以上数据来源于公司年报。

超车”精神，以“新疆速度”加快项目建设，体现“新疆效率”。到 2015 年将形成年产聚氯乙烯树脂 300 万吨、离子膜烧碱 220 万吨的生产规模，成为规模居世界前列的氯碱化工企业，力争实现产值 300 亿元。此外，公司利用先进技术，形成了“发电—氯碱—电石—聚氯乙烯—电石渣制水泥”上下游一体化的循环经济产业链，实现了资源循环的综合利用，米东工业园将成为全疆、全国乃至世界一流的生态环保型工业园。

2. 节能减排方面

公司自设立以来，按照国家发展清洁生产和循环经济的要求，坚持生产与环境协调发展的原则，在努力建设资源节约型、环境友好型企业的过程中，把污染预防的综合环境策略持续应用于生产过程、产品设计和服务中，全面推行清洁生产，从源头减少废物产生，不断加大污染治理和节能减排力度，实现由末端治理向生产全过程控制转变，在节能、降耗、减污、增效方面取得了良好的效果。公司制定了“循环使用、综合利用、内部治理、减少排放”的节能环保方针并严格执行，在技术改造和项目建设中严格执行环境保护“三同时”制度，并且逐年加大节能环保投入，依靠氯碱行业大力推广的清洁生产技术，加强污染治理和生态保护，不断提高装置的环保本质化水平，实行生产全过程环境保护管理，为减排工作奠定了良好的基础。公司单位产品主要污染物指标达到国内领先、行业先进水平，控污、治污、降低风险措施得到加强，采用废水回灌绿化技术进行植树造林，形成了“现代工业与自然和谐共处”的生态有机整体。

公司在追求先进的清洁生产技术的同时，注重提高各类资源的使用效率，大胆创新，在治理污染的同时建立废水、废气、废渣、废热循环利用网络，使其充分转化为再生资源并合理利用，对化工产业按照“减量化、再利用、资源化”的原则，实现资源循环式利用，同时结合公司排污规范化管控，进一步实现节能环保目标。公司围绕固体废物资源化利用、废水梯级利用、废气综合利用和能源回收利用四条循环经济产业链，启动实施了一批节能减排示范项目。

最近 3 年，中泰化学环保设施稳定运转率达到 95% 以上，环保装置数量达 500 多个。公司废水节能减排情况、废气治理情况具体如图 2－13 和图 2－14 所示。

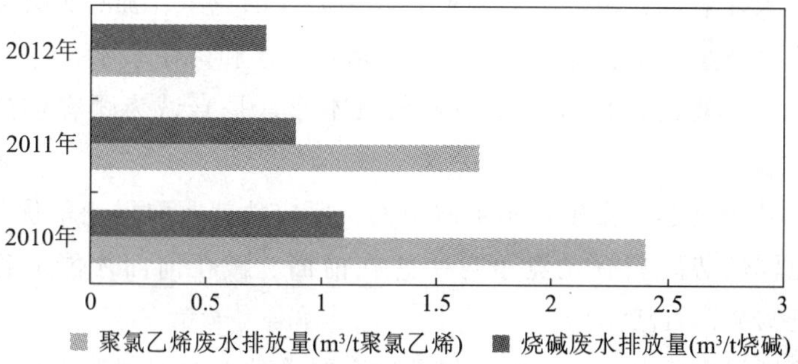

图 2－13　中泰化学单位产品废水减排量（m^3/t）

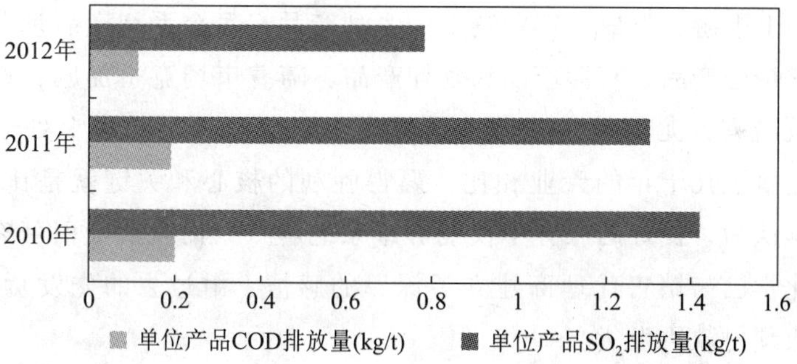

图 2－14　中泰化学单位产品 COD 和 SO_2 排放量

上市以后，中泰化学更加注重节能减排，这一方面是由于受到了公众的监督，另一方面也与企业良好的“素质”是分不开的。可以说，中泰化学的这种“内功”为企业抵御风险构建了天然的屏障。

3. 经营理念方面

对于中泰化学来说，“学习型组织”的理念贯穿于企业发展的全过程。在创造竞争优势的过程中，中泰化学首先注重经营理念的不断更新。这些新的经营理念来自于国内外同行企业、来自于向顾客和供应商的学习。在不断更新理念的过程中，中泰化学不断实现着技术创新、市场创新和管理创新。这些新的理念包括：

（1）学习观念，即终身学习、持续学习、共同学习，向顾客学习、向供应商学习、向竞争对手学习，改变行为才是真正的学习。

（2）市场观念，企业靠市场生存，市场如战场。对于每一位员工，现场就是市场，市场就在身边，下一道工序就是顾客，每一位员工都扎扎实实做好本职工作，企业就有了市场。

（3）人才观念，市场竞争归根到底是人才的竞争，拥有人才就拥有未来。成功的企业就在于能够吸引人才、培育人才和留住人才。

（4）成本观念，低成本是企业的真本领，是真诚为顾客创造价值的资格。

（5）竞争观念，竞争是不可避免的，要成功就要取得竞争优势，竞争优势是比较优势。只有比竞争对手想在前面、做在前面才能取得竞争优势。知己知彼，百战不殆。

在深圳中小板上市后，中泰化学的高层管理者意识到营销服务比营销产品更重要。于是，企业积极调整营销战略。目前，公司的产品已渗透到产业链的上下游，形成了产业链上的系列产品，每个系列产品都分为三个层次——核心产品、有形产品和延伸产品。随着市场竞争加剧，产品同质化现象较严重，尤其是企业的产品属于工业原材料，基本上处于买方市场，与竞争了几十年的天业相比，赢得胜利的核心和关键就是比拼服务。中泰化学认为，良好的服务不仅能够维系老客户，而且能吸引新客户。现在中泰化学已与销售代理商建立了深厚的感情，由过去的先发货后收款，改为先收预付款再发货。

4. 公司治理和管理方面

中泰化学是按照现代企业制度建立起来的公众上市公司，公司治理机制科学合理，避免了传统国有企业存在的体制缺陷。在管理上，吸收国外大型化工企业管理的精华和经验，贯彻先进的管理理念和管理方法，呈现出可持续改进并不断提高的良好趋势。图 2－15 显示了中泰化学高管人员的学历结构。

从图 2－15 可以看出，中泰化学高管人员学历在本科以上的大约达 85%，这有利于企业接受新的管理理念，实现不断创新，具体体现在以下两方面：一是中泰化学的管理层认识到新疆独特的资源优势，及时推出大

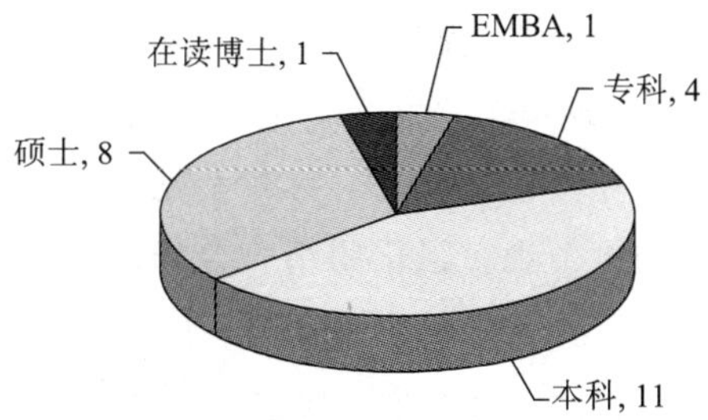

图 2－15　中泰化学高管人员学历结构

资料来源：巨潮资讯网。

力发展电石法聚氯乙烯之路，聚氯乙烯产能提升非常迅速，公司在国内聚氯乙烯生产格局中占有越来越大的份额，从而促使其迅速发展成为以电石法聚氯乙烯为核心的氯碱企业；二是管理层审时度势，紧抓市场机会，及时吹响进军资本市场的号角，这不仅为企业打开了融资渠道，提升了企业价值，也促使企业规范运作，建立起现代企业制度，降低了整个企业的经营风险。最重要的是，股东通过资本市场可以给管理层传递一定压力，同时能够加强对管理层的有效监督和约束，从而降低中泰化学的代理成本。

四、促进企业文化发展，打造“百年老店”

企业文化是企业的灵魂，是企业软实力的核心和基石，其理念主要包括企业愿景、使命、精神、核心价值观，管理理念、人才理念、环保理念、安全理念、质量理念、发展理念等。有的战略管理者甚至把企业文化当作维持企业竞争力优势的源泉。中泰化学在进行文化建设的过程中，始终以“泰、中、和、信”这四个字为方针，坚持“以人为本”的企业文化基础，遵循“对企业要忠、对客户要诚、对业务要精、对自己要严”的原则，以公司发展聚集人心，激励员工不断努力，营造积极向上、和谐发展的企业文化。

（一）加大企业文化宣传力度

中泰化学按照“塑造企业形象，打造中泰化学品牌”的要求，通过拍摄专题片、专题新闻和外发稿件等形式，在省、市、县新闻媒体上广泛宣传企业高层管理精神，宣传企业文化，展示企业生产经营风貌，营造了和谐、平安、文明发展的浓厚氛围，提高了企业在社会上的知名度，提升了中泰化学品牌的价值，有利于提高企业的资本运营质量。另外，公司通过“一报、一刊、一台”实现员工之间、员工与公司管理层之间的良好沟通。通过举办丰富多彩的企业文艺、文化、体育活动，在丰富员工精神生活同时，培养和树立统一的价值观，强化团结、合作、进取的精神。通过积极参加社会公益活动，培养员工的社会责任感。

（二）资本市场促进企业文化建设

1. 上市后企业加大文化建设具有必要性

企业进入资本市场之后，促进了中泰化学的公众化，扩大了企业在市场的知名度，越来越多的利益相关者开始关注企业方方面面的发展。优良的企业文化能使中泰化学在利益相关者心中创立起独特的形象和个性特征，加大对潜在投资者的吸引力，增强企业的市场竞争力。

2. 上市后企业从不同维度促进文化发展

中泰化学上市之后，由于受到越来越多的外部利益相关者的关注，必须着力提高自身的素质，以保持持续的竞争力。中泰化学具体从以下三个维度促进企业文化的发展：

首先，广泛传播企业愿景、使命、精神。中泰化学的愿景是成为具有传世地位的能源化工企业集团，就是要做全国绿色能源和低碳化工的领跑者，做行业发展制高点的占领者，做全球快速增长经济体的新挑战者。这是中泰人的民族大气魄、战略大胆识、历史大胸襟。作为国内化工行业的龙头企业，中泰化学的企业使命就是富民、兴疆、强国。富民就是造福员工，惠及民生，使员工在经济上富裕，在精神上富有，在企业绩效增长的前提下，增加员工的收入，增强员工的幸福感。兴疆则是以企业的大发展来促进地方经济的发展，为新疆的长治久安做贡献。强国就是通过企业做大做强，加快发展民族工业，增强我国化工行业的国际竞争能力。中泰化学的企业精神是在企业多年发展历程中形成的宝贵精神财富，简括为“脚踏实地、拼搏奉献、百折不饶、自强不息”十六字方针。具体表现为埋头苦干的务实精神；负重前进，百折不屈的拼搏精神；不计时间，不讲报酬的奉献精神；勇于攀登，自强不息的创新精神。在日常经营中，中泰化学不断宣传企业的愿景、使命和精神，通过“三大讲”即“讲形势、讲传统、讲故事”的方法来调动公司全体员工共同参与企业文化建设的积极性。并且，还组织编制了《企业文化手册》，从而形成了中泰化学独一无二的“个性特征”，影响了中泰化学的每一个成员，最终促进了中泰化学的持续有效发展。

其次，重视人际关系的发展。公司建立了信息化协同管理平台，员工可以随时、方便地通过信息平台反映问题，各级领导可以在平台上公开地向员工反馈意见，公司还专门设立了员工意见箱。各子公司不定期召开员工交流会，以及时了解职工的心理动态和情绪；公司不定期召开各类座谈会，如大学生座谈会、少数民族员工座谈会、团员青年座谈会、离退休员工座谈会等，加强公司内部不同类型职工群体的交流和沟通，在全公司内搭建起稳固而又和谐的人际关系平台。通过开展内部客户满意度调查，办好企业内刊等渠道搭建起企业内部沟通桥梁，做好企业信息的上传下达工作。通过上述“面对面”的交流以及其他沟通渠道，公司的各项管理决策和员工意见都能够在一个透明、公开的环境里进行有效反馈。同时，员工以合理化建议等方式有效地参与到了公司各项管理工作中，促进了公司工作的顺利开展及职工权益的实现。

第三，开展丰富多彩的文体活动。公司每年通过举办迎新春文艺晚会、庆“三八”、“五四”等系列活动，举办员工篮球赛、登山比赛、拔河比赛、健美操比赛、卡拉 OK 比赛、书画展等文体活动，大力倡导和推行具有中泰化学特色的企业文化，逐步形成了一套“以大型文体活动为龙头，以节庆活动为契机，以小型、多样、日常活动为基础，以各种赛事为手段”的多层次、多元化的职工文体活动模式。各分工会、职能部室齐抓共管，树立“大文化”观念，形成了“工会系统抓，职能部门协助抓，子公司（车间）深入抓，党政工团合力抓”的工作机制。2010 年，以“热爱伟大祖国、建设美好家园”为主题，开展红歌大家唱、“讲形势、讲故事、讲传统”三讲活动等系列文化活动，并举办公司第三届员工集体婚礼，通过多种形式在员工中深入开展“爱国、爱企”宣传教育。

3. 企业文化建设取得卓越成效

通过外部监督、内部重视，中泰化学的文化建设取得了卓越的成效，产生了巨大的辐射作用。一方面激发了中泰化学员工的自豪感、责任感和崇尚心理。中泰化学的员工干劲十足，主营业务产量呈现阶梯式上升。崇高的愿景加强了企业的向心力和凝聚力，使企业上下左右达成统一、和谐和默契。另一方面，企业文化为中泰化学塑造了良好的外部形象，在本行业甚至是其他行业都产生了一定的影响。

根据管理学家的统计，现代企业的生命周期一般在30年左右。中泰化学能打造成“百年老店”，这与优良的企业文化是密不可分的。中泰化学通过“群众性企业文化理念征集”活动，在充分汲取国内外优秀企业文化营养的同时，征集、总结了近10年发展中形成的优良传统、文化底蕴和文化资源，逐步建立起具有中泰化学特色的企业文化体系。

五、提高品牌知名度，提升企业市场地位

（一）加强信息披露管理

2007年，为加强中泰化学的信息管理，确保对外信息披露工作的真实性、准确性与及时性，保护公司、股东、债权人及其他利益相关者的合法权益，根据《公司法》、《证券法》、《深圳证券交易所股票上市规则》等法律、法规、规范性文件及《新疆中泰化学股份有限公司章程》的规定，结合公司实际情况，中泰化学制订了《新疆中泰化学股份有限公司信息披露事务管理制度》，规定了信息披露的主要原则、内容、时间、责任划分以及敏感信息保密措施，为信息披露管理工作奠定了制度基础。

中泰化学信息披露工作由董事会统一领导和管理，具体情况如下：

（1）董事长为信息披露工作的第一责任人；

（2）董事会秘书负责协调和组织公司信息披露工作的具体事宜，负有直接责任；

（3）董事会全体成员负有连带责任；

（4）证券事务所代表接受董事会秘书的领导，协助其开展工作；

（5）证券投资部为信息披露管理工作的日常工作部门，由董事会秘书直接领导；

（6）公司下属其他各部门、各控股子公司的主要负责人，为各部门、各控股子公司重大信息汇报工作的责任人；

（7）公司独立董事和监事会负责信息披露事务管理制度的监督。

股东发生应当披露的重大信息事项时，负有及时、准确传递的责任和义务，未履行该义务时应承担有关责任。

公司应当披露的重大信息事项主要涉及以下几个方面：

（1）招股说明书、募集说明书与上市公告书。在证券发行前公告招股说明书；申请证券上市交易，应当按照证券交易所的规定编制上市公告书。

（2）定期报告。年度报告应当在每个会计年度结束之日起四个月内，中期报告应当在每个会计年度的上半年结束之日起两个月内，季度报告应当在每个会计年度前三个月、九个月结束后的一个月内编制完成并披露。第一季度季度报告的披露时间不得早于上一年度年度报告的披露时间。

（3）临时报告。

①发生可能对公司证券及其衍生品种交易价格产生较大影响的重大事件，投资者尚未得知时，公司应当立即披露。

②公司发生的交易达到下列标准之一的，应该及时披露：

a. 交易涉及的资产总额（同时存在账面值和评估值的，以高者为准）占公司最近一期经审计总资产的 10% 以上；

b. 交易的成交金额（包括承担的债务和费用）占公司最近一期经审计净资产的 10% 以上，且绝对金额超过1 000万元；

c. 交易产生的利润占公司最近一个会计年度经审计净利润的 10% 以上，且绝对金额超过 100 万元；

d. 交易标的（如股权）在最近一个会计年度相关的主营业务收入占公司最近一个会计年度经审计主营业务收入的 10% 以上，且绝对金额超过1 000万元；

e. 交易标的（如股权）在最近一个会计年度相关的净利润占公司最近一个会计年度经审计净利润的 10% 以上，且绝对金额超过 100 万元。

上述指标涉及的数据如为负值，取其绝对值计算。

③公司与关联自然人或法人发生关联交易，符合下列标准的应当及时披露：

a. 公司与关联自然人发生的交易金额在 30 万元以上的关联交易；

b. 公司与关联法人发生的交易金额在 300 万元以上，且占公司最近一期经审计净资产绝对值 0.5% 以上的关联交易。

④公司应该及时披露涉案金额超过 1 000 万元，并且占公司最近一期经审计净资产绝对值 10% 以上的重大诉讼、仲裁事项。

⑤公司拟变更募集资金投资项目的，应当在董事会形成相关决议后及时披露。

⑥公司预计经营业绩发生亏损或者发生大幅变动的，应当及时进行业绩预告；公司预计本期业绩与已披露的盈利预测有重大差异的，应当及时

披露盈利预测修正公告。

⑦公司应当在董事会审议通过利润分配和资本公积金转增股本方案后，及时披露方案的具体内容。

⑧公司股票交易出现下列情形之一，或者被证监会、交易所认定为股票交易异常波动的，应当于下一交易日披露股票交易异常波动公告：

a. 交易价格连续三个交易日达到涨幅或者跌幅限制；

b. 连续五个交易日被列入“股票、基金公开信息”；

c. 交易价格的振幅连续三个交易日达到15%；

d. 日均成交金额连续五个交易日逐日增加50%。

股票交易异常波动的计算从公告之日起重新开始。

⑨其他应当披露的重大信息。

中泰化学根据有关法律法规，结合自身的情况设定了信息披露触发点。公司指定《证券时报》、《中国证券报》、《上海证券报》和巨潮资讯网为公司信息披露的报纸和网站，确保所有股东有公平的机会获得信息。公司严格遵循公开、公平、公正原则，及时、准确、完整地披露相关信息，不作选择性信息披露，积极维护中小投资者的知情权。

公司历年信息披露质量良好，2012年披露定期报告、临时公告等各种信息110余份。为了让投资者及时知悉公司相关信息，与投资者共享企业发展的成果，公司结合监管要求和投资者信息需求，持续加强信息披露的透明度和主动性，开展规范的投资者关系管理。公司通过电话交流、业绩说明会、投资者互动平台以及投资者调研接待等多种方式，搭建了与投资者良好的沟通渠道。

2013年，为了进一步提高中泰化学的规范运作水平，加大对信息披露责任的问责力度，增强信息披露的真实性、准确性、完整性和及时性，提高信息披露的质量和透明度，保护投资者的合法权益，根据国家有关法律、法规、规范性法律文件，证监会、深圳证券交易所的相关要求，以及《新疆中泰化学股份有限公司章程》等有关规定，公司特制定《新疆中泰化学股份有限公司信息披露重大差错责任追究管理办法》，对信息披露重大差错的认定和追责进行了明确的规定。

同时，公司进一步加强了与监管机构的经常性联系和主动沟通，积极向监管机构报告公司相关事项，确保公司信息披露更加规范。自上市以来，中泰化学始终认真履行上市公司信息披露责任，树立了一个负责任的上市公司形象。

（二）提高了品牌知名度

得益于资本市场的持续融资带来的发展后劲，中泰化学的资源和资本规模急速扩张，产业链一体化和专业品牌的建设，很大程度上进一步提升了企业的市场竞争力。目前中泰化学聚氯乙烯和烧碱产品在新疆自治区市场的销售占据绝对控制地位，其品牌“青峰”也逐渐树立起了强势地位。随着公司其他省市市场的不断扩展，其品牌影响力也得以不断扩大。

中泰化学以诚信为本，有效保证商品质量，不断提升服务品质，切实维护客户的合法权益，努力为客户营造放心的消费环境，客户满意度逐年上升，品牌建设获得了良好的成效。公司依靠诚信营销树立了“青峰”品牌，创立了适应市场变化求发展的营销之路。中泰化学产品作为有形的载体将企业文化传播到顾客心中，为企业的可持续发展打下基础。公司不断提高产品质量，持续满足环保要求，取得了良好的经济绩效。中泰化学按照 ISO9001 质量管理体系的要求，建立了客户走访制度和售后服务管理办法，对客户进行分级管理，并分级每月走访，各片区经理负责就产品质量、合同等方面与顾客沟通、协商。同时，建立了《与顾客相关过程管理程序》、《顾客满意度测量管理程序》、《持续改进控制程序》、《管理体系内部审核》等 32 个管理程序，从标准化管理上维护了顾客的权益。公司坚持以“执着、追求，为顾客提供满意的产品和优质的服务”为质量方针，以客户为导向，注重加强与客户和相关方的沟通和对话，了解他们对于产品的需求，以双方共赢和可持续发展方面的意见为关注点。

经过多年积累，公司形成了完整的用户满意度调查和改进体系，通过每年开展的客户满意度调查工作，从产品质量、计量、运输、包装、服务等方面逐层分解落实，了解客户满意程度，并提出改进方案。通过不断的努力，近年来客户满意度不断升高。2009 年至 2012 年客户满意调查结果如图 2 - 16 所示。

（三）重视社会责任的履行

中泰化学为落实科学发展观，积极履行社会责任，制定了《新疆中泰化学股份有限公司社会责任制度》，并于 2012 年对外公布。公司力争在保持稳健发展、实现股东利益最大化的同时，积极关注所在社区建设、环境

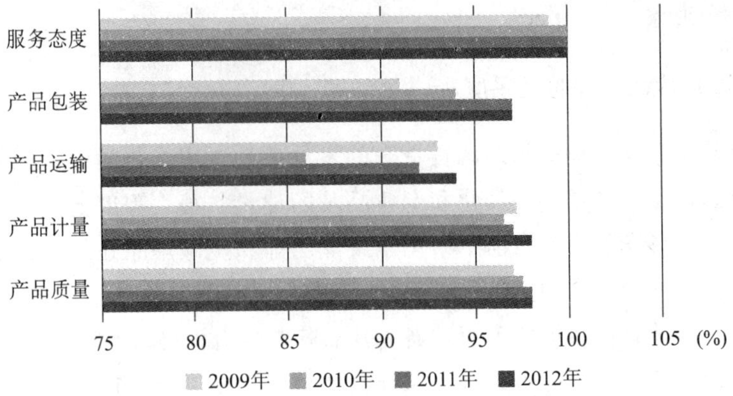

图 2－16　中泰化学 2009－2012 年客户满意度调查结果

保护、公益事业等问题，主动承担社会责任，充分尊重和维护相关利益者的合法权益，加强与各方的沟通和合作，实现股东、债权人、客户、供应商、员工、社会等各方利益的协调平衡，共同推动公司持续、健康发展。

中泰化学重视社会责任管理的机构和制度建设。公司把股东、债权人、供应商、客户、社会、员工和环境作为关键利益相关方，界定对其应履行的责任，识别各利益相关方的关注点，确定责任目标，与各利益相关方建立和谐互信关系。2009 年至 2012 年中泰化学已经连续发布了四次年度社会责任报告。报告回顾了公司每年度在实现自身发展的同时，积极履行社会责任的情况，详细披露了公司在维护股东、债权人、员工、供应商、客户等利益相关方合法利益方面的理念、实践和绩效信息。表 2－8 列示了公司的相关社会责任目标。

表 2－8　　　　中泰化学社会责任目标

利益相关方	关注点	目标
股东	诚信经营、规范运作、盈利水平	维护投资者权益，谋求股东与公司发展共赢，为股东创造更大价值，努力成为股东获得满意回报的优质上市公司
债权人	稳健经营、偿债能力	维护债权人利益，信守承诺，按期足额还本付息
环境	节能减排、绿色发展	建设资源节约型和环境友好型企业，坚持“环保优先、生态立区”，发展循环经济
供应商	公平、公正采购，信守承诺，利益共享	加强战略合作，互利共赢、协同发展
客户	产品质量、优质服务	为客户提供优质的产品与服务，互利共赢、协同发展

续表

利益相关方	关注点	目标
员工	健康、安全、薪酬福利、民主权利、专业培训、职业发展	为员工提供广阔的发展空间，保障员工权益，增强员工幸福感
社会	依法纳税、社区发展、公益事业	实现公司与社会的和谐发展，积极履行社会责任

资料来源：中泰化学社会责任报告。

1. 股东与债权人利益保护

广大股东的关心和支持是公司快速发展的关键和动力，中泰化学在保持企业快速发展的同时，不断完善治理结构，规范公司运作，加强投资者关系管理。

公司严格按照《公司章程》及《股东大会议事规则》的规定召开股东大会，确保股东能够依法行使表决权，股东大会的召集和召开程序、出席会议人员资格及表决程序均符合有关规定。除选择在公司管理总部所在地召开股东大会外，发行公司债券等重大事项还采取网络投票和现场投票相结合的方式，以便于更多股东参加会议，行使其权力。

公司树立了回报股东的意识，在综合分析企业经营发展实际、股东要求和意愿、社会资金成本、外部融资环境等因素的基础上，科学决定公司的利润分配政策。公司已在《公司章程》中明确规定了利润分配政策：利润分配政策应保持连续性和稳定性。公司近5年现金分红情况如表2－9所示，同时公司在2013年3月21日对公司2012年度利润进行了分配，对全体股东按照每10股分配2.0元人民币进行现金分红。

表2－9　　近五年中泰化学现金分红情况表

分红年度	现金分红金额（含税）（元）	分红年度合并报表中归属于上市公司股东的净利润（元）	占合并报表中归属于上市公司股东净利润的比率（%）
2012年	230 868 000.00	270 704 017.39	85.28
2011年	115 434 000.00	489 958 936.86	23.56
2010年	157 759 800	291 272 638.66	54.16
2009年	0	103 130 301.90	0
2008年	5 368 600	115 820 350.98	4.64

资料来源：中泰化学年度报告。

公司在注重保护股东权益的同时，也高度重视对债权人合法权益的保护。公司秉承稳健、诚信经营原则，坚持降低自身经营风险、财务风险。在经营决策中，充分考虑债权人的合法权益，及时向债权人通报与其债权权益相关的重大信息，严格按照贷款合同所规定的款项用途使用贷款，按期还本付息，从未发生逾期还本付息的情况。公司以较稳健的财务结构、充足的现金流为基础，积极利用财务杠杆，为股东创造更大的价值。公司一贯注重发展银企合作关系，致力于建设多元化融资体系。公司积极深化与多家银行的合作，巩固间接融资渠道，保障生产经营资金、项目建设资金供给，享受相对优惠的融资成本。

2. 环境保护绩效

中泰化学按照“环保优先、生态立区”的发展理念，确立了“坚持绿色洁净生产，实现人与自然共融”的企业环保文化，将“资源开发可持续、生态环境可持续”的观念融入企业发展中，努力将中泰化学打造成生态环保、绿色低碳的企业。

2007 年，公司被列为新疆自治区优势资源转换试验基地、循环经济试点单位，被中国氯碱协会推荐为全国节能降耗先进单位。通过新、改、扩建项目不断完善上下游产业链，形成“资源—产品—再生资源”的循环体系，2010 年，公司被新疆自治区评为自治区工业循环经济示范单位。

2007 年 7 月，公司获得“乌鲁木齐市节水型单位”称号；2008 年 11 月，获得乌鲁木齐市人民政府颁发的“节水型企业”荣誉称号。

2008 年 4 月公司开展了清洁生产审核工作，并于 2009 年 10 月达到国内清洁生产先进企业标准。公司通过加大环保投入、提高装备水平、实施清洁生产、发展循环经济等措施，迈入资源节约型、环境友好型先进企业行列，2010 年 12 月被新疆自治区经济和信息化委员会评为“节能工作先进集体”，被列入国家“资源节约型、环境友好型”试点企业。

2011 年 7 月，公司与德国海德堡大学合作开展“工业能源效率与废物资源化研究项目”，并在公司成立中德合作工业能源效率与废物资源化研究示范基地。

2011 年 11 月，公司顺利通过由新疆自治区环保厅组织的环保目标责任制核查，环保厅对公司近些年环保工作的落实情况给予了高度肯定。公司始终贯彻落实国家产业政策，严格执行环境保护“三同时”制度，在技术改造和项目建设中大力推广先进清洁工艺技术、污染防治及综合利用技术，加大技术型环保项目的投入，提高环保装备水平，单位产品主要污染物指标达到国内领先、行业先进水平，控污、治污、降低风险措施得到加强。

2011 年 5 月，公司开始 QHSE 信息化管理软件的开发，目前已完成管理软件的基础资料搜集、模块设置、工作流程的设置等前期准备工作。2011 年 7 月 19 日，公司派员参加了工信部在北京组织的两化融合促进安全生产重点推进项目的答辩会，并顺利通过答辩。2011 年 8 月 30 日，公司 QHSE 信息化管理软件正式获得了工信部两化融合促进安全生产重点推进项目授牌。

表 2－10　　清洁生产方案实施前后对比

项目		实施前	实施后	削减量
用电量（万 kWh/a）		63 106	61 342	1 764
用煤量（万 t/a）		16	12.3	3.7
单位产品新鲜水耗	烧碱（m^3/t）	8.4	8.3	0.1
	聚氯乙烯（m^3/t）	10.85	10.1	0.75
吨产品综合能耗	烧碱（kgce/t）	569	568	1
	聚氯乙烯（kgce/t）	198.87	197	1.87
污水排放（万 t/a）		200	110	90
SO_2 排放（t/a）		507	389.76	117.24

资料来源：中泰化学社会责任报告。

清洁生产审核工作是企业实现清洁生产的有效途径（如表 2－10 所示），按照国家《清洁生产审核暂行办法》的要求，公司于 2008 年 4 月组织实施第一轮清洁生产审核工作，审核报告于 2010 年 9 月通过新疆自治区环保厅验收。此轮审核方案涉及 100 余项，涵盖主要生产工艺、设备、资源和能源等方面。通过初步评估、研判、筛选，确定出实施方案 96 项，无/低费方案 73 项，中高费方案 30 项，共计投资 21 781 万元，年可创造经济效益 13 663 万元，环境效益和经济效益显著。

随着公司的快速发展及生产规模的不断扩大，公司主要产品聚氯乙烯树脂、烧碱产能大幅增加，节能降耗具有了规模性的优势。公司在把新疆的资源优势转化为现实的经济优势过程中，始终坚持循环经济的发展理念，增加了电石、焦炭、原盐等产品，新建了热电联产装置。与战略投资者合作，建成了电石废渣制水泥项目，完全打通了上下游，形成了煤、电、化工、节能减排四位一体的循环经济产业链，为实现节能降耗创造了极大的空间。

2012 年 10 月中旬，公司顺利通过了能源管理体系的外部审核，成为氯碱行业第一家通过能源管理体系认证审核的单位。

3. 安全生产与员工利益保护

安全生产是化工企业的生命线。公司始终坚持“安全第一，预防为主、综合治理”的安全生产方针，倡导“我的安全我负责，你的安全我有责，企业安全我尽责”的安全文化理念，严格遵守国家、新疆有关安全生产的法律、法规，认真落实各级安全生产责任制。

公司设有安全生产委员会，公司总部设立了安全环保部，负责公司安全生产、环境保护和员工职业健康管理工作。公司按照“总部监管、企业负责、齐抓共管、全员参与”的原则，建立公司、子公司、车间、班组四级安全生产分级管理机制，实现纵向到底、横向到边、各负其责的安全管理网络。公司及时组织安全生产委员会，解决安全生产问题，研究解决了一批制约安全工作的重点问题。每月召开安全例会，研究部署安全生产相关工作。

公司牢固树立“以人为本、人才兴企”的理念，公司各级人力资源管理部门和各级工会组织，共同维护和保障员工的合法权益，公司及控股公司均依法建立了职工代表大会制度，保障员工权益的有效落实。中泰化学严格执行有关劳动用工的法律法规和政策，平等对待各类员工，规范劳动用工管理，建立和谐稳定的劳动关系。公司积极推进并完善集体谈判机制，集体合同谈判覆盖率为100%；公司及控股公司均按照“平等、自愿、协商一致”的原则，与员工订立书面劳动合同，劳动合同签订率基本达到100%；依法建立“五险一金”制度，参保率和按规定缴费率达100%。

公司的女性员工广泛分布在不同层级不同类别的岗位上。公司严格遵守有关女工保护的法律法规，从源头上维护女工权益，关注女性员工在工作和生活中遇到的问题，不断改善女性员工的劳动环境和劳动条件，落实女性员工孕产期规定及定期健康体检制度，关注女性员工的身心健康。

公司坚持维护员工的民主权利，发挥员工民主管理、民主监督的作用，积极营造公平、民主、务实、和谐的氛围，员工工会入会率达到100%，公司通过职工代表大会、业务公开，让员工充分了解企业的发展，参与企业的管理，维护了员工的知情权和监督权。

4. 合作共赢与客户利益保护

公司始终坚持“对企业要忠、对客户要诚、对业务要精、对自己要严”的管理理念，主张“互利共赢、协同发展”的供应链管理理念。

公司坚持平等协商、互利共赢的原则，积极选择质量好、价格优、实力强、与公司有共同发展理念的战略盟友建立长期战略合作关系。公司按照统一管理、动态考核、扶优汰劣的原则，建立供货商管理体系，为公司物资供应保障与外部资源整合助力。公司积极推进与优秀的具有行业代表性的供货商建立相对稳定的战略合作伙伴关系。

公司每年进行供方评价，对不符合要求的给予降级或取消“合格供方”资格。与涉及到危化品的供应商签订《安全协议》，划分职责，规范要求，采购部门建立危化品供应商台账，每年更新相关资质。对于各子公司提交的商务联系单，采购部门积极联系厂家处理，在最短时间内解决问题，保证生产的稳产、高产。采购部门严格按照公司各项体系建设的要求，从源头保证公司产品的质量。公司要求主要原料的生产型供应商通过ISO9001 的认证。

公司严格按照 ISO9001 质量管理体系要求，建立了客户走访制度和售后服务管理办法，对客户进行分级管理，并分级每月走访，各片区经理负责就产品质量、合同等方面问题与顾客沟通、协商。公司坚持以“执着、追求，为顾客提供满意的产品和优质的服务”为质量方针，开展客户满意度测评，以客户为导向，注重加强与客户和相关方的沟通和对话，了解他们对于产品的需求，以双方共赢和可持续发展方面的意见为关注点。

5. 诚信经营与社会公益活动

公司始终恪守诚信经营、公平竞争的原则，尊重竞争伙伴，尊重客户权益，坚持合作共赢，保护利益相关方的权益。公司对供应商和客户诚实守信，不依靠夸大宣传、虚假广告等不当方式牟利，无侵犯供应商和客户的著作权、商标权、专利权等知识产权的情况。在日常经营和运作中，公司未出现违反法律法规而受到行政或司法处罚的行为，未发生损坏政府、股东、债权人利益的行为。公司还通过反商业贿赂工作的开展，形成了共同抵制商业贿赂的良好氛围。2012 年公司董事会制定了《反舞弊制度》，截至 2012 年底，公司未发生涉嫌商业贿赂违法犯罪行为。

公司积极投身社会公益活动，努力以自身发展影响和带动地方经济，促进企业与社会和谐发展。

2003 年防治“非典”期间，为最大限度满足消毒液生产厂家的需要，公司不惜降低主要产品的产量，大幅提高次氯酸钠产量，并向乌鲁木齐市红十字会捐赠了价值 20 万元的清洁消毒液产品，向市民免费发放 1 万瓶消毒液，同时还向新疆部分机关事业单位、乌鲁木齐市部分学校、火车站等赠送了38吨消毒液产品。

一方有难，八方支援，2008年初南方低温雨雪冰冻灾害发生，公司积极响应抗击雪灾号召，向灾区捐款19万元。“5·12”汶川大地震发生后，中泰化学向四川地震灾区捐款100万元，同时，公司向全体员工及子公司发出赈灾倡议，全体员工自发捐款49.52万元，全体党员缴纳特殊党费71.12万元，以上款项共计220.64万元。

2009年乌鲁木齐“7·5”事件发生，公司向“7·5”事件的无辜受害者捐款100万元，向乌鲁木齐市“7·5”事件维稳工作捐助100万元；组织全体员工向“7·5”事件的无辜受害者捐款60万元；公司工会看望慰问新闻工作者以及武警官兵并赠送慰问品价值10万元。

公司于2010年9月出资4 200万元援建的博尔塔拉蒙古自治州温泉县大库斯台水库（中泰化学·温泉县大库斯台水库）于2012年9月27日建成蓄水。据了解，该水库建成后，可解决灌溉区3.46万亩地灌溉用水问题并新增1万亩饲草基地，对于改善灌区农牧业生产条件、确保饲草基地增产增收具有重大意义，实现牧民定居268户，为改善大库斯台灌区畜牧业生产条件、加快产业结构调整、推动高标准饲草基地建设，促进“定居兴牧”健康快速发展创造了有利的基础条件。水库的建成将调节汛期洪峰，确保水库下游灌溉区不再受洪水侵害，对改善区域生态环境具有积极作用。

2011年，公司为北京化工大学设立了100万元的“中泰化学奖学金”，2012年公司向北京化工大学教育基金会捐赠20万元，旨在支持学校办学，鼓励在校大学生勤奋学习，吸引大批立志于化工领域的毕业生，以所学专业知识服务于公司的跨越式发展，服务于新疆化工事业。

2011年公司向周边共建单位累计捐款60余万元。组织员工在周围社区植树，用实际行动倡导绿色环保理念，引导员工从维护身边的环境做起，共建和谐文明生态家园。在社区内积极主动开展扶贫帮困活动，做了大量务实的、富有成效的工作。同时加强对员工社会责任的培训教育，促进公司与社会的和谐发展。

2012年10月，公司为了落实《关于进一步做好自治区扶贫开发部门包村工作的通知》（新党办发［2010］30号）和自治区党委扶贫开发工作电视电话会议精神，根据自治区国资委《2012年定点帮扶协调会会议纪要》（新国资阅［2012］2号）确定的2012年帮扶计划，向于田县捐赠200万元扶贫帮困资金，纳入于田县工业发展资金，用于支持于田县发展工业。2012 年，公司还向自治区见义勇为基金会捐赠 10 万元。

2012 年，公司荣获“央视财经 50 指数十佳责任公司”奖，入围“央视财经 50 指数”评选，这是公司不断发展、积极承担社会责任的体现，更是企业可持续发展的成果体现。

（四）与投资者建立良好沟通平台

中泰化学制订并落实了《新疆中泰化学股份有限公司投资者关系工作制度》，加强了投资者关系管理，以认真审慎的态度对待股东和投资者来信、来电、来访和咨询，确保所有股东有平等的机会获得重要信息。几年来中泰化学注重投资者关系管理，通过电话交流、业绩说明会、投资者互动平台以及投资者调研接待等多种方式，搭建了与投资者良好的沟通渠道。在日常经营活动中，公司积极做好投资者管理工作，与投资者保持良好的沟通、交流，并且做到公司对外交流平台的畅通。

2007 年至 2012 年接待调研、沟通、采访等活动情况如表 2－11 所示。

表 2－11　　接待调研、沟通、采访等活动登记表

接待时间	接待次数	接待方式	主要内容及提供的资料
2007 年	6 次	实地调研	公司运营情况
2008 年	13 次	实地调研	公司运营情况
2009 年	20 次	实地调研	公司运营情况
2010 年	34 次	实地调研	公司运营情况
2011 年	34 次	实地调研	公司运营情况
2012 年	13 次	实地调研	公司运营情况

资料来源：由中泰化学相关部门提供。

自 2007 年来，公司通过全网投资者关系互动展示平台举行了公司年度报告网上说明会，公司董事长、总经理、财务总监、独立董事、保荐代表人参加了多次网上说明会，并在线回答了投资者的咨询，与广大投资者进行坦诚的沟通和交流。

2012 年度，公司共接听来自全国各地的投资者电话 400 余次；多次组织机构投资者赴米东工业园、阜康工业园、大黄山工业园现场调研及指导工作；共接待投资者来访 40 余人次；通过深交所互动平台及时回复投资者问题 700 余次。公司耐心聆听投资者的意见，以此提高公司发展质量，提升公司管理水平，在投资者和公司之间形成良性的互动，使公司的决策透明化、公开化。

通过完善信息披露制度的执行，并有效保护股东与债权人利益，保护员工与客户利益，同时积极进行环境保护和参与社会公益活动，公司品牌知名度和市场影响力不断提高，公司市场地位得以显著提升。

六、实施人才资源战略，建立有效的激励机制

中泰化学坚持以人为本，深入推进求才、用才、奖才、育才工作。员工是企业宝贵的财富，企业的生存和发展离不开员工。中泰化学在做好人力资源基础工作的同时，加强定岗定员和人力资源培训与开发，推动人力资源信息化和制度建设；注重运用激励机制以发挥员工最大潜力，灵活运用物质激励、精神激励方式；开拓人力资源视野，把握人力资源动态，吸收国内外最新人力管理思想和理念，进行人力资源管理改革与创新。公司持续完善各项激励政策，全面推进人才队伍建设，为员工搭建一个广阔的职业发展平台和施展才华的理想空间。公司积极帮助员工发现、发挥和发展自我价值，激发员工的积极性和创造性，提高员工满意度和忠诚度。通过将员工个人发展目标与公司发展目标有效结合，公司把企业的人力资源最大限度转化成人力资本，推动企业愿景的实现，促进企业和员工共同和谐发展。2012 年，公司对多年举办的百安竞赛奖励标准和奖励形式进行了调整，引入竞争机制、打破“大锅饭”的奖励方式，重点关注活动的质量和效果，在活动创新、活动效果、员工技能提升等方面下功夫，将活动与技能培训有机地结合，以练代培，强化员工的技术素质。

（一）优化公司员工结构

中泰化学通过劳务派遣机构录用了贫困地区少数民族农民工，解决少数民族农民工就业问题。公司严格遵守国家法律法规以及公司有关规章制度，遵守和执行国际劳工标准及其他适用的行业标准，公开、公平招聘员工，尊重人权、不用童工、不歧视员工、维护员工权益，实行员工机会平等、男女员工同工同酬。

自 2006 年来，得益于持续的融资支持，公司的资产规模和生产能力逐年上升，员工数量急速上升。截至 2012 年 12 月 31 日，公司员工人数为 8 785人（含控股公司人员）。在实现人员素质与公司生产管理要求更好契合的过程中，员工的结构也逐渐优化。

1. 员工岗位构成情况

公司管理人员、销售人员、研发人员和生产人员构成具体情况如表2－12所示。

表2－12　　2006年以来中泰化学员工岗位构成情况

专业类别	2012年末		2011年末		2010年末		2009年末	
	人数	比例	人数	比例	人数	比例	人数	比例
管理人员	440	5.01%	1 019	14.81%	908	15.18%	473	8.31%
销售人员	123	1.40%	196	2.85%	159	2.66%	122	2.14%
研发人员	554	6.31%	395	5.74%	138	2.31%	162	2.85%
生产人员	7 668	87.28%	5 269	76.60%	4 776	79.85%	4 936	86.7%
专业类别	2008年末		2007年末		2006年末			
	人数	比例	人数	比例	人数	比例		
管理人员	505	11.51%	337	13.12%	333	14.57%		
销售人员	107	2.88%	60	2.34%	60	2.62%		
研发人员	132	3.55%	84	3.27%	77	3.37%		
生产人员	4 559	82.06%	2 087	81.27%	1 816	79.44%		

注①2012年9月后，随着阜康能源、中泰矿冶项目建成投产，公司部分管理人员逐步转为生产人员。

②报告期公司研发人员含项目建设人员。

资料来源：中泰化学社会责任报告。

整体来看，自上市以来，除了2012年外，管理人员所占的比例一直在稳步上升，主要原因在于随着现代企业制度的建立和资本市场对于上市公司的强制规范要求，中泰化学管理模式和治理结构迅速朝着一个规范的上市公司方向发展，管理效率提升的同时管理团队不断扩大。2012年管理人员数量有所减少主要是因为阜康能源、中泰矿冶项目建成投产，公司部分管理人员逐年转为生产人员。公司通过积极开拓优秀教育资源平台，加大自主办班力度，按照“干什么，学什么；缺什么，补什么”的原则，充分发挥以点带面作用，加大对各个岗位骨干力量的培训，带动学员周围员工共同进步。同时公司还加大了对公司整体培训工作的管理力度，给员工提供终身学习的机会，使员工自身的技能能够与时俱进，从而增强员工的竞争能力。

2. 员工学历构成情况

公司员工学历结构方面，以大中专毕业生为主，员工受教育程度较

高。中泰化学已经形成了成熟的经营模式和管理制度，培养了一批较高素质的业务骨干和核心人才。但为了适应企业对人力资源更高的要求，中泰化学采取了以下措施来引进具有更高管理水平和更强专业技术能力的高素质人才：一是扩大人才储备库，在公司已建立的人才储备库中，大学本科、专科以上学历者占90%以上，主要专业为电气自动化、环境监测、应用化工、工业分析与检验等，为公司发展进行了一定量的人才储备；二是继续与北京化工大学、青岛科技大学、北京石油化工学院等院校合作开展员工培训和产学研结合工作，对公司专业技术人员和管理人员进行再教育，提高他们的综合素质；三是坚持用感情留人，用事业留人，用适当的待遇留人，用好公司现有各类人才，吸引高校毕业生和社会上有专业技能的各类人才到公司发展；四是通过博士后流动站吸引高端人才为公司服务。通过以上措施建立起内部培训人才与外部引入人才相结合的人才储备战略。图2－17和图2－18列示了中泰化学全体员工的学历构成情况。

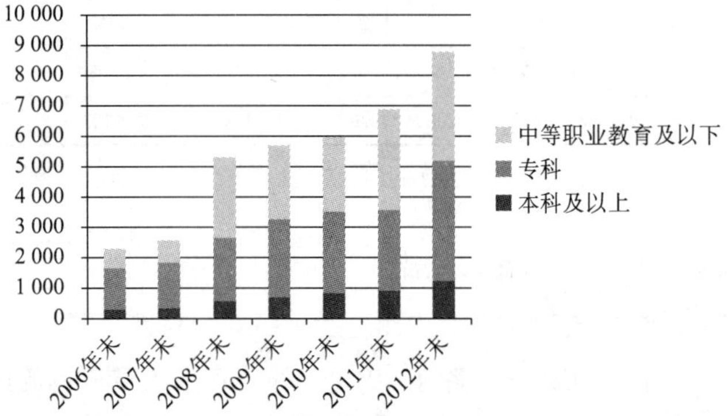

图2－17　中泰化学各学历人员数量情况

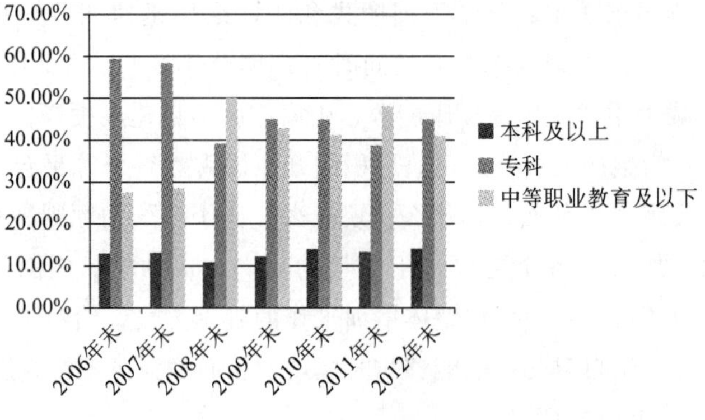

图2－18　中泰化学各学历人员比例情况

资料来源：巨潮资讯网。

3. 员工年龄构成情况

公司员工年龄构成方面，2012 年 30 岁以下员工占 71.88%，员工队伍年轻，学习、创新能力强，各年龄段员工具体占比如表 2－13 所示。

表 2－13　　2006 年以来中泰化学员工年龄构成情况

年龄	2012 年末		2011 年末		2010 年末		2009 年末	
	人数	比例	人数	比例	人数	比例	人数	比例
50 岁以上	120	1.37%	128	1.86%	123	2.06%	143	2.51%
40—50 岁	646	7.35%	603	8.77%	487	8.14%	436	7.66%
30—40 岁	1 704	19.40%	1 519	22.08%	1 343	22.45%	1 172	20.59%
30 岁以下	6 315	71.88%	4 629	67.29%	4 028	67.35%	3 942	69.24%
年龄	2008 年末		2007 年末		2006 年末			
	人数	比例	人数	比例	人数	比例		
50 岁以上	160	3.02%	42	1.64%	16	0.70%		
40—50 岁	324	6.11%	161	6.27%	170	7.44%		
30—40 岁	1 085	20.46%	912	35.51%	676	29.57%		
30 岁以下	3 734	70.41%	1 453	56.58%	1 424	62.29%		

资料来源：中泰化学年度报告。

（二）建立科学的薪酬制度

作为一家上市公司，在薪酬方面，中泰化学需要既关注股东利益，又关注员工的积极性。权衡实际情况，公司逐步建立起了科学的薪酬制度，其特点主要有：

一是建立了以管理、技术、技能三支队伍为核心的薪酬体系，尤其是将技术、技能队伍的待遇提高到与管理队伍同等的层次，确保员工职业发展通道的通畅。

二是建立了以岗位能力为核心的岗位工资体系，公平对待各个岗位的员工，并在全公司实行岗位薪资制度，定岗定薪，岗变薪变，建立起岗位薪资、绩效薪资、津贴薪资综合薪酬体系。同时，为了提高员工的工作积极性和工作效率，公司还向员工提供具有竞争力的薪酬，员工薪酬由基本工资与绩效工资构成。2011 年员工平均年收入为 60 809 元（含五金），平均月收入为 5 067 元，适度高于本地社会平均收入水平。2012 年，公司支付的薪酬总额为 5.28 亿元（不含五金），支付的福利总额为 0.69 亿元。2009－2012 年公司员工平均年收入情况如图 2－19 所示。

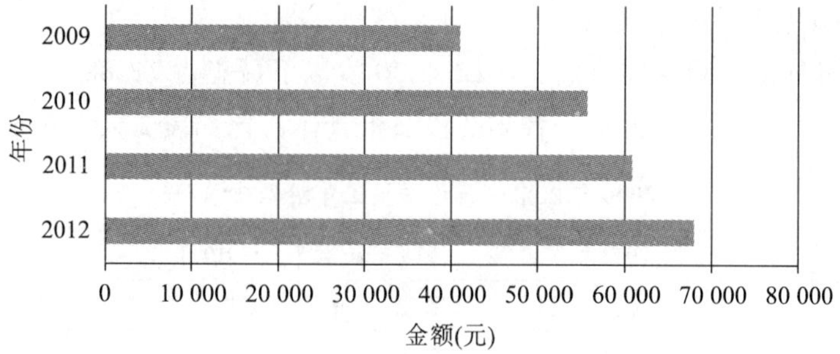

图 2-19　2009-2012 年中泰化学员工平均年工资收入情况

三是对高级管理人员建立了有效的考评、激励与约束机制，高管人员的薪酬按照《年度经营业绩考核及薪酬管理暂行办法》执行，年终由董事会下设的薪酬与考核委员会对高级管理人员的工作能力、履职情况、责任目标完成情况等进行考评，确定薪酬方案。董事、监事、高级管理人员报酬情况如表 2-14 所示。

表 2-14　　董事、监事、高级管理人员报酬情况表

董事、监事、高级管理人员报酬的决策程序	公司董事、监事津贴标准由董事会薪酬与考核委员会拟定方案，经董事会审议通过后提交公司股东大会审议通过之后执行 公司高级管理人员的薪酬标准由董事会薪酬与考核委员会拟定方案，经新疆国资委确认后执行
董事、监事、高级管理人员报酬确定依据	目前公司董事、监事的津贴执行标准是 2007 年 3 月 6 日公司 2006 年度股东大会审议通过的标准：独立董事年度津贴 60 000 元（含税）；董事、监事年度津贴 20 000 元（含税） 根据公司《年度经营业绩考核及薪酬管理办法》，公司高级管理人员实行基本年薪和绩效年薪相结合
董事、监事、高级管理人员报酬的实际支付情况	按月支付基本年薪，绩效年薪由董事会薪酬与考核委员会考核确定后报新疆国资委绩效考核确认后兑现 2012 年公司董事、监事和高级管理人员报酬实际支付 1 009.46 万元（税前）

资料来源：中泰化学年度报告。

公司充分发挥薪酬、绩效的激励作用，将公司的收入和利润增长与员工收入增长挂钩，将组织绩效和个人绩效考核挂钩，把业绩和工资紧紧结合起来，激励各级员工沉下身子，提升自身能力，干实事、干大事，提高公司的业绩。

（三）稳定的职业经理人与公司共同发展

职业经理人，是企业中承担法人财产保值增值的责任人，全面负责企业经营管理，对法人财产拥有绝对经营权和管理权。他由企业在职业经理人市场（包括社会职业经理人市场和企业内部职业经理人市场）中聘任，是以受薪、股票期权等为获得报酬方式的职业化企业经营管理专家。他们不仅要胜任管理工作，还要有力地领导自己的团队来有效完成既定目标，同时还要时刻准备迎接新的挑战。

中泰化学 2006 年 12 月 IPO 上市，其后进行了多次资本市场融资运作，在职业经理人的带领下连续 10 多年保持年均 40% 以上的经济发展速度，由一个小型氯碱企业发展成为 2012 年拥有年产能 150 万吨聚氯乙烯树脂、110 万吨离子膜烧碱、120 万千瓦装机生产规模的，居全国氯碱行业第一位的大型氯碱企业和运作规范的上市公司。

中泰化学的发展与壮大，离不开公司董事长王洪欣先生的全面领导。王洪欣先生自 2001 年 12 月至今任公司党委书记、董事长，是乌鲁木齐市第十四届、十五届人大代表。在看准了氯碱行业的广阔市场前景，综合考量西部资源和新疆所处地理位置带来的出口贸易优势等情况下，他毅然选择了加入中泰化学。在任职期间，他带领公司管理层和广大员工齐心协力、真抓实干、不断开拓创新，为公司创造了可喜的成绩，营造了团结和谐的企业环境并得到当地政府的支持，使得公司在竞争激烈的氯碱行业中成为领跑者，未来公司将朝着盈利能力强、竞争优势突出、发展前景广阔的方向进一步发展。

王洪欣先生带领中泰化学走向成功之路，同时中泰化学也为他实现自己的职业理想提供了良好平台。王洪欣先生曾任新疆化工（集团）有限责任公司副董事长、新疆华泰重化工有限责任公司董事长、新疆化工（集团）有限责任公司总经理、新疆中泰化学阜康能源有限公司董事长。2011 年 10 月当选新疆维吾尔自治区第八届党委候补委员。2012 年 7 月至今任新疆中泰（集团）有限责任公司董事长；2003 年 1 月至今兼任新疆中泰进出口贸易有限公司董事长；2012 年 9 月至今兼任新疆中泰物产有限公司董事长。

可以说，中泰化学的茁壮成长离不开董事长王洪欣，而他自身的心血与成就也体现在中泰化学中。

第三章 资本市场，实现多元化融资的平台

对于企业来说，资本市场除了具有促进公司治理和提升企业品牌的影响力等作用之外，最重要的职能还是实现融资，资本市场对中泰化学的作用也不例外。自2006年首次公开发行并上市以来，中泰化学连续运作，通过公开与非公开增发股票、发行公司债券，成功借力资本市场为公司打造了多元化的融资平台。这一方面归因于化工行业本身对资金的需求，另一方面也离不开政府相关部门的支持，以及公司自身成功把握资本市场机会并与资本市场良性互动的成功运作。

本篇将聚焦于中泰化学、立足于行业特点，对其在资本市场中的成功运作进行分析。

一、资本市场融资对化工行业的重要性

（一）化工行业/企业的特点

化工行业①作为国民经济的重要行业有着其自身的特点：作为重工业

① 本文中化工行业按照中国证监会行业分类标准中制造业下石油、化学、塑胶、塑料行业进行分类。

中的重要组成部分，其资产构成中固定资产和技术资产比重较高，是典型的资本密集型行业。随着生产生活中对化工产品的需求度和依赖度的提高，化工行业已经毫无疑问成为国民经济的推动剂，对社会经济有着巨大的推动作用。任何行业都存在自身发展周期，化工行业由于受上下游影响程度大，其周期性也更为明显；而其上下游涉及范围广的特征又使得其波动性相对较弱，对国民经济也有着一定的稳定作用；规模经济在化工行业中体现得非常明显，这也使得化工行业初始投入高，资金需求大。

1. 资本密集型

所谓资本密集型产业是指在单位产品成本中，资本成本与劳动成本相比所占比重较大，每个劳动者所占用的固定资本和流动资本金额较高的产业。当前，资本密集型产业主要指钢铁业、一般电子与通信设备制造业、运输设备制造业、石油化工业、重型机械工业、电力工业等。资本密集型工业主要分布在基础工业和重加工业，一般被看作是发展国民经济、实现工业化的重要基础。

从资本的角度来说，判断一个行业是否属于资本密集型行业，可以从固定资本占总资本的比例以及净资产占总资产的比例来进行判断。一般来讲，固定资本占总资本的比例越高，行业生产过程中所占用的固定资本就越大，行业越趋向于资本密集型；净资产占总资产的比例越低，则行业的平均资产负债率也相对越高，行业也越趋近于资本密集型。从投入产出角度来看，可以从单位收入所占用的资产量来进行判断，获得单位收入所占用的资产越多，该行业的资本密集型程度就越高。因为资本密集型行业这一定义本身就是针对于制造业企业而言，所以判断一个行业是否为资本密集型行业，需与制造业中其他行业进行比较得出。但可以肯定的是，化工行业资本密集型的特征在国内外都是比较明显的。

（1）国际化工行业共同特征。化工行业在整个世界经济中扮演着重要的角色，2007 年到 2012 年的世界 500 强企业中有 5% －10% 是化工企业。这些大型的化工巨头对整个世界的化工行业有着举足轻重的影响。因此，它们的一些特征对于整个国际化工行业也会有比较好的映射作用。以 2012 年为例：世界 500 强企业中有 13 家为化工企业，像巴斯夫（Basf）、拜耳（Bayer）、陶氏化学（Dow）、杜邦（Dupost）、埃克森美孚（Exxonmobil）、阿克苏·诺贝尔（Akzo Nobel）和三菱化学（MGC）等化工巨头都位列其中，同时当年也有其他 134 家同为制造业的企业入围世界 500 强企业。这 147 家企业分属于制造业的 8 大行业（包含化工行业），它们对于制造业内各行业的相关特征具有一定的代表性。通过统计分属于不同行业的这些企业的单位营业收入占用资产的平均值可以看出，在世界500强制造企业中化工行业单位营业收入占用资产的平均值处于中上游水平，高于整个统计数据的中位数，在制造业当中化工行业较其他行业属于资本密集型的行业，见图3－1。

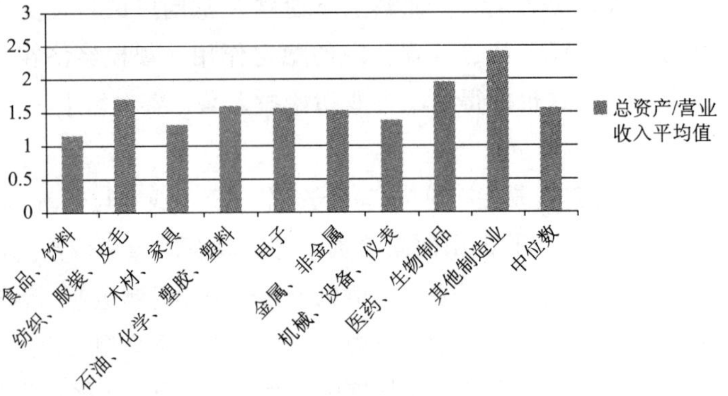

图3－1　制造业各行业单位营业收入占用资产情况

数据来源：英国《金融时报》2012年全球500强企业排名。

因此，从整个国际市场来看，化工行业在整个世界经济中扮演着重要的角色，在世界范围内的制造业中，由于生产工艺所需，化工行业企业在生产过程中普遍会占用大量的资产，因此较制造业内其他行业而言，整个世界范围内的化工行业属于资本密集型的行业。

（2）国内化工行业特征。图3－2是2012年我国制造业各行业资本密集度情况，从中可以看出国内化工行业是资本密集度很高的行业。

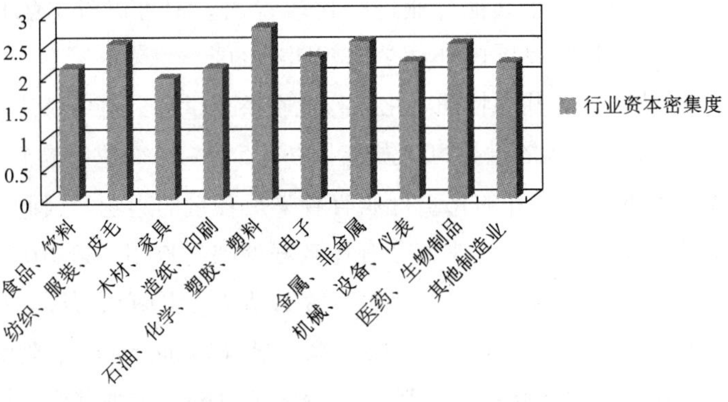

图3－2　2012年制造业各子行业上市公司平均资本密集度

数据来源：CSMAR数据库。

在国际市场上，大型化工企业都倾向于资本密集型，作为引进型产业，国内的化工企业也同世界大型化工巨头一样具有资本密集型的特征。这一特征我们从国家统计局2000－2012年的统计数据中不难看出。国家统计局每年都会对国民经济相关指标进行统计，对国内大中型及规模以上工业企业相关财务指标会进行更为细致的统计。资本密集型行业的重要特征在于：资产构成中固定资产所占比例较高；财务杠杆相对较高。

图3－3是中国制造业中各行业非流动资产占总资产的情况。从图3－3中可以看出，中国制造业内，化工行业非流动资产占总资产的比例在整个制造业中最高，平均占比在50%左右，远高于整个制造业行业水平。从资产构成角度看，国内化工行业属于资本密集度较高的行业。

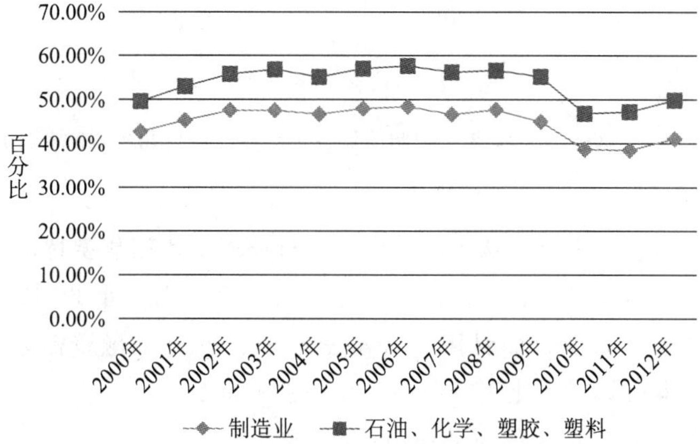

图3－3　化工业与制造业整体上市公司非流动资产占总资产百分比比较

数据来源：根据同花顺IFinD数据库整理。

资本密集型行业大多基础投资比较大，仅仅依靠自有资金进行投资生产是不现实的。所以，大部分资本密集型行业都会运用财务杠杆，利用外部资金进行资产购置和生产。正因为如此，资本密集型行业的财务杠杆大多会比较高，但是由于获取外部资金的途径不同，这一特征也并不一定存在。图3－4是我国制造业各行业财务杠杆的情况。从图3－4中可以看出，2007年之前化工行业在整个制造业中财务杠杆相对较低，自2007年以后，化工行业的财务杠杆超过整个制造业的平均水平。从2000年至2012年整体来看，化工行业财务杠杆呈逐年上升趋势，逐渐接近并超过制造业平均水平。纠其原因，主要是由于近年来中国化工行业逐步引进先进技术，进行资产的更新换代，且由于自有资金的限制，更多地融入外部资金。从

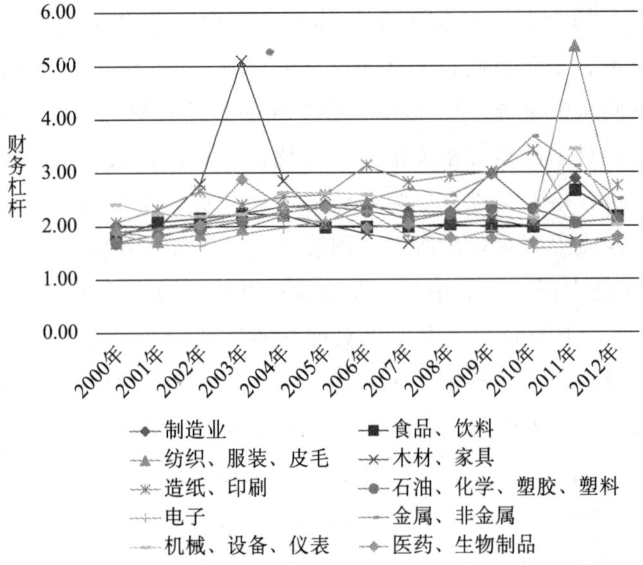

图 3－4　2000－2012 年中国制造业各子行业上市公司平均财务杠杆

数据来源：同花顺 IFinD 数据库。

净资产角度来看，也可以从侧面看出化工行业的资本密集型特征。

通过以上描述可以看出，国内外化工行业都有着一个共同的特征，均属于资本密集型行业，而且因为资本密集型行业外部融资需求旺盛的特征，使得资本市场对于化工行业而言显得必不可少。

2. 对社会经济巨大的拉动作用

化工行业对我国社会经济巨大的拉动作用可以从以下几个维度来衡量：对经济影响的广泛程度、在经济体系中的重要程度、与其他产业的关联程度、行业自身发展状况以及对消费的拉动程度。

（1）涉及国计民生的方方面面，影响范围广。化学工业是以自然矿物质或化学物质为原料生产化工产品的产业，除了资本密集型特征外，还是典型的技术密集型、人才密集型产业。可以说，一个国家的化工技术水平，在一定程度上可以代表该国的经济发展水平。目前，世界范围内化学工业共有 7 万－8 万种产品，中国大约有 4 万多种。

化学工业可分为氮肥、磷肥、钾肥、无机盐、硫酸、纯碱、氯碱、基本有机化工原料、合成材料及聚合物、涂料、染料、农药、电子化学品、新领域精细化工、橡胶、炼油、化学矿山、化工机械制造等 18 个类别。化工涉及的相关领域广、相互依存度高、带动性强，在国民经济中占有举足轻重的地位。

经过近百年的发展，化工行业已成为拉动经济增长的中坚力量。上到载人航天，下到百姓生活，从食物到衣服、从汽车到房屋、从化肥到建材、从原料到燃料、从潜海到航空、从民生到国防，化学工业与经济社会发展及人类衣食住行息息相关。

在农业领域，我国用仅占世界 9% 的耕地养活了占世界 21% 的人口，其中化肥的作用功不可没，对我国粮食增产的贡献率超过 40%。此外，化工产业提供的大量农用塑料薄膜，加上农药以及大量农业机械所需各类燃料，使其成为支援农业的主力军。

在交通领域，代步工具的现代化也给人们出行带来了极大的便利。这些交通工具的制造和行驶，应用了许许多多的石油和化工产品，化工在其中起着举足轻重的作用。特别是中国汽车已成为我国重要的支柱产业，其发展更是少不了化工产业的支撑。

在建筑领域，建材是化工产品的重要应用领域，如塑料管材、门窗、铺地材料、涂料等化学建材的广泛应用。

在轻工领域，相关新材料、新工艺、新产品的开发与推广，无不有化工产品的身影，需要精细化工技术为其提供支持。

在日常生活方面，化工产品在服装、医药、食品等领域有广泛应用。以“三烯”、“三苯”为基础原料，下游包括化纤、塑料、橡胶等三大合成材料，以及大量高性能新材料，有些产品的性能已超过天然材料，是老百姓衣、食、住、行、用的重要保障。

化工行业对国计民生的重大影响使其成为社会经济向前发展所不可或缺的力量。

（2）支柱产业，投资吸引力强。化工行业是国民经济的重要支柱产业，资源、资金、技术密集，产业关联度高，经济总量大，对促进相关产业升级和拉动经济增长具有举足轻重的作用。近几年，我国化工行业的年投资规模均在千亿元以上，一大批炼油、乙烯项目相继开工建设或投产，与其相配套的化工装置及下游深加工装置也如雨后春笋般发展。我国化工行业的快速发展，也吸引了诸多国际化工巨头前来投资，拜尔、陶氏化学、朗盛化学等国际巨头都把中国市场作为其重要市场。目前，世界 500 强的化工企业绝大多数都在中国设立了公司。可见中国化工行业不仅对中国，对世界也是至关重要的行业。

从2003年至今，全国石油和化工行业职工规模从200万人增加到657万人。据预测，中国化工业规模到2015年将达4 000亿美元，年增长率将超过10%，届时，中国将可能成为仅次于美国的第二大化学品制造国。

“十一五”期间，石油和化工行业是最具投资吸引力的行业之一，固定资产投资以较高速度增长。

“十一五”期间，石油和化工行业投资增长的总体特点是从高速转向平稳较快。2006－2010年，行业实际投资年均增幅为23.8%；“十一五”期间累计投资达4.3万亿元，是历史上投资规模最大、增速最快的5年。2012年，石油和化工行业投资继续保持上年以来的稳步增长势头，完成投资14 750亿元，同比增长27.4%，高于同期全社会固定资产投资增幅7个百分点左右。其中，炼油行业投入1 672亿元，同比增长13.6%；化工行业投入12 279亿元，同比增长27.9%。

2007年，在我国投资的石油和化工外资企业达2 055家，埃克森美孚、壳牌、137、道达尔、巴斯夫、杜邦、拜耳、陶氏化学等大公司在中国建设的大型装置拔地而起，大型跨国公司都制定了在华中长期发展目标。2008年，外商投资增长24%，台港澳投资增长6%，尤其是第四季度，外商和台港澳投资呈现明显上升趋势。到2009年底，外资企业突破3 000家。2010年前10个月，外商投资592.36亿元，同比增长12.2%；台港澳商投资266.06亿元，同比增长25.3%。

外资跨国公司的大量投资成为推动国内经济车轮快速向前转动的原动力，化工行业强大的投资吸引力也成为其拉动国民经济发展的重要途径。

（3）产业关联性强，能快速拉动经济增长——化工行业推动安龙快速发展。化工行业涉及面之广，对社会经济影响程度之大，是其他行业所不能比拟的，而其对社会经济的拉动作用也正因为这一点得以突显。

化工行业对社会经济的拉动作用从安龙便可以窥见一斑。

安龙，本是贵州省一个地地道道的农业大县，但从“九五”到“十五”这短短的十年间，实现了从农业增长县到工业增长县的转变。“十五”期末，安龙县固定资产投入9亿元，与“九五”期末的2亿元相比，变为原来的4.5倍；财政收入1.8亿元，与“九五”期末的1亿元相比增加了8 000万元；银行储蓄存款超过12亿元，与“九五”期末的近5亿元相比，是原来的2倍多；城乡居民储蓄存款7.8亿元，与“九五”期末的3亿元相比，是原来的2倍多，三产排序由“一二三”变为“二一三”，实现了历史性的转变。快速转变的背后，化工产业的引进和发展起到了至关重要的作用。

2003 年 2 月，扩展电石生产规模的四川昌宏化工集团通过考察进驻安龙，大规模投建项目，短短几年间，化工产业在安龙从无到有并显现出后发优势和强劲势头。通过不断筹建投产，该公司进行了增资扩股并更名为贵州省安龙华虹化工有限公司；通过改制扩股，公司不断壮大，不仅解决了当地 500 多人的就业，还带动了当地餐饮、旅游、能源、商业、交通运输及配套工业的发展。

“十一五”期间，化工行业产业链长的优势逐渐体现出来。为了减少重化工的污染，安龙提出了循环经济发展的原则，在生产电石的基础上，围绕电石产业提出建设并建成了聚氯乙烯和烧碱厂，并向下延伸建设塑料厂、水泥厂和页岩砖厂。随着电石化工的发展，树脂产业和火电产业也在安龙逐渐发展。在安龙这样一个小地方，围绕电石化工建设起了一个丰富健全的配套产业链，有效地带动了当地社会经济的快速发展。

2004 年，安龙县的生产总值是 13 亿元，2005 年达到 14.91 亿元。根据当地“十一五”规划，仅安龙重化工基地在“十一五”期末，化工产业就能创造 52 亿元产值，这相当于创造了 4 个安龙。

以小见大，电石化工进入安龙不仅仅带动了整个化工产业链的发展，还推动了当地能源、商业、运输业以及相关配套工业的发展，极大程度上拉动了当地经济的快速发展。再放眼全国，化工行业的庞大体系已经渗入国民经济的每个角落，化工行业的发展壮大，不仅能够带动其他产业的发展，而且能推动社会经济快速向前发展。

（4）发展迅速，GDP 增长排头兵。“十一五”期间，石油和化工行业虽然经受了国际金融危机、汶川大地震以及旱灾、水灾、雨雪冰冻等自然灾害的空前挑战，但总体仍呈现出持续快速增长态势，全行业提前或超额完成“十一五”目标任务，实现了新的历史性跨越。

来自中国石油和化学工业联合会的数据显示（见图 3 – 5），2012 年，石油和化工行业累计完成工业总产值 108 585 亿元，同比增长 12.9%，其中，化工行业 72 036 亿元，同比增长 14.2%。石油和化工行业整体利润下降，全行业实现利润总额约 7 500 亿元，同比下降 6%；实现工业增加值同比增长 10% 左右，其中炼油行业同比增长 6.3%，化工行业同比增长 11.7%。石油和化工行业完成对外贸易总额 3 976 亿美元，同比下降 0.2%。其中进

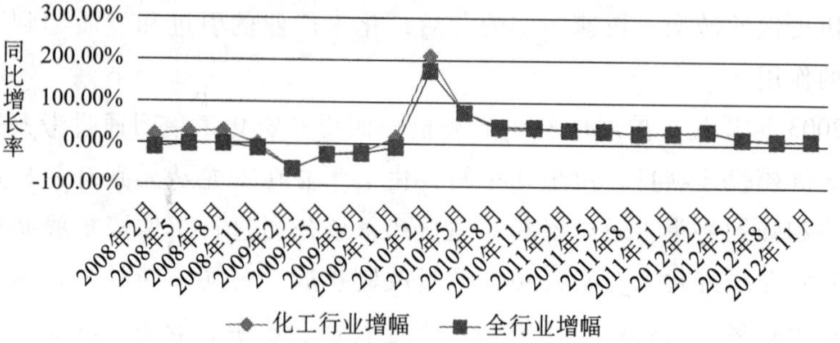

图 3－5　2008－2012 年中国石油和化工行业及化工子行业产值增幅

数据来源：中国石油和化学工业联合会、中国行业研究网、中商情报网。

口2 273亿美元，同比下降 0.9%；出口 1 702 亿美元，同比增长 0.5%；贸易逆差 571 亿美元，同比下降 4.7%。

从产品角度看，中国化工产品中有 20 多种大宗产品产量位居世界前列。“十一五”期间，我国石油和化学工业规模迅速扩大，经济总量已位居世界第二位，形成了门类比较齐全、品种较为配套、基本可以满足国民经济和人民生活需要的强大工业体系。从一些行业重点监测品种看，“十一五”期间都取得了长足发展，特别是一些重点产品产量持续快速增长，20 多种大宗产品的产量位居世界前列。数据显示，2010 年，我国乙烯、硫酸、纯碱、合成树脂和化肥产量预计分别为 1 358.7 万吨、6 782 万吨、2 061.9万吨、4 317 万吨和 6 837.1 万吨，分别比 2005 年增长 75.45%、52%、48.3%、100% 和 38.5%，均位列世界前列。

“十一五”期间，我国石油和化工行业总产值增势总体良好，即使国际金融危机影响最为严重的 2009 年，仍有 0.5% 的增长率。2010 年预计总产值为 8.72 万亿元，同比增长 31.3%，比 2005 年增加了 5.36 万亿元，增长了 1.6 倍。2006－2010 年，行业产值年均增幅达 21.5%。

分年度看，“十一五”前期，我国经济发展呈现“高增长、高效益、低通胀”的良好局面，虽然国际原油价格上涨幅度居高不下，但由于下游产业对石油和化工产品需求旺盛，因此石油和化工行业经济增长较快，行业仍处于经济景气上升态势。

分行业看，石油天然气开采、炼油、化工三大行业中，化工行业产值增幅较高，表现突出。“十一五”以来，化工行业产值在我国 GDP 中比重稳步上升。2008 年在国际金融危机的影响下，化工行业产值增长仍呈上升趋势，同比增长 24.1%。2010 年前 10 个月，化工行业产值增速明显领先于其他行业，实现产值 4.19 万亿元，同比增长 32.2%。

进入“十二五”，2011 年和 2012 年我国经济进入战略调整期，国家提出稳定经济增长率的战略，经济增速放缓，石油和化工行业的整体产值的增长速度也放缓。但整体来看，中国石油和化工行业整体产值扩张速度维持在 10% 以上，化工行业的产值扩张速度较全行业略高，与全国经济发展增速相比，石油和化工行业以及化工子行业增长速度更快，具有拉动经济增长的作用。化工行业的快速增长和在 GDP 中所占比重的不断增加，也成为中国经济抵御金融危机并稳步向前发展的坚实后盾。

（5）产品消费量大，拉动国民经济。“十一五”期间，随着国民经济的高速发展，我国主要石油和化工产品表观消费量增长较快，保持世界领先地位。乙烯是消费量增长最快的石化产品之一。2006 – 2010 年，我国原油表观消费量年均增幅达 7.76%，高出“十五”平均增幅 1.44 个百分点。

正因为国内石油化工产品的供求差距，使得石油化工产业有很大的发展空间，而为弥补石油化工产品供给与需求的差距而进行的产业发展也将会进一步推动国民经济向前发展。

以乙烯为例。一直以来，我国国产乙烯的产量满足不了国内市场的需求。近年来虽然不断有新增乙烯产能投产，但是与消费量的增长相比仍然存在一定的差距。随着我国经济的持续快速发展，国内市场对乙烯及其下游产品的需求不断增加。数据显示，2000 – 2009 年期间，我国乙烯产量的年均增长速度为 9.57%，而表观消费量的年均增长速度为 13.17%。巨大的市场需求为我国乙烯工业的加速发展提供了广阔的市场空间。

3. 周期性特征明显，是经济的稳定器之一

现代宏观经济理论认为，经济在遵循趋势增长的同时，也会在发展进程中产生对均衡路径的偏离（Barro，1997），出现围绕其均衡路径的起伏波动，有时这种波动甚至会对社会财富造成巨大冲击和损失，但同时由于经济的周期性的存在，也能对宏观经济起到调节和平衡的作用，使宏观经济不至于出现连续的较大的不规律变化。经济的周期性，从某种程度上来讲，也是国民经济稳定的一大法宝。我们认为，行业经济的发展有 3 个比较明显的特点：一是趋势性。行业经济发展总体来说是增长的、前进的，反映在数据上，就是有趋势。二是周期性。行业经济发展有起有落，是有周期性的。季节性是一种非常有规律的周期。还有一种是不那么规律的周期，是一种随机起伏中具有的周期成分。三是波动性。除去以上两种成分

后，留下的自然是一种非系统因素，或者说种种不占主要地位的因素所引起综合效应——随机波动。

作为国民经济支柱产业的化工行业也不例外，具有以上的三大特征。必须要强调的一点是，化工行业是个周期性特别强的行业，强周期性的存在决定了在行业异常惨淡的时候无须过分悲观；同理，在行业一片红火的时候也要看到潜在的风险。强周期性对消费者消费以及对行业经济发展趋势的预期的影响同时也决定了化工行业发展过程中不会出现过大的波动，由于其在国民经济中巨大的影响力，化工行业的低波动性也能够一定程度削弱国民经济的整体波动，达到稳定经济的作用。

（1）趋势性增长，促进经济稳步增长态势。化工行业一直以来就是国民经济的支柱产业，在国家政策的大力支持下，化工行业不断发展壮大，经济形势向好。从沪深两市化工行业上市公司数据来看，2000－2012 年，化工行业的营业收入规模呈现逐渐增加的趋势，见图 3－6。十多年间，化工行业的平均营业收入规模翻了两番还多，对稳定国民经济的持续增长起到了重大作用。

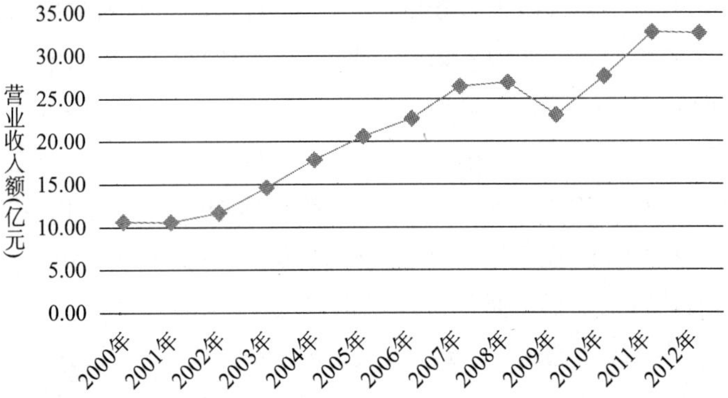

图 3－6　2000－2012 年中国化工行业上市公司平均营业总收入变化趋势

数据来源：同花顺 IFinD 数据库。

（2）季节性明显，虽存在“亲周期性”，但波动幅度较小，能缓冲国民经济波动。季节性的产生，主要源于生产特征以及消费者的消费习惯。由于化工行业大多属于原材料初加工及中间产品的生产的行业，受到消费季节性的影响和原材料季节性的影响比较大，所以化工行业也存在着明显的季节性特征。从同花顺数据库 2001－2012 年的数据可以看出化工行业上市公司营业总收入平均值季度变化趋势，见图 3－7。从图 3－7 中可以看

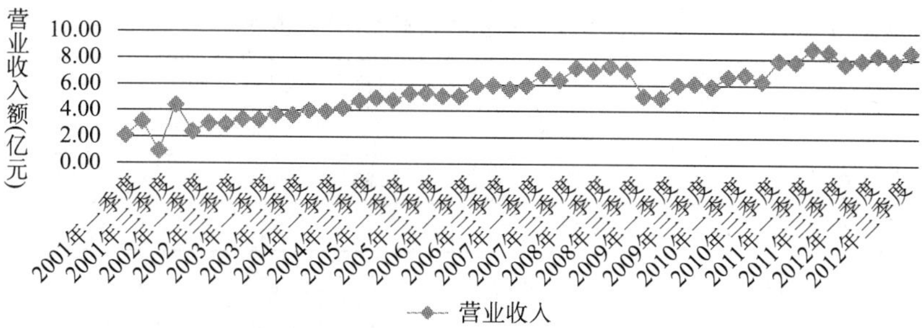

图 3－7　2001－2012 年中国化工行业上市公司平均营业总收入季度变化趋势

数据来源：同花顺 IFinD 数据库。

出，行业的旺季出现在第二季度，第三季度呈维持阶段，第一季度和第四季度是整个行业的淡季。在一个年度内，化工行业营业总收入呈现先上涨再下降的趋势。这一营业收入伴随季节呈季节性变化的特征即为该行业营业收入的季节性变化，由于该特征明显且稳定，所以国民经济不会因为化工行业的非周期性变化而出现异常波动。

化工行业作为国民经济的支柱产业，产业分支渗入国民经济的方方面面，多与产业经济与国民经济间存在着较大的相互作用关系。由于协同作用的影响，可以说化工行业的行业经济变化趋势与国民经济的变化趋势是基本趋同的，从化工行业及国民经济 2003－2012 年的数据我们可以看出：化工行业营业总收入的平均值与 GDP 年内每季度的变化趋势基本趋同，均为先上升后下降，且两个变量间呈显著的正相关关系，见图 3－8 和表 3－1。由此不难看出，化工行业经济与国民经济的协同关系比较明显。

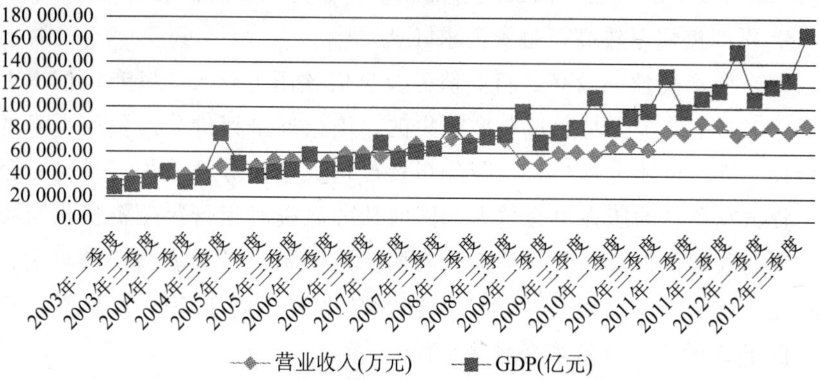

图 3－8　2003－2012 年中国化工行业上市公司平均营业总收入与 GDP 季度变化趋势

表 3-1　　化工行业平均营业收入与 GDP 相关性

		行业平均营业总收入	GDP
行业平均营业总收入	Pearson 相关性	1	0.82 **
GDP	Pearson 相关性	0.82 **	1

** 在 0.01 水平（双侧）上显著相关

数据来源：同花顺 IFinD 数据库、国家统计年鉴。

引用金融领域的一个名词，化工行业经济与国民经济存在着明显的“亲周期性”关系。所谓亲周期性关系，从金融角度讲即金融部门与实体经济之间动态的相互作用（正向反馈机制）。这种互相依存的作用关系会扩大经济周期性的波动程度，并造成或加剧金融部门的不稳定性。针对化工行业与国民经济的关系，这种“亲周期性”会导致国民经济与化工行业经济周期性变化的相互影响，相互加剧各自周期性变化的幅度。国民经济良性向好发展时，国内各产品需求增加，对化工中间产品需求量也随之大幅增加，带动了化工行业经济增长；化工行业经济向好时，由于其对国民经济的带动作用，国民经济也会有所增长。相反，国民经济或者化工行业经济衰退时，另一方也会受到影响出现一定程度的衰退。

由于“亲周期性”的存在，化工行业的稳定发展，对于稳定国民经济显得更为重要。从宏观经济来看，国民经济的各个行业与国民经济都有一定程度的“亲周期性”，关键在于行业经济的波动程度与国民经济的波动程度。从图 3-8 可以看出，化工行业的经济波动幅度小于整个国民经济的波动幅度，即化工行业较国民经济整体水平而言更为稳定。因此也可以说，化工行业从一定程度上能够缓冲国民经济的波动，成为国民经济的稳定器。

4. 资产负债率较高，融资需求旺盛

（1）资产负债率较高，行业债务及再借款压力较大。资产负债率表示公司总资产中有多少是通过负债筹集的，该指标是评价公司负债水平的综合指标。资产负债率越高，表明公司资产构成中债务部分构成越高，公司偿还贷款及利息的压力也会越大，同时债务融资时银行等融资机构对资产负债率的限制也将影响公司的债务融资。对于资产负债率高低的界定，不同行业也有所不同，但是一般认为以 50% 为界，高于 50% 为高资产负债率，低于 50% 则为低资产负债率。

国家统计局对化工行业资产负债情况进行了统计，通过图3-9可以看到化工行业及制造业其他行业 2000-2012 年资产负债率情况。

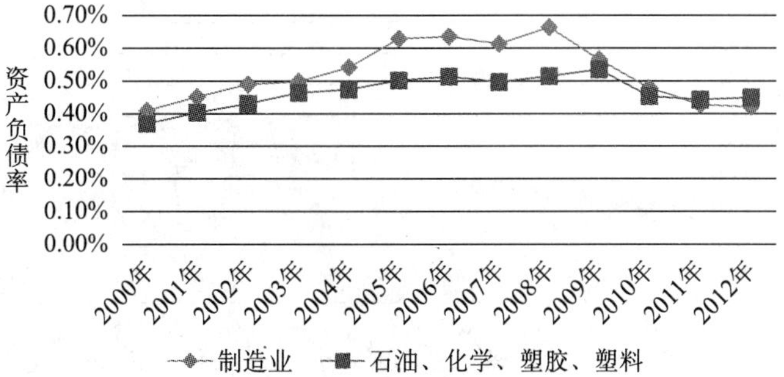

图 3 - 9　2000 - 2012 年中国化工行业与全行业上市公司平均资产负债率比较

数据来源：同花顺 IFinD 数据库。

2000 - 2012 年化工行业资产负债率均在 50% 以上，同时我们注意到整个制造业各行业资产负债率均高于 50%，由此我们可以看出包括化工行业的制造业整个行业均属于高资产负债率行业。同时，化工行业资产负债率与制造业中位数相比，整体高于制造业中位数。可见在制造业当中，化工行业也属于资产负债率较高的行业。

银行向客户进行贷款是存在贷款额度的，目前国内大多数银行都采用资产负债比率法进行贷款额度的定量计算。资产负债比率法主要是银行通过确定可接受的最高财务杠杆系数或资产负债率，对客户的资产负债结构进行控制，以净资产为基础进行贷款额度测算。资产负债比率法主要的依据是客户的净资产，即客户变卖资产的最终偿还能力，考虑的重点是客户偿还债务的保障能力，即资产负债率。有的银行直接规定借款人的资产负债率不得高于 70% 或者 80%，有的银行则将客户的各项财务指标与行业平均值进行比较，然后结合定性分析对客户的资产负债率进行调整，得出银行对该客户可接受的最高资产负债率。从制造业整体情况及化工行业在制造业中的情况来看，化工行业企业从银行取得的贷款额度会比较低，再次通过贷款获得融资的难度较大。

（2）融资需求旺盛，且不断扩大。所谓融资需求，即公司通过经营获得的自己不能满足的企业投资方面的资金缺口，简单地说就是企业投资活动现金净流出量与经营活动现金净流入量的差额。这部分差额只能通过公司的筹资活动从外部来获取，差额越大，融资需求则越旺盛。

图 3 - 10 为 2000 - 2012 年化工行业上市公司平均经营活动现金净流入额与投资活动现金净流出额的比较，从图 3 - 10 中可以看出，十几年间，化工行业的投资活动现金净流出额都高于经营活动现金净流入额，行业中

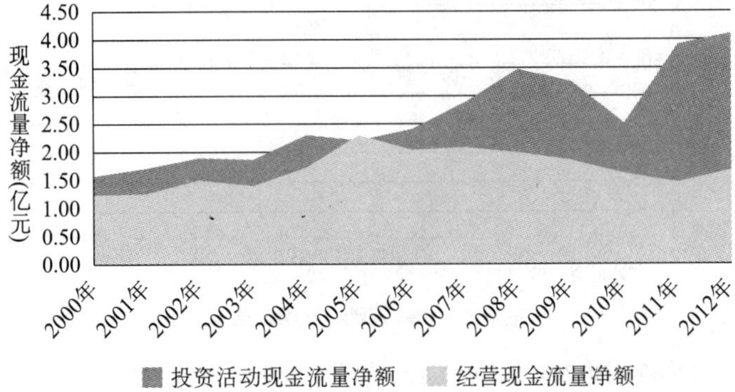

图 3－10　2000－2012 年中国化工行业上市公司平均投资及经营活动现金流量净额对比

数据来源：同花顺 IFinD 数据库。

一直存在较高的融资需求。这一点从图 3－11 中也可以进一步看出，2000－2012 年化工行业上市公司平均筹资活动现金净流入额呈现整体上升的趋势，这也表示这些公司筹资活动更为频繁，融资需求也逐步增大。

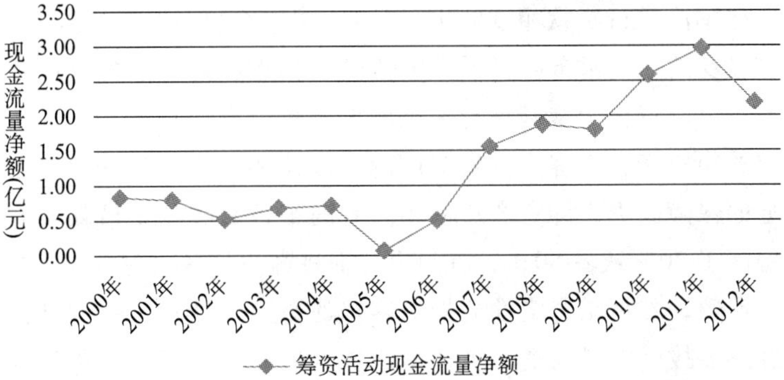

图 3－11　2000－2012 年中国化工行业上市公司平均筹资活动现金流量净额

数据来源：同花顺 IFinD 数据库。

与制造业全行业相比，化工行业的融资需求比其他行业更大。图 3－12是 2000－2012 年化工行业及制造业上市公司整体投资活动平均现金净流出额与经营活动平均现金净流入额之间的差额的比较，即资金缺口的比较情况。从图 3－12 中可以看出，十多年间，化工行业融资需求不断扩大，2004 年前，化工行业较全行业而言，融资需求较弱；但自 2004 年起，随着化工行业的不断发展与扩大，相较于制造业全行业，其融资需求越来越强。

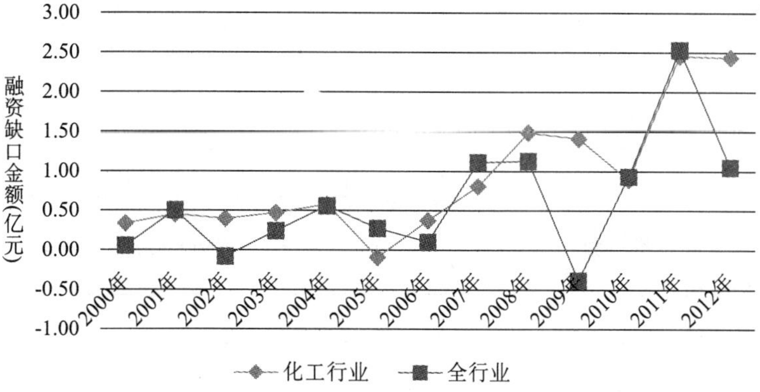

图 3 - 12　2000 - 2012 年中国化工行业与制造业全行业上市公司平均融资缺口比较

数据来源：同花顺 IFinD 数据库。

总体来看，化工行业本身存在较大的融资需求，伴随着行业的发展和市场的开拓，行业的融资需求也在不断扩大，融资需求愈发旺盛。

（二）化工行业融资的途径

随着国内化工行业产业整合的进行，自有资金已经不能满足化工行业愈发旺盛的融资需求，寻求外部融资已经成为化工企业不得不做的事情。国内融资市场上主要有债务融资和股权融资两种融资方式，这两种方式有着自身的融资特征，针对化工行业也存在不同的适用性。

1. 投资回收期长，靠自有资金造血实现规模扩张困难很大

（1）资产周转缓慢，投资回收期长。投资回收期就是使累计的经济效益等于最初的投资费用所需的时间。

企业投入的资金大多变为企业的资产，而投资的回收则通过企业经营所获得的收入而来。所以，针对行业而言，行业资产周转的快慢可以代表其投资回收期的长短。企业资产周转越缓慢，对应的投资回收期就越长；相反资产周转越快，其投资回收期越短。由于企业的投资所形成的是其全部资产，所以用总资产周转率来衡量其投资回收期相对而言比较恰当。

图 3 - 13 为 2000 - 2012 年化工行业及制造业全行业的平均总资产周转率情况。化工行业总资产周转率均小于 1，最大值为 0.92，最小值为 0.58，化工行业的总资产回收期超过一年，即行业内一年的经营无法周转其当年总资产的投入，投资回收期较长。同时，从图 3 - 13 和图 3 - 14 不

难看出，整个制造业总资产周转率比较接近，而化工行业的总资产周转情况处于制造业中等水平。由于化工行业本身经营属于资本密集型的特殊性，其投资回收期较其他行业而言相对较长，行业的自身周转能力相对较弱。

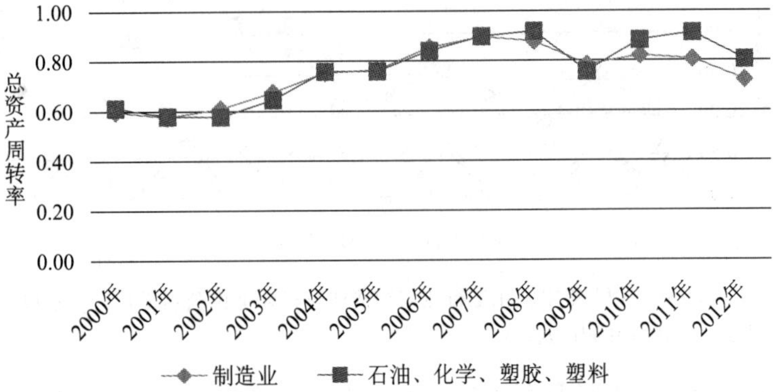

图 3－13　中国化工行业与制造业全行业上市公司平均总资产周转率比较

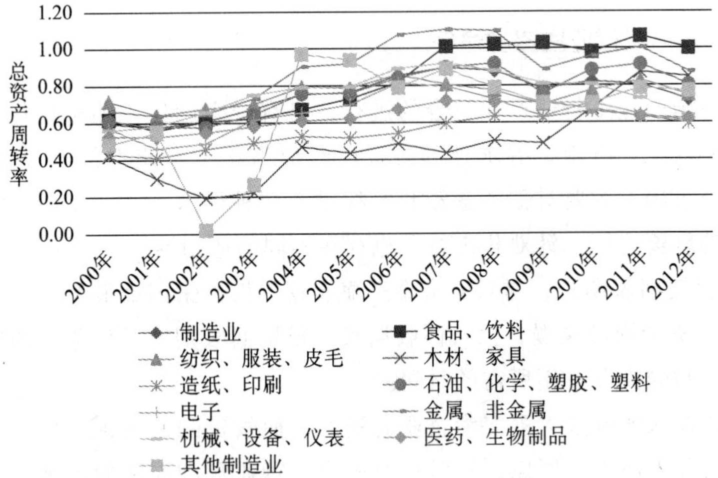

图 3－14　中国制造业各行业上市公司总资产周转率

（2）营业增长不及资产增长，靠自我造血扩张难度大。企业的扩张主要有自身固定资产的增加和长期股权投资的增加两种形式，总体来看主要是靠非流动资产的扩大而实现，非流动资产的增加即代表企业的不断扩张。

而非流动资产的形成主要有两种来源：一种是企业内部资金投资非流动资产；另一种是引入外部资金投资非流动资产。企业内部资金的来源主

要是由原有资金和企业经营利润构成；而外部资金主要由债务融资和股权融资构成。在企业经营利润的增长不及其非流动资产的增长时，企业的自有资金将无法满足其扩张的需求，引入外部资金成为其继续扩张的必经之路，化工行业也是如此。

图 3－15 为化工行业 2001－2012 年非流动资产增加额与其净利润增加额的比较。从图 3－15 中可以看出，行业的非流动资产增长远远大于其净利润的增长。行业的继续扩张靠自有资金早已不能满足，外部融资成为化工行业持续扩张的必经之路。

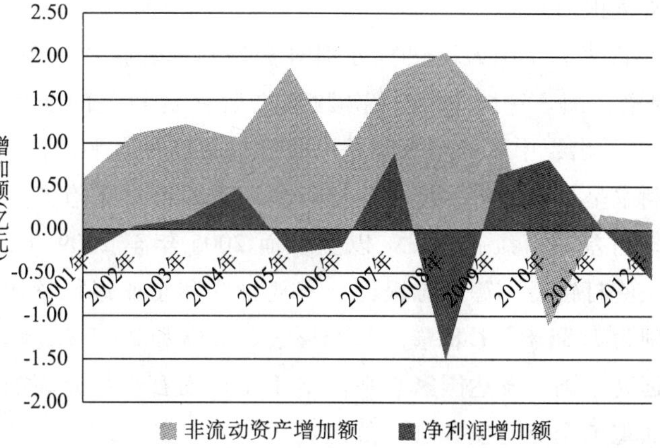

图 3－15　中国化工行业上市公司非流动资产与净利润平均增加额比较

2. 债务融资是较为便捷的途径，但是限制较多、利率高、企业负担重

（1）债务融资，优劣并存。债务性融资指收购企业通过举债的方式筹措经营、投资活动所需的资金。这种方式主要包括向银行等金融机构贷款和向社会发行债券。

贷款是最传统的债务融资方式：其优点是手续简便，融资成本低，融资数额巨大。其缺点是融资方必须向银行公开自己的经营信息，并且在经营管理上受制于银行。此外，要获得贷款一般需要融资方提供抵押或者保证人，这就降低了企业的再融资能力。

发行债券这种方式的最大优点是债券利息在企业缴纳所得税前扣除，减轻了企业的税负。此外，发行债券可以避免稀释股权。其缺点是债券发行过多，会影响企业的资本结构，增加再融资的成本。

债务融资的资金供给者作为债权人享有到期收回本息的权利。相对于股权融资，债务融资具有以下几个特点：①短期性。债务融资筹集的资金

具有使用上的时间性，需到期偿还。②可逆性。企业采用债务融资方式获取资金，有到期还本付息的义务。③负担性。企业采用债务融资方式获取资金，需支付债务利息，从而形成企业的固定负担。

（2）利率高，债务负担重。企业通过债务融资所带来的负担主要来源于两点：高昂的利息费用和定期还款的压力。

针对利息费用，中国较西方发达国家而言，银行贷款利率一直是处于较高的水平。虽然近几年国家对银行存贷利率多次进行了调整，但是存贷利率差较大的问题还是未得到实质性的解决，较大的存贷利率差一直是企业债务融资负担的来源。

1990 年以来，中国人民银行分别对贷款利率和存款利率进行了 39 次和 32 次调整，图 3－16 即为历次调整之后存贷利差的变化情况。从图 3－16中可以看出，中国的存贷利差一直维持在高位水平，自 1990 年以来，虽然贷款利率呈下降趋势，但是存贷利差却呈现出上涨趋势。2000 年以来中国的存贷利差一直维持在 3% 以上，而 2005 年至 2009 年，花旗银行、美国银行、渣打银行、德意志银行、三菱日联和东亚银行整体存贷利差平均水平分别为 1.85%、1.81%、1.76%、2.03% 和 2.05%，国内银行的存贷利差远远高于国外发达国家水平。对于企业而言，如此高的存贷利差很大程度上加重了企业的债务融资负担。

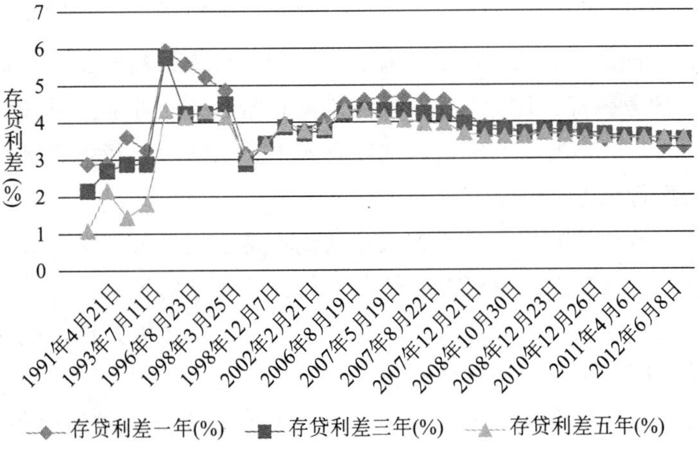

图 3－16　1990－2012 年中国存贷利差变化趋势图

资料来源：和讯网 http://data.bank.hexun.com/ll/dkll.aspx。

就定期还款压力方面，中国银行贷款的期限分别有：6 个月以内、6

个月至 1 年、1 年至 3 年、3 年至 5 年、5 年以上。贷款期限越长，企业获得贷款的可能性越低。而还款期限越短，企业的还款压力就越大，且在存在抵押的情况下，借款对中小企业会产生很大的债务负担。目前，中国企业从银行获得的贷款大多为 5 年以内的抵押贷款，债务期限结构缺乏合理性。

从企业内部看，债务负担主要体现在其利息费用上，利息费用占企业营业成本的比重越大，企业的债务负担就越重。从 1993 - 2012 年沪深两市上市公司样本趋势来看，上市公司利息费用占营业成本的比重在逐年下降，见图 3 - 17。主要原因是中国人民银行在逐渐调低银行贷款利率。但是，年终比重最低的一年是 2012 年，也达到了 35.43%，这一比重远远高于财务费用、管理费用及销售费用占营业成本的比重。可见，债务利息对企业产生的债务压力是巨大的。

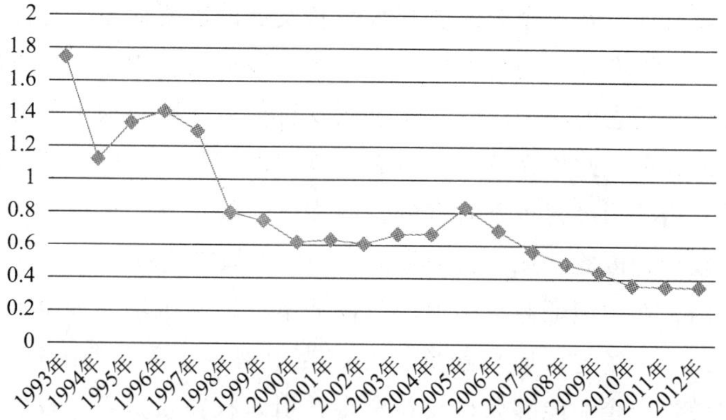

图 3 - 17 中国上市公司利息费用占营业成本比重

数据来源：国泰安 CSMAR 数据库。

综合债务融资的以上特征，债务融资的确存在其优越性和便捷性，但是在中国现有的银行体制下，贷款形式的债务融资给企业带来的负担已经远超过其便捷性。对于化工行业这样资金需求大，自有现金流相对较少的行业来说，以贷款形式的债务融资作为主要融资方式给公司带来的财务风险较高。

但是，随着中国债券市场的不断成熟，债券市场已经与股票市场一起逐渐融入国内证券市场。作为证券，债券对融资者的限制条款较银行贷款更少；作为公开性的证券，其可获得融资额也较银行贷款更高；二级市场的不断发育成熟也使得债券投资者面临的风险在逐渐降低。总体而言，债券形式的债务融资逐渐体现出了其相对于贷款形式的债券融资的优越性。将债券融资和股票融资相结合，通过公开证券市场进行融资，将成为化工行业进行大额融资的主要方式。

3. 股权融资能够降低企业负担，同时为未来债务融资创造条件

（1）无负担性明显，能有效降低企业负担。股权融资是指资金不通过金融中介机构，借助股票这一载体直接从资金盈余部门流向资金短缺部门，资金供给者作为所有者（股东）享有对企业控制权的融资方式。它具有以下几个特点：①长期性。股权融资筹措的资金具有永久性，无到期日，不需归还。②不可逆性。投资人投入企业的权益资金不能收回，其退出只能借助于流通市场。③无负担性。股权融资没有固定的股利负担，股利的支付与否和支付多少视公司的经营需要而定。

对企业而言，股权融资的风险通常小于债权融资的风险，股票投资者对股息的收益通常是由企业的盈利水平和发展的需要而定。与发行公司债券相比，公司没有固定的付息压力，且普通股也没有固定的到期日，因而也不存在还本付息的融资风险。而企业发行债券，则必须承担按期付息和到期还本的义务，此种义务是公司必须承担的，与公司的经营状况和盈利水平无关。当公司经营不善时有可能面临巨大的付息和还债压力导致资金链破裂而破产，因此企业发行债券面临的财务风险比较高。

在我国，在中国证监会的促进与协调下，证券市场已经得到较大的发展，通过证券市场进行股权融资已经成为中国企业重要的融资手段之一。通过股权融资，企业能够获得权益资金，引入权益投资者，投资者更注重的是企业的成长性，因此所融资金没有还本付息的压力。而债务融资成本则包括了利息成本、破产成本和代理成本三个方面，债务融资会带来财务风险，且向银行贷款或发行债券还要受到一系列的限制。因此，股权融资对于企业来说更多的是促进性的作用，战略投资者的引入能够促进企业改革及成长；而债务融资更多的是对企业还本付息的“硬约束”，来自债权人的压力也成为企业改善经营的动力之一。

由于通过股权融资所融资金直接计入公司权益，且股权融资整体风险和融资成本低于债务融资，所以通过股权融资，能够有效地降低企业的负担。

（2）股权融资可以促进债务融资——华能国际的成功经验。股权融资较债务融资而言，其天然的优越性是能够改善公司资本结构，而资本结构

的限制也约束了企业进行债务融资。所以，股权融资的有效运用能够促进公司债务融资的顺利进行。

国内上市公司不乏此类成功案例，本部分下面以华能国际为例，分析其通过有效利用股权融资促进债务融资，帮助公司达到扩张改革的战略目的。

华能国际（600011）作为一家在上海、香港、纽约交易所三地上市的上市公司，一直致力于为股东创造长期、稳定、增长的回报，为社会提供充足、可靠、环保的电能。2010 年 1 月 18 日华能国际披露非公开增发 A + H 股计划，此次非公开增发内容为：拟发行最多 12 亿 A 股和 4 亿 H 股，并且定向增发 A 股和 H 股互为条件，其中任何一项未获得股东大会批准或证监会核准，则另一项将不会实施。拟以每股不低于 7.13 元的价格，向包括控股股东华能集团在内的不超过十名特定投资者定向增发不超过 12 亿股 A 股，如果此次发行数量为 12 亿股，华能集团将认购 4 亿股，其余 8 亿股向其他特定投资者发行；如果其他投资者认购总数低于 8 亿股，华能集团的认购股数将按比例相应调整。同时，如果此次定向增发 A 股的最终数量为 12 亿股，则公司将向华能集团全资子公司华能香港公司发行 4 亿股 H 股；如果最终发行数量低于 12 亿股，则定向增发 H 股股票的数量将按比例相应调整，发行价格为每股 4.97 港元。这次计划筹资总额预计达到 103 亿元。

这次大规模的再融资行为与华能国际为满足对外扩张需求和改善资本结构的目的是密不可分的。在华能国际不断对外扩张的战略目标背后，资产负债率水平逐步提高，2009 年达到了 78.86%。为了调整资本结构，降低资产负债率，A 股募集资金预计偿还 21 亿元金融机构贷款，华能国际的资产负债率将下降至约 70.76%，适当地降低了财务风险。

长期融资方式主要有股权融资和长期债权融资以及兼有两者特点的可转债融资。其中，股权再融资包括公开增发、配股和非公开增发；债务再融资包括公司债券融资、可转换债券融资和长期借款融资。横向来看，公开增发可转换债券的盈利要求是三年连续盈利且最近三个会计年度加权平均净资产收益率（ROE）不低于 6%，配股则需要三年连续盈利。由于 2008 年 3 亿元的亏损额和 -8.71% 的加权平均净资产收益率，华能国际在此次融资中无法运用公开增发、配股和发行可转换债券的方法。理论上，定向增发、公司债券融资和长期借款均为其可供选的方法。

但是考虑到资本结构、股利政策以及宏观环境的影响，不同的融资方式带来的效益也显著不同。首先，不合理的资本结构会增加债务融资约束。从表 3－2 看出，华能国际从 2007－2009 年间共发行 4 次长期债券，使资产负债率从 62.24% 迅速提升到 78.86%，其在利用财务拉杆的同时也加大了财务风险。2009 年 78.86% 的高负债率已经使华能国际面临高财务风险，如果继续采用债务融资的方法，过高的资产负债率不仅会增加自身的财务风险也会受到债权人对其信用的质疑，因此债务融资实施起来会显得困难重重。

表 3－2　　2007－2009 年华能国际历次证券发行情况

股票及衍生证券的种类	发行日期	发行利率	发行数量	上市日期
可转换公司债券、分离交易可转债、公司债券				
公司债券（5 年）	2007－12－26	5.67%	10 亿元	2008－01－15
公司债券（7 年）	2007－12－26	5.75%	17 亿元	2008－01－15
公司债券（10 年）	2007－12－26	5.90%	33 亿元	2008－01－15
公司债券（10 年）	2008－05－09	5.20%	40 亿元	2008－05－21

其次，华能国际一直采用长期稳定的股利政策，2008 年即使亏损也会派发股利，有利于增强投资者对其投资项目的信心。稳定的股利政策会赢得股东及中小投资者对华能国际及其未来发展的信心，有利于华能国际在定向增发中获得有竞争力的发行对象，并制定合理的发行价格，从而募集到预期数量的资金。

通过此次定向增发，华能国际资产结构得到了有效的改善，资产负债率从 2009 年的 78.86% 降至 2010 年的 72.83%、2011 年的 77.14%。自 2009 年定向增发以来，华能国际已经进行了 11 次融资融券和两次非公开定向债务融资工具的发行，具体情况如表 3－3 所示。自 2009 年股权融资后，由于公司资产结构的改善，资产负债率的下降，也进一步促进了华能国际的债务融资。三年间华能国际通过融资融券和非定向债务融资工具的发行，获得短期债务融资 550 亿元、长期债务融资 100 亿元。

表 3－3　　2010 年至今华能国际债务融资情况

融资类型	日期	金额	期限	单位面值	利率
短期融资融券	2010－03－24	50 亿元	270 天	100 元人民币	2.55%
短期融资融券	2010－07－02	50 亿元	365 天	100 元人民币	3.20%
短期融资融券	2011－01－13	50 亿元	365 天	100 元人民币	3.95%
短期融资融券	2011－09－19	50 亿元	365 天	100 元人民币	6.04%

续表

融资类型	日期	金额	期限	单位面值	利率
非定向债务融资工具	2011-11-07	50 亿元	5 年	100 元人民币	5.74%
非定向债务融资工具	2012-01-06	50 亿元	3 年	100 元人民币	5.24%
短期融资融券	2012-04-27	50 亿元	365 天	100 元人民币	4.41%
短期融资融券	2012-06-06	50 亿元	270 天	100 元人民币	3.35%
短期融资融券	2012-07-11	50 亿元	270 天	100 元人民币	3.32%
短期融资融券	2012-08-20	50 亿元	270 天	100 元人民币	3.70%
短期融资融券	2012-09-17	50 亿元	270 天	100 元人民币	3.99%
短期融资融券	2012-11-07	50 亿元	365 天	100 元人民币	4.42%
短期融资融券	2012-12-10	50 亿元	365 天	100 元人民币	4.58%
合计	650 亿元				

总结上述华能国际案例：首先，103 亿元的融资规模能够一定程度上满足电力行业项目的大量资金需求，有效增强公司抵御风险的能力，对实现可持续发展有重要的战略意义。其次，股权融资方式能增加公司的权益资本，改善资本结构，降低资产负债率；同时，因偿还金融机构贷款，公司资产负债率将进一步降低，有利于降低公司的财务风险。最后，公司资产负债率和财务风险的降低，又进一步促进了公司的债务融资，为后期公司通过债务工具获取融资创造了条件。

结合股权融资特征及国内股权融资成功案例可以看出，在中国制度背景下，股权融资较债务融资具有一定的优越性。特别针对资本密集型的化工行业而言，股权融资是其进行大额融资和延长“融资寿命”的有效方式，股票融资和债券融资的结合使用也建立在成功的股票融资基础上。

（三）国内外化工企业资本市场融资状况

随着中国证券市场的不断发展，国内股权融资在融资负担和融资规模方面的优势更为明显，而债务融资给企业带来的债务压力和财务风险也更为显著，更多的国内化工企业选择股权融资，同时债券形式的债务融资也逐渐受到化工企业的认可。而在国外，较股权融资，化工企业更青睐债务融资。

1. 国外主要化工巨头资本市场融资状况

2010 年，共有 13 家化工企业进入世界 500 强企业行列，其中美国 4 家企业，德国 3 家企业，法国、日本、加拿大、以色列、瑞士和沙特阿拉

伯各1家企业。13家企业均在证券市场上市，其中5家在美国证券市场，4家在欧洲证券市场，日本证券市场、加拿大证券市场、以色列证券市场和沙特阿拉伯证券市场各有1家。从这13家化工巨头各自证券市场的融资情况来看，具有一定的共性：一是股权融资促进了债务融资，即各化工巨头通过在不同资本市场上市为其后续债务融资奠定基础；二是近年来资本市场融资中，债务融资逐渐成为国外化工巨头充裕资金的主要方式，究其原因，主要是由于债券市场规模大、交易活跃，而近几年国际股票市场相对较弱造成的。同时，不同的资本市场也呈现出不同的特点，相比而言，资本市场越大、交易越繁荣（如美国证券市场和欧洲证券市场），公司从资本市场进行融资就越频繁；资本市场越小、交易越不活跃（如沙特阿拉伯证券市场），公司从资本市场融资的可能性就越小，更多地依靠内源融资。

（1）美国化工巨头：股权融资繁荣，债务融资旺盛。世界500强企业中，美国的陶氏化学、杜邦公司、马赛克公司和普莱克斯公司4家企业名列其中。4家美国上市化工巨头中，仅有马赛克公司一家未在证券市场进行融资，陶氏化学和杜邦公司均有股权和债权融资，普莱克斯公司仅进行了债务融资并进行股权回购。从总体情况来看，美国公司股权融资还是较为繁荣，但债务融资更为旺盛。

美国的陶氏化学公司（Dow Chemical）创建于1897年，是一家以科技为主的跨国性公司，是现在位居世界化学工业界第二名的国际跨国化工公司。陶氏化学公司在世界50多个国家和地区建有工厂，主要研制及生产系列化工产品、塑料及农化产品，其产品广泛应用于建筑、水净化、造纸、药品、交通、食品及食品包装、家居用品和个人护理等领域。公司业务涉及180个国家和地区，全球员工达4.6万人，2003年总销售额达330亿美元，产品类型多达3 500余种。陶氏化学公司的股票在美国纽约证券交易所上市，在英国《金融时报》2010年的世界500强企业中，陶氏化学公司排名第220位。

2008－2012年，陶氏化学公司进行了1次股权融资和3次债务融资。2009年5月5日，为了改善公司资本结构，降低资产负债率，陶氏化学公司在美国纽约证券交易所发行了公共普通股股票，共募得资金16.25亿美元。同时陶氏化学公司还在2009年和2012年分别通过公共债券和伊斯兰债券的形式进行债权融资，分别募得资金87.5亿美元和20亿美元。

美国的杜邦公司（E. I. Du Pont de Nemours）是一家科学企业，提供以科学为基础的产品及服务。杜邦公司的业务遍及全球90多个国家和地区，以广泛的创新产品和服务涉及农业与食品、楼宇与建筑、通讯和交通等众多领域。经营范围涉及军工、农业、化工、石油、煤炭、建筑、电子、食品、家具、纺织、冷冻和运输等20多个行业，在美国本土和世界近50个国家与地区设有200多个子公司和经营机构，生产石油化工、日用化学品、医药、涂料、农药以及各种聚合物等1 700个门类，20 000多个品种。杜邦公司的股票在美国纽约证券交易所上市，在英国《金融时报》2010年的世界500强中，杜邦公司排名第223位。

2008－2012年，杜邦公司通过美国纽约证券交易所进行了两次股权融资：2010年5月13日，杜邦公司宣布发行普通股1 200万股，按每股23美元发售，共募得资金2.76亿美元；2012年1月19日，杜邦公司宣布发售B股永久性优先股260万股，按每股25美元发售，共募得资金6 500万美元。同时，美国杜邦公司还以发行有限票据和无担保贷款的形式分别在2009年和2010年进行了两次次债权融资，分别募得资金5.5亿美元和8 500万美元。

马赛克公司（Mosaic）是全球农业产业相结合的磷、钾养分集中生产商和销售商，其业务范围主要有两部分：磷酸盐和钾。公司业务分部非常广，在巴西、中国、印度、阿根廷、智利以及秘鲁的巴约瓦尔地区都有业务。目前在8个国家约8 000人参与到作物营养发展的各个方面。美国马赛克公司股票在纽约证券交易所上市，在英国《金融时报》2010年的世界500强企业中，美国马赛克公司排名第281位。

自美国马赛克公司于美国纽约证券交易所上市后，未再进行增发等股权融资，也未进行债券和贷款等债权融资行为。

普莱克斯（Praxair）这个名字从1992年起开始使用，它源于希腊文字“Praxis”，意为“实际应用”，而“Air”是指公司产品的主要原料空气。公司创建于1907年，是首家将深冷分离氧气商业化的公司。普莱克斯是北美和南美洲最大的工业气体生产商，也是全球最大的工业气体供应商之一，2009年销售额达90亿美元，在全世界30多个国家设有气体生产厂，拥有27 000名员工。普莱克斯生产、销售和配送大气气体、工艺气体、特种气体、高性能表面涂料以及相关服务和技术，客户行业遍布航空航天、化工、食品饮料、电子、能源、医疗、制造以及金属等等。普莱克斯公司股票在美国纽约证券交易所上市，在英国《金融时报》2010年的世界500强企业中，普莱克斯公司排名第306位。

2006－2012年，美国普莱克斯公司进行过多次融资行为，但是全部采用发行债券的方式。不仅如此，在此期间，公司还进行了股权回购计划。

（2）德国化工巨头：债务融资逐渐成为主导。世界500强企业中，德国的巴斯夫公司、拜耳集团和林德集团3家化工企业名列其中。从总体来看，德国化工巨头融资需求都较为旺盛，由于欧洲证券市场中股权融资的红利要求较高、市场监管更严，而债券市场较为健全，化工巨头都更多地选择债务融资成为其融资的主要方式。

巴斯夫股份公司（Basf），是一家德国的化学公司，也是世界最大的化工工厂之一。巴斯夫集团在欧洲、亚洲、南北美洲的41个国家拥有超过160家全资子公司或合资公司。公司总部位于莱茵河畔的路德维希港，是世界上工厂面积最大的化学产品基地。巴斯夫拥有自己的煤、石油和天然气资源。巴斯夫的附属公司Wintershall AG在世界各地勘探、开采并提炼原油和天然气，该公司还为巴斯夫集团的下属公司提供天然气、苯、环乙炔、石脑油等原料。巴斯夫在国外的企业大部分在欧洲，几乎遍布欧洲所有国家。此外，在美国、日本、阿根廷、印度、新加坡、埃及、中国等也都设有分公司或分厂。巴斯夫2010年全球销售额约639亿欧元，截至2010年底员工约109 000名。巴斯夫集团的股票在德国Xetra证券交易所上市，在英国《金融时报》2010年的世界500强企业中，巴斯夫集团排名第110位。

自德国巴斯夫公司于德国Xetra证券交易所上市后，2010年以来，在交易所未进行增发等股权融资，仅于2012年发行债券融资。

拜耳公司（Bayer）于1863年由弗里德里希—拜耳在德国创建，是世界最为知名的世界500强企业之一。公司的总部位于德国的勒沃库森，在六大洲的200个地点建有750家生产厂，拥有120 000名员工及350家分支机构，几乎遍布世界各国。高分子、医药保健、化工以及农业是公司的四大支柱产业。公司的产品种类超过10 000种，是德国最大的产业集团。该公司生产的阿司匹林，被人们称为“世纪之药”。德国拜耳集团的股票在德国Xetra证券交易所上市，在英国《金融时报》2010年的世界500强企业中，拜耳集团排名第113位。

自德国拜耳于德国Xetra证券交易所上市后，2008年以来，在交易所未进行增发等股权融资，也未进行债券和贷款等债权融资行为，而且还宣布了8 000万美元的股票回购计划。

林德集团（Lind）成立于1879年，是全球领先的气体和工程公司，在全球 100 多个国家拥有业务，现有员工 62 000 人。2011 年，其销售额达到了 13.787 亿欧元。其战略是面向可持续的盈利增长，并着重研究具有前瞻性的产品和国际服务业务的拓展。林德集团下林德股份的股票在德国 Xetra 证券交易所上市，在英国《金融时报》2010 年的世界 500 强企业中，林德集团排名第 391 位。

2010 年以来，林德集团不断对外扩张，为此也进行了多次融资。其中大部分为债务融资。该公司 2012 年 7 月 10 在德国 Xetra 证券交易所进行了增发融资，共增发了 1 300 万股无记名股票，获得股权融资 4.6 亿美元。近几年来看，林德集团股权融资比例远远小于债券融资的比例。

（3）法国化工巨头：股权融资萎缩，债务融资旺盛。成立于 1902 年的法国液化空气集团（Air Liquide），是世界上最大的工业气体和医疗气体以及相关服务的供应商。它们向众多的行业提供氧气、氮气、氢气和其他气体及相关的服务，目前，在 70 多个国家拥有约 36 000 名员工。法国液化空气集团是巴黎股票市场上的上市公司，在英国《金融时报》2010 年的世界 500 强企业中，法国液化空气集团排名第 233 位，稳踞气体行业榜首。

2007 年以来，法国液化空气集团进行了多次融资，但大多为银行贷款和债券发行的债务融资。2012 年 6 月 29 日，法国液化空气集团在美国进行了私募股权融资募得 7 亿美元，同时在 2007－2012 年间，进行了多次股权回购。就法国液化空气集团而言，债务融资的增长和股权融资的萎缩已经成为趋势。

（4）日本化工巨头：融资需求旺盛，偏重债务融资。日本信越集团（Shin－Etsu Chemical）自 1926 年成立以来，一直贯彻“品质诚信、技术卓越”的品质理念，经过半个多世纪的发展，其自行研制的聚氯乙烯、有机硅、纤维素衍生物等原材料已成功在美国、日本、荷兰、韩国、新加坡、中国（含台湾地区）等国家和地区建立了全球范围的生产和销售网络。作为高科技材料的超级供应商，信越集团不断地提供着最尖端的技术和产品，其半导体硅、聚氯乙烯等原材料的供应在全球首屈一指。公司股票在日本东京证券交易所上市，在英国《金融时报》2010 年的世界 500 强企业中，日本信越集团排名第 314 位。

自日本信越集团于日本东京证券交易所上市后，进行过一次债券融资，但是未进行股权融资。

（5）以色列化工巨头：本土证券市场规模小，上市融资难。以色列的 ICL 公司是世界领先的化工化肥公司，开采以色列死海和内盖夫沙漠中富含的低成本矿物，生产高质量、价格低廉的化肥，使得ICL成为钾肥、复合钾肥、磷肥、食品级磷酸的主要生产商，以及元素溴、镁和特种化学品高利润细分市场的主要参与者。ICL的股票在特拉维夫证券交易所上市，在英国《金融时报》2010年的世界500强企业中，ICL公司排名第473位。

自以色列ICL于特拉维夫证券交易所上市后，2011年以来，在交易所未进行过增发等股权融资，也未进行过债券和贷款等债务融资行为。

（6）瑞士化工巨头：融资需求旺盛，偏重债务融资。瑞士的先正达公司（Syngenta）是世界领先的农业科技公司，全球500强企业、世界第一大植保公司、第三大种子公司，致力于通过创新的科研技术为可持续农业发展做出贡献。公司在全球植保领域名列前茅，并在高价值商业种子领域排名第三。公司2007年的全球销售额约92亿美元。目前，先正达的业务遍及全球90多个国家和地区，拥有员工21 000人左右。先正达公司的股票在瑞士证券交易所和纽约股票交易所上市，在英国《金融时报》2010年的世界500强企业中，先正达公司排名第293位。

自先正达公司于瑞士证券交易所和美国纽约证券交易所上市后，公司在2008年、2009年、2012年分别通过发行债券融得8.5亿瑞士法郎、5亿欧元和7.5亿美元。公司在融资决策方面更偏重于债务融资。

（7）加拿大化工巨头：资本积累充裕，内部资金扩张。加拿大的萨斯喀彻温省钾肥公司（Potash Corporation of Saskatchewan）是一个集成肥料和相关工业饲料产品的公司，主要生产钾、磷和氮。公司拥有和经营在萨斯喀彻温省的5座和新不伦瑞克的1座钾盐矿，其业务包括磷酸盐固体和液体的磷肥、动物饲料和工业酸的生产和销售。同时，加拿大萨斯喀彻温省钾肥公司在格鲁吉亚、路易斯安那州、俄亥俄州和特立尼达州都拥有氮设施。截至2011年12月31日，该公司还持有中化化肥控股有限公司（中化化肥）22%的股权。萨斯喀彻温省钾肥公司的股票在加拿大多伦多证券交易所上市，在英国《金融时报》2010年的世界500强企业中，萨斯喀彻温省钾肥公司排名第205位。

自萨斯喀彻温省钾肥公司于加拿大多伦多证券交易所上市后，2012年以来在交易所未进行增发等股权融资，也未进行过债券和贷款等债务融资行为。

（8）沙特阿拉伯化工巨头：自力更生，很少依靠外部资金。沙特阿拉伯基础工业（Saudi Basic Industries，SADIC）成立于1976年，其目的是为了实现沙特阿拉伯的自然碳氢化合物资源的价值。今天，无论在销售量还是产品多样性方面，沙特阿拉伯基础工业都位于世界领先的石化公司之列。SABIC 还是中东最大的非石油工业公司之一，在同行业（化学品）中仅次于德国的巴斯夫公司、美国的陶氏化学公司、荷兰的利安得巴塞尔工业公司，2011 年营业收入超过 400 亿美元。SABIC 是世界上发展最快的全球性石化公司之一，是世界上最大的化肥、聚合物和化学品出口商之一，同时在工程塑料行业也占据领先地位。SABIC 的总部设在利雅得，属于上市公司，沙特阿拉伯政府拥有 70% 的股份，其余 30% 由沙特阿拉伯以及海湾合作委员会其他成员国家的私人投资者所有。SADIC 的股票在沙特阿拉伯证券交易所上市，在英国《金融时报》2010 年的世界 500 强企业中，SADIC 排名第 66 位。

自 SADIC 于沙特阿拉伯证券交易所上市后，2011 年以来，在交易所未进行增发等股权融资，也未进行债券和贷款等债务融资行为。

2. 国内化工企业资本市场融资状况

截至 2012 年 12 月 31 日，在中国沪深两市上市的化工业公司共计 216 家。由于考虑到企业的规模性，本次仅选用总资产规模高于 100 亿元人民币的上市化工企业统计其历次融资的情况。根据筛选，截至 2012 年末共有 22 家上市化工企业的总资产高于 100 亿元人民币，该 22 家企业通过证券市场进行股票增发和债券发行融资情况如表 3－4 所示。

表 3－4　　截至 2012 年国内大型化工企业增发股票和发行债券融资情况总览

证券代码	公司名称	上市年份	股票增发融资次数	股票增发融资总额	债券发行次数	债券融资总额
000059	辽宁华锦通达化工股份有限公司	1997 年	1	37.13 亿元	1	27 亿元
600096	云南云天化股份有限公司	1997 年	1	17.99 亿元	3	24 亿元
000422	湖北宜化化工股份有限公司	1996 年	1	15.79 亿元	2	14 亿元
600176	中国玻纤股份有限公司	1999 年	1	29.37 亿元	1	12 亿元
600299	蓝星化工新材料股份有限公司	2000 年	1	16.18 亿元	0	0
600352	浙江龙盛集团股份有限公司	2003 年	2	12.42 亿元	1	12 亿元
600277	内蒙古亿利能源股份有限公司	2000 年	1	47.88 亿元	2	16 亿元
600309	烟台万华聚氨酯股份有限公司	2001 年	0	0	0	0
002493	荣盛石化股份有限公司	2010 年	0	0	0	0
000830	鲁西化工集团股份有限公司	1998 年	1	20.99 亿元	1	19 亿元

续表

证券代码	公司名称	上市年份	股票增发融资次数	股票增发融资总额	债券发行次数	债券融资总额
000792	青海盐湖工业股份有限公司	1997 年	1	774.80 亿元	0	0
600256	广汇能源股份有限公司	2000 年	1	21.03 亿元	2	30 亿元
600691	阳煤化工股份有限公司	1993 年	1	48.97 亿元	0	0
600409	唐山三友化工股份有限公司	2003 年	2	21.55 亿元	1	9.6 亿元
002092	新疆中泰化学股份有限公司	2006 年	2	47.22 亿元	1	26 亿元
000703	恒逸石化股份有限公司	1997 年	1	42.32 亿元	0	0
600725	云南云维股份有限公司	1996 年	2	11.02 亿元	1	10 亿元
000912	四川泸天化股份有限公司	1999 年	0	0	0	0
600426	山东华鲁恒升化工股份有限公司	2002 年	1	18.10 亿元	0	0
600871	中国石化仪征化纤股份有限公司	1995 年	0	0	0	0
600623	双钱集团股份有限公司	1992 年	0	0	0	0
002386	宜宾天原集团股份有限公司	2010 年	0	0	0	0

从表 3 -4 中可以看出，截至 2012 年 12 月 31 日，22 家企业中仅烟台万华、荣盛石化、泸天化、仪征化纤、双钱股份和天原集团 6 家公司自上市后未在证券市场上进行过再融资，其他 16 家公司均有过股权或债务融资经历。与国外化工巨头相比，由于国内化工行业正在不断壮大发展，国内化工企业的融资需求更为旺盛。从融资性质来看：22 家公司在中国证券市场上共进行了 20 次股权融资，融得资金 1 182.76 亿元；进行了 16 次债券融资，融得资金 199.60 亿元。总体来看，国内大型化工企业从证券市场的融资方式，与国外化工巨头相比，更侧重于股权融资。同时，随着债券市场的不断繁荣和债券市场管理的不断规范，通过发行普通公司债券、分离式债券、可转换公司债进行融资，逐渐被国内化工企业所接受并运用。除了发行股票和债券，融资融券业务也逐渐被一些公司应用，国内化工企业通过证券市场进行融资的途径愈显多样化。

二、PVC 行业与烧碱行业的发展历程

PVC 和烧碱同属于氯碱行业。PVC 是一类性价比优异、用途广泛的高分子合成材料，其主要生产工艺为石油乙烯法和电石乙炔法。由于我国

“富煤、贫油、少气”的资源特点，电石乙炔法已成为我国 PVC 生产的主流工艺，并已经成为世界 PVC 工业的重要组成部分。烧碱学名氢氧化钠（NaOH），又称火碱、苛性钠，其溶液可以用作洗涤液，是现代日用品生产不可或缺的中间产品。由于 PVC 和烧碱行业产业链广，其发展状况也关系到很多相关产业的发展。

（一）国外氯碱行业和巨头的发展情况

1. 国外氯碱业发展状况

（1）技术改进，国外 PVC 行业稳步发展。国外聚氯乙烯的生产主要采用乙烯法，国内采用的是电石法生产 PVC 树脂，其生产能力稳步增长。2005 年全世界 PVC 树脂的总生产能力为 3 700 万吨，2006 年增加到 4 199.8万吨，2007 年进一步增加到 4 341.5 万吨，同比增长约 3.4%。2007 年亚洲地区的生产能力为 2 294.2 万吨，约占总生产能力的 52.84%。2007 –2012 年，全球新增 PVC 产能 999 万吨左右，约占当前 5 320 万吨年总产能的 18.78% 左右，新增产能的 90% 来自于中国。2012 年全球 PVC 产能5 320万吨，全球 6 大区域从高到低依次是：中亚太占据 42%，北美占 26%，欧洲占 17%，剩余非洲、南美及中东市场合计占 15%。信越（Shi – Etsu）化学公司是世界上最大的 PVC 树脂生产厂商，2012 年生产能力为 307.6 万吨，约占世界 PVC 树脂总生产能力的 7.08%；其次是我国台湾的台塑集团公司，2012 年生产能力为 288.3 万吨，约占世界总生产能力的 6.64%。

近年来，世界 PVC 树脂的发展具有以下几个特点：①生产厂家越来越集中在少数几个大公司，其中 2012 世界前 10 大生产厂商的生产能力合计达到 1 504.3 万吨，约占世界总生产能力的 34.65%。②生产装置分布世界各地，但大型装置主要集中在亚洲、北美和西欧 3 个地区，其中亚洲地区是拉动世界 PVC 树脂产能增长最主要的力量。③跨国经营成为世界 PVC 树脂生产的一大亮点。世界主要的 PVC 树脂生产企业，除了在本国建有大型装置外，均在国外建有独资或合资企业。

近年来，国外的氧氯化工工艺有了进一步的改进，在裂解二氯乙烷生产氯乙烯的过程中，采用三氯乙醛或氯醛促进剂，减少了乙烯及乙炔副产物，提高了产品质量。新开发的直接氯化/电解氯化氢生产氯乙烯单体新工艺，在降低氯乙烯单体成本、提高产品质量方面又迈进了一步。乙烷制

VCM 工艺正在实现工业化，该工艺可使产品成本降低20% －30%。欧洲新近又开发出了使乙烷在低温下反应直接合成氯乙烯的新型催化剂，其成本比由乙烯生产氯乙烯方法节省了50%以上。目前已有新型消泡悬浮剂研制成功，简化了聚合操作步骤，减少了树脂中的杂质，改进了间歇悬浮聚合工艺及聚氯乙烯树脂的粒度分布，提高了树脂质量。

（2）国外烧碱行业发展状况，业内巨头发展状况。近年来世界烧碱产业迅速发展。2002 年世界烧碱产能为 6 000 万吨，2005 年为 6 069 万吨，2011 年为 8 050 万吨。预计 2015 年达 8 500 万吨，2011 －2015 年年均增长率为 1.4%。2002 年世界烧碱产量为 4 500 万吨，2005 年为 5 512 万吨，2011 年为 6 300 万吨。预计 2015 年达 6 800 万吨，2011 －2015 年年均增长率为 1.9%。2002 年世界烧碱表观消费量为 4 500 万吨，2005 年为 5 512 万吨，2011 年为 6 300 万吨。预计 2015 年达到 6 800 万吨，2011 －2015 年年均增长率为 1.9%。

截至 2011 年年底，世界有 500 多家氯碱生产商，共有 600 多家生产厂，烧碱产能达 8 050 万吨/年。2011 年世界烧碱产量为 6 300 万吨，同比（2010 年的 6 100 万吨）增长 3.3%。其中，亚洲烧碱产能占世界烧碱产能的 50%以上，但生产厂的规模都相对较小；北美其次，产能占世界烧碱产能的 20%。预计 2015 年世界各洲烧碱供应能力变化趋势为：欧洲地区（东欧和西欧）、亚洲的日本、大洋洲、中南美洲发展较慢，亚洲地区（除日本外）的东亚、东南亚、中东发展较快，特别是中国大陆和中东地区因煤炭和原油资源丰富且价格较低，瞄准了亚洲市场需求旺盛的 EDC/VCM/PVC，纷纷新建大型氯碱装置配套生产。2002 －2011 年世界烧碱生产情况如表 3 －5 所示。

表 3 －5　　2002 －2011 年及预计 2015 年世界烧碱生产情况

年份	产能（万吨/年）	产量（万吨）	开工率（%）
2002	5 600	4 500	80.4
2003	6 000	4 800	80.0
2004	6 005	5 173	86.1
2005	6 069	5 512	90.8
2006	6 150	5 480	89.1
2007	6 868	5 852	85.2

续表

年份	产能（万吨/年）	产量（万吨）	开工率（%）
2008	7 071	5 869	83.0
2009	7 412	5 770	77.8
2010	7 700	6 100	79.2
2011	8 050	6 300	78.3
2015 年预计	8 500	6 800	80.0

2011 年世界烧碱表观消费量为 6 300 万吨，主要消费地区分布为：中国占34%，北美占21%，西欧占16%，日本占6%。2011 年世界烧碱消费结构为：无机化工 1 900 万吨，占 30%；有机化工 1 325 万吨，占 21%；纸与纸浆 1 160 万吨，占 18%；纺织 380 万吨，占 6%；洗涤产品 330 万吨，占 5%；其他 1 205 万吨，占 20%。在国际市场，以澳大利亚为主的大洋洲地区和以牙买加、苏里南、巴西等为主的中南美洲地区，烧碱进口量很大，预计今后因氧化铝需求旺盛，烧碱进口量还会进一步增多；同时，西欧、加拿大、美国西部等地区因烧碱生产企业的竞争力下降，多套老电解装置关闭，烧碱进口量将上升。世界烧碱表观消费情况如表 3－6 所示。

表 3－6　2008－2011 年及预计 2015 年世界烧碱各领域消费状况

应用领域	烧碱消费量（万吨）					2011－2015 年年平均增长率预测（%）
	2008 年	2009 年	2010 年	2011 年	2015 年预计	
无机化工	1 579.5	1 771.0	1 830.0	1 900.0	2 139.0	3.0
有机化工	1 228.5	1 180.0	1 244.0	1 325.0	1 449.0	2.3
纸与纸浆	936.0	1 062.0	1 152.0	1 160.0	1 173.0	0.3
纺织	351.0	354.0	320.0	380.0	276.0	－7.7
洗涤产品	292.5	295.0	320.0	330.0	345.0	1.1
其他	1 481.1	1 167.6	1 244.0	1 205.0	1 418.0	4.2
合计	5 868.6	5 769.6	6 100.0	6 300.0	6 800.0	1.9

资料来源：白海丹："国内外烧碱市场状况分析"，《氯碱工业》，2012 年第 3 期。

2. 国外氯碱行业巨头发展情况

氯碱行业中，PVC 和烧碱行业的大公司非常多，陶氏化学、拜耳等国际级的化工巨头都身处于氯碱行业内。

烧碱方面：陶氏化学公司是世界最大的烧碱供应商，产能为 712.1 万

吨/年，占世界烧碱产能的 8.8%，分别在美国、巴西、德国有生产厂；中国化工集团公司烧碱产能居世界第 2 位，产能为 300 万吨/年，占世界烧碱产能的 3.7%；西方化学公司烧碱产能居世界第 3 位，产能为 286.2 万吨/年，占世界烧碱产能的 3.6%；此外，台塑、PPG 公司也是世界烧碱的主要供应商，产能均占世界产能的 3% 左右。根据相关统计，2011 年世界烧碱主要生产企业情况如表 3－7 所示。

表 3－7　　世界烧碱主要生产企业情况

序号	公司名称	国家及地区	产能（万吨/年）
1	陶氏化学	美国、巴西、德国	712.1
2	中国化工集团公司	中国大陆	300.0
3	南方化学公司	美国、巴西、智利	286.2
4	台塑化学公司	美国、中国台湾	255.5
5	PPG 公司	美国、加拿大、中国台湾	216.4
6	英力士公司	英国、德国、挪威、瑞典、卡塔尔	182.4
7	奥林公司	英国、加拿大	179.4
8	苏威集团	比利时、法国、德国、意大利、葡萄牙、西班牙、巴西、阿根廷、泰国	172.3
9	拜耳公司	美国、德国	147.1
10	东曹公司	日本	115.4

资料来源：白海丹："国内外烧碱市场状况分析"，《氯碱工业》，2012 年第 3 期。

再纵观整个世界氯碱行业，世界知名的氯碱生产企业有陶氏化学公司、美国西方石油公司、拜耳公司、美国 PPG 公司、奥林公司、阿克诺贝尔公司、台塑化学公司等。

结合表 3－7，陶氏化学公司、台塑化学公司、拜耳公司、PPG 公司和奥林公司不仅在烧碱行业，在整个氯碱行业都是非常重要的供应商。下面着重介绍以上 5 家国外氯碱巨头发展状况。

（1）陶氏化学。陶氏化学在美国纽约证券交易所挂牌上市，2012 年下半年以来陶氏化学的股票一直维持一定范围的振荡，自 2012 年 11 月中旬以来陶氏化学股价一路攀升，如图 3－18 所示，自最低时候的 27.5 美元一路上涨到 34.75 元左右，短短两个月股价上涨了 26.36%。由证券市场的良好反应可以窥见陶氏 2012 年以来发展状况良好，投资者信心十足。

图 3－18　陶氏化学证券市场反应状况

同时，2007 年以来，陶氏化学的销售规模整体呈现增长趋势，到 2012 年销售额达到 567.86 亿美元，比 2010 年的 536.74 亿美元增长了 5.80%，预计其销售额到 2015 年将达到 623.77 亿美元，较 2010 年增长 16.21%。

在销售额不断增长的同时，其营业利润和净收入也波动增长。到 2012 年，陶氏化学营业利润达到 47.55 亿美元，较 2010 年的 45.60 亿美元增长了 4.28%；预计 2015 年这一值将达到 68.13 亿美元，增长 49.41%。净收入方面，2010 年和 2012 年陶氏化学的净收入分别为 19.7 亿美元和 8.42 亿美元，2012 年较 2010 年下降了 57.26%，到 2015 年，这一值预计将达到 41.01 亿美元，较 2010 年增加 108.17%。

营业利润和净收入增长率方面，2007 年以来陶氏化学的营业利润和净收入呈现波动增长的状态，受世界经济影响，经营业绩有所降低。

从表 3－8 和图 3－19 陶氏化学现在及预期的经营状况看，其经营状况和发展前景良好。

（2）台塑化学。台塑化学在台湾证券交易所挂牌上市，截至 2013 年 3 月 7 日仍然处于停牌阶段，其证券市场的反应也无法预测。

同时，2007 年以来，台塑化学的销售规模不断扩大，到 2012 年销售额达到 2 880.25 亿元台币，比 2010 年的 2 831.21 亿元台币增长了 1.73%，预计其销售额到 2015 年将达到 4 664.89 亿元台币，较 2010 年增长

64.77%。其销售规模增长迅速，与陶氏化学相比具有更强的扩张性。

表 3－8　陶氏化学 2010－2012 年及 2013－2015 年预计经营情况

会计年度 / 项目	历史数据（百万美元）			预测数据（百万美元）		
	2010 年	2011 年	2012 年	2013 年	2014 年	2015 年
销售收入	53 674	59 985	56 786	56 966	59 240	62 377
营业收入	7 522	8 391	7 453	8 012	8 799	9 377
营业利润	4 560	5 508	4 755	5 196	6 000	6 813
税前利润	—	3 601	1 665	—	—	—
净收入	1 970	2 402	842	3 658	3 354	4 101

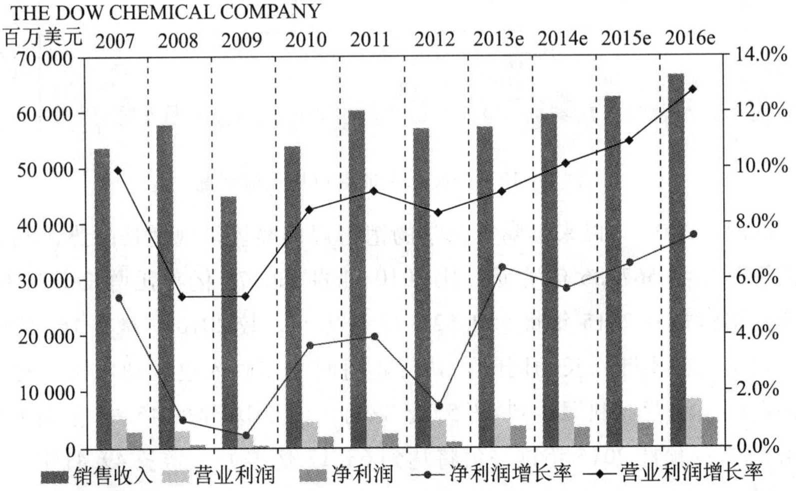

图 3－19　陶氏化学 2007－2012 年及 2013－2016 年预计经营情况

在销售额不断扩大的同时，台塑化学的营业利润和净利润呈现周期性波动且呈衰退趋势。周期性体现在：2007－2008 年，台塑化学营业利润与净利润下降；2008－2010 年回升；2010－2012 年再次下降。同时整体来看，2010－2012 年台塑化学营业利润和净利润都较 2007－2009 年更低，公司盈利能力在下降。从台塑化学的营业利润和净收入的变化趋势来看，公司的经营周期性非常明显，且随着公司的不断发展，这一周期在逐渐延长，变化频率也在逐渐降低，公司正在进入逐渐稳定发展的时期，盈利能力也趋于降低。

营业利润和净收入增长率方面，2007 年以来台塑化学的营业利润和净收入增长率与其营业利润和净收入的变化基本趋同，也呈现明显的周

期性。

从表 3 - 9 和图 3 - 20 台塑化学现在及预期的经营状况看：最近一段时期经营的波动性比较大，但是随着公司规模的不断扩大和经营范围的扩张，公司经营逐渐趋于稳定。

表 3 - 9　台塑化学 2010 - 2012 年及 2013 - 2015 年预计经营情况

会计年度 / 项目	历史数据（百万元台币）			预测数据（百万元台币）		
	2010 年	2011 年	2012 年	2013 年	2014 年	2015 年
销售收入	283 121	280 814	288 025	363 384	361 835	466 489
营业收入	63 231	31 920	12 429	31 143	31 511	32 201
营业利润	51 504	20 748	870	17 326	18 317	15 863
税前利润	50 365	36 517	7 150	25 769	26 791	24 875
净收入	47 275	32 971	7 094	21 627	23 055	20 674

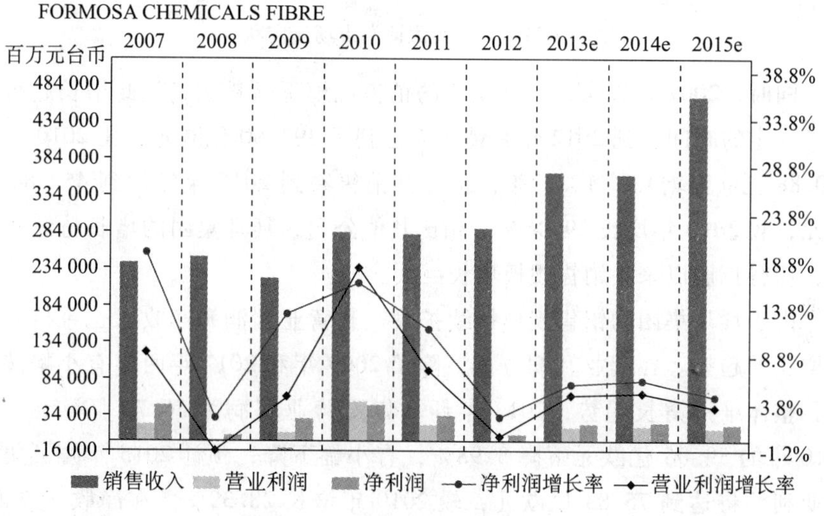

图 3 - 20　台塑化学 2007 - 2012 年及 2013 - 2015 年预计经营情况

（3）拜耳。德国的拜耳集团在德国 Xetra 证券交易所挂牌上市，图 3 - 21为拜耳集团 2012 年下半年以来在证券市场的反应情况。从图 3 - 21 中可以看出，2012 年下半年以来拜耳集团的股票价格持续走高，从 7 月份的 55 欧元上涨到 2012 年底的 72 欧元，上涨幅度达到 30.91%；进入 2013 年，公司股价维持在一个比较稳定的区间内。从证券市场反应来看，2012 年拜耳集团利好消息明显，消费者对公司业绩预期良好；2013 年以来，公司的经营还没有出现较大的变化，维持比较稳步的变化。

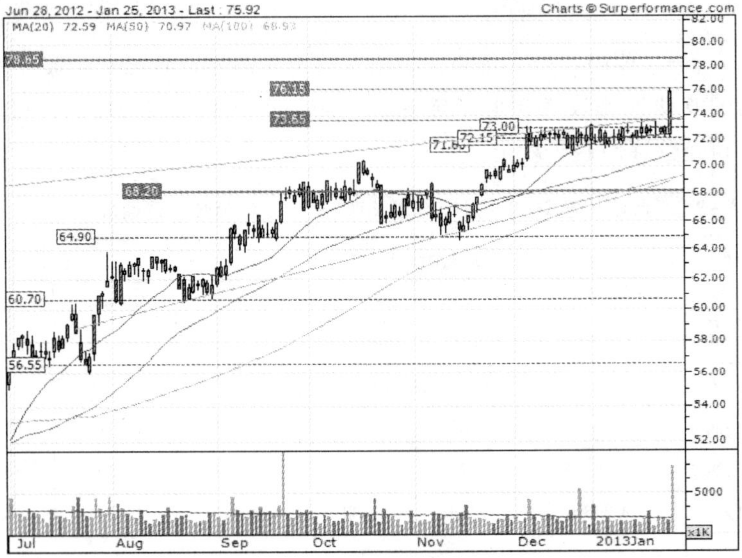

图 3－21　拜耳集团证券市场反应状况

同时，2007 年以来，拜耳集团的销售规模不断扩大，且此增长趋势持续了一定的时间，到 2012 年其销售额达到了 397.60 亿欧元，比 2010 年的 350.88 亿欧元增长了 13.32%；预计其销售额到 2015 年将达到 452.84 亿欧元，较 2010 年增长 29.06%。相比其他公司，拜耳集团的增长持续性最强，使得长期以来其销售规模增长巨大。

由于拜耳集团的销售规模持续扩大，其营业利润和净收入也维持着整体增长的趋势。在营业利润方面，除了 2009 年和 2012 年两年有小幅波动外，整体维持增长趋势；2012 年拜耳集团营业利润为 56.71 亿欧元，较 2010 年的 59.06 亿欧元下降 3.98%，有小幅下降；预计 2015 年拜耳集团营业利润将达到 75.83 亿欧元，较 2010 年增长 28.39%。在净收入方面，2007 年至 2010 年出现连续性下降，2010 年之后呈现回升趋势；2010 年和 2012 年拜耳集团的净利润分别为 13.01 亿欧元和 24.46 亿欧元，2012 年较 2010 年增长了 88.01%；预计到 2015 年，拜耳集团净利润将达到 49.51 亿美元，较 2010 年增加 280.55%。

营业利润和净收入增长率方面，2007 年以来拜耳集团的营业利润和净收入增长率的变化趋势与营业利润及净收入的变化趋势较为相似。

从表 3－10 和图 3－22 拜耳集团现在及预期的经营状况看，公司经营状况良好，且经营稳定，持续性强。

表 3-10　拜耳集团 2010-2012 年及 2013-2015 年预计经营情况

会计年度	历史数据（百万欧元）			预测数据（百万欧元）		
	2010 年	2011 年	2012 年	2013 年	2014 年	2015 年
销售收入	35 088	36 528	39 760	40 803	42 998	45 284
营业收入	7 101	7 613	8 284	8 455	9 302	10 116
营业利润	5 906	6 403	5 671	6 048	6 831	7 583
税前利润	1 721	3 363	3 248	4 801	5 831	6 795
净收入	1 301	2 470	2 446	3 587	4 274	4 951

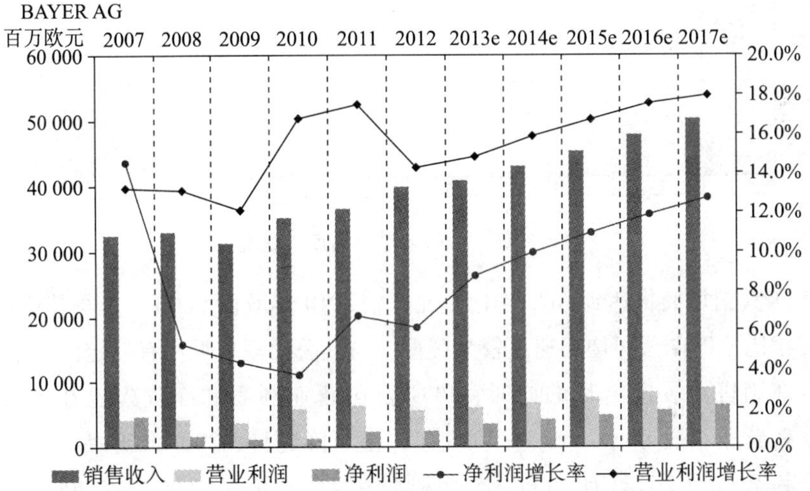

图 3-22　拜耳集团 2007-2012 年及 2013-2017 年预计经营情况

（4）PPG。PPG 公司在美国纽约证券交易所挂牌上市，图 3-23 为 PPG 公司 2012 年下半年以来在证券市场的反应情况。从图 3-23 中可以看出，PPG 公司的股价一直维持在 100 美元以上的高位，其股价与其他 4 家公司呈现出不同的增长模式，自 2012 年下半年以来，增长分为 2012 年 7 月、8 月、9-12 月和 2013 年 1 月四个阶段，呈现阶梯式增长，即股价经过一次增长后维持了一段时间的稳定后再次增长。从 PPG 公司的股价反应来看，公司存在阶段性的经营增长。

同时，2007 年以来，PPG 公司的销售规模缓慢扩大，到 2012 年销售额达到 152 亿美元，比 2010 年的 134.23 亿美元增长了 13.24%；预计到

图 3－23　PPG 证券市场反应状况

2015 年其销售额将达到 167.94 亿美元，较 2010 年增长 25.11%。与其他 4 家公司相比，PPG 公司增长速度较为缓慢，与其公司规模偏小有一定的关系。

在销售额缓慢增长的同时，PPG 公司营业利润和净收入也在平缓增长。在营业利润方面，2007－2008 年，呈下降趋势；2009 年开始，呈逐步上升趋势；到 2012 年，PPG 营业利润达到 19.5 亿美元，较 2009 年的 13.66 亿美元增长了 42.75%；预计 2015 年这一值将达到 21.08 亿美元，较 2009 年增长 54.32%。在净收入方面，净收入的变化趋势与营业利润的变化趋势相似；2010 年和 2012 年 PPG 公司的净利润分别为 7.69 亿美元和 9.41 亿美元，2012 年较 2010 年增长了 22.34%，预计到 2014 年这一值将达到 14.29 亿美元，较 2010 年增加 85.83%。

营业利润和净收入增长率方面，2007 年以来 PPG 的营业利润和净收入增长率的变化趋势与营业利润及净收入的变化趋势较为相似。

从表 3－11 和图 3－24 PPG 现在及预期的经营状况看，在 2009 年之前，PPG 的发展并不是很好，并一度出现下滑；2009 年之后，伴随公司经营的调整和规模的扩大，公司经营状况得到改善并逐渐步入正轨，呈现持续增长趋势。

表 3－11　PPG 公司 2010－2012 年及 2013－2015 年预计经营情况

会计年度	历史数据（百万美元）			预测数据（百万美元）		
	2010 年	2011 年	2012 年	2013 年	2014 年	2015 年
销售收入	13 423	14 885	15 200	14 752	15 866	16 794
营业收入	1 836	2 140	2 415	2 236	2 413	2 405
营业利润	1 366	1 673	1 950	1 792	1 945	2 108
税前利润	—	—	1 402	—	—	—
净收入	769	1 095	941	1 106	1 283	1 429

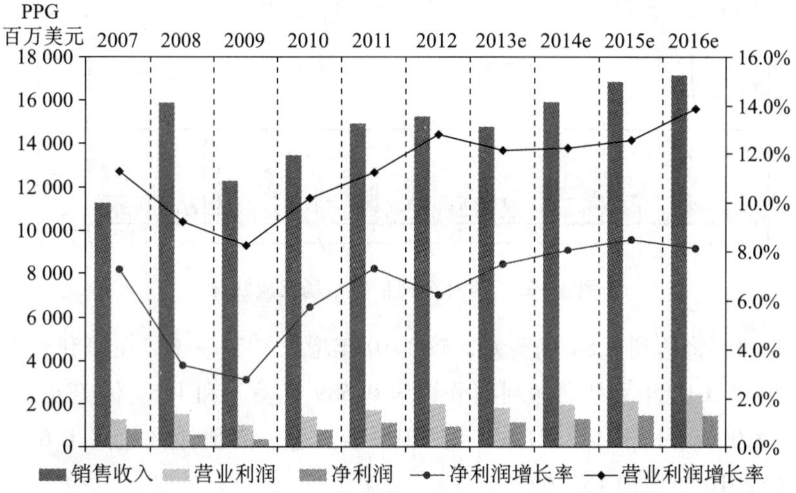

图 3－24　PPG 公司 2007－2012 年及 2013－2016 年预计经营情况

（5）奥林。奥林公司也是在美国纽约证券交易所挂牌上市，图3－25为奥林公司 2012 年下半年以来在证券市场的反应情况。从图 3－25 中可以看出，自 2012 年下半年以来，公司股价呈现剧烈波动的变化趋势，分别于 2012 年 7 月中旬和 11 月中旬达到了低点（19.4 美元左右），于 2012 年 9 月初和 2013 年 1 月末达到高点（23.5 美元左右）。由证券市场的剧烈波动性反应可以窥见奥林公司 2012 年下半年以来经营状况不是很稳定，起伏较大。

同时，2007 年以来，奥林的销售规模、营业利润和净利润都呈现周期性，但周期不一致。到 2012 年，奥林的销售额达到 21.85 亿美元，比 2010 年的 15.86 亿美元增长了 37.77%；预计其销售额到 2015 年将达到 25.55 亿美元，较 2010 年增长 61.10%。到 2012 年，奥林营业利润将达到 2.59 亿美元，较 2010 年的 1.04 亿美元增长 149.04%；预计 2015 年奥林

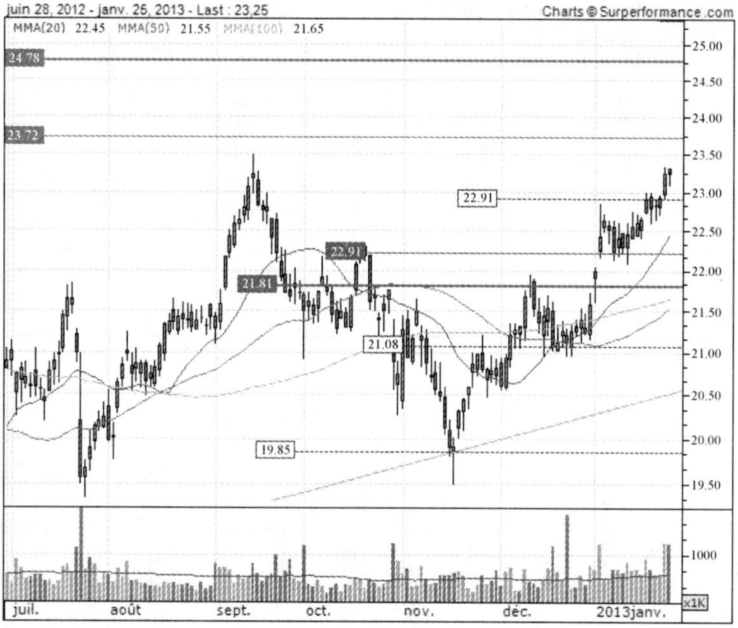

图 3－25　奥林公司证券市场反应状况

的营业利润将达到 2.84 亿美元，较 2010 年增长 173.08%。在净利润方面，2010 年和 2012 年奥林的净利润分别为 0.689 亿美元和 1.50 亿美元，2012 年较 2010 年增长了 117.71%；到 2015 年，这一值预计将达到 1.61 亿美元，较 2010 年增加 133.67%。

营业利润和净利润增长率方面，2007 年以来奥林的营业利润和净利润的增长率也呈现不规律波动增加的状态，增长情况不是很稳定。

从表 3－12 和图 3－26 奥林现在及预期的经营状况看，公司由于经营规模不是很大，对世界经济波动的抵抗力不是很强，经营发展不是很稳定。

表 3－12　奥林公司 2010－2012 年及 2013－2015 年预计经营情况

会计年度	历史数据（百万美元）			预测数据（百万美元）		
	2010 年	2011 年	2012 年	2013 年	2014 年	2015 年
销售收入	1 586	1 961	2 185	2 566	2 576	2 555
营业收入	191	323	370	439	438	425
营业利润	104	224	259	305	305	284
税前利润	—	379	225	—	—	—
净利润	68.9	242	150	174	177	161

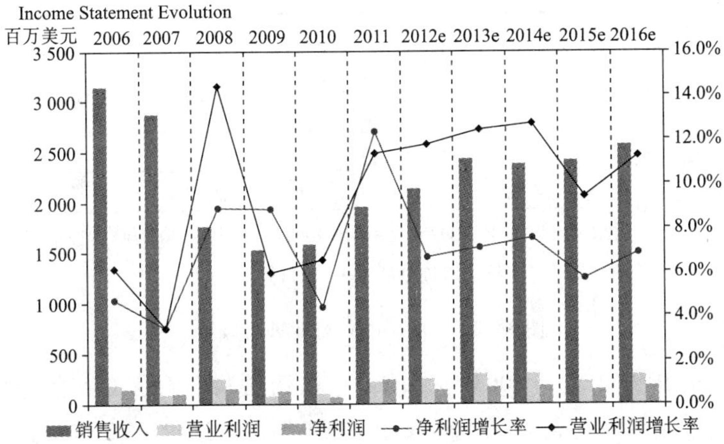

图 3－26　奥林公司 2007－2012 年及 2013－2016 年预计经营情况

总体来看，国外氯碱行业巨头近年来经营状况良好，未来发展趋势呈上升态度，在证券市场上的反应也比较稳定。

（二）国内氯碱行业和上市公司情况

1. 国内氯碱行业发展状况

（1）技术突破，国内 PVC 行业度过快速发展期，进入结构调整期。中国 PVC 行业发展迅速。据不完全统计，1988 年中国共有 PVC 树脂企业 74 家，总生产能力 226. 89 万吨/年；截至 2010 年底中国共有 PVC 树脂企业 97 家，其中产能高于 20 万吨/年的企业不在少数，中国 PVC 树脂产能达到 2 000 万吨/年，成为世界第一大 PVC 生产国和第一大消费国。到 2012 年，中国 PVC 树脂企业数量进一步增加，产能得到进一步的提升。中国 PVC 行业 2005－2012 年的产量、消费量及进出口量见图 3－27 和图 3－28。

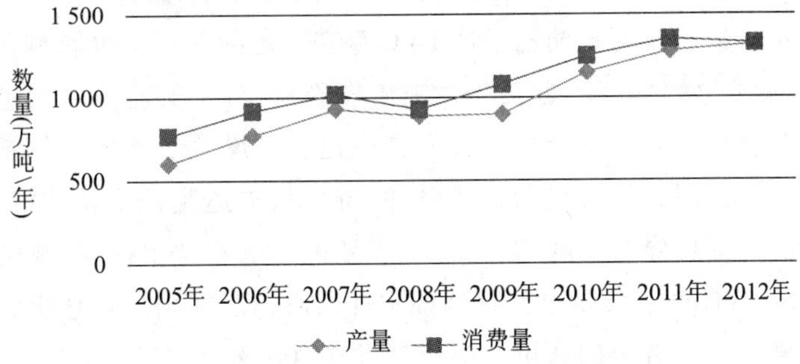

图 3－27　中国 PVC 行业产量与消费量

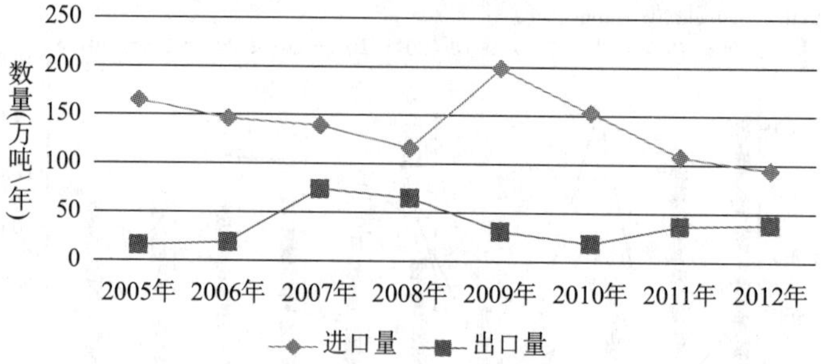

图 3-28　中国 PVC 行业进出口量

中国的 PVC 工业在 2003 年之前处于乙烯法和电石法并存的平稳发展期，国内产量仅满足需求的 50%。在 2003 年，对进口 PVC 实施反倾销以及国际原油价格的不断上涨，促使中国 PVC 工业进入高速增长期，尤其是电石法 PVC 呈现出爆发式增长，2003－2008 年，产量年均增长 31%。2009 年，中国 PVC 产能为 1 780 万吨/年，较 2008 年增加 2.65%；产量为 915.5 万吨，较 2008 年增加 11%；电石法 PVC 产能为 1 362 万吨/年，已占中国 PVC 总产能的 76%，占世界总产能的 30% 以上。到 2012 年，中国 PVC 产量达到 1 317.8 万吨/年，消费量达到 1 326.2 万吨/年。

中国拥有 PVC 生产企业 104 家，其中电石法企业 89 家，乙烯法企业 15 家。产能在 30 万吨/年以上的企业有 18 家，产能比重达到 45% 以上，产业集中度和规模效益初步显现。在市场需求方面，2007 年，中国 PVC 的表观需求量已经突破 1 000 万吨。虽然受到金融危机的影响，2008 年的表观需求量下降到 923 万吨，但随着中国政府经济刺激政策的实施，2009 年的表观需求量再次突破 1 000 万吨。2010 年市场需求量达到 1 170 万吨，与 2009 年相比增长率将达 8%。2012 年市场需求量达到 1 300 万吨以上。

长期以来，电石法 PVC 装置由于生产规模小、技术水平落后、企业实力差，产品质量始终与石油乙烯法 PVC 存在一定的差距，也影响了中国整体 PVC 产品质量的提高。近几年，随着电石法 PVC 工艺技术的进步，尤其是自动控制技术和大型聚合釜及配套汽提、干燥、氯乙烯单体精制等技术的成功开发应用，使得电石法 PVC 的质量基本达到乙烯法 PVC 的质量要求。当前中国悬浮法 PVC 五大名牌产品中，电石法 PVC 品牌已经占据两种，中国 PVC 产品质量已经得到根本性的改善。在国际市场上，电石法 PVC 也得到了广大客户的认可，出口到世界 100 多个国家。

“十一五”期间，中国聚氯乙烯工业保持了相当快的发展速度，其中

2005年中国聚氯乙烯产能增长率高达46.4%，这很大程度上是受2004年聚氯乙烯行业的高额利润吸引。2007年之后，尤其是2008年的全球金融危机爆发后，国内聚氯乙烯行业的扩能步伐明显放缓，而且随着中国聚氯乙烯产能的扩大，行业盈利能力也出现明显下降。最近几年，中国聚氯乙烯生产能力不断提高，其产量已经完全可以满足自身需求，改变了以往需要大量依赖进口的局面。但值得业内注意的是，由于中国聚氯乙烯产能的过快扩张，加上投资者对能源、资源性物资占有程度的差别较大，国内聚氯乙烯行业正经历和未来必然要经历的产业结构调整和生产布局的改变，中国聚氯乙烯行业由高速发展向平稳整合过渡。

我国已经成为世界上最大的PVC生产国和消费国。然而，受全球金融危机的影响，国际市场需求低迷，贸易保护主义盛行，同时国内PVC生产能力严重过剩，全行业开工率持续走低，整个PVC行业陷入内外交困的局面。据中国商品市场信息公司（CBI）分析人士指出：中国PVC市场正在走向自给自足，随着生产规模的不断扩大，预期将出现供过于求。2010年，中国拥有97套PVC生产装置，总生产能力2 069万吨/年。但是有些建设项目正在被搁置，到2012年的需求增长率仅为每年4.4%。这是由于受到经济危机与电石法PVC生产商经济性下降的双重影响。我国近期拟建和在建的几套大型电石法PVC装置生产能力均为30万－40万吨/年，产品性能和生产成本颇具竞争优势。随着扩建项目的完成，一批新近打造的PVC行业巨舰将驶入市场，中国氯碱产业中大型生产装置将统领天下，并占据主导地位。这标志着这个产业集中度低、布局分散、生产成本居高不下的中小型企业左右市场的时代将被终结。

PVC产业是最能体现规模效益的产业之一，企业只有达到一定生产规模后，综合成本才能降低，产品才有市场竞争力。目前，国内外PVC产业是朝着高度集中和装置大型化方向发展，新规划的大型电石法PVC装置（如淮北矿业集团、河南平煤集团、陕西北元化工集团有限公司的装置）生产能力均是百万吨级。可以预见，西方发达国家规模化的PVC市场发展趋势将在我国逐步显现。与此同时，一些生产企业在工程建设时注意同步配套衍生产品，还有些生产企业对相关业务进行了分工合作，建立上下游一体化合作体系，实现了从上游资源到下游产品的产业链整合。

从整体上来看，中国PVC工业已经由快速发展期过渡到结构调整期，中西部一体化电石法PVC装置的快速发展，将会对未来PVC竞争格局产

生重要的影响，伴随产业集中度的提高，中国也会顺利完成从 PVC 生产大国向强国的转变，对世界 PVC 市场的影响会更加明显。

（2）国内烧碱行业发展状况。我国除西藏、海南以外的 29 个省、直辖市、自治区都有氯碱生产厂，位于沿海的山东、江苏、上海、天津、浙江等省市是主要的氯碱生产地区，但近几年来，随着中西部地区新建装置陆续投产，华中、西北地区所占比例越来越大。

截至 2012 年年底，我国烧碱产能为 3 736 万吨/年，同比 2011 年的 3 412万吨/年增长 9.50%；预计 2015 年我国烧碱产能达 3 700 万吨/年，2012 – 2015 年我国烧碱产能年均增长率为 2.1%。2012 年我国烧碱产量为 2 698.6 万吨，同比 2011 年的 2 466.3 万吨增长 9.42%；预计 2015 年我国烧碱产量达 2 800 万吨，2012 – 2015 年我国烧碱产量年均增长率为 3.2%。到 2012 年我国烧碱装置平均开工率为 72.3%，预计 2015 年我国烧碱装置平均开工率提高到 75.7%。我国烧碱生产情况如表 3 – 13 所示。

表 3 – 13　　2002 – 2012 年及预计 2015 年我国烧碱生产情况

年份	产能（万吨/年）	产量（万吨）	开工率（%）
2002	1 000	822.7	82.3
2003	1 100	939.9	85.4
2004	1 260	1 060.3	84.2
2005	1 470	1 240	84.4
2006	1 760	1 511.8	85.9
2007	2 181	1 826	83.7
2008	2 472	1 741	70.4
2009	2 793	1 849.3	66.2
2010	3 021	2 086.6	69.1
2011	3 412	2 466.3	72.3
2012	3 736	2 698.6	72.2
2015 年预计	3 700	2 800	75.7

数据来源：中国氯碱网；白海丹：“国内外烧碱市场状况分析”，《氯碱工业》，2012 年第 3 期。

2012 年我国烧碱进口量为 1.1 万吨（其中固碱 0.97 万吨，液碱 0.13 万吨），同比 2011 年的 1.7 万吨（其中固碱 1.5 万吨，液碱 0.2 万吨）下降了 35.3%；2012 年烧碱出口量为 207.9 万吨（其中固碱 49.3 万吨，液碱 158.6 万吨），同比 2011 年的 216 万吨（其中固碱 54.5 万吨，液碱 161.5 万吨）下降了 3.75%。2002 – 2012 年我国烧碱进出口情况如表 3 – 14所示。

表 3-14　2002-2012 年及预计 2015 年我国烧碱进出口情况

年份	进口		出口	
	数量（万吨）	金额（百万美元）	数量（万吨）	金额（百万美元）
2002	11.5	14.5	37.8	62.0
2003	10.5	14.8	37.2	63.6
2004	9.1	17.0	34.3	56.4
2005	4.8	19.4	85.4	168.0
2006	2.7	18.0	133.1	256.0
2007	3.2	19.9	147.4	337.8
2008	2.0	14.9	207.5	685.5
2009	3.4	17.3	152.7	472.3
2010	1.7	13.5	154.3	376.5
2011	1.5	13.3	216.0	757.1
2012	1.1	9.2	207.9	728.8
2015 年预计	3.0	30.0	260.0	800.0

数据来源：白海丹："国内外烧碱市场状况分析"，《氯碱工业》，2012 年第 3 期；天津滨海新区化工交易所。

烧碱是重要的基础化工原料，广泛应用于轻工、化工、纺织、印染、医药、冶金、石油和军工等行业，在国民经济中占有重要地位，其消费增长率略低于同期国民生产增长速度。2011 年我国烧碱表观消费量为2 251.8万吨，根据弹性系数法预测 2015 年我国烧碱表观消费量为 2 543.0 万吨，2011-2015 年我国烧碱表观消费年均增长率为 3.1%。2011 年我国烧碱消费结构为：化工占 23.5%，轻工占 25.8%，纺织占 14.6%，冶金占 16.9%，其他占 19.2%。2008-2011 年我国烧碱消费情况见表 3-15。截至 2012 年，我国烧碱表观消费量达到 2 409.6 万吨，较 2011 年增长 7%。

表 3-15　我国 2008-2011 年及预计 2015 年烧碱消费情况①

应用领域	烧碱消费量（万吨）					2011-2015 年年平均增长率预测（%）
	2008 年	2009 年	2010 年	2011 年	2015 年预计	
化工	433.4	385.0	450.0	530.0	580.0	2.3
轻工	414.6	440.0	550.0	580.0	640.0	2.5

① 根据现有渠道没能找到 2012 年细分领域的消费情况，仅确定总表观消费量为 2 409.6 吨。

续表

应用领域	烧碱消费量（万吨）					2011－2015 年年平均增长率预测（%）
	2008 年	2009 年	2010 年	2011 年	2015 年预计	
纺织	266.4	245.0	299.0	330.0	360.0	2.2
冶金	220.5	267.0	318.0	380.0	510.0	7.6
其他	200.6	362.0	317.4	431.8	453.0	1.2
合计	1 535.5	1 699.7	1 934.4	2 251.8	2 543.0	3.1

数据来源：白海丹："国内外烧碱市场状况分析"，《氯碱工业》，2012 年第 3 期；天津滨海新区化工交易所。

由于液碱的产品浓度所限，运输半径不大，价格表现出很强的区域性。一般情况下，同一地区的同一品种碱液（实物）最高价格与最低价格相差 50－100 元/吨；另外，同一地区的 32% 离子膜法液碱比 30% 隔膜法碱液（实物）的价格高 20－80 元/吨。以 32% 离子膜法烧碱价格为例，2006－2007 年烧碱价格比较平稳，呈稳步上升趋势；2008 年烧碱价格一路走高；2008 年 10 月烧碱价格达到近年来最高，为 828 元/吨，之后，又出现下滑；2009 年 7 月后烧碱价格重新回到较低水平，然后一直在 500 元/吨以下；2010 年年末烧碱价格重新回弹，达 700 元/吨；2011 年，烧碱价格不断创新高，12 月烧碱价格达 917 元/吨。

近年来我国烧碱产量和表观消费量逐年提升，2006 年我国烧碱产量为 1 511.8 万吨，表观消费量为 1 381.4 万吨，缺口在－130.4 万吨，即过剩 130.4 万吨。2010 年我国烧碱产量为 2 086.6 万吨，表观消费量为 1 934.0 万吨，过剩量上升至 152.6 万吨。2011 年我国烧碱表观消费量为 2 251.8 万吨，自给率为 109.5%。截至 2012 年，我国烧碱表观消费量为 2 409.6 万吨，缺口为－289.0 万吨，存在一定过剩，自给率达到 112%，过剩情况和自给率达到 2006 年以来新高。预计 2015 年我国烧碱表观消费量达 2 543 万吨，自给率为 110.1%。我国烧碱供需平衡情况见表 3－16。

表 3－16　2006－2012 年及 2015 年预测我国烧碱供需平衡情况

年份	烧碱供需量（万吨）					产量与表观消费量比率（%）
	产量	进口量	出口量	表观消费量	缺口	
2006 年	1 511.8	2.7	133.1	1 381.4	－130.4	109.4
2007 年	1 826.0	3.2	147.4	1 681.8	－144.2	108.6

续表

年份	烧碱供需量（万吨）					产量与表观消费量比率（%）
	产量	进口量	出口量	表观消费量	缺口	
2008 年	1 741.0	2.0	207.5	1 535.5	-205.5	113.4
2009 年	1 849.3	3.4	152.7	1 700.0	-149.3	108.8
2010 年	2 086.6	1.7	154.3	1 934.0	-152.6	107.9
2011 年	2 466.3	1.5	216.0	2 251.8	-214.5	109.5
2012 年	2 698.6	1.1	207.9	2 409.6	-289.0	112.0
2015 年预计	2 800.0	3.0	260.0	2 543.0	-257.0	110.1

数据来源：白海丹："国内外烧碱市场状况分析"，《氯碱工业》，2012 年第 3 期；天津滨海新区化工交易所。

2. 国内氯碱业企业上市及融资状况

随着国际和国内氯碱业的不断发展，国内氯碱供需缺口的不断增大，国内氯碱企业也不断发展壮大，呈现出两个趋势：一是个体规模不断增大；二是企业数量基本维持。

截至 2012 年，国内众多的氯碱企业中有 22 家企业在沪深两市上市，其中有 9 家公司在深圳证券交易所上市，有 13 家公司在上海证券交易所上市，氯碱化工还同时发行了 A 股和 B 股。氯碱行业的公司早期多为国有企业，上市时间都较早，有 16 家公司在 2000 年及以前上市，仅 6 家在 2000 年以后上市。1992 - 2012 年，中国氯碱行业上市公司通过沪深两市融资总额 11 168 986.99 万元，其中：首发融资 1 101 049.27 万元，后续通过股票增发再融资 9 361 937.72 万元，债券发行融资 706 000 万元。

氯碱行业首发融资额度都不是很高，22 家公司通过首发融资金额达 110 多亿元，平均每家公司首发融资 5 亿多元。首发融资额最高的是滨化股份，达到 19 亿多元；最低的是神马股份，仅 2 000 多万元。虽然首发融资额的差距包含通货膨胀及货币时间价值的因素，但是总体来看，氯碱行业整体首发融资效率差距较大。

在股票增发融资方面，22 家公司中有 8 家公司进行了股票增发融资，股票增发融资超过两次的公司有中泰化学和三友化工 2 家；氯碱行业企业通过股票增发融资总额达到 936 亿多元，平均每家公司通过股票增发融得资金近 43 亿元；增发融资额最高的是盐湖股份，通过增

发股票融得资金近775亿元，占行业股票增发融资额的82.76%；增发方式采用公开增发和非公开定向增发两种方式。截至2012年，中国氯碱行业股权融资存在以下几个特点：首先，与首发融资相比，氯碱行业上市公司通过增发获得的融资额更大；其次，在所有氯碱行业上市公司中进行增发融资的公司数量相对较少；最后，公司间增发融资额差距较大，盐湖股份增发融资700多亿元，而最早上市的氯碱化工20年间未进行过一次增发融资。

发行债券融资方面，氯碱行业中通过在资本市场发行公司债券进行融资的上市公司数量较进行增发融资的上市公司更少，截至2012年仅有5家通过发行债券共融得资金近71亿元，平均每家公司通过发行债券融得资金3.4亿元。其中，中泰化学通过发行公司债共融得资金26亿元，占行业总额的36.83%。由于债券市场在中国的发展时间较短，债券融资不像国外那么流行和被广泛使用。随着中国债券市场的不断完善，中国上市公司的融资结构也将多元化，发行债券融资的比例也将有所上升。通过股票增发融资和发行债券融资来扩大公司资本总额、调整公司资本结构将成为未来中国上市公司共同的选择。

氯碱行业上市及上市融资的具体情况如表3-17所示。整体来看，中泰化学在氯碱行业中通过资本市场融资运作较为活跃。从表3-18中氯碱行业上市公司上市前后及2012年经营状况来看，在证券市场表现更活跃，能更好地利用证券市场的公司，其经营状况也会相对更好。

表3-17　　2012年中国氯碱行业公司上市及融资情况

企业全称	上市情况		上市融资情况（万元）			
	上市年份	上市公司性质	首发融资额	股票增发融资额	债券发行融资额	合计
新疆中泰化学股份有限公司	2006年	深证A股	63 056.20	468 956.99	260 000.00	792 013.19
云南盐化股份有限公司	2006年	深证A股	48 963.00	0.00	0.00	48 963.00
宁夏英力特化工股份有限公司	1996年	深证A股	8 500.00	170 319.00	0.00	178 819.00
内蒙古亿利能源股份有限公司	2000年	沪市A股	49 727.00	478 788.80	160 000.00	688 515.80
青海盐湖工业股份有限公司	1997年	深证A股	21 002.00	7 748 374.80	0.00	7 769 376.80
潍坊亚星化学股份有限公司	2001年	沪市A股	71 277.00	0.00	0.00	71 277.00

续表

企业全称	上市情况		上市融资情况（万元）			
	上市年份	上市公司性质	首发融资额	股票增发融资额	债券发行融资额	合计
新疆天业股份有限公司	1997 年	沪市 A 股	16 896.00	0.00	0.00	16 896.00
宜宾天原集团股份有限公司	2010 年	深证 A 股	145 488.44	0.00	0.00	145 488.44
太原化工股份有限公司	2000 年	沪市 A 股	55 755.00	0.00	0.00	55 755.00
湖北双环科技股份有限公司	1997 年	深证 A 股	43 970.00	0.00	0.00	43 970.00
神马实业股份有限公司	1994 年	沪市 A 股	2 575.00	0.00	0.00	2 575.00
山东海化股份有限公司	1998 年	深证 A 股	60 982.00	0.00	100 000.00	160 982.00
唐山三友化工股份有限公司	2003 年	沪市 A 股	57 686.09	213 786.93	141 000.00	412 473.02
包头明天科技股份有限公司	1997 年	沪市 A 股	18 597.60	95 248.60	0.00	113 846.20
上海氯碱化工股份有限公司	1992 年	沪市 A、B 股	107 181.00	0.00	0.00	107 181.00
四川金路集团股份有限公司	1993 年	深证 A 股	6 400.00	0.00	45 000.00	51 400.00
滨化集团股份有限公司	2010 年	沪市 A 股	197 600.00	0.00	0.00	197 600.00
南宁化工股份有限公司	2000 年	沪市 A 股	17 752.00	27 523.50	0.00	45 275.50
方大锦化化工科技股份有限公司	1997 年	深证 A 股	55 323.00	0.00	0.00	55 323.00
河北金牛化工股份有限公司	1996 年	沪市 A 股	20 620.00	158 939.11		179 559.11
河北宝硕股份有限公司	1998 年	沪市 A 股	24 022.50	0.00	0.00	24 022.50
武汉祥龙电业股份有限公司	1996 年	沪市 A 股	7 675.44	0.00	0.00	7 675.44
合计			1 101 049.27	9 361 937.72	706 000.00	11 168 986.99
平均值			50 047.69	425 542.62	33 619.05	507 681.23

表 3-18　2012 年中国氯碱行业非 ST 公司上市前后及 2012 年经营情况

证券简称	总资产情况（万元）			总资产收益率（%）		
	上市前一年	上市当年	2012 年	上市前一年	上市当年	2012 年
中泰化学	161 578.52	208 490.25	2 192 536.27	8.67	6.72	1.50
云南盐化	149 430.00	197 710.00	327 898.74	8.87	4.79	0.82
英力特	9 825.07	21 892.00	362 596.91	7.25	9.52	1.40
亿利能源	39 839.00	94 491.00	1 896 529.57	8.00	5.29	7.66

续表

证券简称	总资产情况（万元）			总资产收益率（%）		
	上市前一年	上市当年	2012 年	上市前一年	上市当年	2012 年
盐湖股份	—	67 854.00	4 244 004.61	—	—	-1.73
新疆天业	15 893.00	41 232.00	448 334.67	—	11.47	0.57
天原集团	711 436.00	1 018 528.16	1 327 702.86	2.58	5.16	0.49
太化股份	109 539.00	177 418.00	349 699.02	3.77	3.23	0.10
双环科技	45 061.00	92 855.00	843 973.49	16.08	15.03	-3.61
神马股份	83 267.00	104 109.00	957 292.57	—	7.63	-8.48
山东海化	105 689.00	209 590.00	599 592.43	10.53	9.24	0.85
三友化工	98 407.00	157 051.00	1 238 637.52	7.53	3.83	0.82
氯碱化工	—	403 095.00	634 013.27	—	—	1.80
金路集团	23 028.00	46 213.00	230 127.26	4.43	9.14	0.19
滨化股份	371 019.00	414 032.00	558 185.71	7.27	8.59	7.55
方大化工	40 588.00	100 161.00	271 497.25	26.02	13.38	0.92
金牛化工	27 558.30	60 329.30	220 816.00	26.12	10.14	-3.11

数据来源：巨潮资讯网、上市公司年报。

（三）部分国内氯碱业上市公司衰退原因分析

中国氯碱行业最早上市的公司是上海氯碱化工股份有限公司，于 1992 年上海证券交易所主板上市。1992 - 2012 年各年国内氯碱行业上市公司数量以及被证监会 ST 处理的公司数量统计结果如图 3 - 29 所示。

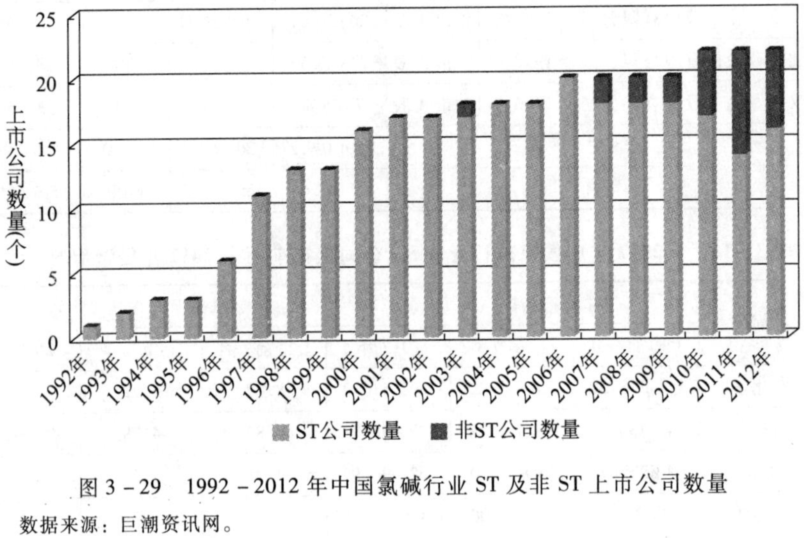

图 3 - 29　1992 - 2012 年中国氯碱行业 ST 及非 ST 上市公司数量

数据来源：巨潮资讯网。

1992－2012年中国氯碱上市公司一共有9家上市公司被证监会进行过ST处理，各年存在的ST公司数量总和为26个。其中持续ST时间最长的公司是*ST金化和*ST宝硕，连续6年维持ST状态。整体来看，中国氯碱行业上市公司上市后的经营之路并不顺畅。

就资本市场角度我国部分上市公司在上市之后存在被证券交易所特殊处理的情况，出现这种现象的原因比较复杂，既有企业方面的内因，也有经济环境方面的外因。但内因是最关键的，是起决定作用的因素。总括起来，以下三个因素是最普遍的原因：

第一，部分上市公司缺乏核心能力，产业衰退时企业随之衰退。当我国经济由卖方市场进入买方市场以后，大部分传统产业出现了产能过剩、竞争加剧、利润率下降的态势，许多原来高成长、高盈利的产业已转入低增长、低利润甚至出现行业性亏损的不良态势或者沦为衰退产业，随着传统产业环境的急剧变化甚至衰退，越来越多的上市公司不得不滞留在衰退产业中忍受煎熬，越来越多的上市公司面临着生存危机。

第二，部分上市公司盲目投资，陷入多元化陷阱。一方面我国证券市场资源配置功能不完善，个别企业较易低成本融资乃至恶性圈钱，造成上市公司投资决策上的随意性；二是价值投资理念遭冷落，股票价格与企业业绩不相关或负相关，各种题材的炒作成了主流，而上市公司跟踪市场热点的多元化投资行为能够制造市场炒作的题材。

第三，部分公司治理结构不完善。国内外很多学者对股权结构与上市公司业绩的相关性进行了很多研究，股权集中度与公司业绩的显著关系已经得到广泛认同。大部分观点提出，股权集中度过高不利于公司业绩的提升，引入机构投资者达到股权结构的平衡有利于公司长远的发展。国内部分上市公司股权集中度高，不利于公司治理结构的完善，公司业绩也会受到相应的影响。

结合氯碱行业特征，氯碱行业上市公司衰退的主要原因有以下几点：

第一，氯碱行业企业产业链覆盖面广，公司经营绩效受上下游产业发展状况影响很大，产业转型成本高，企业经营绩效波动较大。从氯碱行业ST上市公司样本看，上市公司被证监会ST处理主要原因是公司经营业绩不佳，而营业收入的减少是导致经营业绩下降的重要原因。公司产能升级的缓慢也会导致公司产品市场竞争力的下降，以致公司销售收入下降，影响公司盈利状况。

第二，氯碱行业周转能力较差，公司投资回收期较长，应对市场风险的能力较低。

第三，氯碱行业赊销行为广泛，公司货款回收率影响公司盈利状况。从氯碱行业 ST 上市公司样本来看，上市公司经营业绩不佳的一大重要原因是公司应收账款坏账准备过高，赊销比例的增加带来销售成本的提高，加之公司周转能力较弱，对公司业绩的影响也就更为明显。

从国内化工行业上市公司整体发展状况来看，很多公司发展并不平稳，每年被证监会 ST 处理的上市公司数量也呈增加趋势。在国家化工产业整合的背景下，行业内公司间的竞争也愈发激烈，竞争能力弱、发展状况差的公司逐渐被同行业其他公司兼并，及时摆脱 ST，整体经营状况也因为融资受限而受到很大影响。淘汰落后产能，提升行业整体竞争力已经成为化工行业发展的必然趋势。有效依托资本市场这一强大助推剂，实现产能技术升级，突出企业竞争优势，将成为化工行业上市公司在化工产业整合浪潮下脱颖而出的重要手段。

三、资本市场融资助力中泰化学平稳发展

（一）中泰化学资本市场融资概况

中泰化学 2006 年 11 月首次公开发行股票上市，至 2013 年 7 月 19 日，公司先后在资本市场上三次增发，一次核准分两次发行公司债，总共募集资金约 95 亿元。具体情况如表 3 - 19 所示。

表 3 - 19　　中泰化学历年在资本市场融资情况

公告日期	发行类别	募集资金净额（万元）	发行起始日	证券类别
2006 年 11 月 16 日	首发新股	63 233.50	2006 年 11 月 24 日	A 股
2007 年 12 月 18 日	公开发行	96 978.74	2007 年 12 月 20 日	A 股
2010 年 4 月 9 日	定向增发	371 963.99	2010 年 4 月 9 日	A 股
2011 年 11 月 1 日	公司债发行	130 000.00	2011 年 11 月 7 日	公司债（第一期）
2012 年 3 月 20 日	公司债发行	130 000.00	2012 年 3 月 26 日	公司债（第二期）
2013 年 9 月 16 日	定向增发	157 717.57	2013 年 9 月 17 日	A 股

资料来源：东方财富网、中泰化学债券发行公告、巨潮资讯网非公开发行上市公告。

（二）首次公开发行为中泰化学创造了发展良机

2006 年，中泰化学在 A 股市场成功上市，为其后续发展奠定了基础，实现了公司全方位的跃升，直接表现出的是财务状况的提升，而其根源则在于首发为其产业链条的建设、产能的扩张创造了良机，并促进了内部治理的完善。

1. 财务状况提升，财务结构得到改善

公司的财务情况主要分为主要财务指标与关键财务比率情况，评价一家公司的财务情况，需要从两方面同时进行，主要财务指标的增长体现了公司规模及市场份额的扩大，而财务质量的提高则体现了公司经营效率的提升。

（1）主要财务指标快速增长，资金规模效应凸显。资本市场对上市公司的推动最明显的体现就在其财务情况上，简单地说就是公司股东权益、净利润和营业收入情况的变化，表 3－20 即为上市前后中泰化学各项财务指标的比较。

表 3－20　　中泰化学上市前后财务状况　　单位：元

年份	净资产归属于上市公司股东的所有者权益（调整后）	利润总额（调整后）	营业收入
2005 年	443 241 863. 18	120 278 936. 96	1 054 620 228. 66
2006 年	1 195 763 503. 22	133 381 046. 26	1 658 480 599. 00
2007 年	2 364 927 492. 62	250 632 681. 79	2 408 629 909. 17
2008 年	2 460 525 245. 55	126 541 031. 03	3 432 125 958. 44
2009 年	2 553 942 362. 14	127 230 639. 36	3 326 500 661. 04
2010 年	6 592 425 387. 17	351 797 412. 94	4 081 123 546. 00
2011 年	7 155 833 247. 46	610 875 939. 17	7 122 419 990. 71
2012 年	7 183 745 290. 30	321 385 014. 15	7 112 887 951. 78

2008 年第四季度，由于金融危机影响，国际原油价格持续下跌，国内房地产行业等出现萎缩，引起聚氯乙烯树脂市场价格急剧下跌，短时间内下跌最高幅度接近 47. 5%，公司聚氯乙烯树脂产品成本与市场价格形成倒挂；2008 年 10 月－12 月份公司平均按 70% 的负荷组织生产，产品产量受到一定影响。上述因素导致公司 2008 年第四季度聚氯乙烯树脂产品销售价

格低于生产成本，产品利润率低，未能完成预计收益。

中泰化学利润主要来源于聚氯乙烯树脂的销售，2005 年销售聚氯乙烯树脂所产生的毛利额占公司总毛利额的 69.40%，而聚氯乙烯树脂市场价格具有明显的周期性，波峰价格与波谷价格差距显著。当聚氯乙烯树脂的价格出现波动时，将对公司经营业绩产生较大影响。公司生产所需主要原材料及能源为电石、原盐、煤、电，2005 年电石成本占聚氯乙烯树脂成本的 73.36%，如果主要原材料及能源特别是电石的价格发生较大波动时，将对公司产品成本产生较大影响。

排除原材料和金融危机的影响，自 2006 年上市以来中泰化学的营业收入、净利润和股东权益都有了长足的发展，见图 3－30。2006 年中泰化学营业收入、净利润和股东权益较 2005 年分别增长 57.26%、10.89% 和 169.77%，到 2012 年这一增长值达到了 674.45%、267.20% 和 1 620.73%。上市后短短 6 年间，公司营业收入及利润规模出现了质的变化，归结其原因：主要是上市后，公司利用所融资金扩大经营规模，资金的规模效应得到了较好的体现。

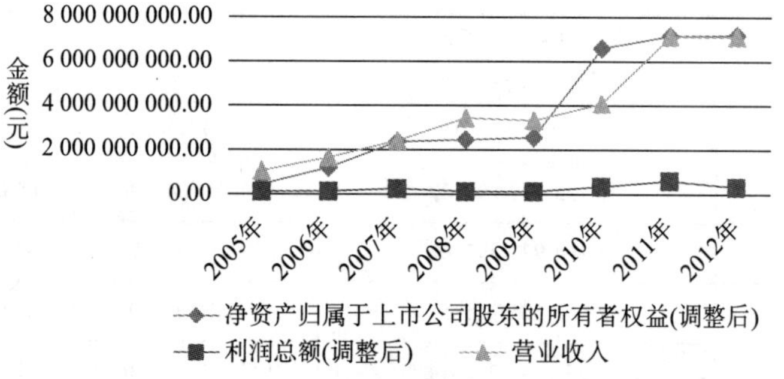

图 3－30　中泰化学上市前后财务状况比较

数据来源：中泰化学年度财务报表。

（2）财务质量有所改善，抗风险能力提高。财务质量主要体现在公司三方面的能力上，即偿债能力、盈利能力和营运能力。我们可以从公司资产负债率、总资产报酬率和总资产周转率三个方面来度量其三方面的能力。总体来说：资产负债率越低，偿债能力越强；总资产报酬率越高，盈利能力越强；总资产周转率越高，营运能力越强。图 3－31 为中泰化学上市前后三方面财务比率的变化情况。

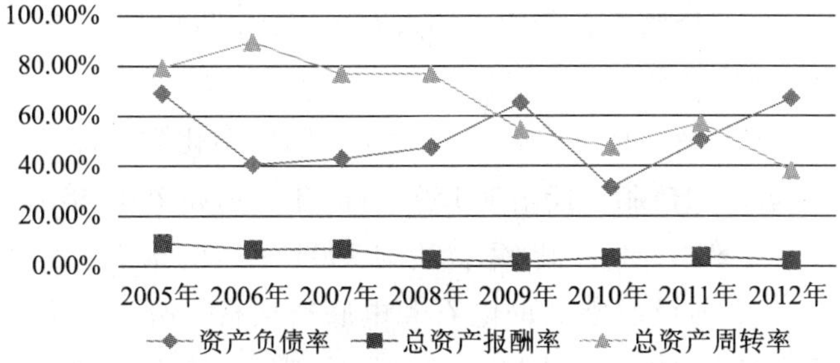

图 3 – 31　中泰化学上市前后财务指标比较

数据来源：中泰化学首发招股说明书、年度财务报表。

资本市场对中泰化学财务质量的改善主要体现在偿债能力方面，自中泰化学 2006 年上市以来，资产负债率维持在一个较低的水平且整体呈现下降趋势，仅 2009 年和 2011 年有所上升，原因很可能是 2008 年金融危机和 2011 年公司发行债券所带来的影响。总体来看，通过上市融资，中泰化学有效地提高了其偿债能力。

从数据上来看，自 2006 年上市以来，中泰化学总资产报酬率有所下降，主要原因应该是上市融得资金没能完全转换成产能。但是从 2008 年金融危机来看，公司盈利能力能在 2008 年金融危机后迅速恢复并持续增长主要依托的还是资本市场的资金支持。

营运能力方面，中泰化学在上市当年营运能力得到了很大幅度的提升并基本维持这一水平，由于 2008 年金融危机影响，公司营运能力有所下降，但总资产周转率一直维持在 50% 左右，这在属于资本密集型行业的化工行业中是具有较好的营运能力的。

总体来看，上市之后中泰化学财务规模出现很大变化，市场份额得到了有效提升；同时，财务质量方面也有所改善，资本市场推动了中泰化学应对财务风险和经营风险的能力。

2. 产能扩张，产品线延伸，市场地位提升

上市前，2005 年公司聚氯乙烯树脂产量为 140 575 吨，全国排名第 13 位，市场份额为 2. 11%。2005 年聚氯乙烯树脂产能为 13. 9 万吨/年，2006 年 4 月的年产能已达到 25. 9 万吨，生产规模进一步扩大。2005 年公司聚氯乙烯树脂在新疆的市场占有率为 72. 8%。2005 年离子膜烧碱产量为 12. 94 万吨，市场排名在离子膜烧碱企业中排名第 11 位。2005 年公司烧碱产能为 13. 9 万吨/年，2006 年 4 月的年产能已达到 23. 9 万吨，生产规模

进一步扩大。公司烧碱在新疆的市场占有率较高，2005 年为 75%，在市场竞争中处于比较有利的地位。

在资本市场资金的推动下，上市后 5 年间中泰化学产能持续扩大，见表 3 – 21。聚氯乙烯树脂产能增加 150 万吨/年，达到 2006 年前的 10. 8 倍；离子膜烧碱产能增加 110 万吨/年，达到 2006 年前的 7. 9 倍；同时还拓展了 2006 年上市之前没有涉足的电石和电联产项目，分别扩大产能 128 万吨/年和 125 万千瓦/年。上市融资的自持推动了中泰化学产能的不断提升和产品线的延伸。

表 3 – 21　　中泰化学上市前后各产品产能扩张情况

时间	聚氯乙烯树脂（万吨）	离子膜烧碱（万吨）	电石（万吨）	电联产项目（万千瓦）
2006 年之前	13. 9	13. 9		
2006 年	12	10		
2007 年	12	10		
2010 年	36	30		
2012 年阜康一期	40	30		
2012 年阜康二期	40	30		
2012 年中泰矿冶			60	60
总计	150	110	128	125

中泰化学上市当年和两次股票增发的当年，聚氯乙烯树脂和离子膜烧碱两种主要产品产能和产量的提升最为明显。2006 年上市当年：中泰化学聚氯乙烯树脂产能较 2005 年增加 86. 33%，产量增加 68. 07%，并且有效解决了上市前聚氯乙烯树脂产能不足的问题；离子膜烧碱产能增加 71. 94%，产量增加 52. 16%。公司分别在 2007 年和 2010 年进行了两次股票增发：第一次增发后聚氯乙烯树脂和离子膜烧碱产能较 2006 年分别增加 46. 33% 和 41. 84%；第二次增发后聚氯乙烯树脂和离子膜烧碱产能较 2007 年分别增加 94. 99% 和 88. 50%。具体上市前后的情况见表 3 – 22。

表 3 – 22　　中泰化学上市前后主要产品产能及产量总额

时间	聚氯乙烯树脂产能（万吨/年）	聚氯乙烯树脂产量（万吨）	离子膜烧碱产能（万吨/年）	离子膜烧碱产量（万吨）
2005 年	13. 9	14. 06	13. 9	12. 94
2006 年上市	25. 9	23. 63	23. 9	19. 69
2007 年增发	37. 9		33. 9	
2010 年增发	73. 9		63. 9	

数据来源：招股说明书、债券发行公告。

中泰化学 2011 年聚氯乙烯树脂产量达到 81.99 万吨，名列国内聚氯乙烯生产企业第 2 位，占我国聚氯乙烯总产量的 6.33%；烧碱产量达到 61.44 万吨，名列国内烧碱生产企业第 4 位，占我国烧碱总产量的 2.49%。

除此之外，中泰化学在 2011 年和 2012 年分别发行债券，总计获得融资 26 亿元，同时于 2013 年在深圳证券交易所进行第三次股票增发。这部分融资资金将进一步促进中泰化学扩大产能，提升技术。

总体来看，依托于资本市场提供的良好融资平台，为中泰化学产能提升和产品扩展提供了强有力的资金支持，推动了中泰化学产能的改善。

（1）运用领先生产工艺，主要产品行业领先。中泰化学主要产品为聚氯乙烯树脂和离子膜烧碱，公司在上市之后不断更新其产品生产工艺和技术，在扩大产能的同时也提高了产品生产技术，使得其主要产品在市场上处于领先。采用国内主流电石法生产工艺生产聚氯乙烯，成本更低。

目前生产聚氯乙烯的制备工艺按原料路线划分主要有电石法和乙烯法，电石法主要生产原料是电石、煤炭和原盐，乙烯法主要原料是石油。国际市场上聚氯乙烯的生产主要以乙烯法为主，而中国受富煤、贫油、少气的资源禀赋限制，则主要以电石法为主。国内近年来新扩产的聚氯乙烯项目多为电石法项目，因此国内聚氯乙烯树脂产能中电石法的比例呈现逐年上升的趋势，目前电石法生产工艺已经达到全部产能的 79.7%。

在电石法生产聚氯乙烯过程中，原盐电解后氯化氢用于生产聚氯乙烯，剩余的部分用于生产烧碱，所以氯、碱实际上存在共生关系，氯碱平衡也是整个行业发展过程中必须考虑的重要因素。

从生产成本的角度分析，上述两种工艺在不同经济发展周期，成本差别较大。通常情况下，在国际宏观经济高速发展阶段，由于油价较高，乙烯法生产成本较高，电石法成本优势明显；而一旦国际经济进入衰退阶段，油价如在低位运行，电石法由于能耗较高，成本优势不再。自 2003 年以来，国际油价大幅攀升，使乙烯法聚氯乙烯成本增加，而电石法生产受此影响较小，从而导致国内电石法聚氯乙烯生产装置产能快速扩张，对乙烯法聚氯乙烯生产形成了极大挑战，许多乙烯法企业处于亏损边缘。但随着 2008 年第四季度国际金融危机导致原油价格大幅走低，乙烯法的成本优势再现，电石法生产厂家微利运行，甚至出现亏损。2009 年上半年以来，随着国际原油价格的持续反弹，乙烯法的成本优势不再，聚氯乙烯现货价格企稳回升，聚氯乙烯期货价格大幅上涨，电石法的成本优势重新体现。

但2011年以来，受行业周期性及欧债危机的影响，聚氯乙烯价格长期在低位运行，行业内只有为数不多的拥有资源、规模和成本优势的企业能维持盈利状态，而这些企业基本上都是选用的电石法。从长期来看，油价上涨是一个长期趋势，电石法的成本优势远期仍然将长期保持。

电石法的成本主要由电石消耗、氯化氢消耗、水电费及包装费、引发剂、分散剂、人工费用等构成，其中电石占65% -70%，氯化氢占15%，电力占6%，其他制造费用占6%。乙烯法的成本主要由乙烯消耗、氯气消耗、电费、加工助剂、人工费用等构成，其中乙烯和氯气约占成本的60%。

在我国，电石法投资和生产成本都较乙烯法低。据中国氯碱网统计，按同等聚氯乙烯树脂生产规模计算，乙烯法聚氯乙烯树脂投资是电石法聚氯乙烯树脂投资的1.25倍。电石法聚氯乙烯树脂生产技术日渐成熟，生产电石的煤炭资源相比石油资源具有供应充足的优势。电石法原料路线已占据我国聚氯乙烯树脂生产的主流地位，也是我国近年来聚氯乙烯树脂产能和产量增长的主要因素。2011年，我国聚氯乙烯树脂总产量为1 295万吨，其中乙烯法产量为308万吨，电石法为987万吨，电石法的产量占比达到76.2%。

电石法聚氯乙烯树脂成为国内主流的趋势已经明朗。在我国电石法聚氯乙烯树脂行业中，由于西北地区拥有丰富的煤、电、石灰石等资源，大力发展电石法聚氯乙烯树脂成本远低于东部地区。同时，由于电石法聚氯乙烯树脂“三废”的处理技术基本成熟，使得制约电石法聚氯乙烯树脂发展最重要的环保问题得以解决。

同时，由于国内对聚氯乙烯生产工艺的消化吸收和不断提升，国内聚氯乙烯生产工艺本身已经处于世界领先水平。中泰化学在上市之后利用资本市场所融得资金改造生产工艺，采用了国内主流聚氯乙烯制造工艺，提升相关设备先进水平，一方面有效地降低了产品生产成本，另一方面也使得中泰化学聚氯乙烯生产工艺在全国处于领跑水平。

（2）采用离子膜法生产烧碱，虽与国际水平有差距，但在国内处领先地位。烧碱生产工艺主要有离子膜法、隔膜法。近几年，随着国家和地方政府对环保监管力度的加强和企业搬迁等各项因素影响，隔膜法烧碱在总产能中所占比例逐步缩小，离子膜法烧碱装置逐步占据主导地位。2011年由于市场方面的影响，绝大部分烧碱生产企业在平衡电解装置开工的考虑

时往往优先保证离子膜烧碱装置运行。截至2012年，离子膜烧碱工艺占比较2011年提升了11%，离子膜烧碱生产工艺逐渐得到国内烧碱生产企业的亲睐。近几年我国烧碱产能供给结构变化如表3－23所示。

表3－23　　2009－2012年国内烧碱生产工艺分布情况

年份	2009年		2010年		2011年		2012年	
生产工艺	隔膜	离子膜	隔膜	离子膜	隔膜	离子膜	隔膜	离子膜
所占产能比例（%）	27	73	16	84	27	73	15	85

离子膜法烧碱具有能耗低、污染小、产品纯度高等优点，是目前世界上最先进的制碱技术，是我国烧碱行业今后大力发展的关键技术。世界上各生产离子膜电解槽厂家的装备我国均有采用，国产化离子膜电解槽也得到大面积应用，但国产装置连续运行时间、离子膜使用寿命、离子交换膜制造、装备配套技术方面仍与国际先进水平存在一定差距。

中泰化学采用的是离子膜法生产烧碱，在资本市场资金支持下，近5年来不断购进全新设备，更新生产工艺，使得其烧碱生产工艺在国内处于行业领先地位。

（3）生产工艺领先，主要产品市场份额领先。随着中国聚氯乙烯工业的迅速发展，中国聚氯乙烯企业的生产能力不断增加，2011年中国聚氯乙烯产量最大的企业是天业集团，产量达到102万吨。中泰化学聚氯乙烯树脂产量达到81.99万吨，名列国内聚氯乙烯生产企业第2位，占我国聚氯乙烯总产量的6.33%。2012年中泰化学聚氯乙烯产能达到150万吨/年，继续维持其在行业中的排名优势。

目前中国氯碱行业中拥有百万吨级别的化工企业在逐渐形成，对于地域性的单个烧碱生产企业而言，其烧碱装置整体能力逐渐提高，2011年进入中国烧碱产量排名前十位的企业产量全部在40万吨以上。2011年，中泰化学烧碱产量达到61.44万吨，名列国内烧碱生产企业第4位，占我国烧碱总产量的2.49%。2012年中泰化学烧碱产能达到110万吨/年，较2011年有大幅上升，行业优势地位更为明显。

中泰化学2009－2011年聚氯乙烯树脂和烧碱产品占据了新疆市场的绝大部分份额，处于市场主导地位，见表3－24。从全国市场来看，中泰化学产品的市场占有率稳步提升，2011年以81.99万吨聚氯乙烯树脂产量名列行业第2位，以61.44万吨烧碱产量名列行业第4位。

表 3-24　　2009-2012 年中泰化学主要产品市场份额

产品	市场	2009 年	2010 年	2011 年	2012 年
聚氯乙烯树脂	疆内市场	79.83%	89.20%	73.86%	72.05%
	国内市场	4.29%	4.09%	5.96%	6.03%
烧碱	疆内市场	70.51%	73.26%	70.22%	73.55%
	国内市场	1.89%	1.98%	2.62%	3.39%

总体来看，2006 年上市之后，在资本市场资金的支撑下，中泰化学更新主要产品聚氯乙烯和烧碱的生产工艺，运用国内先进生产工艺，提高产品质量，降低生产成本。所生产的主要产品在国内占有较大的市场份额，也提升了中泰化学在同行业中的市场地位。

3. 内部治理改善，员工结构优化

公司上市之后，内部治理的改善是其中突出的变化之一。由于证监会对公司上市在内部治理方面的监管要求和公司股份制后股东对公司治理结构的进一步强化，公司上市之后，内部治理方面得到很好的规范和改善。内部治理方面，人员构成发挥着重要作用，内部治理的改善必须依托于公司人员结构的改善。

（1）员工规模不断扩大，员工年龄构成优化。2005-2011 年，随着中泰化学企业规模的不断扩大，上市时较 2005 年员工人数增加 16.5%，上市后员工规模扩大到上市时的 3.29 倍，见表 3-25。同时，从图 3-32 中也能看出，员工规模的扩大也伴随着员工结构的改善，50 岁以上的员工占员工总数的比例越来越小，公司中 30 岁以下的新兴力量逐渐增加，成为公司的中坚力量，员工年龄结构的年轻化也提高了公司的经营效率。

表 3-25　　上市前后中泰化学员工人数变化情况

时间	员工人数（人）
2005 年	1 794
2006 年 6 月 30 日	2 090
2006 年	2 286
2007 年	2 568
2008 年	5 303
2009 年	5 693
2010 年	5 981
2011 年	6 879
2012 年	8 785

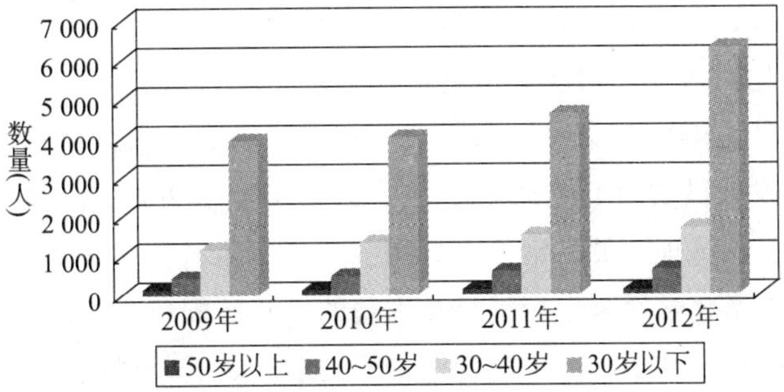

图 3－32　2009－2012 年中泰化学员工年龄构成情况

（2）人员引进两极化，专业构成稳定化，重视高等技术人才引进

如图 3－33 及图 3－34 所示，从学历构成情况来看，本科及以上学历所占比例基本保持稳定，维持在 13% 左右；中等职业教育及以下员工所占比例从 2008 年开始有较大提升，由 30% 升至 48%；专科学历员工由 56% 下降到 38%。公司上市之后由于生产规模的扩大，对于生产型人才的需求也大幅增加，从事生产的中等职业教育及以下人员的数量也随之大幅增加。由于公司走研发与生产相结合的道路，公司人才引进也呈现一定的两极化趋势，即高等教育人才和生产型人员增长趋势明显高于中端人员。

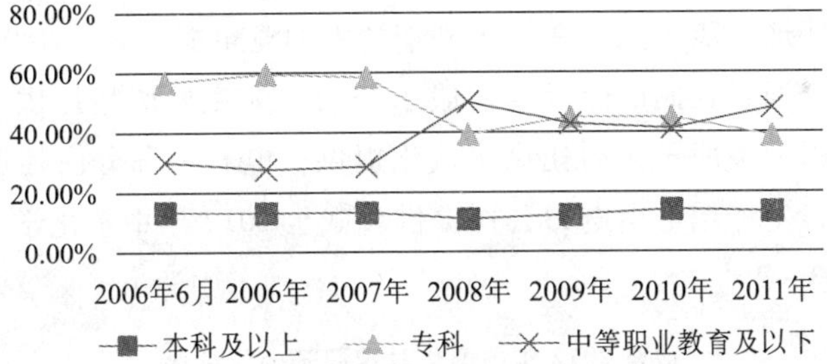

图 3－33　2006－2011 年中泰化学员工学历构成

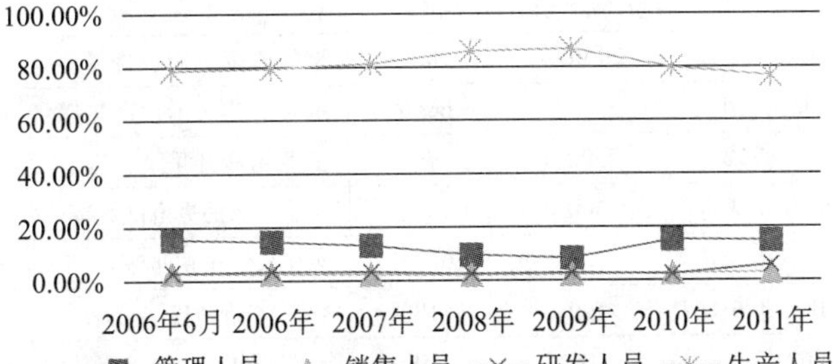

图 3－34　2006－2011 年中泰化学员工岗位分布情况

上市以来，中泰化学各专业员工的构成情况基本维持稳定，公司人员结构的稳定也映衬了公司在上市之后的稳步发展。

与此同时，2006 年以来，管理人员增加了 2.15 倍，销售人员增加了 2.27 倍，研发人员增加了 5.38 倍，生产人员增加了 2.20 倍。从各专业员工增长情况来看，管理人员、销售人员和生产人员的增长率基本持平，这也从侧面体现了中泰化学原有生产销售及管理的协调匹配还是比较合理的；研发人员增长情况明显高于其他 3 个专业，可见上市之后公司改变发展战略，更加重视产品研发，这也与上市之后带来的资金优势有密不可分的关系。

4. 进一步突出主业，完善产业链

从未来发展趋势来看，我国氯碱行业将朝着规模的大型化和经营的集约化方向发展，具有资源和能源优势、形成上下游一体化产业链、实行煤电结合、采用热电联产、具有规模效益及成本优势和循环经济模式的企业方能在未来竞争中取胜。

中泰化学充分依托新疆的优势资源和能源，利用国家和新疆自治区的产业发展政策，坚持循环经济的发展理念，通过建设、募投项目，建立起以氯碱化工为主体，采用“整体规划、分步实施”方式，逐步建设盐、煤、电、化一体的产业群，形成主业突出、上下游产业链紧密结合的效益型结构，公司的规模优势进一步扩大，在国内外市场上的竞争能力进一步提高。

中泰化学通过控制的全资或控股子公司，为主要产品提供原材料。其中，原盐可以由控股子公司托克逊盐化提供，电石一部分由控股子公司博达焦化提供，生产用电由电力公司提供。截至 2012 年中泰化学控股子公司的情况见表 3 - 26。

表 3 - 26　　截至 2012 年中泰化学控股子公司情况

公司名称	成立时间	注册资本和实收资本（万元）	持股比例（%）	主要业务
华泰公司	2004 年 1 月	90 000	98.33	聚氯乙烯树脂、烧碱的生产和销售
博达焦化	2002 年 10 月	3 000	66.67	电石、焦炭的生产与销售
托克逊盐化	2002 年 12 月	500	94	工业用盐开采及销售
新疆中化建	2000 年 3 月	300	83	化工产品的进出口贸易
奇台矿产	2005 年 3 月	300	66.67	采矿权证正在办理中，尚未从事经营活动
中泰矿冶	2007 年 6 月	500	100	化工产品销售
中鲁矿业	2007 年 6 月	500	100	石灰销售
阜康能源	2009 年 8 月	26 000	100	塑料制品、建筑材料的销售

续表

公司名称	成立时间	注册资本和实收资本（万元）	持股比例（%）	主要业务
准东热电	2010 年 7 月	6 000	100	蒸汽、热力及其附属产品的销售
准东煤业	2010 年 7 月	4 000	100	金属材料、建筑材料、化工产品的销售
库尔勒化工	2010 年 8 月	6 000	100	聚氯乙烯树脂、化工产品的销售，对烧碱、聚氯乙烯树脂等生产项目的投资
中泰物流	2012 年 1 月	10 000	100	仓储服务、货运代理，物流园建设投资及相关产业服务；销售金属材料、机电产品、塑料制品、化工产品
托克逊能化	2012 年 10 月	5 000	100	化工产品（危险品除外）、机电产品、金属材料、建筑材料的销售

（三）首发后继续充分利用资本市场

1. 后续股权融资次数多、总额高，充分利用资本市场

中泰化学于 2006 年 11 月 24 日在深圳证券交易所进行招股，2006 年 12 月 8 日在深圳证券交易所中小板挂牌上市。与中泰化学同期在沪深两市上市的公司还有 65 家，其中上海证券交易所 14 家，深圳证券交易所 51 家，在深圳证券交易所上市的公司均为中小板上市，见图 3 – 35 和表3 – 27。

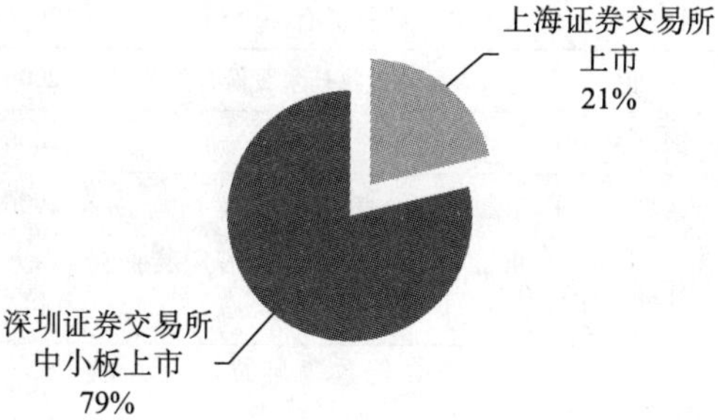

图 3 – 35　2006 年中国新上市公司分布

表 3 – 27　　2006 年中国新上市公司及其截至 2012 年底再融资情况

证券代码	证券简称	上市交易所	公司名称	公司上市日期	后续股权融资次数
601006	大秦铁路	上海	大秦铁路股份有限公司	2006 – 08 – 01	1
600048	保利地产	上海	保利房地产（集团）股份有限公司	2006 – 07 – 31	2

续表

证券代码	证券简称	上市交易所	公司名称	公司上市日期	后续股权融资次数
601111	中国国航	上海	中国国际航空股份有限公司	2006-08-18	1
002092	中泰化学	深圳	新疆中泰化学股份有限公司	2006-12-08	2
601991	大唐发电	上海	大唐国际发电股份有限公司	2006-12-20	1
002075	高新张铜	深圳	高新张铜股份有限公司	2006-10-25	1
002083	孚日股份	深圳	孚日集团股份有限公司	2006-11-24	1
600017	日照港	上海	日照港股份有限公司	2006-10-17	1
002080	中材科技	深圳	中材科技股份有限公司	2006-11-20	1
002067	景兴纸业	深圳	浙江景兴纸业股份有限公司	2006-09-15	1
002056	横店东磁	深圳	横店集团东磁股份有限公司	2006-08-02	1
002051	中工国际	深圳	中工国际工程股份有限公司	2006-06-19	1
002073	青岛软控	深圳	青岛高校软控股份有限公司	2006-10-18	1
002062	宏润建设	深圳	宏润建设集团股份有限公司	2006-08-16	1
002086	东方海洋	深圳	山东东方海洋科技股份有限公司	2006-11-28	1
002097	山河智能	深圳	湖南山河智能机械股份有限公司	2006-12-22	1
002087	新野纺织	深圳	河南新野纺织股份有限公司	2006-11-30	1
002070	众和股份	深圳	福建众和股份有限公司	2006-10-12	1
002052	同洲电子	深圳	深圳市同洲电子股份有限公司	2006-06-27	1
002060	粤水电	深圳	广东水电二局股份有限公司	2006-08-10	1
002100	天康生物	深圳	新疆天康畜牧生物技术股份有限公司	2006-12-26	2
002101	广东鸿图	深圳	广东鸿图科技股份有限公司	2006-12-29	1
002088	山东鲁阳	深圳	山东鲁阳股份有限公司	2006-11-30	1
002089	新海宜	深圳	苏州工业园区新海宜电信发展股份有限公司	2006-11-30	1
002065	东华合创	深圳	北京东华合创数码科技股份有限公司	2006-08-23	1
002102	冠福家用	深圳	福建冠福现代家用股份有限公司	2006-12-29	1
002066	瑞泰科技	深圳	北京瑞泰高温材料科技股份有限公司	2006-08-23	1
002082	栋梁新材	深圳	浙江栋梁新材股份有限公司	2006-11-20	1
002053	云南盐化	深圳	云南盐化股份有限公司	2006-06-27	0
002054	德美化工	深圳	广东德美精细化工股份有限公司	2006-07-25	0

续表

证券代码	证券简称	上市交易所	公司名称	公司上市日期	后续股权融资次数
002055	得润电子	深圳	深圳市得润电子股份有限公司	2006－07－25	0
002057	天源科技	深圳	中钢集团安徽天源科技股份有限公司	2006－08－02	0
002058	威尔泰	深圳	上海威尔泰工业自动化股份有限公司	2006－08－02	0
002059	世博股份	深圳	昆明世博园股份有限公司	2006－08－10	0
002061	江山化工	深圳	浙江江山化工股份有限公司	2006－08－16	0
002063	远光软件	深圳	广东远光软件股份有限公司	2006－08－23	0
002064	华峰氨纶	深圳	浙江华峰氨纶股份有限公司	2006－08－23	0
002068	黑猫股份	深圳	江西黑猫炭黑股份有限公司	2006－09－15	0
002069	獐子岛	深圳	大连獐子岛渔业集团股份有限公司	2006－09－28	0
002071	江苏宏宝	深圳	江苏宏宝五金股份有限公司	2006－10－12	0
002072	德棉股份	深圳	山东德棉股份有限公司	2006－10－18	0
002074	东源电器	深圳	江苏东源电器集团股份有限公司	2006－10－18	0
002076	雪莱特	深圳	广东雪莱特光电科技股份有限公司	2006－10－25	0
002077	大港股份	深圳	江苏大港股份有限公司	2006－11－16	0
002078	太阳纸业	深圳	山东太阳纸业股份有限公司	2006－11－16	0
002079	苏州固锝	深圳	苏州固锝电子股份有限公司	2006－11－16	0
002081	金螳螂	深圳	苏州金螳螂建筑装饰股份有限公司	2006－11－20	0
002084	海鸥卫浴	深圳	广州海鸥卫浴用品股份有限公司	2006－11－24	0
002085	万丰奥威	深圳	浙江万丰奥威汽轮股份有限公司	2006－11－28	0
002090	金智科技	深圳	江苏金智科技股份有限公司	2006－12－08	0
002091	江苏国泰	深圳	江苏国泰国际集团国贸股份有限公司	2006－12－08	0
002093	国脉科技	深圳	福建国脉科技股份有限公司	2006－12－15	0
002094	青岛金王	深圳	青岛金王应用化学股份有限公司	2006－12－15	0
002095	网盛科技	深圳	浙江网盛科技股份有限公司	2006－12－15	0
002096	南岭民爆	深圳	湖南南岭民用爆破器材股份有限公司	2006－12－22	0
002098	浔兴股份	深圳	福建浔兴拉链科技股份有限公司	2006－12－22	0
002099	海翔药业	深圳	浙江海翔药业股份有限公司	2006－12－26	0
600018	上港集团	上海	上海国际港务（集团）股份有限公司	2006－10－26	0
601001	大同煤业	上海	大同煤业股份有限公司	2006－06－23	0
601333	广深铁路	上海	广深铁路股份有限公司	2006－12－22	0
601398	工商银行	上海	中国工商银行股份有限公司	2006－10－27	0
601588	北辰实业	上海	北京北辰实业股份有限公司	2006－10－16	0
601666	平煤天安	上海	平顶山天安煤业股份有限公司	2006－11－23	0
601699	潞安环能	上海	山西潞安环保能源开发股份有限公司	2006－09－22	0
601872	招商轮船	上海	招商局能源运输股份有限公司	2006－12－01	0
601988	中国银行	上海	中国银行股份有限公司	2006－07－05	0

所有66家2006年新上市的公司中，只有28家公司进行过后续股权融资，其中上海证券交易所5家，深圳证券交易所23家。所有与中泰化学同期上市的公司中，后续股权融资次数最多2次（见图3－36），后续融资次数达到2次的公司共3家，即中泰化学、保利地产和天康生物。中泰化学在2007年和2010年进行过两次后续股权融资，与同期上市公司项目相比，中泰化学后续融资行为更为活跃。

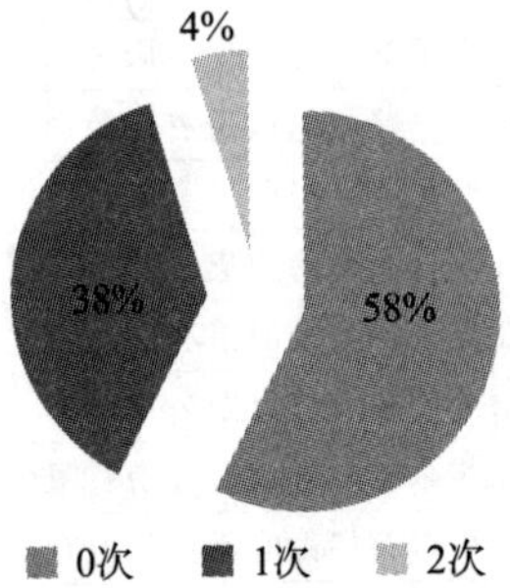

图3－36　2006年中国新上市公司后续融资次数

从融资总额角度看，自2006年上市以来，中泰化学后续融资总额达到480 207.8万元，在同期上市公司中排名第4，见表3－28。

表3－28　　2006年中国新上市公司后续融资情况

证券代码	证券简称	后续股权融资次数	后续融资总额
601006	大秦铁路	1	16 499 999 998
600048	保利地产	2	14 999 999 967
601111	中国国航	1	5 599 999 992
002092	中泰化学	2	4 802 078 000
601991	大唐发电	1	3 301 900 000
002075	高新张铜	1	2 100 872 700
002083	孚日股份	1	1 286 000 000
600017	日照港	1	1 279 986 300
002080	中材科技	1	1 254 000 000
002067	景兴纸业	1	1 217 370 000
002056	横店东磁	1	919 763 000
002051	中工国际	1	649 080 000
002073	青岛软控	1	607 950 000

续表

证券代码	证券简称	后续股权融资次数	后续融资总额
002062	宏润建设	1	591 650 400
002086	东方海洋	1	570 000 000
002097	山河智能	1	499 773 000
002087	新野纺织	1	494 100 000
002070	众和股份	1	432 517 000
002052	同洲电子	1	429 930 000
002060	粤水电	1	407 550 000
002100	天康生物	2	394 905 200
002101	广东鸿图	1	360 000 000
002088	山东鲁阳	1	349 999 987
002089	新海宜	1	319 727 600
002065	东华合创	1	288 950 400
002102	冠福家用	1	275 691 725
002066	瑞泰科技	1	254 745 000
002082	栋梁新材	1	251 017 800

与同期上市公司相比，中泰化学从融资次数和融资总额来看，都处于领先地位，更充分地利用了国内资本市场。

2. 净利润高于同期上市公司，净利润增长态势更明显

对资本市场的利用效率不仅仅体现在资本市场融资的活跃程度上，由资本市场带来的企业绩效的变化才能真正体现公司对资本市场利用的效率。

从净利润角度看，自2006年上市以来，中泰化学的净利润水平一直高于同期上市的其他公司的平均水平，且近几年更为明显。资本市场所融资金在中泰化学生产经营中的利用效率较同期上市公司整体情况更高，这一点从图3－37中不难看出。

从净利润增长率角度看，虽然受到2008年金融危机影响，同期上市公司净利润增长率都有所下降，且中泰化学净利润增长率下降水平比同期上市公司整体水平更高。但是，2008年金融危机之后，中泰化学净利润增长率从增长的态势较同期上市公司整体水平更为明显，2010年净利润增长率就远远高于同期上市公司整体水平。这一点可以从图3－38中看出。

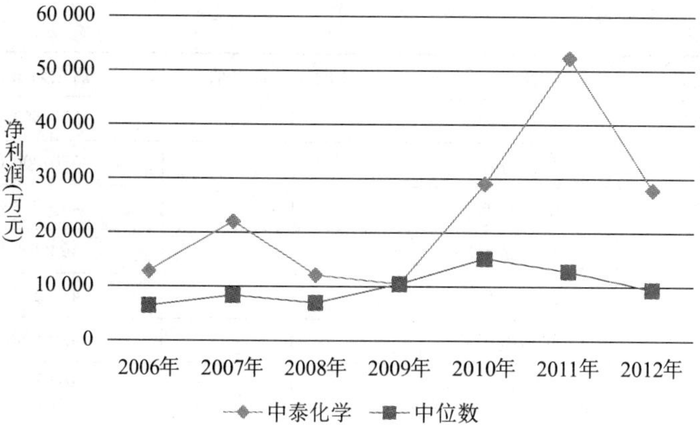

图 3－37　2006－2012 年中泰化学与同期上市公司净利润比较

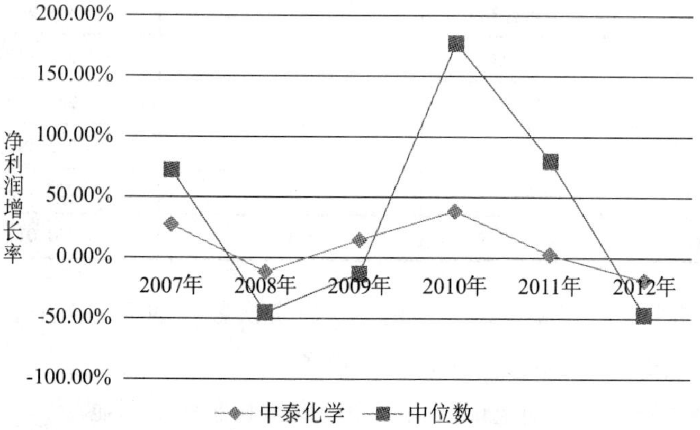

图 3－38　2007－2012 年中泰化学与同期上市公司净利润增长率比较

从资本市场后续融资活跃度和公司绩效的角度来看，中泰化学对资本市场的利用效率都比同期上市公司总体水平更高。

（四）资本市场融资实现公司综合业绩提升

1. 中泰化学上市前所处的市场情况分析

由于下游产业需求的推动，我国聚氯乙烯树脂 2005 年之前呈现高速发展态势。2005 年，我国聚氯乙烯树脂产量达到 665 万吨，已成为世界聚氯乙烯树脂主要生产大国之一，仅次于美国居世界第 2 位；表观消费量达到 817 万吨，比 2001 年增长了约 52%。尽管我国聚氯乙烯树脂产能在迅速增长，但仍存在一定的供应缺口。同时，我国聚氯乙烯行业存在产业集中度低、规模小等问题，生产聚氯乙烯的企业约有 90 多家，平均年生产能力约为 10 万吨，远低于国际水平。

随着我国经济的持续快速增长，工业化进程和城市化进程的加快，基本化工原材料的需求量总体上将保持快速增长态势。按人均聚氯乙烯树脂年消费量计，我国仅为 5 千克，距世界发达国家 10－20 千克（高者达30－40 千克）尚有较大差距。主要下游产业化学建材、农用 PVC 塑料制品、工业用 PVC 塑料制品、包装材料等的快速发展将支持聚氯乙烯树脂市场需求持续增长。化学建材方面，国外化学建材行业聚氯乙烯树脂用量占总消费量的比例超过 60%，我国约为 30%，未来化学建材行业的发展将是拉动我国聚氯乙烯树脂市场发展的主要动力。根据《国家化学建材产业“十五”计划和 2010 年发展规划纲要》，到 2010 年，“在塑料管道方面，在全国新建、改建、扩建工程中，建筑排水管道 80% 采用塑料管，建筑雨水排水管 70% 采用塑料管，城市排水管道的塑料管使用达到 30%，建筑给水、热水供应和供暖管 80% 采用塑料管，城市供水管道（DN400mm 以下）70% 采用塑料管，村镇供水管道 70% 采用塑料管，城市燃气塑料管（中低压管）的应用量达到 60%，建筑电线穿线护套管 90% 采用塑料管；在塑料门窗方面，塑料门窗在全国的建筑门窗市场占有率达到 30% 以上，采暖地区的市场占有率达到 50% 以上，其他执行建筑节能设计标准的地区和建筑物市场占有率不低于 35%”。我国城镇化进程的加快，房地产市场的持续快速发展，为化学建材行业的持续发展奠定了坚实基础，由此也将带动其主要原材料聚氯乙烯树脂需求量的持续增长。

由于氯碱平衡的原因，在聚氯乙烯树脂扩能的同时，烧碱产能也会相应增长。与聚氯乙烯树脂相比，烧碱产能增幅相对比较平稳，2005 年、2004 年和 2003 年的产能增长率分别为 14.03%、13.86% 和 15.61%，烧碱的供需状况基本保持稳定。烧碱需求近几年也保持了较快的增长速度，2005 年、2004 年和 2003 年表观消费量增长率分别为 13.63%、12.38% 和 15.27%，在宏观经济基本稳定的背景下，预计烧碱需求仍将保持增长。

氯碱行业是重要的原材料行业，主要原料是煤炭、原盐、石灰石、电石，主要产品有 PVC 和烧碱。PVC 主要用于门窗、管材、薄膜、片材等领域。烧碱主要用于造纸、氧化铝等领域。氯碱行业技术成熟，行业发展较为完善，产品本身可替代性较差，行业内部竞争激烈，获得低价原料是公司核心竞争力。氯碱行业是资源和资本密集型的基础化工原料产业，规模化和集约化是企业增强市场竞争力的必然选择。

中泰化学的目标：依托新疆资源和能源优势，充分利用西部大开发的机遇和政策，以氯碱化工为主体，采用“整体规划、分步实施”方式，建设盐、煤、电、化一体的产业群，形成主业突出、上下游产业链紧密结合的效益型结构，成为可持续发展的现代化环保型氯碱化工企业。

2. 中泰化学上市募投项目对公司业绩的影响

（1）首发募投项目。中泰化学于 2006 年 11 月 24 日招股，2006 年 12 月 8 日在深圳证券交易所挂牌上市，首发 10 000 万股，每股 6.6 元，共募得资金 6.6 亿元。首发募集资金主要用于新建 12 万吨/年聚氯乙烯专用树脂配套 10 万吨/年离子膜烧碱工程项目，该项目收益情况如表 3 – 29 所示。

表 3 – 29　　中泰化学首发募投项目收益情况

12 万吨/年聚氯乙烯专用树脂配套 10 万吨/年离子膜烧碱工程项目	2006 年 5 – 12 月项目整体实际效益金额	2007 年项目整体实际效益金额	2008 年项目整体实际效益金额	2009 年项目整体实际效益金额
主营业务收入（万元）	53 040.55	103 557.91	84 633.44	91 144.7
净利润（万元）	4 923.07	12 721.1	5 820.38	3 298.6

新疆华泰重化工有限责任公司 12 万吨/年聚氯乙烯专用树脂配套 10 万吨/年离子膜烧碱工程项目已于 2006 年 5 月建成投产，截至 2009 年 12 月 31 日该项目累计实现营业收入 332 376.60 万元，累计实现收益 26 763.15 万元。项目投产至 2009 年年末各年项目收益占当年公司净利润的比例情况如图 3 – 39所示，对每年净利润贡献率分别为 38.44%、57.67%、48.15% 和 31.44%，项目总收益占中泰化学几年净利润总额的 46.59%。可见该项目为公司近几年公司利润的主要来源，首发募投项目对于公司利润贡献很大。

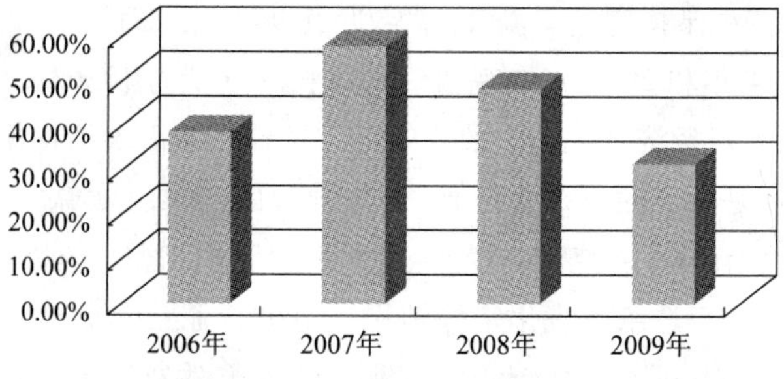

图 3 – 39　首发募投项目收益占总利润比例

（2）2007 年增发募投项目。2007 年 12 月 18 日，中泰化学在深圳证券交易所进行第一次增发融资，发行股票 3 243 万股，每股 30. 90 元，除去发行费用共募得资金约 96 993 万元。2007 年增发融资主要用于 12 万吨/年聚氯乙烯专用树脂配套 10 万吨/年离子膜烧碱工程技改项目，该项目收益情况如表 3－30 所示。

表 3－30　　中泰化学 2007 年增发募投项目收益情况

12 万吨/年聚氯乙烯专用树脂配套 10 万吨/年离子膜烧碱工程技改项目	2008 年项目实际效益金额	2009 年项目实际效益金额
主营业务收入（万元）	107 127. 5	911 44. 7
净利润（万元）	7 367. 34	4 593. 77

新疆华泰重化工有限责任公司 12 万吨/年聚氯乙烯专用树脂配套 10 万吨/年离子膜烧碱工程技改项目已于 2007 年 12 月建成投产。截至 2009 年 12 月 31 日该项目累计实现营业收入 198 272. 20 万元，累计收益应为 24 106. 2 万元，实际实现收益 10 655. 94 万元。项目投产至 2009 年年末各年项目收益占当年公司净利润的比例情况如图 3－40 所示，对各年净利润贡献率分别为 60. 94% 和 31. 44%，项目总收益占中泰化学几年净利润总额的 47. 23%。该项目与首发募投项目一同构成了中泰化学 2008 年和 2009 年主要利润来源。

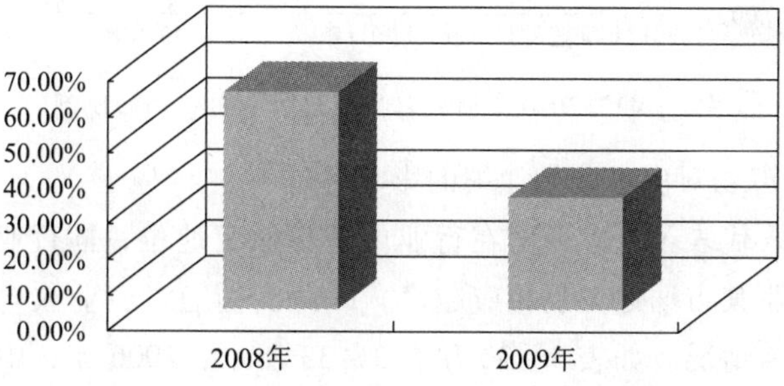

图 3－40　2007 年增发募投项目收益占总利润比例

（3）2010 年增发募投项目。2010 年 4 月 20 日，中泰化学在深圳证券交易所进行第二次增发融资，发行股票 23 270 万股，每股 16. 33 元，除去发行费用共募得资金约 371 964 万元。2010 年增发融资主要用于 36 万吨/年聚氯乙烯专用树脂配套 30 万吨/年离子膜烧碱工程项目，该项目收益情况如表 3－31 所示。

表 3－31　　中泰化学 2010 年增发募投项目收益情况

36 万吨/年聚氯乙烯专用树脂配套 30 万吨/年离子膜烧碱工程项目	2010 年项目实际效益金额	2011 年项目实际效益金额	2012 年 1－9 月项目实际效益
净利润（万元）	5 382.74	27 060.97	6 994.76

新疆华泰重化工有限责任公司 36 万吨/年聚氯乙烯专用树脂配套 30 万吨/年离子膜烧碱工程技改项目已于 2010 年 11 月建成投产。截至 2012 年 9 月份该项目累计实现收益 58 064.31 万元。项目投产至 2012 年 9 月各年项目收益占当年公司净利润的比例情况如图 3－41 所示，对各年净利润贡献率分别为 18.53%、51.70% 和 25.07%，项目总收益占中泰化学几年净利润总额的 36.09%。该项目收益累计占中泰化学近几年利润的三成以上，是近几年中泰化学收益的主要来源点。

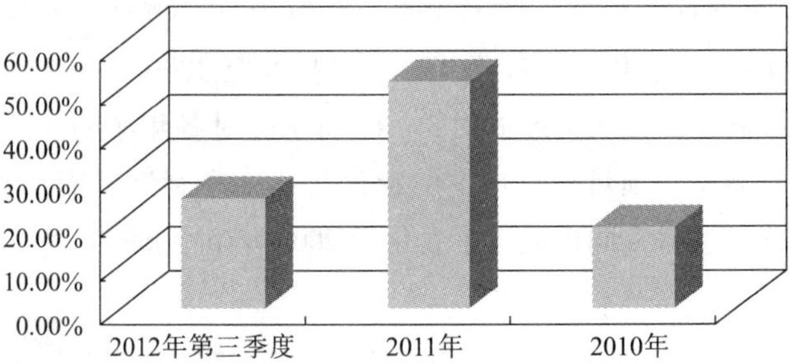

图 3－41　2010 年增发募投项目收益占总利润比例

3. 资本市场对中泰化学业绩的影响

营业收入代表了一家公司在行业内的份额及地位，同行业中，营业收入越高的企业其市场地位也相应越高，因此我们通过营业收入来比较各上市公司的排名情况。如表 3－32 和表 3－33 所示：2006 年，中泰化学营业收入 16.58 亿元，在所有氯碱行业上市公司排名第 7 位；2012 年，中泰化学营业收入 71.13 亿元，在所有氯碱行业上市公司排名升至第 2 位，仅次于亿利能源。无论从收入还是排名情况都有大幅提高。

表 3－32　　2006 年氯碱行业上市公司排名情况

公司代码	公司简称	2006 年营业收入（亿元）	所在省份	上市时间	排名
600618	氯碱化工	37.74	上海	1992.11	1
002386	天原集团	31.74	四川	2010.4	2

续表

公司代码	公司简称	2006 年营业收入（亿元）	所在省份	上市时间	排名
600075	新疆天业	31.67	新疆	1997.6	3
000510	金路集团	25.46	四川	1993.5	4
601678	滨化股份	19.71	山东	2010.2	5
600319	亚星化学	17.41	山东	2001.2	6
002092	中泰化学	16.58	新疆	2006.12	7
600277	亿利能源	14.54	内蒙古	2000.7	8
000635	英力特	11.31	宁夏	1996.11	9
601216	内蒙君正	11.02	内蒙古	2011.2	10
002053	云南盐化	10.25	云南	2006.6	11

表 3－33　　2012 年氯碱行业上市公司排名情况

公司代码	公司简称	2012 年营业收入（亿元）	所在省份	上市时间	排名
600277	亿利能源	110.52	内蒙古	2000.7	1
002092	中泰化学	71.13	新疆	2006.12	2
600618	氯碱化工	63.41	上海	1992.11	3
002386	天原集团	58.28	四川	2010.4	4
601678	滨化股份	42.10	山东	2010.2	5
601216	内蒙君正	40.50	内蒙古	2011.2	6
600075	新疆天业	36.49	新疆	1997.6	7
000635	英力特	27.21	宁夏	1996.11	8
000510	金路集团	21.73	四川	1993.5	9
600319	亚星化学	17.13	山东	2001.2	10
002053	云南盐化	14.72	云南	2006.6	11

（五）股权融资促进其他融资方式的发展

中泰化学历年来通过其他融资方式融资情况如表 3－34 所示。

表 3－34　　中泰化学历年其他融资方式

公告日期	发行类别	募集资金净额（亿元）	利率（%）	期限（年）
2012 年 8 月 23 日	非公开定向债务融资	9.9988	5.6	1
2012 年 6 月 26 日	非公开定向债务融资	14.865	6.5	3
2012 年 2 月 14 日	非公开定向债务融资	1	1	1
2012 年 1 月 17 日	非公开定向债务融资	4.985	7.216	1
2011 年 2 月 19 日	中期票据	7.88	6.12	5
2010 年 11 月 4 日	短期融资券	8.964	3.73	
2009 年 8 月 19 日	短期融资券	9		

非公开定向债务融资工具（PPN，private placement note），是指具有法人资格的非金融企业，向银行间市场特定机构投资人发行债务融资工具，并在特定机构投资人范围内流通转让的行为。在银行间市场以非公开定向发行方式发行的债务融资工具称为非公开定向债务融资工具。

中泰化学 2011 年 1 月 13 日发布了《关于收到中国银行间市场交易商协会〈接受注册通知书〉的公告》，公司发行 2010 – 2012 年中期票据的注册报告已经中国银行间市场交易商协会 2010 年第 49 次注册会议审议通过，注册额度自通知书发出之日起 2 年内有效，由国家开发银行股份有限公司主承销。公司 2011 年度第一期中期票据发行规模 8 亿元，于 2011 年 2 月 18 日到账，扣除手续费后到账金额 7.88 亿元，期限 5 年，利率 6.12%。

中泰化学公告称，拟发行不超过 26 亿元公司债券，本次债券采取分期发行的方式，其中新疆中泰化学（集团）股份有限公司 2012 年公司债券（第二期）发行规模为 13 亿元，发行价格为每张人民币 100 元。本期债券为 7 年期固定利率债券，在第 5 年末附中泰化学上调票面利率选择权和投资者回售选择权。本期债券票面利率预设区间为 6.50% – 7.20%，债券票面利率在债券存续期限的前 5 年内固定不变。债券网上、网下预设的发行数量分别为 0.1 亿元和 12.9 亿元。网上发行代码为“101698”，简称为“12 中泰债”，网上申购日为 3 月 22 日。中泰化学表示，债券募集资金 13 亿元拟用于补充公司流动资金，其中 4.826 亿元用于补充母公司流动资金。

中泰化学 2012 年 6 月 22 日发布了《关于中国银行间市场交易商协会接受公司非公开定向债务融资工具注册的公告》，公司发行 25 亿元非公开定向债务融资工具的注册报告经中国银行间市场交易商协会注册会议审议通过，注册额度自通知书发出之日起 2 年内有效。

中泰化学于 2012 年 6 月 26 日完成了 2012 年度第三期非公开定向债务融资工具，即 25 亿元非公开定向债务融资工具的首期，发行额为 15 亿元人民币，期限 3 年，发行利率为 6.5%。

中泰化学于 2012 年 8 月 23 日完成了 2012 年度第四期非公开定向债务融资工具的发行。本期定向工具的发行额为 10 亿元人民币，扣除手续费后到账金额 9.9988 亿元，期限 1 年，发行利率为 5.6%。本期定向工具由国家开发银行股份有限公司主承销，向投资人定向发行。

四、中泰化学几次融资背后的故事

中泰化学历年在资本市场上主要有五次融资：2006 年 11 月首次公开发行股票并上市；2007 年 12 月第一次增发采取的是公开增发的形式；2010 年 4 月第二次增发采取的是定向增发的形式；2011 年 11 月第一期公司债和 2012 年 3 月第二期公司债的发行；2013 年 9 月第三次增发采取其非公开发行的方式。下面我们将分别展开介绍中泰化学这几次融资故事。

（一）首次公开发行

IPO，即首次公开发行股票并上市。中泰化学在 2006 年成功地实现 IPO，通过资本市场共募集资金 66 000 万元人民币，那么当时企业为什么要进行 IPO 呢？我们将从企业所处的行业的市场情况、企业在行业中的竞争地位、当时的政策情况以及当时企业的发展状况这几个方面进行深入剖析。接着，将介绍中泰化学 IPO 的具体情况：它的准备过程、发行情况和二级市场的反应。最后，分析 IPO 之后给企业如产能和产量、技术、市场和品牌、股东回报和财务状况等各个方面带来的影响。

1. IPO 的背景

（1）市场行情与市场前景。中泰化学所处行业为化学工业中的氯碱行业，氯碱行业作为基础原材料工业，产品有 10 多个大系列，广泛应用于各类工业部门，对国民经济的平衡与发展有着极为重要的作用。其中，氯碱行业主要产品是聚氯乙烯树脂和烧碱。

①聚氯乙烯树脂产品基本情况。聚氯乙烯树脂是世界五大通用材料之一，世界总产量仅次于聚乙烯而居塑料产量的第二位。它具有阻燃、绝缘、耐磨损、耐腐蚀等优良的综合性能，用途广泛，主要应用于化学建材、化工、轻工、塑料、农业等行业。

第一，聚氯乙烯树脂产品竞争格局和市场化程度。

一是国际市场情况简介。2003 年，全球聚氯乙烯树脂年生产能力达到 3 311. 2 万吨，产量达到 2 722. 1 万吨，消费量达到 2 743. 5 万吨。2004 年全球聚氯乙烯树脂年生产能力达到约 3 601 万吨，产能增长幅度 5. 9%。2005 年全球聚氯乙烯树脂年生产能力突破 3 700 万吨。

聚氯乙烯树脂生产和消费地区主要集中在亚太、北美和西欧。消费品

种以硬制品（主要指各类管材和型材）为主，占总消费量的59.83%；软制品（主要指薄膜、人造革等）占总消费量的32.88%；其他只占7.29%。据预测，从整个亚洲地区看，聚氯乙烯树脂需求未来5年将以5.5% -6.5%的年均增幅继续增长。

二是国内聚氯乙烯树脂产品消费构成。2005年，我国聚氯乙烯树脂产量达到665万吨，已成为世界聚氯乙烯树脂主要生产大国之一，仅次于美国居世界第2位。我国聚氯乙烯行业还存在产业集中度低、规模小、工艺落后等问题，目前生产聚氯乙烯的企业约有90多家，平均年生产能力约为10万吨，远低于国际水平。据不完全统计，2005年我国聚氯乙烯树脂消费构成如图3-42所示。

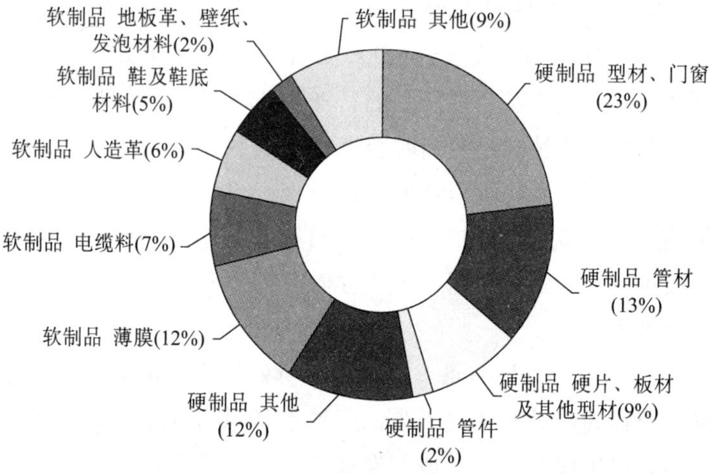

硬制品合计：59% 软制品合计：41%

图3-42 国内聚氯乙烯树脂产品消费构成

三是国内聚氯乙烯树脂发展趋势及市场容量（见图3-43）。由于下游产业需求的推动，我国聚氯乙烯树脂近几年呈现高速发展态势，2005年消费量达到817万吨，比2001年增长了约52%。尽管我国聚氯乙烯树脂产能在迅速增长，产量也在迅速增加，但目前仍存在一定的供应缺口。

按人均聚氯乙烯树脂年消费量计，我国仅为5千克，距世界发达国家10-20千克（高者达30-40千克）尚有较大差距。主要下游产业化学建材、农用PVC塑料制品、工业用PVC塑料制品、包装材料等的快速发展将支持聚氯乙烯树脂市场需求持续增长。

化学建材方面，国外化学建材行业聚氯乙烯树脂用量占总消费量的比

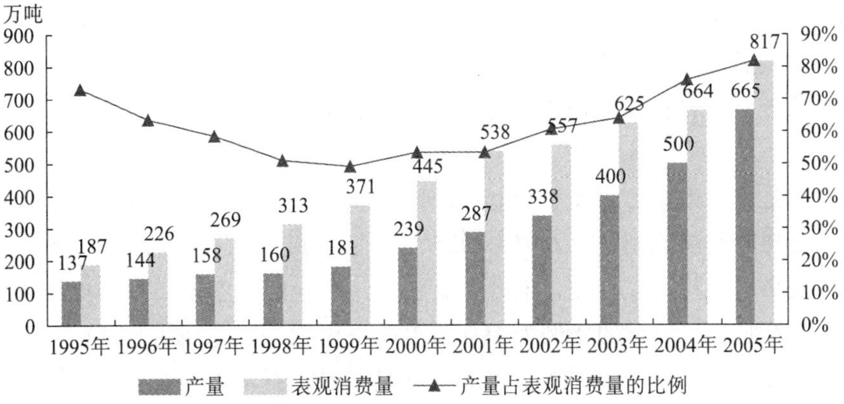

图 3－43　1995－2005 年国内聚氯乙烯树脂发展趋势及市场容量

例超过 60%，我国目前仅为 30% 左右。随着我国城镇化进程的加快，房地产市场的持续快速发展，化学建材行业的持续发展迎来了契机，这也将带动其主要原材料聚氯乙烯树脂需求量的持续增长。根据《国家化学建材产业“十五”计划和 2010 年发展规划纲要》，到 2010 年，在全国新建、改建、扩建工程中塑料管道应用率要求标准如表 3－35 所示。

表 3－35　　全国新建、改建、扩建工程中塑料管道应用率

塑料管道类型	塑料管道应用率
建筑排水管道	80%
建筑雨水排水管道	70%
城市排水管道	30%
建筑给水、热水供应和供暖管道	80%
城市供水管道（DN400mm 以下）	70%
村镇供水管道	70%
城市燃气塑料管（中低压管）	60%
建筑电线穿线护套管道	90%

在塑料门窗方面，塑料门窗在全国的建筑门窗市场占有率达到 30% 以上，采暖地区的市场占有率达到 50% 以上，其他执行建筑节能设计标准的地区和建筑物市场占有率不低于 35%。

此外，农用塑料制品方面，随着国家节水灌溉工程的推广，聚氯乙烯树脂农业用管需求量将会不断增长；包装材料方面，我国逐步向全球制造中心迈进，各种工业制品的产量将迅速增长，对复合膜、包装膜、容器、周转箱等包装制品的需求将不断增长，聚氯乙烯树脂将会在此领域占有较

大比例；工业用塑料制品、汽车用聚氯乙烯树脂塑料制品也将会随着相关行业的发展而保持增长。

综上分析，在未来较长时间内，我国聚氯乙烯树脂需求量将会保持持续增长。

四是国内聚氯乙烯树脂产能、产量分布特点。截至2005年末，我国聚氯乙烯树脂产能达到972万吨，2005年产量达到665万吨，产能、产量分布表现出以下特点：首先，生产企业较多，产业集中度较低，2005年前十家企业产量占总产量的比例为41%；其次，电石法工艺居主导地位，占总产能的比例超过60%；最后，从企业数量来看，石油乙烯法生产企业数量较少，但产能相对较大，2005年产量排前四位的均属于石油乙烯法，电石法生产企业数量较多，单个企业的产能较小。

五是国内聚氯乙烯树脂消费市场分布特点。2005年我国聚氯乙烯树脂消费市场具体分布为：华东和华南市场是国内聚氯乙烯树脂主要消费区域，表观需求量分别约为270万吨和260万吨，占总表观消费量（817万吨）的比例为65%；随后为华北市场和华中市场，表观需求量分别约为190万吨和70万吨，占总表观消费量的32%，上述四个主要消费市场占总表观消费量的97%。

第二，聚氯乙烯树脂产品主要生产企业及其份额。

根据中国氯碱网统计，2005年聚氯乙烯树脂产量排名前十位的企业及市场份额如表3－36所示。

表3－36　2005年聚氯乙烯树脂产量排名前十位的企业及市场份额

名次	企业名称	聚氯乙烯产量（吨）	工艺路线	所在省份	份额（%）
1	中国齐鲁石化股份有限公司	586 071	乙烯法	山东	8.81
2	天津大沽化工股份有限公司	410 228	乙烯法	天津	6.17
3	上海氯碱化工股份有限公司	326 414	乙烯法	上海	4.91
4	天津乐金大沽化学有限公司	279 151	进口VCM	天津	4.20
5	宜宾天原股份有限公司	251 660	电石法	四川	3.78
6	四川金路集团股份有限公司	243 749	电石法	四川	3.67
7	沧州化工实业集团公司	221 182	电石法	河北	3.33
8	台塑工业（宁波）有限公司	209 992	乙烯法	浙江	3.16
9	天津渤天化工有限公司	192 153	电石法	天津	2.89
10	新疆天业股份有限公司	189 779	电石法	新疆	2.85

第三，进入聚氯乙烯树脂产品市场的主要障碍。

一是成本：聚氯乙烯树脂属于基础化工原料，产品差异性较小，成本高低是影响企业竞争能力的主要因素。石油乙烯法的生产成本主要受石油价格影响；电石法的生产成本主要受电石成本的影响。

二是规模：生产聚氯乙烯树脂所需投资规模较大，固定成本较高，规模效益比较明显。规模大的企业在与供应商的谈判中处于更有利的地位，有利于降低原料成本。产销量大的企业，市场占有率也相应较高，具有更大的市场影响力，相对更容易获得客户。此外，聚氯乙烯树脂的下游企业一般对产品品质和供货的稳定性要求较高，规模大的企业在吸引客户方面也更具有优势。

三是产品品质：采用相同工艺的企业之间产品的差异不大，尤其是规模相对较大的企业之间，目前产品品质不是影响企业竞争力的主要因素，因为石油乙烯法和电石法各自拥有相对固定的下游客户。但随着聚氯乙烯树脂用途的进一步拓展和下游加工企业的发展，对 PVC 的品种型号、质量特性等方面的要求将多样化，企业开发新产品的能力将会逐渐成为影响企业竞争力的重要因素。

四是技术水平：目前聚氯乙烯树脂生产企业的技术水平主要体现在生产装置和工艺水平方面，技术水平高低主要是通过影响产品生产成本和产品品质而对企业的竞争力产生影响。PVC 生产的主要装置是聚合系统，除工艺路线及原料品质的影响外，聚合控制技术及聚合釜的大型化体现了聚氯乙烯生产技术水平先进程度，目前国内领先技术为 DCS 控制和 70M 聚合釜。

第四，聚氯乙烯树脂产品市场供求状况及变动原因分析。

从图 3 - 44 可看出，近十年，随着国家宏观经济的持续向好，下游产业需求旺盛，聚氯乙烯树脂保持了较快的增长速度，产能、产量、表观消费量保持同步增长；国内自给率长期不足，2003 年以前需求大于供给，自给率基本保持在 60% 左右的水平；2001 年开始国内聚氯乙烯树脂产能、产量增长速度加快，自给率逐步提高，2005 年自给率达到 81%；从发展趋势来看，国内供需将会逐步达到平衡，聚氯乙烯树脂将会由净进口转向净出口。

第五，聚氯乙烯树脂利润水平变动趋势及原因分析。

一是聚氯乙烯树脂成本分析。从电石法工艺原理看，其成本主要由电石、氯化氢、水电费、加工助剂、管理人工费用等几部分构成，因此电石成本成为决定聚氯乙烯树脂产品成本高低的主要因素。从石油乙烯法工艺原理看，影响其成本的主要因素有氯乙烯消耗、氯气消耗、电耗、加工助剂、管理人工费用等，石油乙烯法的原料成本（乙烯和氯气）约占生产成

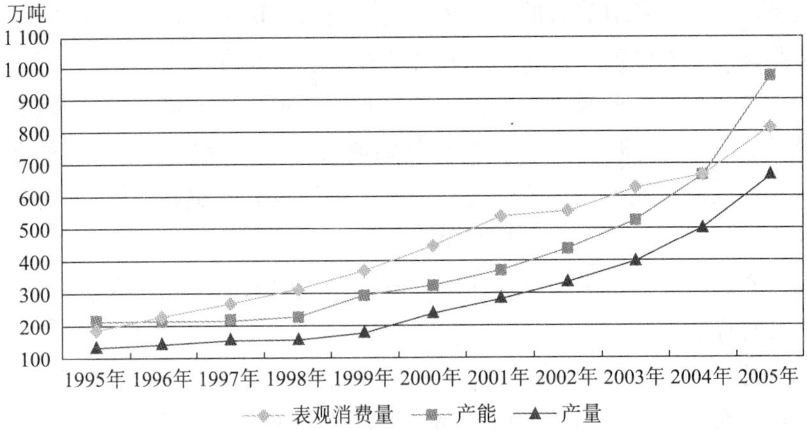

图 3－44　1995－2005 年聚氯乙烯树脂产能、产量和表观消费量

本的 60%，在原料成本中乙烯成本占了主要部分，因为乙烯的单价比氯单价高出近 4 倍左右，因此乙烯价格对 PVC 的成本有较大影响，而乙烯的价格与石油的价格紧密相关，因此，石油价格的高低直接决定了石油乙烯法生产聚氯乙烯树脂的成本的高低。

二是聚氯乙烯树脂市场价格分析。成本与供需状况是决定聚氯乙烯树脂市场价格的主要因素，由于全球市场石油乙烯法居主要地位，而石油乙烯法聚氯乙烯树脂价格走势与石油价格走势密切相关，因此石油价格变化对于聚氯乙烯树脂的价格变动具有直接影响。受经济周期波动影响，聚氯乙烯树脂需求有周期性波动特征，聚氯乙烯树脂的产能利用率、供需关系也具有周期性波动特征，也使得聚氯乙烯树脂价格呈现较大的波动性。

从图 3－45 可以看出，2002 年开始国内聚氯乙烯树脂价格出现持续上涨。其主要有三个方面的原因：首先，2002 年开始进行反倾销调查和 2003 年实施反倾销措施使国内聚氯乙烯树脂价格开始向正常水平回归；其次，石油、电石、电力等聚氯乙烯树脂主要生产要素价格上涨，聚氯乙烯树脂生产成本出现较大幅度上升；最后，国内聚氯乙烯树脂供应量不足。

2004 年第四季度开始，尽管石油价格仍保持在高位，但国内聚氯乙烯树脂价格出现回调，主要原因是新增产能开始释放，国内聚氯乙烯树脂供应缺口缩小，在国内电石法处于主导地位的情况下，国内聚氯乙烯树脂价格受石油价格波动的影响相对有所减弱；受此影响，目前已出现国内聚氯乙烯树脂价格低于国际市场价格的情况。在石油价格高涨而聚氯乙烯树脂价格回调的背景下，石油乙烯法企业经营压力加大，产能利用率存在下降

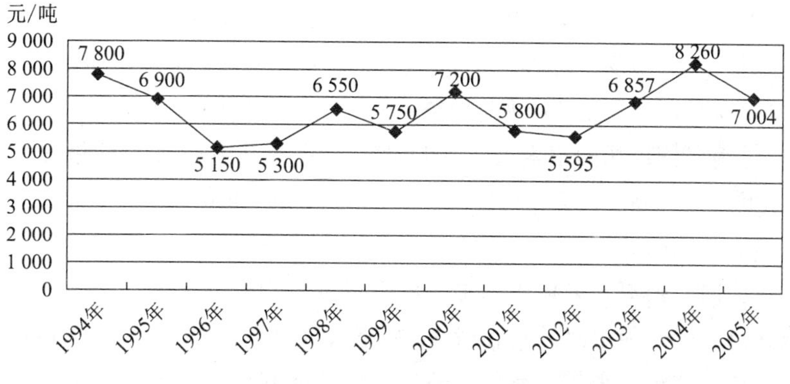

图 3 – 45　1994 – 2005 年聚氯乙烯树脂价格（含税）变动趋势

趋势，电石法企业的压力较小，仍保持了较稳定的产能利用率。

三是聚氯乙烯树脂利润水平分析。通过上述成本和价格分析，可以看出：聚氯乙烯树脂毛利水平整体处于下降状态，其中，主要是由于石油价格的高涨使得石油乙烯法生产厂家的毛利率大幅下降。石油乙烯法由于石油价格关系，下降的幅度要远远大于电石乙炔法；电石乙炔法毛利率水平虽然也有下降，但由于成本优势，平均仍然保持了稳定的毛利率水平。

第六，行业竞争状况和发展趋势综合分析。

行业集中度低和产品差异小决定了聚氯乙烯树脂行业基本属于完全竞争性行业；成本和规模是决定聚氯乙烯树脂企业竞争能力的主要因素；目前国内聚氯乙烯树脂供应还存在一定的缺口，总体上企业的竞争压力不大；国内聚氯乙烯产能扩张速度较快，随着供应缺口减少，聚氯乙烯树脂行业的竞争压力将会逐渐显现，产能会逐步向具有成本、资源和规模优势的企业集中。

从成本方面来看，目前电石法企业比乙烯法企业有优势，西部电石法企业比东部电石法企业有优势；从规模来看，总体上乙烯法企业比电石法企业有优势，在当前石油、电价较高的情况下，西部电石法企业具有明显优势。

目前公司的聚氯乙烯树脂产品主要在新疆、华东和华南市场销售。公司产能扩大后，新疆市场的销售量占公司总销售量的比例逐渐下降，新疆市场规模较小，相对独立，主要竞争对手是新疆天业股份有限公司，市场压力相对较小，2005 年中泰化学在新疆市场的市场占有率为 72.8%。

华东和华南市场是国内聚氯乙烯树脂主要消费区域。2005 年华东和华南市场表观需求量分别约为 270 万吨和 260 万吨，占全国表观消费量的 65%，而华东和华南（尤其是华南地区）聚氯乙烯树脂产能不足，存在较大的供应缺口。因此，华东和华南市场是目前国内主要聚氯乙烯树脂生产企业必争的市场，其市场格局基本体现了整个行业的市场状况和竞争状况。中泰化学产能扩大的同时，逐渐加大了对华东和华南市场的开拓力度，2005 年中泰化学在华东和华南市场的销售量由 2003 年的 1.43 万吨增加到 2005 年的 9.13 万吨，凭借成本和品质优势已在华东和华南市场形成一定的市场影响力。

第七，总结。

在我国，聚氯乙烯树脂的主要消费区域为华东和华南市场，而这两个区域聚氯乙烯产能不足，存在较大的需求，市场前景优越。为了迅速占领这片市场，公司急需扩大聚氯乙烯树脂的产能和产量。考虑到聚氯乙烯树脂行业的未来发展趋势，产能会逐步向具有成本、资源和规模优势的企业集中，中泰化学一方面需要资金新增聚氯乙烯树脂工程项目；另一方面需要发展产业群，争取能够在体制内供应原材料，降低成本。这些都使得公司面临较大的资金缺口，急需融资，综合考虑各项融资渠道，此时进行 IPO 上市融资是较为明智的选择。

②烧碱产品基本情况。烧碱作为重要的基本化工原料，广泛应用于化工、轻工、纺织、医药、冶金、石油等行业。据不完全统计，目前全球烧碱年生产能力达到 6 069 万吨，产量达到 5 512 万吨，消费量达到 5 111 万吨，生产和消费地区主要集中在亚洲、北美和西欧地区，烧碱消费主要行业分布在有机化学、纸和纸浆、无机化学。世界前 14 大氯碱公司的生产能力占世界总产能的 45%。国外装置基本采用离子膜法工艺路线。近年来，欧美氯碱生产商因产品市场需求下降、生产成本升高，降低了烧碱产量，而亚洲地区烧碱的产能和产量增长较快。

第一，烧碱产品竞争格局和市场化程度。

一是国内烧碱产品情况简介。我国烧碱生产从 20 世纪 80 年代开始得到了迅速发展，目前我国烧碱产量仅次于美国，为世界第二大生产国，消费主要集中在化工、轻工、纺织、石油、电力等部门。2005 年，我国烧碱年产量达到 1 240 万吨，消费量达到 1 176 万吨，分别比 2004 年增加 16.98%、13.62%。我国烧碱生产工艺目前仍以隔膜法为主。离子膜法烧碱生产技术自 20 世纪 80 年代开始引进以来，受到国家产业政策的鼓励，在我国得到了不断发展，离子膜烧碱的产量占总产量比例在不断上升。2000 年离子膜烧碱产量占总产量的比例约为 26%，2005 年离子膜烧碱产量占总产量的比例已达到 50%。

二是市场趋势及容量。20 世纪 90 年代后半期，我国烧碱生产在经历快速发展后，处于一段低迷时期。进入 21 世纪后我国烧碱需求又呈现了快速增长态势，2000 - 2005 年烧碱表观消费量年均复合增长率约为 13%。1996 - 2005 年我国烧碱供需情况见图 3 - 46。

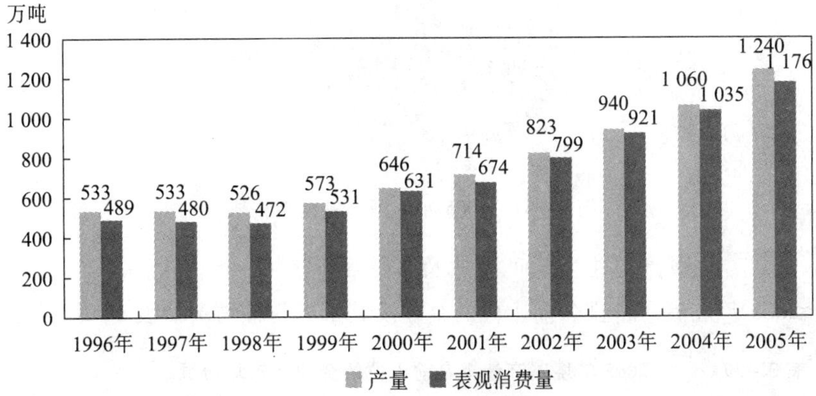

图 3 - 46　1996 - 2005 年中国烧碱供需情况

我国烧碱消费未来几年将保持稳步增加的趋势，尤其是造纸、纺织、石油、电力、化工、医药等行业的快速发展，国内烧碱需求仍将保持一定的增长速度。预计 2006 年我国烧碱需求量将达到 1 210 万吨，2010 年消费量为 1 611 万吨。

三是国内烧碱产品产能、产量分布特点。截至 2005 年底，我国烧碱产能达到 1 471 万吨，2005 年产量达到 1 240 万吨，产能、产量分布表现出以下特点：首先，生产企业众多，产业集中度很低，2005 年前十家企业产量占总产量的比例约为 24.5%；其次，国内烧碱生产工艺以隔膜法为主，代表先进生产工艺的离子膜法占总产能的比例在逐步增加，目前已达到约 50%。

四是国内烧碱产品消费市场分布特点。国内烧碱产品消费市场主要分布在化工、轻工、纺织三个行业，这三个行业的消费量占到了 2005 年国内全部消费量的 3/4，见图 3 - 47。

五是国内烧碱产品竞争格局。由于近几年来氯碱行业进入了快速发展期，各个企业都抓紧时机迅速扩大企业规模，企业之间的竞争也越发激烈。我国各氯碱企业为了提高自身的竞争力，纷纷扩大烧碱装置规模。目前我国的烧碱企业有 200 余家，装置规模普遍较小，产能平均规模在 6 万吨左右。

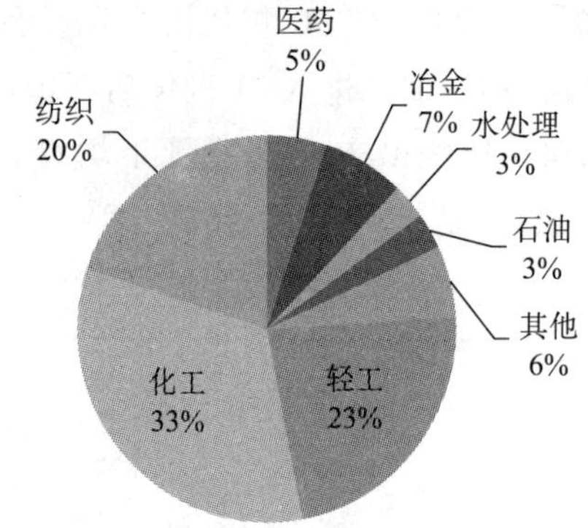

图 3－47　2005 年中国烧碱消费构成

第二，烧碱产品主要生产企业及其份额。

2005 年烧碱产量排名前十位的企业及其市场份额情况如表 3－37 所示。

表 3－37　　2005 年烧碱产量排名前十位的企业及市场份额

名次	企业名称	产量（吨）	所在省份	份额（%）
1	齐鲁石油化工公司氯碱厂	515 836	山东	4.16
2	上海氯碱化工股份有限公司	417 169	上海	3.36
3	天津大沽化工股份有限公司	328 817	天津	2.65
4	锦化化工（集团）有限责任公司	307 018	辽宁	2.48
5	浙江巨化有限公司电化厂	304 422	浙江	2.46
6	天津渤天化工有限责任公司	255 260	天津	2.06
7	山东恒通化工（郯化集团）	253 266	山东	2.04
8	江苏常化集团	223 168	江苏	1.80
9	宜宾天原股份有限公司	221 581	四川	1.79
10	山东博汇化工厂	202 337	山东	1.63

注：表中以 2005 年我国烧碱产量 1 240 万吨为基数计算，数据来源为中国氯碱工业协会。

2005 年，中泰化学离子膜烧碱产量为 12.94 万吨，在离子膜烧碱企业中排名第 11 位。2005 年中泰化学烧碱产能为 13.9 万吨/年，2006 年 4 月的产能已达到 23.9 万吨/年，生产规模进一步扩大。

第三，进入烧碱生产领域的主要障碍。

一是成本：烧碱属于基础化工原料，采用相同工艺的产品差异不大，成本高低是影响企业竞争能力的主要因素。烧碱的主要生产成本是电力成本和原盐成本，电力成本占总成本的比例超过 30%，电价和原盐采购成本，尤其电价是影响烧碱企业竞争力的核心因素。

二是工艺技术：目前烧碱生产主要有两种生产工艺：隔膜法和离子膜法。离子膜法在生产成本、产品质量方面具有明显优势，为产业政策所鼓励。

三是规模：烧碱适宜于规模化生产，具有规模效应。规模大（产销量大）的企业在生产成本方面具有比较优势，在原材料采购方面也具有一定的优势。此外，产销量大的企业，市场占有率也相应较高，具有更大的市场影响力，在吸引客户方面也有一定的优势。

第四，烧碱产品市场供求状况分析。

从 1996－2005 年烧碱产能、产量和表观消费量的变化可以看出（见图 3－48），近几年国内烧碱市场保持了较快的增长速度，产能、产量和表观消费量基本保持同步增长。

从图 3－49 可以看出，近五年烧碱的产能利用率保持在 80% 以上，处于较好水平。总体上，国内烧碱供需处于基本平衡状态。

由于氯碱平衡的原因，在聚氯乙烯树脂扩能的同时，烧碱产能也会相应增长。与聚氯乙烯树脂相比，近几年烧碱产能增幅相对比较平稳，2003 年、2004 年和 2005 年的产能增长率分别为 15.61%、13.86% 和 14.03%，烧碱的供需状况基本保持稳定。烧碱需求近几年也保持了较快的增长速度，2003 年、2004 年和 2005 年表观消费量增长率分别为 15.27%、12.38% 和 13.63%，在宏观经济基本稳定的背景下，预计烧碱需求仍将保持增长。

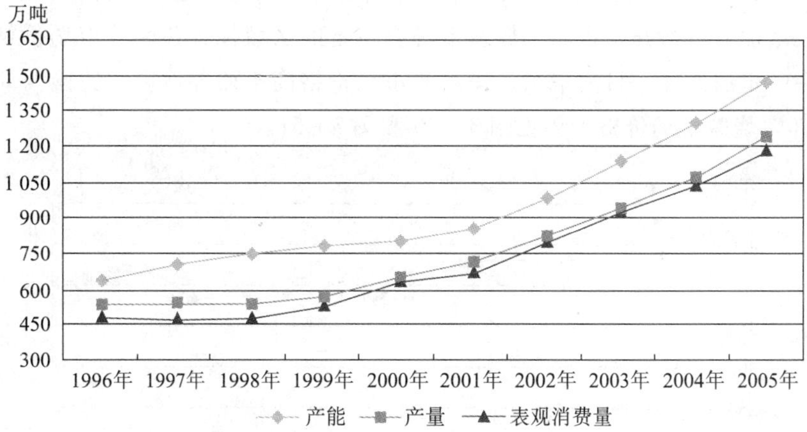

图 3－48　1996－2005 年烧碱产能、产量和表观消费量

第五，烧碱企业利润水平变动趋势分析。

一是烧碱生产成本分析。烧碱的原料成本主要由电、原盐、水、蒸

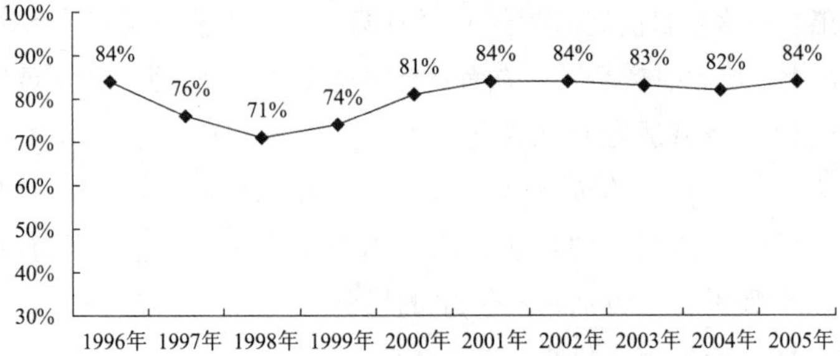

图 3－49　1996－2005 年烧碱产能利用率

汽、氯化钡、水银、炭板、包装物、燃料煤等几部分构成。其中电解用电是烧碱成本中的重要组成部分。2003 年以前烧碱行业平均成本呈逐年下降的趋势，其中固体碱平均成本由 2000 年每吨 1 618 元下降到 2003 年每吨 1 377 元，而液体碱的行业单位平均成本也下降近 200 元。2004 年随着电价和原盐价格上涨，烧碱行业平均成本开始有一定幅度的增长。2005 年固碱的行业平均成本达到 1 846. 4 元/吨。

二是烧碱产品市场价格分析。由于国内烧碱供需基本平衡，并且存在一定的产能过剩压力，因此 2003 年之前国内烧碱价格呈下跌走势，2003 年后，受资源紧张等因素的影响，烧碱供需形势有所好转；同时电价和原盐价格上涨推动了烧碱成本的上升，因此，2004 年烧碱价格开始回升；2005 年上半年价格仍延续 2004 年的升势，下半年有新增产能投产，产量陆续增加，价格开始走弱。烧碱市场有一定的区域性，各区域市场价格也存在一定的差异，目前华东、华南的市场价格高于西部地区。我国西北地区 30% 烧碱市场价格走势见图 3－50 和图 3－51。

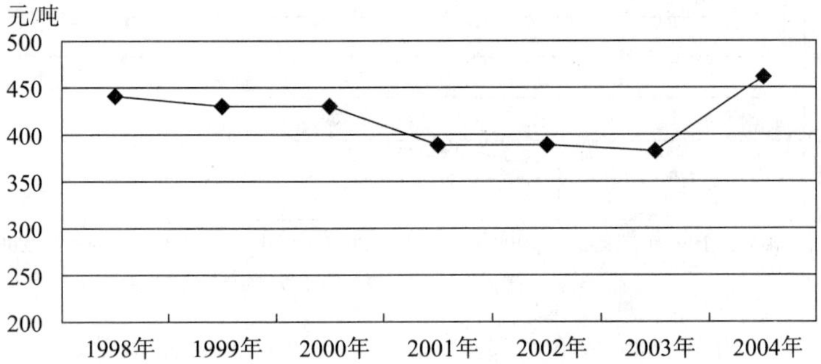

图 3－50　1998－2004 年西北地区 30% 烧碱①（隔膜碱）市场价格走势

① 30% 烧碱指浓度为 30% 的液碱，其折合为 100% 浓度的价格为现有价格 0. 3。下同。

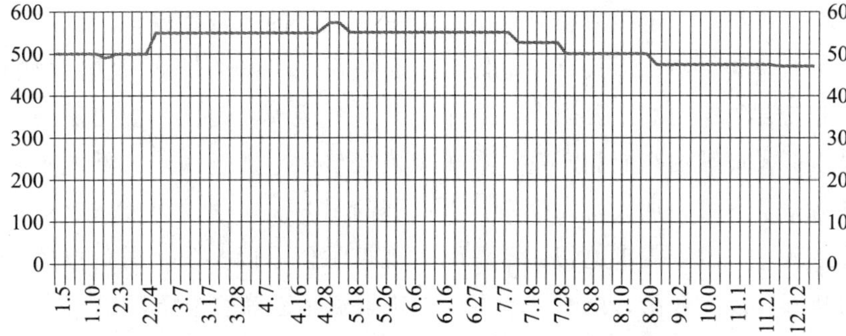

图 3－51　2005 年西北地区 30% 烧碱（隔膜碱）市场价格走势

三是烧碱生产企业利润水平分析。通过上述成本和价格分析，可以看出烧碱生产企业毛利率水平虽有波动，但整体毛利水平较高。

第六，竞争状况和发展趋势综合分析。

行业集中度低和产品差异小决定了烧碱行业基本属于完全竞争行业；成本、工艺技术和规模是决定烧碱企业竞争能力的主要因素；采用离子膜工艺的企业比采用隔膜法工艺的企业具有优势；目前国内烧碱供需基本平衡，存在产能过剩压力；从发展趋势看，国内烧碱市场竞争压力将会逐步加大，出口量将会逐渐增大；从成本方面来看，控制了原盐资源、电价较低的企业具有优势，目前西部企业相对于东部企业具有成本优势。

目前公司烧碱主要在新疆、西北其他地区和中亚市场销售。2005 年烧碱在疆内销售量占中泰化学总销售量的比例超过 50%。疆内市场规模较小，中泰化学产量增加后，疆内市场的销售量占总销售量的比例将会下降。疆内市场相对独立，主要竞争对手是新疆天业；目前疆内产能大于需求量，由于烧碱（尤其是液碱）销售的区域性特征，疆内市场的竞争压力较大。中泰化学疆内市场占有率较高，2005 年为 75%，在市场竞争中处于比较有利的地位。中亚市场烧碱供应缺口较大，目前主要从俄罗斯进口，市场竞争压力不大。与俄罗斯供应商相比，中泰化学的烧碱在品质和价格方面均具有一定的优势；与国内其他地区的供应商相比，中泰化学具有地缘优势，因此，中泰化学在中亚市场的销售具有较大的增长潜力。2005 年中泰化学在中亚市场的销售量已超过 2 万吨，但绝对量仍不大，中泰化学将通过完善销售渠道、加大市场开拓力度等措施，进一步提高其烧碱产品在中亚市场的销售量。

第七，总结。

至中泰化学 IPO，烧碱在新疆地区的竞争压力较大，但中亚市场烧碱

供应缺口明显，竞争压力相对较小。而中泰化学的烧碱相比外国供应商而言，在品质和价格方面具有一定优势，公司面临良好的发展机遇。影响烧碱企业的竞争能力的主要因素有成本、工艺和规模。因此，公司需要抓住机遇，扩大烧碱的产能和产量，形成规模经济效应，进一步降低成本，扩大价格竞争优势；加大研发投入，引入新的工艺。而这使得公司面临较大的资金缺口，融资需求迫切，考虑到大规模举债难以实现，需负担的利息费用和筹资风险较高，此时进行 IPO 上市融资是正确的选择。

③影响行业发展的有利与不利因素。

第一，有利因素。

一是宏观经济持续增长带动氯碱产品需求增长。氯碱行业的下游产业发展状况与宏观经济密切相关。在我国经济持续增长、工业化进程和城市化进程加快的背景下，氯碱行业的主要下游产业化工、轻工、化学建材、石油等将会保持较快的增长速度，从而带动氯碱产品市场需求持续增长。

二是反倾销措施创造国内企业发展良好环境。2001 年国外聚氯乙烯生产企业凭借当时较低的石油价格和规模优势，大量向国内倾销聚氯乙烯产品，国内聚氯乙烯生产企业普遍出现亏损，产业发展受到严重威胁。2002 年 3 月 1 日，上海氯碱化工股份有限公司、沧州化学工业股份有限公司等公司代表中国大陆聚氯乙烯产业向原外经贸部正式提交了对原产于美国、韩国、日本、俄罗斯和中国台湾地区的进口聚氯乙烯产品进行反倾销调查的申请书。原外经贸部于 2002 年 3 月 29 日发布立案公告，决定开始对原产于美国、韩国、日本、俄罗斯和中国台湾地区的进口聚氯乙烯进行反倾销调查。2003 年 5 月 12 日，商务部发布初裁决定，认定原产于美国、韩国、日本、俄罗斯和中国台湾地区的进口聚氯乙烯存在倾销，中国大陆产业存在实质损害，且倾销和实质损害之间存在因果关系。2003 年 9 月 29 日，商务部终裁决定存在倾销和实质损害，同时，商务部认定倾销和实质损害之间存在因果关系。依据《中华人民共和国反倾销条例》的有关规定，国务院关税税则委员会决定自 2003 年 9 月 29 日起，对原产于美国、韩国、日本、俄罗斯和中国台湾地区的进口到中华人民共和国境内的聚氯乙烯征收反倾销税，反倾销税率在 6% – 84% 之间，实施期限自 2003 年 9 月 29 日起 5 年。

反倾销调查和反倾销措施的实施，使我国聚氯乙烯进口量得到了有效控制，为国内企业正常发展创造了公平的发展环境，有利于国内企业逐步发展壮大。2000 – 2005 年我国聚氯乙烯进口量如图 3 – 52 所示。

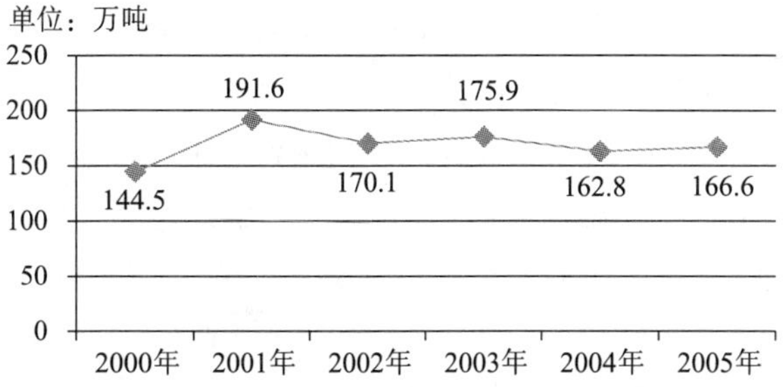

图 3－52　2000－2005 年我国聚氯乙烯进口量

数据来源：中国氯碱网。

三是行业进入壁垒较高。作为氯碱工业的核心组成部分，聚氯乙烯树脂和烧碱属于资本、技术密集型行业，行业的进入需要较大的资金投入和较强的技术能力。规模是影响氯碱企业竞争优势的重要因素，较高的经济规模水平需要较大的资金投入，因此本行业存在较高的进入壁垒。

第二，不利因素。

一是电力和石油供应紧张。氯碱工业属于基础化工产业，需要消耗大量的电力，同时石油乙烯法生产需要大量消耗石油，电力和石油供应紧张及价格高都会影响氯碱企业的开工率和氯碱工业的发展，尤其是我国存在石油资源短缺和乙烯产能不足问题，这在一定程度上制约了石油乙烯法聚氯乙烯生产工艺在我国的发展。

二是环保政策压力较大。氯碱工业面临较大的环保压力，随着我国对环保要求日益提高，如果国家提高环保标准，企业将相应加大环保投入，从而会加大企业的生产经营成本。

三是国外企业冲击较大。我国氯碱企业与世界同行相比，在诸多方面存在差距：装置规模小；技术创新能力不强，研发投入不够，技术相对落后；产品规格型号少，附加值低等。加入 WTO 后我国氯碱企业直接面临着国外企业的竞争压力。

在我国宏观经济形势良好的情况下，氯碱行业下游产业的迅速发展将带动氯碱产品需求的迅速增长；同时，我国制定了多项政策为国内企业发展创造良好环境，这些都为中泰化学的发展创造了机会。规模和成本是影响氯碱行业企业竞争的重要因素，中泰化学要想在行业中脱颖而出，抢占市场份额，首先要扩大企业的规模，实现规模效益；其次加快纵向一体化建设，争取原材料全部实现自己供应来有效降低成本。公司要实现这些目

标，需要大量的资金支持，因此，IPO 对于公司目前自身所处的阶段和外部环境来说是十分有必要的。成功上市后能为公司提供广阔的资本市场融资平台，为后续公司的发展融资提供有利条件。

（2）中泰化学所处竞争地位。

①竞争优势。

第一，资源优势。

一是煤炭。新疆煤炭资源储量大、分布广、品种全、煤质优。含煤地层面积预计为30.7 万平方公里。根据第三次煤炭资源预测，新疆地区煤炭总储量为 18 182.3 亿吨，占全国煤炭资源总测量的 40.7%，位居全国首位，其中可靠级储量 6 362.36 亿吨。按照地域划分，乌鲁木齐周边地区储量尤为丰富，其中乌鲁木齐地区预测储量 538 亿吨，昌吉地区 3 914.3 亿吨，吐鲁番地区 4 692 亿吨。2005 年，全疆原煤产量达 3 938.4 万吨，消费总量达 3 780 万吨，其中 1 463.37 万吨用于发电，电煤比重占 37.2%。

二是原盐。截至 2005 年底，新疆地区原盐保有储量约 8.32 亿吨，分布在南北疆大部分地区，纯度较高，开采成本低。截至 2005 年底全疆共有制盐企业 21 家，原盐年生产能力 250 万吨，全年产量 73.1 万吨，原盐供应呈过剩状态。中泰化学控股子公司托克逊盐化拥有开采权的盐矿已探明储量 6 973 万吨。

三是石灰石。新疆地区石灰石资源丰富，预测资源总量达 2 054.4 亿吨，其中，可用于电石生产的石灰石约 5.2 亿吨。

四是电力。新疆拥有大量的煤炭资源，能够自建电厂，电力供应充足，相比其他非新疆的企业具有很大的优势，是目前全国少数不缺电的地区之一。2005 年新疆发电设备平均利用小时数为 4 934 小时，远低于全国平均水平 5 500 小时，新疆 2005 年总装机容量 670 万千瓦，年发电量 330 亿千瓦时。由于氯碱工业所需的煤炭、原盐、石灰石、电力等资源供应充足，与其他地区厂商可能会因为煤炭、原盐、石灰石、电力等短缺而影响生产经营相比，公司资源优势十分明显。

第二，成本优势。

由于运输成本原因，新疆地区原盐、煤等初级原材料基本只在疆内销售，而本地需求有限，因此与氯碱工业相关的资源价格十分低廉，近三年原盐、煤的价格明显低于全国平均价，2005 年公司原盐、煤的平均采购价（含税到厂价，下同）分别约为 158 元/吨和 119 元/吨，2005 年全国平均水平分别为 353 元/吨和 270 元/吨，见图 3－53。

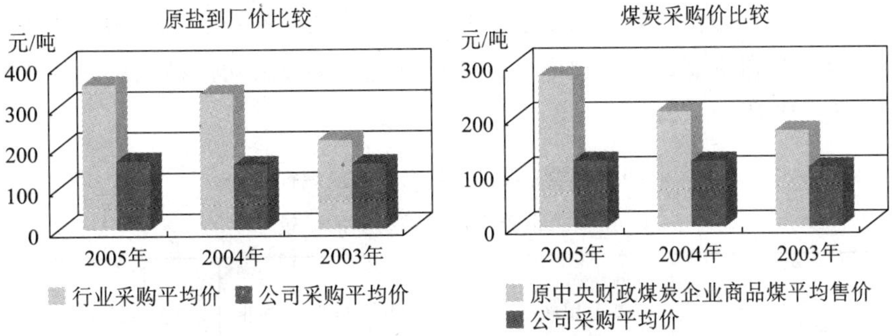

图 3－53　原盐到厂价的比较及煤炭采购价比较

由于新疆电力资源丰富，电网独立，近三年电价明显低于全国平均价，与华东、华南等地区相比电价优势更为明显。2005 年公司外购平均综合含税电价为 0.2794 元/千瓦时，中国氯碱工业协会统计的 2005 年行业外购平均综合含税电价为 0.4623 元/千瓦时，见图 3－54。

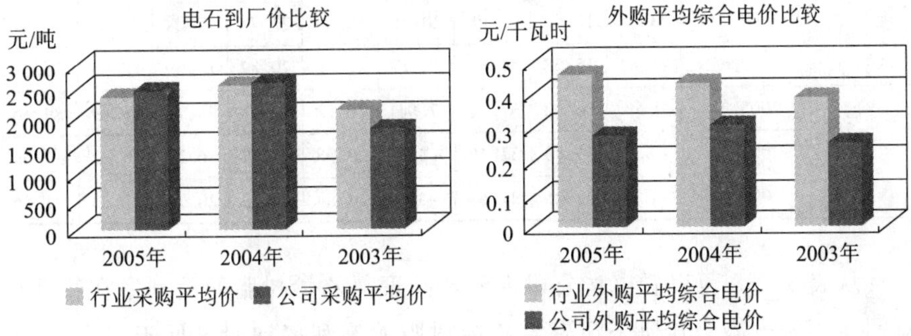

图 3－54　电石到厂价比较及外购平均综合电价比较

2003 年公司电石采购价格低于行业平均水平，2004 年、2005 年公司电石采购价格同行业比较不具有优势主要是由于公司产能扩大，疆内电石供应不能满足公司需求，需大量向甘肃、宁夏等地采购，由于运费较高使电石成本上升。2003 年、2004 年、2005 年疆内电石采购量所占比重分别为 90%、57%、36%。2006 年开始，随着疆内电石厂的产量增长，公司在疆内电石的采购比例开始加大，2006 年 1－6 月疆内电石采购量占比 41%，公司电石采购的成本优势将会逐步显现。

综合分析，公司原材料及电力具有显著的成本优势，同时由于公司的工艺技术在行业内处于先进水平，以及先进的管理方式，使公司主要产品聚氯乙烯树脂生产成本明显低于行业平均水平。2005 年聚氯乙烯树脂行业

平均生产成本为 5 348 元/吨，公司的生产成本为 4 222 元/吨，成本优势十分明显。公司主要产品毛利率与氯碱行业主要上市公司产品毛利率的比较如表 3－38 所示。

表 3－38　中泰化学主要产品毛利率与氯碱行业主要上市公司产品毛利率的比较

股票简称		北京化工	氯碱化工	锦化氯碱	亚星化学	金路集团	南化股份	上市公司平均	电石乙炔法上市公司平均	中泰化学
股票代码		000728	600618	000818	600319	000510	600301			
所在地		北京	上海	辽宁	山东	四川	广西			新疆
PVC 工艺路线		石油乙烯法	石油乙烯法	石油乙烯法	电石乙炔法	电石乙炔法	电石乙炔法		电石乙炔法	电石乙炔法
PVC 毛利率（%）	2005 年	－2.21	－0.33	－12.41	12.87	14.53	7.28	3.29	11.56	26.23
	2004 年	23.45	12.62	2.39	20.95	19.09	23.75	17.04	21.26	25.97
	2003 年	21.43	15.58	2.96	22.77	22.56	20.82	17.69	22.05	26.51
烧碱毛利率（%）	2005 年	0.59	36.72	37.26	7.91	26.12	42.43	25.17	25.49	39.55
	2004 年	－8.44	19.83	31.48	－4.49	20.98	38.17	16.26	18.22	37.04
	2003 年	－5.83	27.25	21.69	－3.65	38.84	42.29	20.10	25.83	31.86

从表 3－38 可以看出，公司主要产品聚氯乙烯树脂的毛利率在行业内有明显领先优势，其他公司聚氯乙烯树脂的毛利率均明显低于中泰化学；公司烧碱的毛利率也仅低于南化股份。同时从表中还可看出，处于四川、广西和新疆等西部地区的三家电石乙炔法生产企业金路集团、南化股份和中泰化学氯碱产品的盈利能力明显在行业内处于领先地位。

未来，公司将进一步向煤、电等上游产业延伸，通过建立更完善的氯碱产业链，更充分利用新疆的优势资源，增强公司的成本领先优势。目前公司的原盐产能已初具规模。随着公司生产规模扩大，规模效益将会逐步体现，同时公司还将通过技术改造提高生产管理水平，增强公司的成本优势。

第三，主要能源、原材料单耗低的优势。

中泰化学始终把节能降耗、资源综合利用作为提高综合竞争力的重要手段，生产过程中采取科学合理的工艺路线，离子膜烧碱生产采用国际最先进的高电流密度零极距自然循环电解槽，聚氯乙烯生产采用国内领先的

70M 聚合釜，生产过程中实行物料按需领用、科学投放以及循环利用，杜绝跑、冒、滴、漏。在不断减少污染物排放的同时，使烧碱电耗、盐耗、氯乙烯树脂电石消耗等主要能源及原材料单耗均低于全行业平均水平，被中国氯碱工业协会推荐为全国节能降耗先进单位。2006 年上半年，中泰化学烧碱电耗、烧碱盐耗、聚氯乙烯树脂电石消耗水平和行业平均水平对比如图 3 - 55 所示。

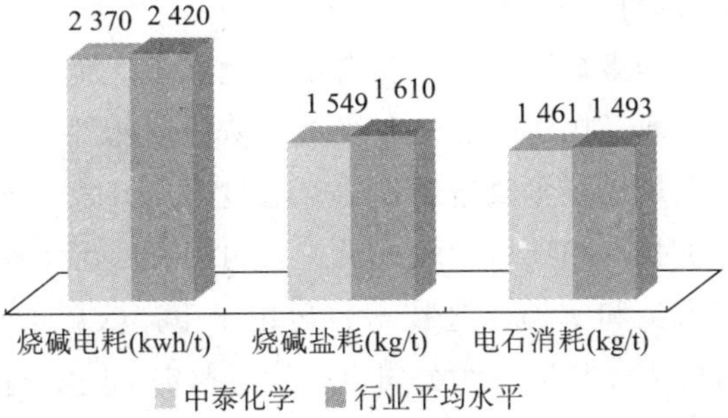

图 3 - 55　2006 年上半年能源及原材料单耗比较

第四，规模优势。

公司 2005 年销售收入已超过 10 亿元，规模优势显著。据中国氯碱网统计，2005 年度，公司离子膜烧碱产量在全国离子膜烧碱生产企业中排名第 11 位，聚氯乙烯树脂产量在全国生产企业中排名第 13 位。本次募集资金投资项目于 2006 年 4 月投产后，公司达到年产 25. 9 万吨聚氯乙烯树脂、23. 9 万吨离子膜烧碱的生产能力，公司的行业排名进一步上升。

第五，技术装备优势。

中泰化学离子膜烧碱生产采用目前世界最先进的高电流密度零极距自然循环电解槽、DCS 控制技术，盐水精制采用凯膜过滤技术，氯气输送采用国外先进的透屏压缩机；盐酸采用公司与设备厂家联合开发的大型二合一石墨合成炉；聚氯乙烯树脂生产采用国产 70 大型聚合釜、全套 DCS 控制技术，具有国内领先水平；聚合干燥采用国外节能型流化床干燥技术。另外，中泰化学自主开发并已应用的先进实用技术有：废酸脱析回用技术；氯化氢合成废热制冷技术；电石发生器废水重复利用技术。这些技术在降低生产成本以及环境保护方面发挥了显著的作用并取得了明显成效。

第六，地缘优势。

新疆独特的地理位置形成了相对独立的区域市场，中泰化学在疆内市场居于主导地位。新疆地处欧亚大陆中心，与俄罗斯、哈萨克斯坦、吉尔

吉斯斯坦、塔吉克斯坦、蒙古、印度、巴基斯坦、阿富汗8国接壤，是通向中亚、西亚、南亚乃至欧洲的捷径。近年来新疆与中亚五国贸易往来密切，贸易额呈持续增长趋势。中泰化学依托新疆地缘优势，离子膜烧碱出口量逐年增长。预计到2008年，中亚五国烧碱潜在消费量可达到25万吨/年。中泰化学具有开发中亚烧碱市场的地缘优势，烧碱产品的出口前景广阔。

第七，人力资源优势。

公司具有丰富的聚氯乙烯树脂和离子膜烧碱生产销售经验，拥有了一批熟练掌握生产技术、操作技能的一线员工队伍和熟悉市场的专业营销队伍；公司近几年大规模技术改造过程中，通过自行开发、安装、调试、运行，锻炼了一大批技术和项目管理人员。公司拥有熟悉氯碱行业生产经营特点的高级管理人员和掌握先进技术并运用于生产实践的核心技术人员，形成了公司特有的人才梯队，为公司今后发展奠定了坚实基础。

②主要竞争对手简要情况。公司地处新疆，主要竞争对手是新疆天业。新疆天业是新疆建设兵团农八师所属的一家大型国有控股上市公司，成立于1997年6月。新疆天业的主营业务为：化工产品、塑料制品的生产和销售，商贸，农业种植和番茄制品加工，以及建筑安装及房地产开发。2005年新疆天业实现主营业务收入30.48亿元，净利润1.60亿元；2005年末总资产47.11亿元，净资产13.35亿元。2005年，新疆天业的主要利润来自化工产品和塑料制品的生产和销售，全年新疆天业化工产品共实现主营业务收入15.15亿元，主营业务利润3.20亿元，全年共计生产聚氯乙烯树脂18万吨，离子膜烧碱16万吨，2005年聚氯乙烯树脂及离子膜烧碱年生产能力居新疆第一（以上数据均摘自新疆天业2005年年报）。2005年新疆天业聚氯乙烯疆内市场占有率为27.2%，烧碱疆内市场占有率为25%。

（3）当时的政策情况。为提高我国氯碱工业整体竞争力，降低能源及原材料消耗，保护环境，国家出台了多项氯碱产业发展政策。2005年12月2日国务院颁布实施的《产业结构调整目录》提出：鼓励节能、环保技改项目、年产20万吨以上乙烯氧氯化法聚氯乙烯新（扩）建项目、“三废”综合利用项目等；限制新建年产20万吨以下乙烯氧氯化法聚氯乙烯项目、新建年产15万吨以下电石法聚氯乙烯项目、新建10万吨以下烧碱项目等；淘汰石墨阳极烧碱生产工艺、水银法烧碱工艺等。国家通过制定产业政策，对小规模、落后工艺项目进行限制，提高了行业的进入壁垒，有利于提高产业集中度，改善竞争环境，促进氯碱工业良性协调发展。

2003 年中泰化学被新疆人民政府列为重点支持的 30 户最具成长型工业企业。公司生产经营符合国家产业政策，而且，公司所经营的氯碱业务能够发挥新疆的资源和能源优势，推动新疆资源的利用和转化，符合新疆优势资源转换战略。

在国家政策推动和当地政府的支持下，中泰化学迎来了发展的利好时机，为成功 IPO 上市提供了有利的条件。

（4）当时企业的发展情况。

①设立方式。2001 年 4 月 16 日，新疆化工（集团）有限责任公司作为主发起人，与乌鲁木齐环鹏有限公司、新疆维吾尔自治区技术改造投资公司、新疆准噶尔生态工程股份有限公司、新疆盐湖制盐有限责任公司等四家公司签订《设立新疆中泰化学股份有限公司发起人协议》，约定新疆化工（集团）有限责任公司以原新疆氯碱厂的生产经营性净资产（不包括房屋建筑物、构筑物及配套设施以及相关负债）出资，其他各发起人以现金出资，共同发起设立中泰化学。2001 年 12 月，经新疆维吾尔自治区人民政府以新政函［2001］166 号文批准，中泰化学正式设立，注册资本 6 000 万元。中泰化学设立时，5 家发起人股东出资共计 6 000 万元，经新疆维吾尔自治区财政厅新财企［2001］213 号文批准，按 1:1 的折股比例折为股本 6 000 万元。其中，新疆化工（集团）有限责任公司投入净资产 4 022.36 万元，投入现金 172.64 万元，合计 4 195 万元，折为 4 195 万股，占总股本的 69.92%；乌鲁木齐环鹏有限公司投入现金 1 050 万元，折为 1 050 万股，占总股本的 17.50%；新疆维吾尔自治区技术改造投资公司投入现金 595 万元，折为 595 万股，占总股本的 9.92%；新疆准噶尔生态工程股份有限公司投入现金 95 万元，折为 95 万股，占总股本的 1.58%；新疆盐湖制盐有限责任公司投入现金 65 万元，折为 65 万股，占总股本的 1.08%。

②设立时的股本结构（见表 3－39）。

表 3－39　　中泰化学设立时股本机构情况

发起人名称	股数（万股）	占总股本比例
新疆化工（集团）有限责任公司	4 195	69.92%
乌鲁木齐环鹏有限公司	1 050	17.50%
新疆维吾尔自治区技术改造投资公司	595	9.92%
新疆准噶尔生态工程股份有限公司	95	1.58%
新疆盐湖制盐有限责任公司	65	1.08%
合计	6 000	100.00%

③在改制设立中泰化学前，主要发起人拥有的主要资产和实际从事的主要业务。主发起人新疆化工（集团）有限责任公司是新疆维吾尔自治区人民政府 1997 年 12 月批准设立的国有独资公司。经新疆人民政府授权，新疆化工（集团）有限责任公司作为国有资产投资主体，统一运营其全资子公司、控股子公司以及参股公司投资份额内的国有资产，行使出资者职能，并承担授权范围内国有资产的保值增值责任，享有投资份额内的国有资产收益权。新疆化工（集团）有限责任公司经营所涉及的主要行业有：有机化工、塑料、轮胎、纯碱、化肥、聚氯乙烯、烧碱、煤炭等。

新疆化工（集团）有限责任公司本部不直接从事生产经营，各项业务主要通过控股子公司和附属企业完成，在中泰化学成立之前，新疆化工（集团）有限责任公司所属企业情况如表 3－40 所示。

表 3－40　　中泰化学成立前新疆化工（集团）有限责任公司所属企业情况统计表

企业名称	主要业务（产品）	注册资本（万元）	拥有权益（%）
新疆有机化工厂	油漆生产销售	2 879.00	100.00
新疆化学工业供销总公司	金属、建筑材料、化工原料销	1 505.60	100.00
新疆天山塑料厂	塑料管材及配件	2 636.60	100.00
新疆化工集团石油化工机械有限公司	压力容器	586.00	100.00
新疆化工集团鼎兴物业管理有限责任公司	物业管理	800.00	100.00
新疆氯碱厂	聚氯乙烯树脂、离子膜烧碱	—	100.00
新疆昆仑股份有限公司	轮胎橡胶	13 330.00	90.02
哈密双合碱业有限责任公司	纯碱	610.00	51.44
新疆明达化工有限责任公司	防冻液、粘合剂等精细化工产	100.02	51

改制设立中泰化学前，主发起人新疆化工（集团）有限责任公司以原新疆氯碱厂的生产经营性净资产（不包括房屋建筑物、构筑物及配套设施以及相关负债）作为出资。而在新疆化工（集团）有限责任公司所属的上述公司（单位）中，只有原新疆氯碱厂从事聚氯乙烯树脂、离子膜烧碱等氯碱产品的生产和销售。原新疆氯碱厂前身是新疆烧碱厂，始建于 1958 年，经过 40 多年的积累和发展，原新疆氯碱厂逐步成为自治区规模最大的氯碱生产企业，生产能力和生产技术不断提高，并实现了从 1983－1995 年的连续 13 年盈利。由于该厂于 1995 年投产的氯碱技改工程全部为贷款建设，企业负债过高，利息负担较重，加之当时氯碱产品市场低迷，因此，

从1996年起，该厂开始出现亏损。截至1999年年底，该厂所欠银行借款利息已达约1亿元。2000年，在中国人民银行总行、中国工商银行总行、原国家经贸委、自治区人民政府、自治区经贸委、工商银行自治区分行、原自治区化工厅的协调下，全国兼并破产和职工再就业工作领导小组以［2000］28号文件将新疆化工（集团）有限责任公司“以承债方式兼并新疆氯碱厂”列入2000年第二批全国企业兼并破产项目。通过兼并，原新疆氯碱厂的全部资产、负债及相关人员由新疆化工（集团）有限责任公司承接。2000年11月，新疆化工（集团）有限责任公司与中国工商银行自治区分行乌鲁木齐市经二路支行签订了《债权、债务转移协议书》，承接了新疆氯碱厂的全部银行贷款，所欠利息根据国家有关政策全部核销，本金23 290万元在7年内免息逐步偿还。2000年11月，新疆化工（集团）有限责任公司注销原新疆氯碱厂的法人资格，原新疆氯碱厂成为新疆化工（集团）有限责任公司的独立核算附属单位。在中泰化学改制设立前，新疆氯碱厂具有年产5万吨聚氯乙烯树脂和5万吨离子膜烧碱的生产能力，2000年年底，新疆化工（集团）有限责任公司的资产总额为15.57亿元、净资产为4.39亿元（未经审计）。

④中泰化学成立时拥有的主要资产和实际从事的主要业务。中泰化学在成立后拥有新疆氯碱厂剥离房屋建筑物、构筑物和配套设施、非经营性资产和不良资产以及相应债务后的生产经营性资产，主要资产包括：年产5万吨聚氯乙烯树脂和5万吨离子膜烧碱生产设备、中泰化学生产经营所占用的土地（由中泰化学以出让方式取得土地使用权）；中泰化学生产经营相关的房屋建筑物、构筑物和配套设施由中泰化学向新疆化工（集团）有限责任公司租赁使用。

中泰化学实际从事的主要业务为聚氯乙烯树脂、离子膜烧碱等化工产品的生产和销售，自设立以来主营业务及产品未发生变化。

⑤近三年主要财务状况。本次首发前三年公司资产负债情况如表3－41所示。

表3－41　　首发前三年资产负债情况　　单位：万元

项目	2005年12月31日	2004年12月31日	2003年12月31日
资产总额	161 578.52	102 264.96	69 797.15
负债总额	111 639.54	64 543.16	48 131.45

续表

项目	2005 年 12 月 31 日	2004 年 12 月 31 日	2003 年 12 月 31 日
少数股东权益	5 614.79	3 833.42	1 205.51
归属于上市公司股东的股东权益	44 324.19	33 888.38	20 460.19

本次首发前三年公司经营业绩和经营现金流情况如表 3－42 所示。

表 3－42　　首发前三年公司经营部业绩和经营现金流状况　　单位：万元

项目	2005 年度	2004 年度	2003 年度
主营业务收入	104 622.59	100 488.65	39 131.18
主营业务利润	29 450.03	27 477.23	11 507.49
利润总额	12 027.89	13 534.91	4 722.57
净利润	12 200.69	13 392.22	4 427.24
经营活动产生的现金流量净额	27 549.09	26 433.05	2 121.17

本次首发前三年公司主要财务指标如表 3－43 所示。

表 3－43　　首发前三年公司主要财务指标

项目	2005 年度	2004 年度	2003 年度
流动比率	0.30	0.69	0.79
速动比率	0.23	0.52	0.58
资产负债率（母公司）（%）	62.97	64.21	69.85
应收账款周转率（次）	16.26	16.97	8.96
存货周转率（次）	10.48	10.17	6.66
每股经营活动现金流量（元）	2.03	1.94	0.16
每股净现金流量（元）	－0.18	0.34	－0.02
每股收益（元）	0.90	0.98	0.33
净资产收益率（全面摊薄）（%）	27.53	39.52	21.64

本次首发前三年公司资产结构如表 3－44 所示。

表 3－44　　首发前三年公司资本结构　　单位：万元

项目	2005 年 12 月 31 日		2004 年 12 月 31 日		2003 年 12 月 31 日	
	金额	占比	金额	占比	金额	占比
流动资产	25 910.20	16.04%	34 278.20	33.52%	21 172.27	30.33%
长期投资	780.00	0.48%	387.59	0.38%	419.20	0.60%
固定资产	133 102.76	82.38%	66 563.59	65.09%	46 744.96	66.97%
无形资产及其他资产	1 785.56	1.10%	1 035.58	1.01%	1 460.72	2.10%
资产总计	161 578.52	100.00%	102 264.96	100.00%	69 797.15	100.00%

从资产结构上看，公司固定资产所占比重较大，这与公司所从事的主营业务性质和公司所处的行业特点相适应，公司主要从事聚氯乙烯树脂、离子膜烧碱等化工产品的生产和销售，其资产主要为从事生产作业的固定资产和流动资产构成；公司所处的氯碱化工行业属于资本密集型行业，资本投入较大，主要为固定资产投资。

公司2004年12月31日与2003年12月31日的资产结构相似，而2005年12月31日较2004年12月31日发生了较大的变化：流动资产占比从33.52%减少至16.04%；固定资产占比从65.09%增加至82.38%。其变化的主要原因是：新疆华泰重化工有限责任公司一期项目在建工程增加61 094万元，工程备料增加6 897万元，因此，固定资产增加较多；流动资产较2004年12月31日减少8 368万元，其中，货币资金减3 778.03万元，应收票据减少2 152.31万元，应收账款减少2 427.64万元，预付账款增加2 677.72万元，存货减少2 749.09万元，其他流动资产变化不大。

本次首发前三年公司负债构成如表3－45所示。

表3－45　　首发前三年公司负债构成　　单位：万元

项目	2005年12月31日		2004年12月31日		2003年12月31日	
	金额	占比	金额	占比	金额	占比
流动负债	87 604.54	78.47%	49 743.67	77.07%	26 780.76	55.64%
其中：短期借款	23 845. 00	21.36%	12 645.00	19.59%	1 495.00	3.11%
应付票据	2 000. 00	1.79%	0.00	0.00	1 735.00	3.60%
应付账款	44 390.61	39.76%	22 249.43	34.47%	11 986.22	24.90%
预收账款	9 949.90	8.91%	10 685.63	16.56%	4 191.52	8.71%
长期负债	24 035.00	21.53%	14 799.49	22.93%	21 350.69	44.36%
其中：长期借款	23 000.00	20.60%	14 300.00	22.16%	20 221.54	42.01%
负债合计	111 639.54	100.00%	64 543.16	100.00%	48 131.45	100.00%

从负债总额角度来看，随着产能的扩张和资产的快速增长，从2003－2005年，公司负债规模快速增长，2005年12月31日较2004年12月31日增长72.97%，2004年12月31日较2003年12月31日增长34.10%。公司2005年12月31日较2004年12月31日负债增长的主要原因：应付账款、短期借款及长期借款增长较快，分别占总负债增长额的47.01%、23.78%、18.47%；公司2004年12月31日较2003年12月31日负债增长的主要原因：短期借款、应付账款、预收账款增长较快，占总负债增长额的67.94%、62.54%、39.57%。

从负债构成角度来看，公司2005年12月31日和2004年12月31日相比，除预收账款占负债总额的比例16.56%下降至8.91%，下降比较明显外，负债结构变化不大。公司2004年12月31日和2003年12月31日相比，负债结构变化较大。公司2004年12月31日流动负债占总负债的比例较2003年12月31日增加较多，由55.64%增加至77.07%；长期负债占总负债的比例下降较多，由42.01%下降至22.16%；预收账款占负债总额的比例从8.71%上升至16.56%。

由于公司发展需要，连续几年负债规模增长迅速，因此，适当时机进行股权融资是有必要的，它能够有效改善公司资本结构，维持较为合理的资产负债率。最重要的是成功IPO上市后，公司能够在资本市场上募集大量资金，可以有效地缓解公司快速扩张带来的资金压力，为公司进一步的发展壮大提供强有力的资金平台。

2. IPO的情况

(1) IPO的准备过程。中泰化学公司设立后逐步建立健全各项内部控制制度，一方面，确立了法人治理结构有效执行的制度：公司章程、三会规则，等等；另一方面，制定了一系列具体经营内控制度：生产管理制度、物资管理制度、市场营销管理制度、投资管理办法、财务管理制度、关联交易决策制度、对外担保制度（含抵押）和内部审计督查工作规定，等等，为日后IPO打下了坚实的基础。

中泰化学于2004年12月23日召开二届二次董事会审议通过了A股发行并上市议案；2005年1月25日，公司召开了2005年第一次临时股东大会，大会按法定程序通过关于本次申请发行、上市社会公众股（A股）股票事宜的决议。2006年4月21日，公司召开2005年度股东大会，决议延长本次申请发行、上市社会公众股（A股）决议有效期。具体如下：

①公司于2004年12月23日召开第二届董事会第二次会议，会议审议通过了以下有关本次申请发行、上市社会公众股（A股）股票的决议：

关于公司首次申请发行、上市社会公众股（A股）股票的议案，包括发行股票种类和面值、发行数量、发行对象、发行方式、发行价格、募集资金投资项目、股票上市交易所、提请股东大会授权董事会全权办理本次公开发行、上市的相关事项、决议有效期等；

关于公司首次申请公开发行（A股）股票募集资金投资项目可行性议案；

关于公司首次公开发行股票前滚存利润分配政策的议案；

关于聘请联合证券有限责任公司为公司首次申请公开发行上市人民币普通股（A 股）股票保荐机构（主承销商）的议案；

关于续聘上海立信长江会计师事务所有限公司为中泰化学财务审计机构的议案；

关于修改《公司章程》（草案）的议案；

关于修改《股东大会议事规则》的议案；

关于修改《董事会议事规则》的议案；

关于制定《新疆中泰化学股份有限公司信息披露管理制度》的议案；

关于制定《新疆中泰化学股份有限公司独立董事工作制度》的议案；

关于修改《新疆中泰化学股份有限公司董事会秘书工作细则》的议案；

关于制定《新疆中泰化学股份有限公司投资者关系管理制度》的议案；

关于公司召开 2005 年第一次临时股东大会的议案，通知列明了股东大会审议事项，包括与本次申请公开发行、上市有关的议案，并告知会议时间、地点、股东代表授权委托事项等。

②公司于 2005 年 1 月 25 日上午召开了 2005 年度第一次临时股东大会，公司全体股东代表出席了此次会议，有关公司董事、监事、高级管理人员也列席了此次会议，会议在董事长主持下就本次公开发行并上市的股票种类、面值、数量、发行对象、发行方式、发行价格、募集资金投资项目、股票交易所、决议的有效期、授权董事会办理本次发行、上市具体事宜等事项进行逐项表决，并就大会其他议案进行了表决。

③公司于 2006 年 4 月 21 日召开 2005 年度股东大会，全体股东代表出席了此次会议，会议审议通过了关于公司首次申请发行、上市的两项议案：

关于延长公司首次申请发行、上市社会公众股（A 股）股票决议有效期的议案，即延长有效期一年，期限延长至 2007 年 1 月 25 日。

关于公司首次公开发行股票前滚存利润分配政策的议案，即以 2005 年 12 月 31 日为基准日，将基准日经审计的未分配利润扣除 2005 年年度股东大会审议通过的股东利润分配数额后，基准日剩余可供股东分配利润与基准日后实现的可供股东分配利润，一并由股票发行后的新老股东共享。

④公司于 2006 年 6 月 6 日召开 2006 年第一次临时股东大会，会议审议通过了同意更换公司首次发行并上市人民币普通股（A 股）股票保荐机构（主承销商）的议案，鉴于中国证监会 2006 年 5 月 11 日《关于限制联合证券有限责任公司业务的决定》，宣布由于联合证券增资扩股资金未能

按期到位，相关股东增资承诺未能兑现，目前仍然存在较大的客户交易结算资金缺口。根据《证券法》第一百五十条的规定，中国证监会决定自2006年5月15日起暂停联合证券的保荐、承销业务。为此，联合证券已不具备担任公司保荐机构（主承销商）的能力。为使公司发行申报工作的顺利进行，公司更换保荐机构（主承销商），并聘请海通证券股份有限公司接替联合证券担任公司首次公开发行并上市的保荐机构（主承销商），继续负责公司首次公开发行股票申请文件的申报工作。

（2）发行情况。2006年11月，经过海通证券股份有限公司的保荐，中泰化学首次公开发行股票，发行前公司总股本为13 600万股，此次拟发行10 000万股流通股，发行后总股本为23 600万股，均为流通股。其中，网下定价配售数量为2 000万股，占发行总量的20%，网上定价发行数量为8 000万股，占发行总量的80%。

①发行对象。本次发行对象范围包括：符合资格的询价对象和已在证券交易所开立账户的投资者（国家法律、法规禁止购买者除外）。

②发行股票的价格、发行数量、限售期。

第一，发行股票的种类和面值。本次发行的股票种类为境内上市人民币普通股（A股），每股面值为人民币1.00元。

第二，发行方式。本次发行的股票采用网下向询价对象询价配售与网上资金申购定价发行相结合的方式。

网下申购情况：中泰化学的首次发行得到了一级市场机构投资者的普遍欢迎。网上定价发行情况：本次中泰化学网上定价发行有效申购户数为585 293户，有效申购股数为38 267 397 000股，发行的中签率为0.21%，超额认购倍数为478倍。

第三，发行价格。本次发行价格为6.6元每股，共募集资金66 000万元人民币。根据中泰化学当前的盈利水平及未来的盈利前景、财务状况、生产技术水平、成本控制、员工素质、管理水平等实质经营状况；公司所处行业市场仍未饱和，有待进一步开发；以及公司所处地域的资源优势和当地政府的大力支持。公司表现出良好的未来盈利预期和广阔的发展前景，主营业务突出，营业收入持续增长，利润水平较高，能为投资者带来较高的投资回报，因此，公司与承销的证券公司协商决定溢价发行公司股票，价格为每股6.6元，高于当期同行业12家上市公司股价均值（不超过5元每股）。

第四，发行数量。本次首次公开发行股票数量为100 000 000股。

第五，限售期。化工新材料及新疆化工（集团）有限责任公司承诺：“自新疆中泰化学股份有限公司上市之日起36个月内，不转让或者委托他人管理本公司已直接或间接持有的该公司股份，也不由该公司收购该部分股份。”

公司其他股东承诺：“自新疆中泰化学股份有限公司上市之日起12个月内，不转让或者委托他人管理本公司已直接或间接持有的该公司股份，也不由该公司收购该部分股份。”

（3）二级市场反应。中泰化学（002092. SZ）于2006年12月8日在深圳交易所挂牌上市，开盘价10.53元，收盘价13.52元，如图3－56所示。

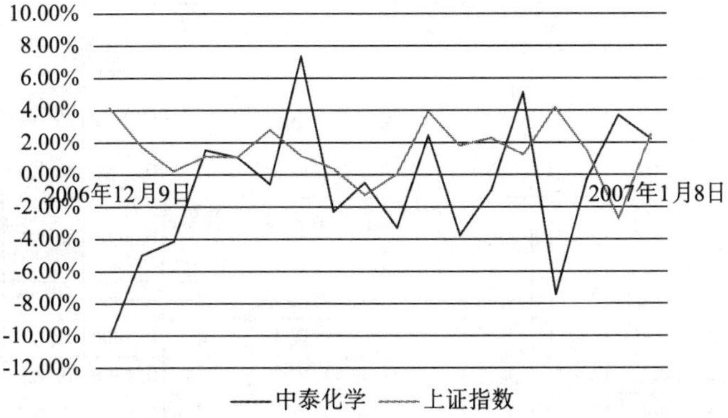

图3－56 中泰化学IPO后一个月股价走势

中泰化学IPO时的价格为6.6元/股，上市首日收盘于13.52元，上市后一个月内收盘价最低为10.8元/股，一个月后的价格依然高于发行价73.48%。由此可以看出，市场给予中泰化学以较高预期。

（4）研究员调研、研究报告反馈。表3－46至表3－48是中泰化学（002092. SZ）上市后，分析师预测指标和实际指标的对比情况。

表3－46　　分析师预测每股收益情况

报告公布日	预测终止日	分析师姓名	研究机构名称	预测值	实际值	预测差异（实际值高于预测值为＋，否则为－）
2006－11－17	2006－12－31	刘波	国金证券有限责任公司	0.4700	0.5267	＋
2006－11－17	2007－12－31	刘波	国金证券有限责任公司	0.5200	0.925	＋
2006－11－17	2008－12－31	刘波	国金证券有限责任公司	0.6500	0.227	－

续表

报告公布日	预测终止日	分析师姓名	研究机构名称	预测值	实际值	预测差异（实际值高于预测值为+，否则为-）
2006-11-22	2006-12-31	崔婧怡	国泰君安证券股份有限公司	0.6000	0.5267	-
2006-11-22	2006-12-31	刘建乐	方正证券有限责任公司	0.5700	0.5267	-
2006-11-22	2006-12-31	熊杰	华泰证券有限责任公司	0.5300	0.5267	-
2006-11-22	2007-12-31	崔婧怡	国泰君安证券股份有限公司	0.7100	0.925	+
2006-11-22	2007-12-31	刘建乐	方正证券有限责任公司	0.6300	0.925	+
2006-11-22	2007-12-31	熊杰	华泰证券有限责任公司	0.6000	0.925	+
2006-11-22	2008-12-31	崔婧怡	国泰君安证券股份有限公司	0.8000	0.227	-
2006-11-22	2008-12-31	刘建乐	方正证券有限责任公司	0.6800	0.227	-
2006-11-23	2006-12-31	吴剑平	南京证券有限责任公司	0.5900	0.5267	-
2006-11-23	2007-12-31	吴剑平	南京证券有限责任公司	0.7300	0.925	+
2006-11-23	2008-12-31	吴剑平	南京证券有限责任公司	0.8700	0.227	-
2007-02-15	2007-12-31	邓勇	海通证券股份有限公司	0.6900	0.925	+
2007-02-15	2008-12-31	邓勇	海通证券股份有限公司	0.7800	0.227	-
2007-02-15	2009-12-31	邓勇	海通证券股份有限公司	0.9300	0.192	-

表3-47　　分析师预测净利润情况

报告公布日	预测终止日	分析师姓名	研究机构名称	预测值	实际值	预测差异（实际值高于预测值为+，否则为-）
2006-11-22	2006-12-31	崔婧怡	国泰君安证券股份有限公司	143 000 000	124 015 199	-
2006-11-22	2006-12-31	刘建乐	方正证券有限责任公司	134 220 000	124 015 199	-
2006-11-22	2006-12-31	熊杰	华泰证券有限责任公司	125 000 000	124 015 199	-
2006-11-22	2007-12-31	崔婧怡	国泰君安证券股份有限公司	168 000 000	220 570 368	+

续表

报告公布日	预测终止日	分析师姓名	研究机构名称	预测值	实际值	预测差异（实际值高于预测值为 +，否则为 -）
2006 - 11 - 22	2007 - 12 - 31	刘建乐	方正证券有限责任公司	147 870 000	220 570 368	+
2006 - 11 - 22	2007 - 12 - 31	熊杰	华泰证券有限责任公司	141 000 000	220 570 368	+
2006 - 11 - 22	2008 - 12 - 31	崔婧怡	国泰君安证券股份有限公司	189 000 000	120 889 713	-
2006 - 11 - 22	2008 - 12 - 31	刘建乐	方正证券有限责任公司	159 440 000	120 889 713	-

表 3 - 48　　　　分析师预测主营业务收入情况

报告公布日	预测终止日	分析师姓名	研究机构名称	预测值	实际值	预测差异（实际值高于预测值为 +，否则为 -）
2006 - 11 - 22	2006 - 12 - 31	崔婧怡	国泰君安证券股份有限公司	1 562 000 000	1 652 965 075	+
2006 - 11 - 22	2006 - 12 - 31	刘建乐	方正证券有限责任公司	1 543 500 000	1 652 965 075	+
2006 - 11 - 22	2006 - 12 - 31	熊杰	华泰证券有限责任公司	1 516 000 000	1 652 965 075	+
2006 - 11 - 22	2007 - 12 - 31	崔婧怡	国泰君安证券股份有限公司	1 791 000 000	2 408 629 909	+
2006 - 11 - 22	2007 - 12 - 31	刘建乐	方正证券有限责任公司	1 787 100 000	2 408 629 909	+
2006 - 11 - 22	2007 - 12 - 31	熊杰	华泰证券有限责任公司	1 800 000 000	2 408 629 909	+
2006 - 11 - 22	2008 - 12 - 31	崔婧怡	国泰君安证券股份有限公司	2 095 000 000	3 432 125 958	+
2006 - 11 - 22	2008 - 12 - 31	刘建乐	方正证券有限责任公司	2 233 700 000	3 432 125 958	+

由上面的分析师盈利预测上看，分析师们对中泰化学未来 1 - 2 年的盈利状况持乐观态度，每股收益、净利润和主营业务收入都稳步增长。有意思的是，即便如此，分析师们对中泰化学的主营业务收入的预测还是略显保守。主营业务收入分析师预测表显示，中泰化学的主营业务收入全部超过分析师当初的预期，显示出中泰化学良好的经营状况。一般来说，营业

收入持续增长是企业成长性的重要标志，中泰化学营业收入持续高速增长表现出公司良好的成长性和未来广阔的发展空间。

进一步分析中泰化学IPO后半年内的研究报告共16份，根据研究报告的内容来看，主要有以下几个观点：

①成本优势明显。16份报告中有10份报告主要观点是中泰化学具有成本优势，尽显投资价值。主要原因有以下几点：

第一，中泰化学地处新疆，煤炭、原盐、石灰石及电力资源丰富，由于运输成本的问题，新疆地区的原盐、煤等初级原材料基本只在疆内销售，而本地需求有限，因此价格十分低廉。并且新疆地区是独立电网，由于电力供应充足，近三年电价明显低于全国平均水平。2005年，公司原盐的平均采购价为158元/吨，煤的平均采购价为119元/吨，外购平均电价（含税）为0.30元/千瓦时，均大幅低于当年行业平均水平353元/吨、270元/吨和0.46元/千瓦时，低成本优势相当明显。由于疆内电石供应不足，中泰化学需要大量向甘肃、宁夏等地采购，运费较高，因而造成其电石采购价略高于行业平均值，但是目前疆内电石企业在PVC需求带动下已开始纷纷扩产，公司在疆内采购电石的比例也将随之增加，届时其电石采购的成本优势也将逐步显现。

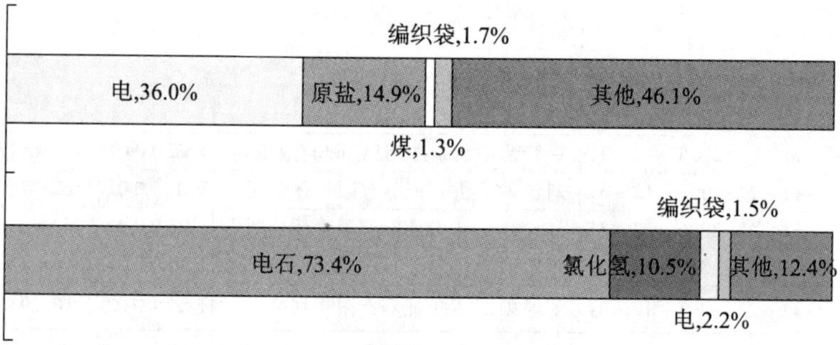

图3-57 中泰化学主要产品成本构成

第二，运力有保障使公司在行业中的成本优势非常明显。对新疆的企业而言，企业经营中另外一个最主要的因素是运力。由于新疆长期以来运力紧张，致使疆内很多产品难以运出疆外。然而，得益于与铁路部门长期的合作关系，中泰化学的产品在铁路运力上基本上都有保障，这使公司的成本优势得以充分体现。

②产能快速扩张。关注中泰化学产能扩张的主要有海通证券和中原证券的研究报告。研究报告认为，中泰化学是国内大型氯碱生产企业，其目

前拥有25.9万吨PVC年产能和23.9万吨烧碱年产能的生产规模，是国内大型氯碱生产企业。中泰化学还计划以控股的新疆华泰重化工有限责任公司为平台，扩大氯碱产能，在2008年达到73.9万吨PVC、63.9万吨烧碱的年生产能力。在扩大氯碱产品产能的同时，计划兴建27万千瓦的热电联产装置，该项目的完成将使氯碱产品生产成本进一步降低。因此，这些研究报告对中泰化学未来几年的盈利状况都持积极乐观的态度，如海通证券预测中泰化学2007－2009年每股收益分别为0.69元、0.78元和0.93元，且予以“增持”评级。

3. IPO后的效果

（1）产能、产量。本次募集资金投资项目用于向控股子公司新疆华泰重化工有限责任公司增资6亿元建设12万吨/年聚氯乙烯专用树脂配套10万吨/年离子膜烧碱工程项目，以提升产能。

新疆华泰重化工有限责任公司是中泰化学的控股子公司，在首发上市融资之前，中泰化学持有新疆华泰重化工有限责任公司88.33%股权，根据中泰化学与新疆华泰重化工有限责任公司其他股东2005年1月签订的《关于新疆华泰重化工有限责任公司增资框架协议》及2006年6月签订的《关于新疆华泰重化工有限责任公司增资扩股框架补充协议》，中泰化学将向新疆华泰重化工有限责任公司单向增资6亿元。其后，新疆华泰重化工有限责任公司注册资本达到9亿元，中泰化学持有其96.11%的股权。

表3－49是中泰化学公司此次募集资金的实际用途。投资项目于2006年5月建成投产，公司募集资金投产后，其主营产品聚氯乙烯树脂和离子膜烧碱的产能及产量增速明显，如表3－50所示。

表3－49　IPO募集资金实际用途

承诺投资项目	实际投资项目	承诺投资金额（万元）	实际投资金额（万元）	募集资金投资额差异
增资华泰公司建设一期项目	同左	60 000.00	60 000.00	0.00
合计		60 000.00	60 000.00	0.00

表3－50　中泰化学2005年及2006年主要产品产能及产量总额

	聚氯乙烯树脂产能	聚氯乙烯树脂产量	离子膜烧碱产能	离子膜烧碱产量
2005年	13.9万吨/年	14.06万吨	13.9万吨/年	12.94万吨
2006年	25.9万吨/年	23.63万吨	23.9万吨	19.69万吨

中泰化学2006年上市当年与2005年相比，聚氯乙烯树脂产能增加86.33%，产量增加68.07%；离子膜烧碱产能增加71.94%，产量增加52.16%。可见，此次募资大大提升了公司主营产品的产能和产量，为提高公司的市场地位奠定了基础，同时，此次扩张为公司带来了良好的收益：自5月投产到2006年底，该项目累计实现营业收入53 040.55万元，累计收益4 923.07万元；2006年全年营业收入为165 296.51万元，累计收益为12 430.04万元。该项目对2006年营业收入贡献率为32.09%，对净利润的贡献率为39.61%。

（2）技术升级。本次募集资金所投资的新疆华泰重化工有限责任公司建设一期项目，属于一个新技改项目，项目中采用的都是行业内的先进技术，包括但不限于以下内容：

①本着工艺成熟、可靠、先进、实用的原则，选用聚氯乙烯专用树脂工艺技术方案。如在氯乙烯单体（VCM）生产中，按原料路线可分为电石乙炔法、石油乙烯法和天然气乙炔法三种工艺路线。近年来，随着石油价格的不断上升，由于电石乙炔法原料来源丰富，价格稳定，生产成本低于石油乙烯法，因此，具有较强的市场竞争力。该工艺尤其适合在电力、煤炭、石灰石资源富集的地区发展。因此，根据本地原材料、能源供应以及装置技术水平情况，该项目建设将采用电石乙炔法工艺路线。

②从方案的先进性、可靠性、经济性角度出发，选择烧碱装置工艺技术方案。包括：该项目的盐水精制工艺采用戈尔膜液体过滤工艺；电解工艺采用目前世界上先进的、能耗低、产品质量高、三废污染小、成本低以及操作管理方便的离子膜法制烧碱；选用高电流密度零极距自然循环电解槽技术，高电流密度零极距自然循环离子膜电解槽是目前最先进的电解槽，该电解槽具有单台生产能力大、电耗低、自动化程度高等优点；氯气压缩采用离心式压缩机，以降低能耗；在烧碱蒸发工艺技术方案选择时，考虑技术与经济先进性，采用了代表国际先进技术，设备要求高、能耗低、自动化程度高、操作稳定的三效逆流降膜式蒸发工艺等。

新技改项目位于中泰化学米东新区工业园内，产品规模为年产12万吨聚氯乙烯树脂、10万吨离子膜烧碱和其他氯碱产品。技改项目在2006年12月建成投产，投产后新增年销售收入9.8亿元，利税1.73亿元。这一技改项目建成投产后，中泰化学还通过挖潜改造，在当年年底形成了年产45万吨聚氯乙烯树脂、35万吨离子膜烧碱和其他氯碱产品的生产规模，最终年销售可达到或超过30亿元，利税近4.5亿元。

与此同时，投资50亿元的三期年产36万吨聚氯乙烯专用树脂、30万吨离子膜烧碱、90万吨电石渣制水泥循环经济项目、32万千瓦热电联产装置项目可研和环评也正在积极办理中。按中泰化学首发招股说明书中预计的年均净利润计算，截至2012年9月30日，该项目累计收益应为60 779.31万元，实际实现收益52 635.34万元，达到中泰化学首发招股说明书中预计的累计收益的86.60%。

（3）市场影响力和品牌效果。一般来说，能向社会公开发行股票的公司都是有实力、有潜力的公司。中泰化学公开发行股票成功，在一定程度上能够增强企业的信誉，提高公司的知名度。

氯碱市场具有一定的区域性，市场相对分割，公司所在的新疆地区已形成相对独立的区域市场。公司在疆内市场中处于主导地位，有固定的销售渠道及采购来源，具有很强的市场影响力，提升了品牌效应。

融资使得公司加快纵向一体化布局的步伐，呈现集群式发展特征，在扩大产能的同时，对生产的上游产业进行整合，煤炭、电、盐、石灰石等主要原材料都逐渐由公司体制内自行提供，公司抓住了产业链上影响公司发展的关键核心点，使得其原材料和能源采购成本均显著低于同行业平均水平，从而产品毛利率显著高于国内同行。此外，产能、产量的不断扩大使公司的规模优势越来越明显，市场渗透率不断提高，市场占有率将跻身行业前列，公司影响力大大增强。表3－51为首发募资前后中泰化学市场占有率变动情况。

表3－51　　IPO前后中泰化学市场份额变动情况表

产品	市场	2006年	2005年	2004年
聚氯乙烯树脂	疆内市场	83.59%	72.80%	75.90%
	国内市场	2.80%	1.70%	1.80%
离子膜烧碱	疆内市场	70.67%	75.00%	80.00%
	国内市场	0.94%	0.90%	0.90%

注：2005年、2006年中泰化学离子膜烧碱在中亚五国、俄罗斯市场加大了销售，导致疆内的市场占用率较2004年有所下降。

资料来源：公司2007年增发新股招股说明书。

由表3－51可以看出，本次募集资金后，2006年公司聚氯乙烯树脂和离子膜烧碱的市场份额总体上有进一步扩大，尤其是聚氯乙烯树脂的市场份额扩大显著，新增产量的销售有效地提高了公司产品在疆内外影响力，进一步提升了公司在行业中的地位。

（4）股东回报。中泰化学本次首发上市，为其股东带来了高额的回报。

首先，从一级市场参与股票申购的股东角度看，本次发行股票的发行价格为6.6元/股，上市首日收盘价为13.52元/股，申购能达到的收益率高达105%。

其次，从二级市场来看，中泰化学上市后，其股价与大盘走势之间的关系如图3－58所示。

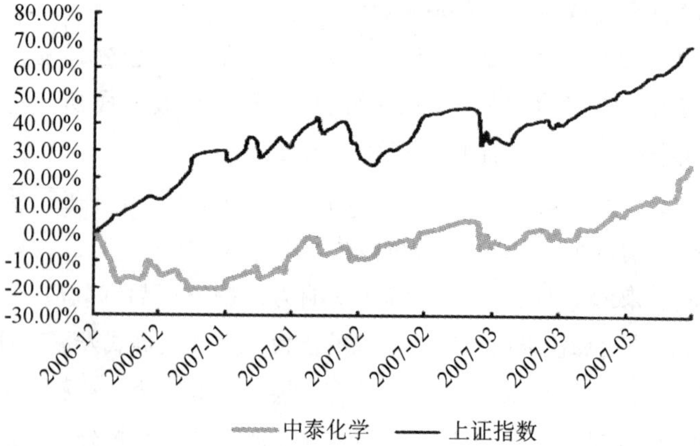

图3－58　中泰化学上市后股价走势图

从图3－58可以看出，从2006年12月开始的一年中，中泰化学股价与上证指数变动基本一致，整体呈上升趋势，上升幅度最高达到20%以上。年内最高股价数17.79元，高于开盘价10.53元68.95%；最低股价为10.41元，略低于开盘价。从中可以看出，中泰化学股票价格变动基本稳定，没有出现太大的异常波动。

再次，根据中泰化学首发上市以来的分红扩股情况，分析其上市以来二级市场的股东回报水平。上市以来分红扩股情况如表3－52所示。

表3－52　　　　中泰化学上市以来分红扩股情况一览表

时间	分红扩股方案	除权除息日
2006年末期	每10股分红1.2元	2007.3.16
2007年末期	每10股送2股、转增8股、分红0.7元	2008.3.18
2008年末期	每10股分红0.1元	2009.4.28
2009年末期	不分配、不转增	
2010年中期	每10股转增5股、分红1.3元	2010.9.20
2010年末期	每10股分红0.5元	2011.5.11
2011年末期	每10股分红1.0元	2012.4.18
2012年末期	每10股分红2.0元	2013.3.21

资料来源：根据中泰化学年报整理而得。

从表 3－52 中可以看出，中泰化学上市以来至 2012 年期末，基本保持了每年分红的优良传统，这给予了投资者很大的信心，与市场上大量从未分红或者仅偶尔分红的上市公司形成了鲜明的对比。另外，根据上述分红扩股情况分析中泰化学上市以来二级市场的股东回报率情况：截至 2012 年 12 月 31 日，中泰化学的收盘价为 7.12 元/股，复权后的价格为 22.29 元，较首发上市首日收盘价的收益率为 65%；而 2006 年年末至 2012 年年末，上证综指则是下降了 15.19%，深证综指也仅上升了 60.0%；作为一家保持快速增长的传统上市公司，中泰化学在二级市场上表现不凡。

最后，中泰化学成功上市后，将募集资金投入到扩大主营产品产能方面，取得了一定成效，聚氯乙烯树脂和离子膜烧碱的市场占有率和公司品牌影响力获得进一步的提升。公司在扩大产能的同时，对生产的上游产业进行整合，主要原材料（煤炭、电、盐、石灰石等）都逐渐自行提供，这大大缩减了产品生产成本，降低了公司的经营风险，加大了产品利润空间，很好的保证了公司股东期望回报的实现。

（5）财务状况变化。本次募集资金到位后，对公司的经营和财务状况产生了重大影响，主要体现在如下几个方面：

①对总体财务指标的影响。净资产成倍增长，营业收入增幅超过 50%，利润总额增幅达 10%。此次发行上市后，公司的净资产总额大幅提高，发行后净资产总额达到 1 195 763 503.22 元，比发行前增长 167.78%。净资产规模的扩大将大幅增强公司的抗风险能力和债务融资能力。企业营业收入基本规模决定了其市场份额和市场竞争力，行业竞争力较强的企业通常拥有领先的技术、良好的成本控制、成熟的销售渠道，这些因素有助于提高产品的市场优势和价格竞争力，从而决定了产品的市场占有率。中泰化学在成功 IPO 上市后，积极扩大主要产品的产能和产量，运用较为成熟的销售渠道，带来了营业收入的显著增长。与此同时，公司加快纵向一体化布局步伐，有效地控制了产品的成本，增强了在资本市场中的价格竞争优势，利润总额提升幅度显著。表 3－53 为公司 IPO 前后年度的主要财务数据。

表 3－53　　IPO 前后年度财务状况

项目	发行前（2005 年）	发行后（2006 年）	增幅
归属于上市公司股东的所有者权益（调整后）	443 241 863.18	1 195 763 503.22	169.78%

续表

项目	发行前（2005 年）	发行后（2006 年）	增幅
利润总额（调整后）	120 278 936.96	133 381 046.26	10.89%
营业收入	1 054 620 228.66	1 658 480 599.00	57.26%

②对关键财务比率的影响。公司成功 IPO 上市后，除了在总体财务指标上反映出有利变动，在关键财务比率上也呈现出较好效果。表 3－54 为公司 IPO 前后年度主要财务指标变动情况。

表 3－54　　IPO 前后年度主要财务指标

项目	发行前（2005 年年末）	发行后（2006 年年末）
净资产收益率	31.20%	15.17%
总资产净利率	9.25%	6.72%
总资产周转率	79.31%	89.63%
资产负债率	69.09%	40.61%

从表 3－54 可以看出，IPO 发行后的 2006 年反映企业盈利能力的主要指标：净资产收益率、总资产净利率较 2005 年均下降，这主要是由于公司进行 IPO 的时点为 2006 年年末，融资得到的资金没有足够的时间消化，没有完全转换为产能和利润，而计算指标的分母显著增加，导致了该指标较 2005 年下降。公司总资产周转率从 2005 年的 79.31% 增加到 2006 年的 89.63%，总资产周转率的增强反映了公司资产营运效率的提升。一般来说，总资产周转越快，为公司创造营业收入的能力也就越强。公司进行股权融资后，其资产负债率显著下降，从 69.09% 下降到 40.61%，负债率降低大大地减轻了公司的偿债风险，也提升了公司未来债务融资空间。

③对资本结构的影响。此次首发成功，为公司提供了广阔的资本市场平台，有利于公司进一步融资的实现；公司股票在二级市场流通后，公司股东趋于多元化，有利于公司引入多元化投资主体，获得其带来的管理经验、先进的技术以及广阔的市场渠道，优化公司财务结构和股权结构。同时控股股东的持股比例将稀释，有利于完善公司的法人治理结构。本次首发成功后，公司的股东权益、负债总额占资产总额的比例得到了有效改善，公司不再是以负债为主支撑整个经营运转，这有利于公司的长远发展。本次发行对资本结构的影响如表 3－55 所示。

表 3－55　　本次发行对资本结构的影响

	2005 年 12 月 31 日		2006 年 12 月 31 日	
	金额（万元）	比例（%）	金额（万元）	比例（%）
资产总额	161 578.52	100.00	208 490，24	100.00
负债总额	111 639.54	69.09	84 663.91	40.61
股东权益	49 938.98	30.91	123 826.33	59.39
归属于上市公司股东的股东权益	44 324.19	27.43	119 237.67	57.19

其中，IPO 前后股东权益具体变动情况如表 3－56 所示。

表 3－56　　IPO 前后股东权益具体变动情况　　单位：元

项目	期初数	本期增加	本期减少	期末数
股本	136 000 000.00	100 000 000.00	0	236 000 000.00
资本公积	19 674 424.09	532 834 436.62	0	552 508 860.71
盈余公积	77 021 353.63	27 747 402.95	10 627 781.29	94 140 975.29
未分配利润	210 546 085.46	99 180 750.83	0	309 726 836.29
股东权益	443 241 863.18	759 762 590.40	10 627 781.29	1 192 376 672.29

注：股东权益是指归属母公司所有者的股东权益。

④对现金流量的影响。相比 2005 年，2006 年主营业务成本增幅超过 70%，主要是由于公司新增工程项目建成投产，扩大了聚氯乙烯树脂和离子膜烧碱的产能和产量，相应的投入成本增加。营业费用增加主要是因为生产规模扩大，产品产量的增加，产品的运输及包装费用加大。销售费用增加主要是因为公司生产规模的扩大，员工人数有所增加，管理成本同步上升使各项管理费用的支出增加。财务费用增加主要是由于一期项目投产后，项目建设贷款利息不再资本化。公司本部 2006 年度不再享受购置国产设备投资抵免企业所得税额度的优惠政策，因此，所得税费用增加。公司经营性现金流量净额 2006 年较 2005 年下降了 28%，主要原因是公司 2006 年度应收项目增多，而应付项目减少。公司通过首次公开发行股票筹得募集资金使得筹资活动产生的现金流量增加了 134.02%。现金流量变化如表 3－57 所示。

表 3－57　　现金流量变化　　单位：元

项目	2006 年	2005 年	增减百分比
主营业务成本	1 281 862 330.55	743 588 310.81	72.39%
营业费用	95 173 327.69	77 275 138.97	23.16%

续表

项目	2006 年	2005 年	增减百分比
管理费用	103 778 864.57	80 759 167.61	28.50%
财务费用	28 571 185.03	18 045 479.70	58.33%
所得税费用	9 365 847.25	463 767.21	1 919.51%
经营活动产生的现金流量净额	197 908 396.93	275 490 928.03	-28.16%
投资活动产生的现金流量净额	-491 401 081.76	-495 838 519.04	-0.89%
筹资活动产生的现金流量净额	457 654 862.25	195 561 859.89	134.02%

（二）上市后第一次增发

中泰化学在 2007 年成功地进行了首次公开增发，募集资金总额 100 211万元，净额约 96 993 万元。IPO 上市不到一年，公司上市已经融得了大量资金，公司为什么要在短期内再次进行公开增发融资？我们将从多个角度深入剖析企业当时所处的市场环境和企业自身状态及发展阶段来解答。接着，将介绍中泰化学本次增发的具体准备及发行情况。最后，分析本次增发之后的效果：公司的产能和产量变化、技术升级、市场影响力和品牌效应、股东回报、财务状况和其他隐性福利，等等。

1. 第一次增发的背景

（1）增发前的市场行情和市场前景。

①聚氯乙烯行业。截至 2006 年年末，我国聚氯乙烯树脂产能达到 1 158万吨，2006 年产量达到 824 万吨，预计 2010 年需求将超过 1 000 万吨。进入 21 世纪以来，我国聚氯乙烯树脂需求量增长很快，每年聚氯乙烯树脂都需依赖进口满足需求。

预计未来十年内，国内的聚氯乙烯树脂需求仍将保持快速增长，特别是在建材方面，近几年正处于高速增长期。化学建材产业具有环保、节能等诸多优越性能，一直是国家非常重视的一个新兴产业，在房地产业拉动下，塑料型材、管材产业得到了长足发展。预计 2010 年，我国建筑行业将有 30% 以上新建房屋使用聚氯乙烯门窗，聚氯乙烯排水管的普及率将达到 60%。我国目前聚氯乙烯人均消费量较低（不足发达国家的 1/5），预计 2010 年各种聚氯乙烯建材产品消费将在 2000 年基础上翻两番。

随着我国市场国际化的步伐加大，聚氯乙烯树脂包装材料和管材在水泥、化肥、粮食、食品、饮料、药品、洗涤剂、化妆品等领域都将有广阔的发展空间，其需求量相应大幅度增长。另外，汽车、通讯、交通领域对聚氯乙烯树脂的需求也呈高速增长。据统计和预测，未来几年我国对聚氯乙烯树脂的年需求增长速度在9%以上，聚氯乙烯树脂工业仍有较大的发展空间。

聚氯乙烯树脂产品的需求增加，带动了生产厂家的大规模扩能，聚氯乙烯行业成本和规模决定企业的主要竞争能力，随着供需逐渐平衡和竞争压力的逐渐体现，未来行业内的整合趋势明显，在电石法工艺逐渐占主导的情况下，西部地区企业因其资源、能源优势而保持较强的竞争力。为了进一步稳固其市场竞争地位，西部地区聚氯乙烯企业具有很强的扩张动机，通过健全产业链和扩大生产规模，降低生产成本，使得相关企业具有很强的融资动机。

②烧碱行业。近几年来，随着国内聚氯乙烯树脂等氯碱产品需求的迅速增长，国内氯碱企业开始了新一轮扩建、新建，其他相关行业（冶金、煤碳、纯碱、造纸、塑料等）也纷纷投资氯碱项目。

总体来看，在企业不断扩大规模的基础上，我国烧碱市场一直处于饱和状态，价格相对稳定，波动不大。伴随着国际经济一体化进程的加快，国内市场趋向于国际化，烧碱的出口量将会逐年增加。成本、工艺技术和规模是决定烧碱企业竞争能力的主要因素，西部地区原盐、原煤资源丰富具有明显的成本优势，销售方面随着国内市场的饱和，烧碱产品将逐渐增加出口量。企业规模不断扩大的趋势使得烧碱行业企业的资金需求和融资动机逐渐凸显。

（2）增发前的行业竞争情况。

①聚氯乙烯树脂行业的竞争格局和企业市场份额。聚氯乙烯树脂是世界五大通用材料之一，世界总产量居塑料产量的第二位，主要应用于化学建材、化工、塑料、农业等行业。该行业为完全竞争行业。

进入“十一五”期间，中国聚氯乙烯树脂工业保持了较快的发展速度，其中2005年中国聚氯乙烯树脂产能增长率高达46.4%，其国内消费量增长到787万吨，我国成为世界上最大的PVC消费市场，其中，建筑业对PVC成型产品的需求量占到了总量的70%。2006年，我国PVC产能达到1 448万吨/年，产量971.6万吨/年，生产企业约90多家，平均年生产能力约为10万吨，远低于国际水平。国内生产聚氯乙烯树脂的企业较多，产业集中度低，2006年前十家企业产量占总产量的41.18%。由于该市场行业集中度低且产品差异小，决定了其属于完全竞争性市场。

据中国氯碱网统计，2006年聚氯乙烯树脂产量排名前十位的企业及各自市场份额如表3－58所示。

表 3－58　　2006 年聚氯乙烯树脂产量排名前十位的企业及各自市场份额

名次	企业名称	聚氯乙烯产量（吨）	工艺路线[1]	所在省份	份额[2]
1	天津大沽化工股份有限公司	582 323	乙烯法	天津	7.07%
2	中国石化齐鲁股份有限公司	575 294	乙烯法	山东	6.98%
3	上海氯碱化工股份有限公司	327 192	乙烯法	上海	3.97%
4	宜宾天原股份有限公司	318 080	电石法	四川	3.86%
5	天津乐金大沽化学有限公司	311 660	进口 VCM	天津	3.78%
6	新疆天业股份有限公司	291 970	电石法	新疆	3.54%
7	四川金路集团股份有限公司	264 879	电石法	四川	3.21%
8	台塑工业（宁波）有限公司	258 650	乙烯法	浙江	3.14%
9	新疆中泰化学股份有限公司	236 290	电石法	新疆	2.87%
10	江苏江东化工股份有限公司	229 383	电石法	江苏	2.78%

注：1. VCM 法是指进口氯乙烯单体和二氯丙烷进行加工生产聚氯乙烯树脂的方法，从原料来源方面可归入石油乙烯法；2. 以 2006 年我国聚氯乙烯树脂产量 824 万吨为基数计算；中泰化学数据来源于公司董事会报告，其他公司数据来源于 2006 年中国聚氯乙烯市场研究报告，中国氯碱网。

可以看到，中泰化学 2006 年产量为 23.63 万吨，全国排名第九，市场份额 2.87%，仅占排名第一的天津大沽化工股份有限公司市场份额的 41%，较行业前两位的市场份额还有一定的差距。要在完全竞争的聚氯乙烯行业中脱颖而出，获得更好竞争优势，中泰化学必须扩大产能，这也使得中泰化学资金需求不断提高，迫切地需要通过融资支撑其产能扩张。

②烧碱行业的竞争格局和企业市场份额。进入 21 世纪后，我国烧碱需求呈现了快速增长的态势，2000－2006 年，烧碱表观消费量年均复合增长率约为 14%。产能方面，2006 年产量达到 1 512 万吨，前十家企业产量占总产量的比例约为 21.82%，产业集中度较低。2006 年，我国烧碱企业 220 余家，烧碱产量在 10 万吨以上的企业供应量达到总供给量的一半。2006 年烧碱产量排名前十位的企业及市场份额如表 3－59 所示。

表 3－59　　2006 年烧碱产量排名前十位的企业及市场份额

名次	企业名称	产量（吨）	所在省份	份额[1]
1	中国石化齐鲁股份有限公司	509 075	山东	3.37%
2	天津大沽化工股份有限公司	412 571	天津	2.73%
3	上海氯碱化工股份有限公司	395 320	上海	2.61%
4	巨化集团公司	372 629	浙江	2.46%
5	锦化化工（集团）有限责任公司	303 613	辽宁	2.01%
6	天津渤天化工有限责任公司	280 092	天津	1.85%

续表

名次	企业名称	产量（吨）	所在省份	份额[1]
7	宜宾天原股份有限公司	270 008	四川	1.79%
8	江苏江东化工股份有限公司	264 398	江苏	1.75%
9	山东恒通化工股份有限公司	259 518	山东	1.72%
10	江苏梅兰化工股份有限公司	230 830	江苏	1.53%

注：1. 以2006年我国烧碱产量1 512万吨为基数计算，数据来源为2006年烧碱行业研究报告，中国氯碱网。

2006年，中泰化工离子膜烧碱产量为20.52万吨，在全行业总产量中排名第15位，在离子膜烧碱企业中排名第8位。2007年1－6月，离子膜烧碱产量为12.28万吨，产量在全行业排名第10位。国内氯碱行业较聚氯乙烯行业产业集中度更低，生产企业产能差异不大，使得中泰化学在行业中竞争优势不明显，获取更有利的竞争地位，扩大生产规模是关键。目前，公司离子膜烧碱产能为23.9万吨/年，本次募集资金投资项目后，离子膜烧碱产能将达到33.9万吨/年，生产规模扩大约42%。本次融资能够帮助中泰化学有效提升产能，扩大在行业中的竞争优势。

③公司所处竞争地位。公司地处新疆，主要的竞争对手是新疆天业，新疆天业的主营业务为化工产品、塑料制品的生产和销售等。2006年年末，新疆天业聚氯乙烯树脂年生产能力达到302万吨，离子膜烧碱生产能力达到26万吨。

华东和华南市场是国内聚氯乙烯树脂的主要消费市场，表观消费量占到总消费量的55%，而当地产能不足，存在较大供应缺口，中泰化学凭借成本和品质优势在华东和华南地区已形成一定的影响力。近三年来，公司主要产品聚氯乙烯树脂在国内的市场份额逐步上升，从公司所在地区来看，其所占市场份额较大，都在70%－80%。

公司的烧碱产品主要在新疆、西北其他地区、中亚和俄罗斯市场销售，国内市场份额保持在0.9%左右，2006年由于产能扩大，市场份额上升至0.94%。2005年和2006年，由于公司扩大了离子膜烧碱在中亚五国、俄罗斯等市场的销售导致新疆地区的市场占有率有所下降。中亚市场烧碱供应缺口较大，目前主要是从俄罗斯进口，且公司有一定的优势，市场竞争压力不大。从表3－60可以看出，中泰化学处于持续扩张期，销售市场的扩展，市场份额的提升，对产能的要求也不断提高，产能的提高是中泰化学不断开拓国内市场发展国外市场的基础，因此需要更多的资金支持。

表 3－60　　　　　中泰化学市场份额情况

产品	市场	2006 年	2005 年	2004 年
聚氯乙烯树脂	疆内市场	83.59%	72.80%	75.90%
	国内市场	2.80%	1.70%	1.80%
离子膜烧碱	疆内市场	70.67%	75.00%	80. 00%
	国内市场	0.94%	0.90%	0.90%

注：1. 地区市场占有率＝中泰化学在该地区销售量÷地区总消费量；2. 疆内市场数据来源于新疆维吾尔自治区经济贸易委员会。

（3）增发前的政策情况。中泰化学所处行业为化学工业中的氯碱行业，主要产品为聚氯乙烯树脂和烧碱。行业管理基本的体制为：国家发改委制定指导性产业政策，由中国氯碱工业协会作为政府和企业之间的桥梁，通过信息咨询、技术经验交流等形式，贯彻国家发展氯碱工业的政策，同时及时反映企业的需求，维护企业的合法利益。

2005 年 12 月，我国颁布实施了《产业结构调整目录》，其中提出要鼓励节能、环保项目、年产 20 万吨以上的乙烯氧氯化法聚氯乙烯新（扩）建项目、“三废”综合利用项目等；限制新建年产 20 万吨以下的乙烯氧氯化法聚氯乙烯项目、新建年产 12 万吨以下的电石法聚氯乙烯项目、新建 15 万吨以下烧碱项目等；淘汰石墨阳极烧碱生产工艺、水银法烧碱工艺等。

国家对新建聚氯乙烯以及烧碱项目的产能限制，使得公司单次产能扩张规模更大，对资金的需求量也更大，通过资本市场进行大规模融资成为中泰化学获取资金支持的必然选择。

（4）增发时企业的发展情况。

①增发前公司股东及控股情况。在本次增发前，公司总股本为 236 000 000 股，其中，人民币普通股为 100 000 000 股，有限售条件股份 126 000 000 股。公司前十名股东及其持股情况如下：其中，中国化工新材料总公司持有公司 23.05% 的股份，是公司的控股股东。公司前十股东所持股权占总股权的 64.18%，占绝大部分；公司控股股东中国化工新材料总公司所持股权是第二大股东乌鲁木齐环鹏有限公司及新疆三联投资集团有限公司的两倍还多，且乌鲁木齐环鹏有限公司是中泰化学的重要供应商。因此，通过增发新股的方式进行融资，对主要股东对公司的控制力不会产生重大影响，且对公司控股股东的控股地位影响最小。具体如表 3－61 所示。

表 3－61　　中泰化学前十名股东及其持股情况

序号	股东名称	期末持股数（数）	持股比例（%）	股份性质	股份限售情况
1	中国化工新材料总公司	40 800 000	17.29%	国家股	有限售条件
2	乌鲁木齐环鹏有限公司	25 000 000	10.59%	国有法人股	有限售条件
3	新疆三联投资集团有限公司	25 000 000	10.59%	法人股	有限售条件
4	新疆化工（集团）有限责任公司	13 600 000	5.76%	国家股	有限售条件
5	新疆维吾尔自治区技术改造投资公司	11 000 000	4.66%	国有法人股	有限售条件
6	乌鲁木齐国有资产经营有限公司	10 000 000	4.24%	国家股	有限售条件
7	新疆中原富海投资有限公司	9 000 000	3.81%	法人股	有限售条件
8	中国工商银行—易方达价值成长混合型证券投资基金	5 963 581	2.53%	法人股	无限售条件
9	中国工商银行—招商核心价值混合型证券投资基金	5 731 372	2.43%	法人股	无限售条件
10	中信银行—招商优质成长股票型证券投资基金	5 376 225	2.28%	法人股	无限售条件

中泰化学控股子公司有 5 家，均为与公司生产、销售有关的企业，基本情况如表 3－62 所示。

表 3－62　　截至 2006 年中泰化学控股子公司情况一览表

公司名称	成立时间	注册资本和实收资本（万元）	持股比例（%）	主要业务
华泰公司	2004 年 1 月	90 000	98.33	聚氯乙烯树脂、烧碱的生产和销售
博达焦化	2002 年 10 月	3 000	66.67	电石、焦炭的生产与销售
托克逊盐化	2002 年 12 月	500	94	工业用盐开采及销售
新疆中化建	2000 年 3 月	300	83	化工产品的进出口贸易
奇台矿产	2005 年 3 月	300	66.67	采矿权证正在办理中，尚未从事经营活动

本次融资前，中泰化学主要子公司涉及原材料的生产销售以及主要产品的生产和销售，涉及聚氯乙烯和烧碱产业链的上游和下游。2000 年以来，中泰化学一直通过收购子公司来健全自身产业链，上市前已经出具成

效，但在原材料和产品生产环节还相对薄弱，为了提升自身竞争力，进一步收购相应子公司或扩大其生产规模很必要。相应的，中泰化学也需要通过资本市场进行大量融资。

②增发前公司主要业务情况（见表3－63至表3－65）。

表3－63　　主营业务收入产品构成　　单位：万元

项目	2007年1－6月	2006年		2005年		2004年
	金额	金额	增长率	金额	增长率	金额
聚氯乙烯树脂	84 074.17	129 756.26	62.03%	80 079.91	2.94%	77 792.15
氯碱类产品	23 212.15	33 343.41	47.09%	22 668.68	16.26%	19 349.54
其他	1 071.25	2 196.84	17.23%	1 874.00	－41.40%	3 197.96
合计	108 357.57	165.296.51	57.99%	104 622.59	4.11%	100 488.65

注：1. 氯碱类产品为离子膜烧碱和盐酸、次氯酸钠等其他氯产品，以离子膜烧碱为主。下同。2. 其他主要包括焦炭销售收入和商业收入。

表3－64　　销售区域的构成情况

地区分布	2007年1－6月		2006年度		2005年度		2004年度	
	金额（万元）	占主营业务收入比例	金额（万元）	占主营业务收入比例	金额（万元）	占主营业务收入比例	金额（万元）	占主营业务收入比例
疆内	31 974	29.51%	46 174	27.93%	41 318	3 949%	44 266	44.04%
华南	16 074	14.83%	37 573	22.73%	25 204	24.09%	14 940	14.87%
华东	35 868	33.10%	60 016	36.31%	28 040	26.80%	35 393	35.22%
西北	3 071	2.84%	7 513	4.54%	4 698	4.49%	2 511	2.50%
华中	2 125	1.196%	4 115	2.49%	2 124	2.03%	2 081	2.07%
华北	3 278	3.02%	778	0.47%	356	0.34%	89	0.09%
西南	212	0.20%	94	0.06%	726	0.69%	493	0.49%
国外	15 756	14.54%	9 034	5.47%	2 156	2.06%	717	0.71%
合计	108 358	100.00%	165 297	100.0%	104 623	100.0%	100 489	100.00%

表3－65　　中泰化学主要产品生产能力和产量情况表　　单位：万吨

产品类别	2007年1－6月		2006年		2005年		2004年	
	产能	产量	产能	产量	产能	产量	产能	产量
聚氯乙烯树脂	25.9	15.48	25.9	23.63	13.9	14.06	13.9	11.75
离子膜烧碱	23.9	12.28	23.9	19.69	13.9	12.94	13.9	11.10

注：1. 各期产能是指各期末所达到的年产能；2. 公司生产过程中自用少量烧碱，所列产量已扣除自用部分。

2004 年以来，中泰化学主要产品营业收入呈高速增长趋势，2007 年上半年营业收入总额已经超过 2005 年的全年总额，中泰化学业务的快速增长需要产能和产量相匹配。

中泰化学生产的聚氯乙烯树脂在 2003 年以前主要在新疆地区销售，2004 年产能扩大后，主要销售区域逐渐向华东、华南等需求量较为集中的市场发展。2006 年，公司聚氯乙烯树脂在华南、华东市场的销售量占总销售量的比例超过 70%。公司生产的离子膜烧碱目前仍以新疆地区为主，2004 年产能扩大后，向新疆地区以外的市场销售比例开始扩大。2006 年离子膜烧碱在西北其他地区、华东等地的销售量占总销售量的 24% 以上。中泰化学主营业务主要增长点在华北地区和国外，对于地处新疆腹地的中泰化学来说，最大的挑战是销售端，为匹配这两个区域的业务增长，针对这两个区域的销售端的投入也需要大幅增加。

公司在 2004 年年末聚氯乙烯树脂和离子膜烧碱产能都已达到 13.9 万吨/年，2005 年 4 月，公司开始通过新疆华泰重化工有限责任公司实施了一期项目，即 12 万吨/年聚氯乙烯专用树脂配套 10 万吨/年的离子膜烧碱项目，该项目已于 2006 年 4 月建成投产，目前，公司已形成年产 25.9 万吨/年聚氯乙烯树脂、23.9 万吨/年离子膜烧碱产能。而 2007 年中泰化学聚氯乙烯和烧碱的产能没有增加，以 2007 年上半年的产量来看，中泰化学目前的产能已经无法满足其业务扩张的需求，扩大产能已经迫在眉睫，对资金的需求也更为迫切。加之销售端投资的增加，公司有必要通过资本市场进行大量融资。

③增发前公司财务情况。本次增发前三年公司资产负债情况如表 3 - 66所示。

表 3 - 66　　增发前中泰化学资产负债情况　　单位：万元

项目	2007 年 6 月 30 日	2006 年 12 月 31 日	2005 年 12 月 31 日	2004 年 12 月 31 日
资产总额	2 548 45.17	2 084 90.25	161 578.52	102 264.96
负债总额	1 262 89.78	84 663.91	111 639.54	64 543.16
所有者权益	1 285 55.39	1 192 37.67	44 324.19	33 888.39

2004 年以来，中泰化学所有者权益飞速增长，主要增长发生在 2006 年，主要原因是 2006 年公司在中小板上市，获得大量权益融资，增加了公司所有者权益。同时，公司负债总额也快速增长，中泰化学在几年间还进

行了债务融资，两种融资在同一时期的集中运用，体现出本次增发前中泰化学已经存在旺盛的融资需求。

本次增发前三年公司经营业绩和经营现金流情况如表 3－67 所示。

表 3－67　　增发前中泰化学经营绩效和现金流情况　　单位：万元

项目	2006 年度	2005 年度	2004 年度
主营业务收入	1 652 96.51	104 622.59	100 488.65
主营业务利润	35 898.69	29 450.03	27 477.23
利润总额	13 338.10	12 027.89	13 534.91
净利润	12 430.04	12 200.69	13 392.22
经营活动产生的现金流量净额	25 731.44	27 549.09	26 433.05

从表 3－67 可以看出，2006 年上市之前，公司经营绩效和现金流量变化不大，2006 年上市之后，公司主要经营指标和现金流发生质变，增长了近 10 倍。来自资本市场的资金帮助公司经营有了质的提升，为了进一步提升公司经营绩效，公司有必要通过资本市场进行进一步融资。

本次首发前三年公司主要财务指标如表 3－68 所示。

表 3－68　　增发前中泰化学主要财务比率情况

项目	2006 年度	2005 年度	2004 年度
流动比率	0.64	0.30	0.69
速动比率	0.54	0.23	0.52
资产负债率（%）	40.61	62.97	64.21
应收账款周转率（次）	38.63	16.26	16.97
存货周转率（次）	19.69	10.48	10.17
每股经营活动现金流量（元）	0.84	2.03	1.94
每股净现金流量（元）	0.70	－0.18	0.34
每股收益（元）	0.86	0.90	0.98
净资产收益率（全面摊薄）（%）	10.42%	27.53%	39.52%

从表 3－68 可以看出，由于 2006 年上市进行权益融资，公司短期偿债能力和长期偿债能力有所提高。但是流动比率小于 1，低于适宜值，速动比率在 0.5 左右，比较适中，资产负债率还是偏高，公司短期偿债能力和长期偿债能力还是相对较低。因此，一方面，由于偿债能力偏低，公司很难通过债权融资方式融得资金，想获得大量资金，只能运用股权融资形式；另一方面，公司本次增发融资将进一步改善公司资本结构，提升中泰化学短期和长期偿债能力，为以后债权融资做准备，有助于延长公司融资生命周期。

同时，在外部融资资金支持下，公司产能和技术都得到了很大提升，公司整体经营效率得到很大提高，本次增发前，中泰化学经营能力已经有很大提升，有助于中泰化学通过本次增发从资本市场融得更多资金。

由于2006年上市后公司股本数发生巨大变化，2006年每股指标与以前年度没有可比性，从相关指标数值的变化不能看出公司基本面的变化。

本次增发前三年公司资产结构如表3－69所示。

表3－69　　增发前中泰化学资产结构　　单位：万元

项目	2007年6月30日		2006年12月31日		2005年12月31日		2004年12月31日	
	金额	占比	金额	占比	金额	占比	金额	占比
流动资产	48 077.94	18.87%	45 455.78	21.80%	25 910.20	16.04%	34 278.20	33.52
长期投资	1 604.06	0.63%	632.18	0.30%	780.00	0.48%	387.59	0.38%
固定资产	136 102.94	53.41%	161 056.47	77.25%	133 102.76	82.38%	66 563.59	65.09%
无形资产及其他资产	69 060.23	27.10%	1 345.82	0.64%	1 785.56	1.10%	1 035.58	1.01%
资产总计	254 845.17	100%	208 490.25	100.00%	161 578.52	100.00%	102 264.96	100.00%

公司2007年6月30日，资产结构与期初相比，除由于新疆华泰重化工有限责任公司一期技改项目增加在建工程34 103.93万元、工程物资7 246万元，导致在建工程和工程物资占总资产的比例上升，其他资产比例相对下降，整体资产结构变化不大。

公司2006年12月31日与2005年12月31日资产结构相比有较大变化，2005年12月31日资产结构与2004年12月31日相比亦有较大的变化。上述变化的主要影响因素是报告期内新疆华泰重化工有限责任公司一期项目建设的投资进度。公司2006年12月31日流动资产占总资产比例由2005年12月31日的16.04%上升至21.80%；固定资产占总资产的比例从2005年12月31日的82.38%减少至77.25%。主要原因是新疆华泰重化工有限责任公司一期项目于2006年4月建成投产后，公司聚氯乙烯树脂产能由之前的13.9万吨/年扩大到25.9万吨/年，烧碱产能由之前的13.9万吨/年扩大到23.9万吨/年，公司产品产销两旺，聚氯乙烯树脂和烧碱的产销率保持在98%以上。因此，随着销售收入和营运资金的大幅增长，公司流动资产增幅超过了固定资产的增幅：流动资产较2005年12月31日增加19 545.58万元，增幅为75.44%；固定资产较2005年12月31日增加27 953.71万元，增幅21%。

公司2005年12月31日流动资产占总资产的比例从2004年12月31日的33.52%减少至16.04%；固定资产占总资产的比例从2004年12月31

日的65.09%增加至82.38%。主要原因是：新疆华泰重化工有限责任公司一期项目在建工程增加61 094万元，工程备料增加6 897万元，因此固定资产增加较多；流动资产较2004年12月31日减少8 368万元。公司2005年12月31日较2004年12月31日流动资产降低的主要原因是：由于新疆华泰重化工有限责任公司一期项目建设使货币资金减少3 778.03万元；2005年，由于电石供应已较为稳定可靠，因此确定了更为合理的库存量，2005年，公司聚氯乙烯树脂和烧碱的产销率分别达到了101.08%、101.75%，销售了2004年的部分产成品，原材料及产成品的下降使存货降低2 749.09万元；公司为了加快新疆华泰重化工有限责任公司一期项目建设，在产品市场较好的情况下充分发挥公司信誉优势、产品的质量、产品价格优势加强了销售回款控制工作，效果较为明显，使应收账款减少2 427.64万元。

总体来看，公司上市之后到本次增发前，由于大量固定资产投资，公司流动资产占总资产的比例有所下降，且由于大量在建项目的上马，固定资产占总资产的比例也下降了，公司在这一时期进行大量项目的投入建设，需要更多资金的支持，外部融资需求也因此增加。

本次首发前三年公司负债构成如表3-70所示。

表3-70　　增发前中泰化学负债构成　　单位：万元

项目	2007年6月30日		2006年12月31日		2005年12月31日		2004年12月31日	
	金额	占比	金额	占比	金额	占比	金额	占比
流动负债	95 795.27	75.85%	70 558.77	83.34%	87 604.54	78.47%	49 743.67	77.07%
其中：短期借款	26 000.00	20.59%	19 000.00	22.44%	23 845.00	21.36%	12 645.00	19.59%
应付票据	4 000.00	3.17%	2 000.00	2.36%	2 000.00	1.79%	—	—
应付账款	43 426.03	34.39%	33 777.39	39.90%	44 390.61	39.76%	22 249.43	34.47%
预收账款	16 951.70	13.42%	6 887.05	8.13%	9 949.90	8.91%	10 685.63	16.56%
长期负债	30 494.52	24.15%	14 105.14	16.66%	24 035.00	21.53%	14 799.49	22.93%
其中：长期借款	29 400.00	23.28%	14 000.00	16.54%	23 000.00	20.60%	14 300.00	22.16%
负债合计	126 289.78	100.00%	84 663.91	100.00%	111 639.54	100.00%	64 543.16	100.0%

2007年6月30日，公司负债以流动负债为主，占负债总额的75.85%，其中，主要由短期借款和应付账款构成，两者合计占流动负债总额的72.49%。公司长期负债主要是长期借款，为29 400万元，占负债总额的23.28%，主要是公司利用银行贷款进行新疆华泰重化工有限责任公司一期技改建设所致。

公司2007年6月30日流动负债占负债总额的比例从期初的83.34%下降到75.85%，非流动负债占负债总额的比例从16.66%上升到24.15%。主要原因是随着新疆华泰重化工有限责任公司一期技改项目的建设投资相应增加了长期借款所致。公司2006年12月31日与2005年12月31日相比，流动负债占总负债的比例从78.47%上升至83.34%，而长期负债占总负债的比例从21.53%下降至16.66%。主要原因是：公司于2006年12月首次公开发行股票募集资金到位后，归还了新疆华泰重化工有限责任公司一期项目贷款35 221.60万元。

2005年12月31日和2004年12月31日相比，公司除预收账款占负债总额的比例从16.56%下降至8.91%，下降比较明显外，负债结构变化不大。

公司2007年6月30日较2007年1月1日负债总额增长41 625.87万元，增长率为49.17%，主要原因是：新疆华泰重化工有限责任公司一期技改项目长期借款额增加15 400万元，占总负债增长额的37%；公司经营业绩良好，产品供不应求，由此导致预收账款大幅增加10 064.65万元，占总负债增长额的24.18%；公司产品销售增长使公司对原材料的采购增长，以及由于公司投入资金进行新疆华泰重化工有限责任公司一期技改项目建设，使应付工程款和应付设备采购款增加，由此导致应付账款增加9 648.64万元，占总负债增长额的23.18%。

公司2006年12月31日较2005年12月31日负债减少的主要原因：随着新疆华泰重化工有限责任公司一期项目的完工和募集资金的到位，公司归还了项目借款35 221.60万元，偿付应付项目款项9 517.63万元。公司2005年12月31日较2004年12月31日负债增长的主要原因：随着新疆华泰重化工有限责任公司一期项目的建设，应付账款、短期借款及长期借款也大幅增长，增长额分别占总负债增长额的47.01%、23.78%、18.47%。

2006年，公司通过首次公开发行股票有效降低了公司偿债压力，公司首次公开发行股票募集资金净额63 233.50万元，由于募集资金拟投资项目已于2006年4月建成投入生产，募集资金到位后，及时归还了该项目银行贷款及应付款项。因此从根本上完善了公司的财务结构，降低了偿债压力。2006年首发募集资金到位后，母公司资产负债率由2005年12月31日的62.97%降至2006年12月31日的31.12%，流动比率由2005年12月31日的0.30上升至2006年12月31日的0.64，但流动比率与同行业上市公司相比仍然偏低。

公司资产负债率大幅下降，但流动比率仍然偏低的具体原因：2006 年 12 月，公司首次公开发行股票募集资金净额 63 233.50 万元，及时归还了该项目银行贷款及应付款项，使公司资产负债率大幅降低，公司长期偿债能力增强，流动比率也大幅提高。但是，由于 2006 年 11 月公司开始建设本次募集资金项目，截至 2006 年 12 月 31 日已累计形成在建工程 10 006.67万元。其中，自有资金投资 2 549.55 万元，短期借款投资 5 000 万元，应付工程款 2 457.12 万元，导致资产结构中流动资产相对减少，负债结构中流动负债相对增加，与同行业上市公司相比，流动比率仍然相对偏低，存在一定的短期偿债压力。

新项目的投入建设带来的巨大的短期偿债压力和较低的偿债能力水平，使得中泰化学不得不通过资本市场股权融资来保证项目的继续进行。

2. 第一次增发的情况

（1）增发的准备过程。公司在 2006 年 11 月 24 日采取网下向询价对象询价配售与网上资金申购定价发行相结合的方式向社会公开发行中泰化学民币普通股 10 000 万股，每股发行价 6.60 元，共募集资金 66 000.00 万元，扣除发行费用，实际募集资金净额为 63 233.50 万元，该募集资金已于 2006 年 12 月 1 日全部到位。董事会按照《首次公开发行股票招股说明书》承诺向新疆华泰重化工有限责任公司增资 6 亿元，归还一期项目建设贷款以及应付款项，剩余资金用于补充公司流动资金。截至 2007 年 6 月 30 日，该次募集资金已使用完毕。募集资金使用情况如表3 -71所示。

表 3 -71　　募集资金使用情况一览表　　单位：万元

投资项目	承诺投资情况		实际使用情况			实际投资与承诺投资的差异额
	投资额	预计完工时间	投资额	完工程度	完工时间	
向华泰公司增资 6 亿元，建设一期项目	60 000.00	2006 年	60 000.00	100%	2006 年	0.00
补充公司流动资金	3 233.50		3 233.50	100%		0.00
合计	63 233.50		63 233.50	100%		0.00

经过公司 2007 年 5 月 15 日召开的 2007 年第一次临时股东大会审议通过，且经中国证监会证监发行字［2007］409 号文核准，在境内发行 3 243 万股面值为 1.00 元的人民币普通股（A 股）。

（2）发行情况。2007 年 12 月，经过海通证券股份有限公司的保荐，中泰化学进行首次公开发行股票，发行前公司总股本 236 000 000 股，此次拟发行 3 243 000 000 股，发行后总股本 3 479 000 000 股，增发前后总股本及股权结构如表 3－72 所示。

表 3－72　　　　增发前后总股本及股权结构

股份类别	增发前		本次增发增加	增发后	
	数量（股）	比例%		数量（股）	比例%
一、有限售条件的流通股股份					
1. 国家持股	64 400 000	27.29%	—	64 400 000	20.38%
2. 国有法人持股	36 000 000	17.60%	—	36 000 000	11.39%
3. 境内法人持股	34 950 000	14.81%	—	34 950 000	11.06%
4. 境内自然人持股	650 000	0.28%	—	650 000	0.21%
有限售条件的流通股	136 000 000	57.63%	—	136 000 000	43.04%
合计					
二、无限售条件的流通股份					
A 股	100 000 000	42.37%	80 000 000	180 000 000	56.96%
无限售条件的流通股合计	100 000 000	42.37%	80 000 000	180 000 000	56.96%
三、股份总数	236 000 000	100%	80 000 000	316 000 000	100%

①发行对象。本次发行股权登记日收市后登记在册的中泰化学 A 股股东，以及在深圳证券交易所开立 A 股股票账户的境内自然人、法人和证券投资基金以及符合中国证监会规定的其他投资者（国家法律、法规禁止购买者除外）。

②发行股票的价格、发行数量、限售期。

第一，发行股票的种类和面值。本次发行的股票种类为境内上市人民币普通股（A 股），每股面值为人民币 1.00 元。

第二，发行方式。这次公开发行 A 股采取向原股东优先配售和网上、网下定价发行相结合的方式进行。网上发行由保荐人海通证券股份有限公司通过深圳证券交易所交易系统进行，网下发行由海通证券股份有限公司负责组织实施。

本次发行向公司原股东优先配售，公司原股东最大可根据其股权登记日 2007 年 12 月 19 日（T－1 日）的持股数量，按照 10∶0.5 的比例行使优先认购权，即最多可优先认购股份合计为 1 180 万股，占本次增发实际最高发行数量的 36.39%。公司原股东放弃的以及未获配售的优先认购权部分纳入剩余部分按照网下发行公告的规定进行发售。参与网下认购的机构

投资者最低认购股数为 50 万股，超过 50 万股的必须是 10 万股的整数倍。每个机构投资者网下申购的申购数量（不含优先认购权部分）上限为 1 945.8万股（此次增发实际最高发行数量的60%），网上、网下申购数量合计（含优先认购权部分）上限为 3 243 万股。公司原股东中，有限售条件股东须通过网下申购行使优先认购权，申购数量最低为 1 股，最高不超过其股权登记日持有数量乘以优先认购比例 0.05（计算结构只取整数部分）。参加网下申购的机构投资者若同时是原股东中的无限售条件股东，其行使优先认购权部分的申购必须以网上申购的方式进行。

本次发行网上、网下预设的发行数量比例为 40%∶60%。如获得超额认购，则除去公司原股东优先认购权部分的有效申购获得足额配售外，中泰化学和保荐人（主承销商）将根据本次增发投资者的认购情况，对网上、网下预设发行数量进行双向回拨，以实现网下申购的配售比例与网上配售比例趋于一致。

公开增发将面对机构投资者和资本市场投资者，最大的特征就是融资量大，融资能力强，一般情况下，上市公司会选择股价处于高位的时期进行公开增发融资。从中泰化学历年股票市场表现看，2007 – 2008 年上半年既是中国资本市场繁荣时期，也是中泰化学股价持续高位的时期，这也是中泰化学选择在 2007 年年底进行公开增发融资的原因。

第三，发行价格。发行价格通过计算招股说明书公告日前 20 个交易日公司股票收盘价的算术平均值得出，发行价格为 30.90 元/股，由此计算募集资金共 100 211 万元，扣除发行费用，预计募集净资金额约 96 993 万元。

定价原则：各方同意公司按照西安正衡资产评估有限责任公司西正衡评报字［2007］020 号《新疆华泰重化工有限责任公司企业价值评估报告书》的评估结果对其进行增资，该评估结果以 2006 年 12 月 31 日为基准日，股东全部权益价值为 111 244.00 万元，扣除 2006 年度 4 430.76 万元利润分配后，净资产值为 106 813.24 万元，折合每股净资产为 1.1868 元，因此，增资额按 1.1868∶1 的比例折为新疆华泰重化工有限责任公司注册资本 77 488 万元。

增资原则：本次增发其他股东同意公司运用 2007 年增发新股募集所得资金增资至新疆华泰重化工有限责任公司，根据新疆华泰重化工有限责任公司一期技改项目投资规模，拟增资人民币 92 211 万元。为确保一期技改项目顺利进行，在 2007 年内，其他股东同意公司另筹资金或其寻找其他投资方或其他股东以自筹资金对新疆华泰重化工有限责任公司增资，2007 年

12 月 31 日前，同意所增资金额按 1∶1.1868 比例折为新疆华泰重化工有限责任公司注册资本。增资后，资金全部用于新疆华泰重化工有限责任公司一期技改项目建设。

第四，发行数量。本次发行数量不超过 3 243 万股。实际发行股票数量 3 243 万股。

第五，限售期。由于本次发行属于公开发行，所增发股权不存在限售期。

第六，募集资金总量。经中国证监会证监发行字［2006］124 号文核准，公司 2006 年 11 月 24 日采用网下向询价对象询价配售与网上资金申购定价发行相结合的方式向社会公开发行中泰化学普通股 10 000 万股，每股发行价 6.60 元，共募集资金 66 000.00 万元，扣除发行费用计 2 766.50 万元后，实际募集资金净额为 63 233.50 万元，该募集资金已于 2006 年 12 月 1 日全部到位，并经立信会计师事务所（原上海立信长江会计师事务所）以信长会师报字（2006）第 11499 号《验资报告》验证确认。

本次募集资金投向项目与公司主营业务密切相关，符合国家产业政策。募集资金用于控股子公司新疆华泰重化工公司聚氯乙烯专用树脂配套离子膜烧碱工厂一期技改以及公司流动资金补充。该项目已于 2006 年 12 月 28 日经新疆维吾尔自治区经济贸易委员会以新经贸技备［2006］082 号文同意并备案。为快速扩大公司产能，强化公司竞争优势，促使募集资金投资项目尽早发挥经济效益，新疆华泰重化工有限责任公司已在本次募集资金到位前，自行筹集资金现行投资建设本次募集资金投资项目，该项目已于 2006 年 11 月动工建设。本次增发募集资金到位后，将用于该项目的后续建设以及归还银行贷款、置换先期投入自有资金，如所筹资金不能满足规划中项目资金需求，不足部分由新疆华泰重化工有限责任公司或公司自行解决。

3. 第一次增发后的效果

（1）产能、产量。新疆华泰重化工有限责任公司 12 万吨/年聚氯乙烯专用树脂配套 10 万吨/年离子膜烧碱工程技改项目已于 2007 年 12 月建成投产。按增发招股说明书中预计的年营业收入计算，截至 2009 年 6 月 30 日，该项目累计收入应为 147 422.40 万元，实际实现营业收入 154 359.74 万元，超过增发招股说明书中预计的营业收入。按增发招股说明书预计的年收益计算，截至 2009 年 6 月 30 日，该项目累计收益应为 18 079.65 万元，实际实现收益 9 352.22 万元，与预计金额存在偏差，主要是因为：2008 年四季度，由于金融危机影响，国际原油价格持续下跌，国内房地产

行业等出现萎缩，引起聚氯乙烯树脂市场价格急剧下跌，短时间内下跌最高幅度接近 47.5%，公司聚氯乙烯树脂产品成本与市场价格形成倒挂；2008 年 10 月 -12 月份，公司平均按 70% 的负荷组织生产，产品产量受到一定影响；2009 年 1 -6 月份，随着下游行业的回暖，聚氯乙烯树脂价格开始回升，公司于 2009 年 1 月 16 日恢复满负荷生产，该项目实现了扭亏为盈；上述因素导致公司 2008 年四季度聚氯乙烯树脂产品销售价格低于生产成本、2009 年 1 -6 月，产品利润率低，影响该项目预期收益的实现。

新疆华泰重化工有限责任公司一期技改项目 2008 年 1 -2 季度实现营业利润 0.72 亿元，3 季度实现营业利润 0.24 亿元。按一期项目和一期技改项目的产量分配计算，2008 年 1 -3 季度一期技改项目实现营业利润 0.96 亿元，完成预计收益的 106%；2008 年 4 季度受金融危机的严重影响，引起聚氯乙烯树脂市场价格的急剧下跌，聚氯乙烯树脂产品销售价格低于生产成本，使一期技改项目营业利润出现亏损 0.22 亿元，影响了 2008 年全年收益的实现。2009 年上半年，聚氯乙烯树脂市场价格开始回升，该项目扭亏为盈，实现营业利润 0.20 亿元，但产品利润率较低，使得本期未能完成预计收益。

（2）技术升级。该项目引进了螯合树脂塔系统（包括树脂捕集器、喷射泵或混合器以及程控阀）、电解槽及其附件、离子膜、降膜蒸发器、碱换热器用 Ni201 材料、降膜浓缩器、熔盐加热炉系统（包括烧嘴和控制系统）、熔盐泵、熔盐阀和熔盐管，熔融碱阀和熔融碱管、片碱机及附属特殊设备、自动包装称、自动码垛机及附属特殊设备、部分特殊仪表，在线分析仪等设备。

（3）市场影响力和品牌效果。凭借公司的成本优势，公司聚氯乙烯树脂在华东、华南市场的销量还有较大的增长潜力。目前，公司在华东、华南市场已发展、培育了一批富有市场开拓意识的经销商，市场营销网络也已初步建立，产品质量得到了当地客户的认可，并树立了良好的市场形象。公司将以此为基础，进一步强化与现有经销商的合作关系，提高经销商对公司的忠诚度和经销中泰化学产品的积极性，以逐步扩大公司聚氯乙烯树脂的销量。同时，公司计划在上述区域不断发展新的经销商，逐步扩大公司营销网络的覆盖面。另外，公司还将利用良好的市场形象和已经建立的销售渠道，大力开拓聚氯乙烯树脂终端消费用户，包括但不限于管材、薄膜、门窗型材、皮革制品等生产厂家。

公司利用新疆距离中亚五国较近的地理优势，积极发展向中亚五国的烧碱出口业务，公司烧碱出口发展势头良好，出口量由2004年的1.81万吨增加到2006年的3.55万吨，目前已初步建立起市场网络。来自中亚科研经济信息网的有关资料显示，每年约有80万吨的烧碱需求基本依赖从俄罗斯等国进口，仅乌兹别克斯坦在石油开采、造纸、棉纺等工业的用碱量就高达20余万吨。公司烧碱产品在价格、品质等方面与俄罗斯等国产品相比具有优势，在目前的市场基础上，发挥地缘优势，进一步加强市场开拓力度，预计公司烧碱出口量将稳步上升。本次募集资金投资项目正常投产后，公司在烧碱出口方面新增销量2万吨，主要面向中亚五国、俄罗斯出口。

总而言之，在完成此次投资项目的建设后，公司在行业中的地位进一步提高，规模效益进一步显现，市场竞争能力和抗风险能力进一步增强。

（4）产业链。从表3－73可以看出，2007年底与2006年底相比中泰化学子公司增加了两个，均为销售方面的公司。由此可以看出，在公司通过资本市场资金扩大产能的同时，公司对销售口的建设也在加强，产业链中，下游销售链条已经不断健全，这对中泰化学扩大市场影响力，提高市场份额将有很大帮助。同时，我们发现，新增的两家子公司均为非合并方式成立的，及中泰化学通过从资本市场融得资金新建子公司，以完善自身产业链。可见，本次增发融资对中泰化学完善产业链有重大作用。

表3－73　　截至2007年中泰化学控股子公司情况一览表

公司名称	成立时间	注册资本和实收资本（万元）	持股比例（%）	主要业务
华泰公司	2004年1月	90 000	98.33	聚氯乙烯树脂、烧碱的生产和销售
博达焦化	2002年10月	3 000	66.67	电石、焦炭的生产与销售
托克逊盐化	2002年12月	500	94	工业用盐开采及销售
新疆中化建	2000年3月	300	83	化工产品的进出口贸易
奇台矿产	2005年3月	300	66.67	采矿权证正在办理中，尚未从事经营活动
中泰矿冶	2007年6月	500	100	化工产品销售
中鲁矿业	2007年6月	500	100	石灰销售

（5）股东回报。中泰化学本次增发上市，为其股东带来了高额的回报。

首先，从一级市场参与股票申购的股东角度看，本次发行股票的发行价格为30.90元/股。

其次，从二级市场来看，中泰化学本次增发后，其股价与大盘走势之间的关系如图3－59所示。

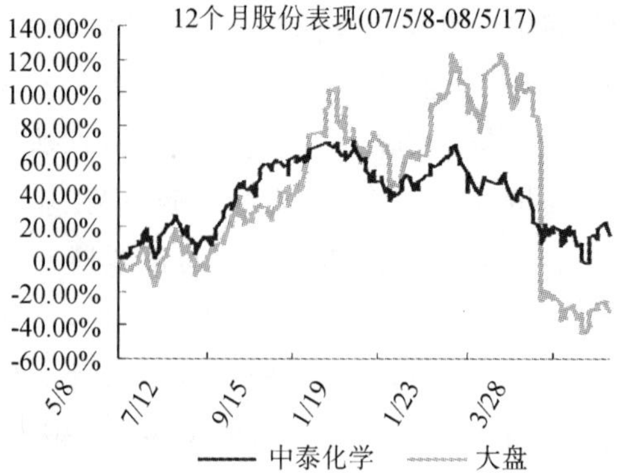

图 3－59　上市后第一次增发后一年的股价市场反应

本次发行过后，公司每股净资产被稀释，每股收益 2007 年年底为 0.93，到了 2008 年一季度，这一指标下降为 0.1，在此之后又逐渐回升。从图 3－59 可以看出，股价在发行结束后也逐渐攀升，说明市场对公司未来发展持积极看好态度。公司成功上市一年来，治理结构更加完善，运作更加规范，良好的业绩得到了广大投资者的认可，股票价格稳步走高，交投日趋活跃，52 周内股价从 10.53 元上升到 41.88 元，上涨 297.7%，公司市值也从上市时的 24 亿元增长到 102 亿元。虽然上市只有一年的时间，但中泰化学的整体盈利能力已位居氯碱行业上市公司前三位，同时成为新疆板块中股票价格、每股收益和净资产收益率较高的上市公司。公司股价的持续攀升也为股东带来高额的回报。

最后，本次成功增发后，公司将所融资金投入到扩大主营产品产能方面，取得了一定成效，聚氯乙烯树脂和离子膜烧碱的市场占有率和公司品牌影响力获得进一步的提升。公司在扩大产能的同时对生产的上游产业进行整合，主要原材料（煤炭、电、盐、石灰石等）都逐渐自行提供，这大大缩减了产品生产成本，降低了公司的经营风险，加大了产品利润空间，很好地保证了公司股东回报率的实现。

（6）财务指标变化。增发所募集资金投入于控股子公司新疆华泰重化工公司，用于生产聚氯乙烯专用树脂配套离子膜烧碱一期项目，年产量 10 万吨，该项目已完成。目前，公司生产规模已扩大到 37.9 万吨/年聚氯乙烯树脂、33.9 万吨/年离子膜烧碱。提高了公司现有产品的产能，增加产品产量，进一步扩大公司规模优势，有利于充分发挥企业的规模效益。华泰重化工公司二期 36 万吨/年聚氯乙烯树脂配套 30 万吨/年离子膜烧碱项目也已开始建设，总投资 398 735.36 万元，预计 2010 年 6 月建成投产。

本次募集资金到位后对公司的经营和财务状况产生重大影响，主要体现在如下几个方面：

①对总体财务指标的影响。净资产成倍增长，营业收入增幅达到45.23%，利润总额增幅接近90%。此次增发后，公司的净资产总额大幅提高，发行后净资产总额达到2 354 992 105.64元，比发行前增长96.94%。净资产规模的扩大将大幅增强公司的抗风险能力和债务融资能力。企业营业收入基本规模决定了其市场份额和市场竞争力，行业竞争力较强的企业通常拥有领先的技术、良好的成本控制、成熟的销售渠道，这些因素有助于提高产品的市场优势和价格竞争力，从而决定了产品的市场占有率。中泰化学在本次增发之后，积极扩大主要产品的产能和产量，运用成熟的销售渠道，带来了营业收入的显著增长。与此同时，公司加快纵向一体化布局步伐，有效地控制了产品的成本，增强了在市场中的价格竞争优势，利润总额提升幅度也较大。同时，资本市场资金支持带来的公司生产技术的提升和生产规模的扩大，加之公司开拓销售端，使得公司扩大产品销量也更具竞争力，2007年度公司利润接近翻番的增长也正好印证了这一点。表3－74为公司第一次增发前后年度的主要财务数据。

表3－74　　　　第一次增发前后年度财务状况

项目	增发前（2006年）	增发后（2007年）	增幅
归属于上市公司股东的所有者权益（调整后）	1 195 763 503.22	2 354 992 105.64	96.94%
利润总额（调整后）	133 381 046.26	250 632 681.79	87.91%
营业收入	1 658 480 599.00	2 408 629 909.17	45.23%

②对关键财务比率的影响。公司通过增发从资本市场融得资金后，除了在总体财务指标上反映出有利变动，在关键财务比率上也呈现较好效果。表3－75为公司本次增发前后年度主要财务指标变动情况。

表3－75　　　　第一次增发前后年度主要财务指标

项目	增发前（2006年末）	增发后（2007年末）
净资产收益率	15.17%	9.27%
总资产净利率	6.72%	7.04%
总资产周转率	89.63%	77.00%
资产负债率	40.61%	42.94%

从表 3 – 75 可以看出，本次增发后的 2007 年反映企业盈利能力的主要指标：净资产收益率较 2006 年均下降，总资产净利率较 2006 年上升，这主要是由于公司进行增发的时点为 2007 年年末，融资得到的资金没有足够的时间消化，没有完全转换为产能和利润，而计算指标的分母显著增加，导致了该指标较 2006 年下降。公司总资产周转率从 2006 年的 89.63% 下降到 2007 年的 77.00%，总资产周转率下降的主要原因是：公司融得的资金大多用于启动在建工程扩大产能和偿还前期贷款，而工程周期较长，没有能够形成实际的产能，这就导致新增资产没有能够增加利润，进而导致总资产周转率的下降。公司进行股权融资后，其资产负债率并未显著下降，从 40.61% 变化到 42.94%，本次融资主要用于偿还前期贷款，与此同时，公司未扩大产能，新增贷款，导致资产负债率下降不明显。

③对资本结构的影响。此次发行成功后，给公司引入多元化投资主体，获得其带来的管理经验、先进的技术以及广阔的市场渠道，优化公司财务结构和股权结构，公司控股股东的持股比例将进一步稀释，有利于完善公司的法人治理结构。股东权益变动情况如表 3 – 76 所示。

表 3 – 76　　股东权益变动情况　　单位：元

项目	期初数	本期增加	本期减少	期末数
股本	236 000 000.00	32 430 000.00	0	268 430 000.00
资本公积	549 978 348.48	936 744 237.21	0	1 486 722 585.69
盈余公积	89 319 828.66	15 280 136.07	0	104 599 964.73
未分配利润	320 465 326.08	174 774 229.14	0	495 239 555.22
股东权益	1 195 763 503.22	1 159 228 602.42	0	2 354 992 105.64

注：股东权益是指归属母公司所有者的股东权益。

④对现金流量的影响。营业成本增加主要是因为生产规模扩大，产品产量的增加，产品运输费用增加，同时本年度单位成本较上年有一定的上升。销售费用增加主要是因为产量增加，产品的运输及包装费用加大。公司生产规模的扩大，员工人数有所增加，管理成本同步上升使各项管理费用的支出增加。财务费用未发生大的变化，公司经营活动正常，现金流量净额充足。公司利润大幅增加，因此所得税费用增加。公司经营性现金流量净额增加，货款回收情况良好，资金充裕。由于进行华泰一期技改项目，公司 2007 年投资活动产生的现金流净额增加 130.99%。公司通过公开发行股票募集资金使得筹资产生的现金流量增加了 234.54%。现金流量变动情况如表 3 – 77 所示。

表 3-77　　现金流量变动情况　　单位：元

项目	2006 年	2007 年	增减百分比
主营业务成本	1 282 444 382. 55	1 794 456 424. 94	39. 92%
营业费用	95 173 327. 69	136 096 107. 69	43. 00%
管理费用	101 711 655. 81	170 276 746. 23	67. 41%
财务费用	35 453 071. 29	28 094 654. 25	-20. 76%
所得税费用	5 303 161. 97	30 062 313. 85	466. 88%
经营活动产生的现金流量净额	200 838 399. 13	448 518 994. 37	123. 32%
投资活动产生的现金流量净额	-491 433 883. 62	-1 135 144 943. 60	130. 99%
筹资活动产生的现金流量净额	457 654 862. 25	1 531 040 553. 75	234. 54%

（三）上市后第二次增发

中泰化学在 2010 年成功地进行了非公开增发，募集资金总额约为 379 999万元，净额 371 964 万元。IPO 上市以及首次增发成功后，公司已经从资本市场上募集了大量资金，那么，为什么还要再继续进行第二次增发呢？我们将从多个角度深入剖析企业当时所处的市场环境和企业自身状态及发展阶段来解答。接着，将介绍中泰化学本次增发的具体准备及发行情况。最后，分析本次增发之后的效果：公司的产能和产量变化、技术升级、市场影响力和品牌效应、股东回报、财务状况和其他隐性福利，等等。

1. 第二次增发的背景

（1）当时的市场行情和市场前景。公司目前主营业务为聚氯乙烯树脂、离子膜烧碱等化工产品的生产和销售。氯碱化工作为基础原材料工业，在国民经济中具有不可替代的作用，我国已成为世界最大的聚氯乙烯树脂生产国。

①聚氯乙烯行业。

第一，全球市场情况简介。近几年，全球聚氯乙烯产能一直持续扩张，但其增长点主要集中在中国。从产量的地域分布情况来看，亚洲和北美目前是全球聚氯乙烯产量最大的地区。2008 年，全球聚氯乙烯产量为 3 674. 56万吨，较 2007 年的 3 554 万吨增长了 3. 39%。2008 年全球各主要地区的年产量从高到低依次为：亚太地区、北美、欧洲、中东、南美。其中，中国的年产量占亚太地区的一半，超过北美总额。

从世界范围来看，聚氯乙烯作为第二大合成树脂，消费量仅次于聚乙烯。2008 年，聚氯乙烯树脂的消费区域主要集中在亚太、欧洲和北美，占全球消费总额的 88%。消费品种以硬制品（主要指各类管材和型材）为主，占总消费量的 59. 83%；其次是软制品（主要指薄膜、人造革等），占总消费量的 32.88%。

第二，国内市场情况简介。随着我国经济的迅速发展，国内聚氯乙烯的生产和消费呈现快速增长趋势，到 2007 年年底，我国已成为世界最大的聚氯乙烯消费国和生产国。在消费品种方面，我国逐渐从以软制品消费为主向硬制品消费市场集中，2008 年硬制品占聚氯乙烯消费结构的 61.3%。

国内 PVC 行业产能正处于由中、东部高成本地区向西部成本优势明显的地区转移的过渡期。中、东部大量不具备资源优势的高成本装置将长期处于停产或半停产状态，终将被市场淘汰，而西部拥有发展氯碱行业必须的资源，比如煤炭、原盐和石灰石，且规划规模相对较大，将逐渐成为主要产量地域。

在聚氯乙烯的消费市场方面，我国主要集中在华东和华南市场（占比超过 60%），其次是华北市场。

由于下游产业需求的拉动，我国聚氯乙烯表观消费量在 2007 年之前一直保持较快增长，产量占表观消费量的比例也在不断升高，尽管我国聚氯乙烯树脂产能在迅速增长，但 2008 年我国聚氯乙烯自给率为 95%，这意味着目前仍存在一定的供应缺口。

2003 - 2008 年中国聚氯乙烯供需状况如图 3 - 60 所示。

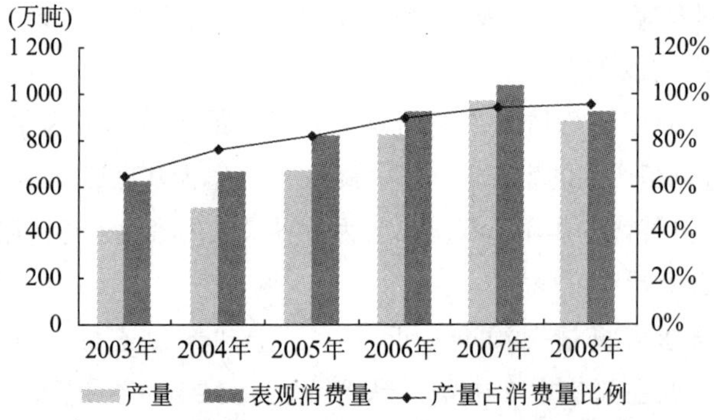

图 3 - 60　2003 - 2008 年中国聚氯乙烯供需状况

随着我国房地产业的快速发展，城镇化的全面建设以及西部大开发和新农村建设等都将拉动聚氯乙烯树脂的快速增长。按 2008 年人均聚氯乙烯树脂年消费量计，我国仅为 7 千克，距世界发达国家 15 - 20 千克的水平尚有较大差距。主要下游产业化学建材、农用聚氯乙烯树脂塑料制品、工业用聚氯乙烯树脂塑料制品、包装材料等的快速发展将支持聚氯乙烯树脂市场需求持续增长。

在未来较长时间内，我国聚氯乙烯树脂需求量将会保持持续增长。预计未来几年中国表观消费增速将达到 10% －15% 。

国内聚氯乙烯树脂消费需求旺盛，而供应仍然存在不足，中泰化学看到这一发展契机，需要扩大产能，增加产量来迅速占领这一缺口。从未来发展趋势来看，我国氯碱行业将朝着规模的大型化和经营的集约化方向发展，具有资源和能源优势、形成上下游一体化产业链、实行煤电结合、采用热电联产、具有规模效益及成本优势和循环经济模式的企业方能在未来竞争中取胜。要把中泰化学打造成这一类型的企业，需要付出的努力还很多，尤其是资金支持。因此，本次增发是公司抓住发展时机，为推进公司规模化和一体化发展作出的决策。

②烧碱行业。

第一，全球市场情况简介。全球烧碱总产量自 2000 年以来呈现稳步增长趋势，从 2000 年的 4 600 万吨增加到 2008 年的 6 395 万吨。目前，全球烧碱供需结构正在发生转变。基于环保和节能要求，发达国家限制本国氯碱企业的发展，烧碱总产量呈下降趋势，北美和西欧等都成为烧碱净进口地，为我国烧碱出口留下了巨大的国际市场空间。东南亚及非洲等国家处于发展期，其国内烧碱工业不发达，对烧碱有强劲需求。另外，纺织品贸易争端在限制了我国纺织品出口的同时，大量订单转移到了孟加拉国和越南等南亚国家，并拉动当地印染和纺织行业的快速发展，刺激了当地对烧碱的消费。

第二，国内市场情况简介。2008 年，我国烧碱产能布局仍然为华北、华东地区所占比重较高，占比超过 60% 。在烧碱产品消费市场方面：我国烧碱消费占全球消费总量的 30% ，烧碱需求量在 2001 －2007 年间年均增幅约在 20% 。另外，国外市场对中国烧碱采购具有一定依赖性，2006 －2008 年间年均出口同比增长在 45% 左右。

为保持氯碱平衡，在聚氯乙烯行业对氯需求不断增加的趋势带动下，烧碱的产量不断增加。与此同时，随着国内和国际烧碱下游行业（如氧化铝、化纤、化工等）的快速发展，直接拉动了烧碱行业的增产扩建。目前，我国烧碱行业基本保持了供需平衡。各氯碱企业为了提高自身的竞争力，纷纷扩大烧碱装置规模，目前我国的烧碱企业有 220 余家，装置规模大部分在 10 万吨以下，国内离子膜法烧碱生产厂家接近 100 家，产能排前 4 名的企业离子膜法烧碱产能均超过了 30 万吨/年，产业集中度有所提高。未来国内烧碱市场的竞争格局，除了依靠原料成本优势的局部分块形成和

依靠消费地的规模经济显现外，氯碱企业积极进驻化工园区、开拓新的循环经济思路更为行业发展所需。

为将资源优势尽早转化为效益优势，继续扩大生产规模，成为行业内的成本领先企业，持续增强公司的综合竞争力和抗风险能力，公司提出非公开发行股票申请。本次非公开发行股票募集资金拟向公司控股子公司新疆华泰重化工有限责任公司增资，用于建设华泰二期项目，以进一步扩大公司的生产规模和成本优势，有利于提高资产质量、改善财务状况、增强持续盈利能力，提升公司的核心竞争力，实现可持续发展。

（2）增发时的行业竞争情况。

①聚氯乙烯树脂行业的竞争格局。随着我国聚氯乙烯工业的迅速发展，聚氯乙烯企业的生产能力不断增加，2008 年我国聚氯乙烯产量前十名的企业及市场份额如表 3－78 所示。

表 3－78　2008 年我国聚氯乙烯产量前 10 名的企业及市场份额

序号	企业名称	产量（吨）	市场份额（%）	工艺路线
1	天津大沽化工股份有限公司	785 080	8.90	乙烯法
2	中国石化齐鲁股份有限公司	574 623	6.52	乙烯法
3	新疆天业股份有限公司	418 169	4.74	电石法
4	宜宾天原股份有限公司	405 429	4.60	电石法
5	新疆中泰化学股份有限公司	403 110	4.57	电石法
6	天津乐金大沽化学有限公司	384 573	4.36	进口 VCM
7	上海氯碱化工股份有限公司	373 545	4.24	乙烯法
8	昊华宇航化工有限责任公司	295 327	3.35	电石法
9	山西榆社化工有限公司	282 002	3.20	电石法
10	天津渤天化工有限责任公司	230 680	2.62	乙烯法

注：VCM 法是指进口氯乙烯单体和二氯丙烷进行加工生产聚氯乙烯树脂的方法，从原料来源方面可归入石油乙烯法。

2008 年，中泰化学聚氯乙烯树脂产量达到 40.31 万吨，名列国内聚氯乙烯生产企业第 5 位，电石法聚氯乙烯生产企业第 3 位，占我国聚氯乙烯总产量的 4.57%。

中泰化学聚氯乙烯树脂产品主要在新疆、华南和华东市场销售，在新疆市场上公司占据了绝大部分市场份额。但疆内市场容量有限，华东和华南市场存在聚氯乙烯树脂供应缺口，将成为未来公司加大力度开拓的市场。同时，公司凭借地缘优势，可逐渐加大对中亚、俄罗斯等国家的出口。

②烧碱行业的竞争格局。目前，我国氯碱行业中拥有百万吨级别的化工

企业在逐渐形成，对于地域性的单个烧碱生产企业而言，其烧碱装置整体能力逐渐提高，2008 年进入烧碱产量排名前十位的企业产量绝大部分在 30 万吨以上。2008 年，我国烧碱产量前十名的企业及市场份额如表3－79所示。

表 3－79　　2008 年我国烧碱产量前 10 名的企业及市场份额

序号	企业名称	产量（吨）	市场份额（%）
1	上海氯碱化工股份有限公司	700 919	3.78
2	天津大沽化工股份有限公司	530 864	2.87
3	中国石化齐鲁股份有限公司	520 097	2.81
4	浙江巨化有限公司电化厂	511 028	2.76
5	泰兴新浦化学工业有限公司	441 185	2.38
6	宜宾天原股份有限公司	347 250	1.87
7	新疆中泰化学股份有限公司	316 885	1.71
8	昊华宇航化工有限责任公司	313 855	1.69
9	新疆天业股份有限公司	302 270	1.63
10	天津渤天化工有限责任公司	281 825	1.52

2008 年，中泰化学烧碱产量达到 31.69 万吨，名列国内烧碱生产企业第 7 位，占我国烧碱总产量的 1.71%。

中泰化学烧碱产品主要在新疆、华南、华东、华中、中亚和俄罗斯市场销售，在新疆市场上公司市场占有率较高，在市场竞争中处于比较有利地位。但华东和华南地区氯碱消费相对集中，未来市场拓展空间大，公司可发挥自身已有成本和规模优势加大在该地区的扩张。另外，中亚市场烧碱供应缺口较大，公司可通过完善销售渠道等措施，提高其在该市场的销售量和影响力。

③公司所处竞争地位。氯碱行业在完全竞争的市场格局下，只有保持了成本优势才能够获得市场竞争优势。由于资源差异、能源成本差异等因素的影响，在产业版图上，我国氯碱企业盈利情况呈现从西北到东南逐步降低的态势。我国氯碱行业的现状使企业之间成本差异很大，对于能够保持成本优势的企业，开工率仍保持很高水平，而有部分长期停产的企业在市场竞争下将会被行业淘汰、整合。

西部地区如新疆、内蒙古、陕西、四川等凭借能源丰富和政策优势，大力发展电石法 PVC，PVC 产能提升非常迅速，将在国内 PVC 产业格局中占有越来越大的份额。表 3－80 为中泰化学 2006－2008 年市场份额变动情况。

表 3－80　　　　　　　　中泰化学市场份额变动情况

产品	市场	2008 年	2007 年	2006 年
聚氯乙烯树脂	疆内市场	85.0%	90.9%	83.6%
	国内市场	3.7%	2.4%	2.8%
烧碱产品	疆内市场	71.0%	71.1%	70.7%
	国内市场	1.5%	1.1%	0.9%

注：1. 地区市场占有率＝中泰化学在该地区销售量÷地区总消费量（不含企业自用部分）；2. 疆内市场数据来源于新疆维吾尔自治区经济贸易委员会。

中泰化学最近三年聚氯乙烯树脂和烧碱产品占据了新疆市场的绝大部分份额，处于市场主导地位。从全国市场来看，中泰化学产品的市场占有率稳步提升，2008 年以 40 万吨聚氯乙烯树脂产量名列行业第 5 位，列电石法企业第 3 位；以 32 万吨烧碱产量名列行业第 7 位。

中泰化学地处新疆，主要竞争对手是新疆天业。新疆天业是新疆建设兵团农八师所属的一家大型国有控股上市公司，成立于 1997 年 6 月。新疆天业的主营业务为：化工产品、塑料制品的生产和销售，以及商贸、农业种植和番茄制品加工、建筑安装及房地产开发。2008 年拥有 32 万吨电石、30 万吨聚氯乙烯树脂、26 万吨烧碱的年生产能力，2008 年生产聚氯乙烯树脂 26.40 万吨，生产离子膜烧碱 19.6 万吨。2008 年该公司总资产约 53.55 亿元、净资产约 20.87 亿元、净利润约 0.58 亿元。

近年来，随着公司的快速发展，连续七年保持了 40% 以上的高速增长，生产规模不断扩大，已进入全国氯碱行业前列，综合实力有了很大提高。根据公司发展战略，依托新疆地区的资源和能源优势，公司将着力向产业链上下游延伸，努力打造“盐、煤、电、化”一体的产业群，形成主业突出、上下游产业链紧密结合的效益型结构，成为可持续发展的现代化环保型氯碱化工企业。

立足当前，着眼长远，公司看到了中央在项目审批和项目环境影响审批等方面给予的特殊扶持政策，以及自治区对大企业大集团在电厂建设上的优惠政策这一利好机遇，为加快工程开工建设项目的推进，公司需要大量的资金后盾。在自治区国资委的支持下，公司创新思维模式，积极拓宽融资渠道，为充分利用资本市场的融资功能，公司积极与有关部门和中介机构协商沟通进行本次定向增发资金募集。

（3）当时的政策情况。为提高我国氯碱行业的竞争力，国家出台了多项氯碱产业发展政策，如表 3－81 所示。通过制定产业政策，提高了行业的进入壁垒，鼓励行业内一批具有资源、能源优势和规模优势等成本优势的大型氯碱生产企业做大做强，促进氯碱产业结构升级，推动我国氯碱产业向规模化、集约化发展。

表 3-81　　氯碱行业主要发展政策

法规名称	发布时间	颁布主体
《氯碱（烧碱、聚氯乙烯）行业准入条件》	2007 年 11 月 2 日	国家发改委
《石化产业调整和振兴规划》	2009 年 5 月 18 日	国务院办公厅转发
《电石行业准入条件（2007 年修订）》	2007 年 10 月 12 日	国家发改委
《产业结构调整指导目录》	2005 年 12 月 2 日	国务院
《关于加快电石行业结构调整有关意见的通知》	2006 年 4 月 21 日	国家发改委等七部委
《国务院批转抑制部分行业产能过剩若干意见的通知》	2009 年 9 月 26 日	国务院
《发展改革委员会等部门关于加强固定资产投资调控从严控制新开工项目意见的通知》	2006 年 6 月 13 日	国务院办公厅转发
《发展改革委关于完善差别电价政策的意见》	2006 年 9 月 22 日	国务院办公厅转发
《国务院关于印发节能减排综合性工作方案的通知》	2007 年 6 月 3 日	国务院
《关于提高轻纺电子信息等商品出口退税率的通知》	2009 年 3 月 27 日	财政部、国税总局

为了遏制氯碱行业的盲目扩张，促进产业结构升级，国家发改委 2007 年颁布了《氯碱（烧碱、聚氯乙烯）行业准入条件》，在产业布局、规模、能源消耗和环保等方面对氯碱行业新建、改扩建项目进行了准入限制。《氯碱（烧碱、聚氯乙烯）行业准入条件》规范了行业的发展，提高了氯碱行业的产业集中度，进一步优化了资源配置，尤其对于电石法聚氯乙烯生产企业起到了制约和导向性作用，也使得规模偏小的氯碱企业面临更大的竞争压力，而具有资源优势、规模优势和采取循环经济的龙头企业将从中受益，有望在竞争中取得更大的市场份额。

2009 年 3 月 27 日，财政部、国家税务总局发布了《关于提高轻纺电子信息等商品出口退税率的通知》，决定从 2009 年 4 月 1 日起将聚氯乙烯及相关塑料制品的出口退税由 5% 上调至 13%。

自 2009 年 9 月 29 日起，商务部决定对原产于美国、韩国、日本、俄罗斯和台湾地区的进口聚氯乙烯继续实施反倾销措施，实施期限为 5 年。

根据新政发［2002］29 号文《新疆维吾尔自治区关于西部大开发税收优惠有关问题的实施意见》的有关规定，新疆维吾尔自治区地方税务局直属征收局以新地税直征函［2003］117 号文批准，公司在 2003－2010 年期间享受减按 15% 税率缴纳企业所得税。根据新政办函［2005］9 号文《关于同意中泰化学股份有限公司享受有关税收优惠政策的批复》的有关规定，新疆维吾尔自治区

地方税务局直属征收局以新地税直征函［2005］84 号文批准，公司在上市之日起，企业所得税按应征税额减征 55%，减征时间暂定为 5 年。

新疆维吾尔自治区加快实施优势资源转换战略，加快推进新型工业化进程，努力通过石油化工、煤电、煤化工、盐化工等优势产业的发展，把资源优势转化为现实的经济优势，《新疆维吾尔自治区国民经济和社会发展第十一个五年规划纲要》提出："走'煤—电—高载能产业一体化'道路，积极承接内地产业转移，建设国家高载能产业集聚区"。新疆维吾尔自治区党委六届十次全委（扩大）会议文件指出："中泰化学公司正在推进以氯碱化工为主体的米东区中泰化学工业园建设，就是立足区情、把握主动，充分利用煤炭、原盐、石灰石等资源，发挥优势，因地制宜发展化工产业。"

在国家政策的积极推动和当地政府的支持下，氯碱产业集中度进一步加强，氯碱企业逐步向资源广、规模大、成本低的方向发展。中泰化学在其独特的地缘优势，丰富的资源和能源背景下，正加快扩张产能的步伐，以实现规模效益，在竞争中获胜。相应的，为扩大产能，需要大量的资金供应。中泰化学意识到这一点，充分利用资本市场的融资平台，进行定向增发募集资金以完成新增扩产项目建设。

（4）增发时企业的发展情况。

①增发前公司股东及控股情况。在本次增发前，公司总股本为 536 860 000 股，其中，人民币普通股 427 787 375 股，有限售条件股份 109 072 625 股。截至 2010 年 3 月 29 日，公司前十名股东及其持股情况如表 3－82 所示，其中，新疆维吾尔自治区国有资产监督管理委员会持有公司 15.20% 的股份，是公司的控股股东。

表 3－82　　本次增发前公司股权构成情况

序号	股东名称	股东性质	持股总数（股）	持股比例（%）	持有有限售条件股份数量（股）
1	新疆维吾尔自治区国有资产监督管理委员会	国有法人	81 600 000	15.20	81 600 000
2	乌鲁木齐环鹏有限公司	国有法人	50 000 000	9.31	
3	新疆三联投资集团有限公司	境内非国有法人	30 523 332	5.69	
4	新疆化工（集团）有限责任公司	国有法人	27 200 000	5.07	27 200 000
5	新疆投资发展（集团）有限责任公司	国有法人	20 402 302	3.80	

续表

序号	股东名称	股东性质	持股总数（股）	持股比例（%）	持有有限售条件股份数量（股）
6	乌鲁木齐国有资产经营有限公司	国有法人	20 000 000	3.80	
7	中国工商银行—易方达价值成长混合型证券投资基金	境内非国有法人	14 200 000	2.65	
8	中国银行—易方达深证 100 交易型开放式指数证券投资基金	境内非国有法人	5 797 489	1.08	
9	中国农业银行—信诚四季红混合型证券投资基金	境内非国有法人	4 705 966	0.88	
10	中国工商银行—融通深证 100 指数证券投资基金	境内非国有法人	3 825 221	0.71	

公司的前十名股东总持股比例为 48.19%，持股比例较高，在一定程度上来说具有绝对控股权优势。本次增发采用定向增发形式，发行对象范围包括新疆国资委、公司前 20 名股东（不含控股股东、实际控制人）以及其他不超过 10 名的特定对象。相比公开增发而言，本次定向增发预计不会对公司实际控制权造成严重影响，公司控制权不会明显稀释。

中泰化学控股子公司有八家，均为与公司生产、销售有关的企业，基本情况如表 3－83 所示。

表 3－83　　本次增发前中泰化学子公司列表

公司名称	成立时间	注册资本/实收资本（万元）	持股比例（%）	主要业务	主要生产经营地
华泰公司	2004 年 1 月	167 697.17	99.11	聚氯乙烯树脂、烧碱的生产和销售	乌鲁木齐
博达焦化	2002 年 10 月	3 000	66.67	焦炭的生产、销售	阜康市
托克逊盐化	2002 年 12 月	881.05	96.59	工业盐的开采及销售	托克逊县
中化建	2000 年 3 月	300	83	进出口业务	乌鲁木齐
奇台矿产	2005 年 3 月	300	66.67	石灰石、石灰煅烧、销售	奇台县
中泰矿冶	2007 年 6 月	26 500	100	电石的生产和销售	阜康市
中鲁矿业	2007 年 6 月	3 500	100	石灰石开采、生产、销售	柴窝堡
阜康能源	2009 年 8 月	6 000	100	聚氯乙烯树脂、烧碱的生产和销售	阜康市

注：新疆中泰化学阜康能源有限公司为中泰化学于 2009 年 8 月 5 日注册的全资子公司，注册资本 6 000 万元，未经审计。

本次非公开发行股票募集资金净额拟全部向公司控股子公司新疆华泰重化工有限责任公司增资，用于建设36万吨/年聚氯乙烯树脂配套30万吨/年离子膜烧碱项目。

②增发前公司主要业务情况。2006－2009年营业收入中主要产品构成情况如表3－84所示。

表3－84　　增发前三年主营业务收入情况

业务构成	2009年度		2008年度		2007年度		2006年度
	金额（万元）	增长率	金额（万元）	增长率	金额（万元）	增长率	金额（万元）
聚氯乙烯	249 194.37	－6.30%	265 960.47	40.42%	189 406.99	45.97%	129 756.26
氯碱类产品	75 724.93	1.70%	74 459.66	51.27%	49 224.60	47.63%	33 343.41

公司2009年主营业务收入较2008年同期有所下降，主要原因是由于金融危机的影响，聚氯乙烯价格较上年同期大幅度下滑。

2006－2009年，公司主要产品的销售区域情况如表3－85所示。

表3－85　　本次增发前公司产品分区域销售情况

主要产品	销售区域	2009年度		2008年度		2007年度		2006年度	
		销量/吨	比重	销量/吨	比重	销量/吨	比重	销量/吨	比重
聚氯乙烯树脂	疆内	127 499.18	28.15%	94 288 97	23.15%	96 033.19	31.31%	44 323.50	19.01%
	华南	70 321.09	15.52%	81 661.37	20.05%	41 524.23	13.54%	62 598.07	26.85%
	华东	161 031.27	35.55%	125 110.89	30.71%	102 374.12	33.37%	109 019.87	46.77%
	西北	8 070.43	1.78%	4 509.50	1.11%	5 845.70	1.91%	5 115.00	2.19%
	华中	5 856.15	1.29%	2 794.40	0.69%	846.00	0.28%	1 404.50	0.60%
	华北	13 480.53	2.98%	8 560.88	2.10%	7 131.75	2.32%	209.00	0.09%
	西南	16 950.88	3.74%	10 590.75	2.60%	370.00	0.12%	20.00	0.01%
	东北	4 085.00	0.90%	531.50	0.13%	0	0.00%	0	0.00%
	国外	45 686.80	10.09%	79 323.68	19.47%	52 623.55	17.16%	10 418.33	4.47%
烧碱	疆内	175 230.06	53.20%	101 909.44	33.90%	100 326.56	42.88%	92 982.46	47.95%
	华南	20 731.75	6.29%	42 025.78	13.98%	6 528.55	2.79%	8 703.68	4.49%
	华东	48 269.20	14.65%	55 868.25	18.58%	49 878.93	21.32%	31 246.39	16.11%
	西北	2 101.00	0.64%	6 070.25	2.02%	11 183.50	4.78%	18 661.53	9.62%
	华中	24 211.00	7.35%	35 307.25	11.75%	18 273.65	7.81%	5 736.80	2.96%
	华北	10 591.13	3.22%	11 190.97	3.72%	4 965.56	2.12%	56.75	0.03%
	西南	3 010.00	0.91%	1 486.00	0.49%	1 632.10	0.70%	528.25	0.27%
	东北	1 259.25	0.38%	340.00	0.11%	405.00	0.17%	485.00	0.25%
	国外	43 996.45	13.36%	46 415.25	15.44%	40 765.33	17.42%	35 521.50	18.32%

公司主要产品聚氯乙烯树脂和烧碱销售情况良好，2006－2009年，在

产量快速增长的情况下，产销率仍能保持较高的水平，具体内容如表3－86所示。

表3－86　　本次增发前中泰化学主要产品产销率

主要产品	2009年	2008年	2007年	2006年
聚氯乙烯树脂	100.18%	101.06%	100.65%	98.69%
离子膜烧碱	98.12%	98.76%	97.31%	98.48%

2006－2009年公司主要产品生产能力和产量情况如表3－87所示。

表3－87　本次增发前中泰化学主要产品生产能力和产量情况表　　单位：万吨

产品类别	2009年		2008年		2007年		2006年	
	产能	产量	产能	产量	产能	产量	产能	产量
聚氯乙烯树脂	46.0	45.22	46.0	40.31	37.9	30.48	25.9	23.63
离子膜烧碱	35.0	33.57	35.0	30.44	33.9	24.04	23.9	19.69

注：1. 各期产能是指各期末所达到的年产能；2. 公司生产过程中自用少量烧碱，所列产量已扣除自用部分。

2006年4月，新疆华泰重化工有限责任公司一期项目建成投产，即12万吨/年聚氯乙烯专用树脂配套10万吨/年的离子膜烧碱项目，形成了2006年年产25.9万吨/年聚氯乙烯树脂、23.9万吨/年离子膜烧碱产能。2007年年底，新疆华泰重化工有限责任公司一期技改项目建成投产，2007年产能扩大到年产37.9吨/年聚氯乙烯树脂、33.9万吨/年离子膜烧碱。2008年公司聚氯乙烯树脂产量增加到40.31万吨、烧碱产量增加到30.44万吨，较上年分别增长32.25%和26.62%。2009年，聚氯乙烯树脂和离子膜烧碱的产量增速放缓，分别为12.18%和10.28%，这主要是受到产能限制影响。在产销率持续稳定在接近100%的水平下，公司能够有效保证生产产品的销售。因此，公司拟建设华泰二期项目，即新建36万吨/年聚氯乙烯树脂、30万吨/年离子膜烧碱产能项目，来扩大公司生产能力，增加产品产量。为解决本次项目投入资金需求，公司决定向特定对象募集资金，不足部分由公司自筹资金解决。

③增发前公司财务情况。本次增发前三年公司资产负债情况如表3－88所示。

表 3－88　　增发前三年公司资产负债情况　　单位：万元

项目	2009 年 12 月 31 日	2008 年 12 月 31 日	2007 年 12 月 31 日
资产总额	747 716.95	473 826.82	417 474.80
负债总额	489 402.75	225 035.54	178 281.29
少数股东权益	2 919.96	2 738.76	2 700.76
归属于上市公司股东的股东权益	255 394.24	246 052.52	236 492.75

本次增发前三年公司经营业绩和经营现金流情况如表 3－89 所示。

表 3－89　　增发前三年公司经营业绩和经营现金流状况　　单位：万元

项目	2009 年度	2008 年度	2007 年度
营业总收入	332 650.07	343 212.60	240 862.99
利润总额	12 723.06	12 654.10	25 063.27
归属于上市公司股东的净利润	10 313.03	11 582.04	21 837.44
归属于上市公司股东的扣除非经常性损益的净利润	6 652.67	10 408.96	22 447.38
经营活动产生的现金流量净额	66 554.62	31 132.53	44 851.90

本次增发前三年公司主要财务指标如表 3－90 所示。

表 3－90　　增发前三年公司主要财务指标

项目		2009 年度	2008 年度	2007 年度
流动比率		0.46	0.47	1.23
速动比率		0.41	0.41	1.12
资产负债率（母公司报表）（%）		37.22	29.37	17.94
资产负债率（合并报表）（%）		65.45	47.49	42.70
应收账款周转率（次）		94.3	98.95	69.45
存货周转率（次）		24.07	22.10	17.68
每股净资产（元）		4.76	4.58	8.81
每股经营活动现金流量（元）		1.24	0.58	1.67
每股现金流量（元）		0.95	－1.68	3.14
扣除非经常性损益前每股收益（元）	全面摊薄	0.192	0.216	0.46
	加权平均	0.192	0.216	0.46
扣除非经常性损益前净资产收益率（%）	全面摊薄	4.04	4.71	9.23
	加权平均	4.11	4.81	16.96
扣除非经常性损益后每股收益（元）	全面摊薄	0.124	0.194	0.48
	加权平均	0.124	0.194	0.48
扣除非经常性损益后净资产收益率（%）	全面摊薄	2.6	4.23	9.49
	加权平均	2.65	4.32	17.43

本次增发前三年公司资产结构如表 3 - 91 所示。

表 3 - 91　　增发前三年公司资产结构

项目	2009 年 12 月 31 日		2008 年 12 月 31 日		2007 年 12 月 31 日	
	金额/万元	占比	金额/万元	占比	金额/万元	占比
流动资产	131 217.66	17.55%	91 710.38	19.36%	143 727.03	34.43%
固定资产	302 235.40	40.42%	224 698.69	47.42%	223 150.06	53.45%
在建工程	249 101.35	33.31%	129 592.67	27.35%	30 028.11	7.19%
工程物资	25 788.39	3.45%	11 717.99	2.47%	7 552.74	1.81%
其他资产	39 374.16	5.27%	16 107.09	3.40%	13 015.95	3.12%
资产总计	747 716.95	100.00%	473 826.82	100.00%	417 474.80	100.00%

从资产结构上看，公司固定资产、在建工程所占比重较大，这与公司所处的行业特点相适应：公司所处的氯碱化工行业属于资本密集型行业，资本投入较大，主要为固定资产投资。

2007 - 2009 年，总体上来看，公司流动资产、固定资产比重持续降低，而在建工程、工程物资、其他资产比重持续上升。这主要是因为公司为扩大生产规模、提高原材料自给率，加大了聚氯乙烯、烧碱项目及电石原料基地的投入，包括华泰二期、华泰技措、中泰矿冶 50 万吨电石项目一期 20 万吨电石项目等均进入全面建设期，使得公司持有的流动资产较少，项目尚未建成使得在建工程增加，所需工程物资也相应增加，而转入固定资产的暂时较少。

本次增发前三年公司负债构成如表 3 - 92 所示。

表 3 - 92　　增发前三年公司负债构成

项目	2009 年 12 月 31 日		2008 年 12 月 31 日		2007 年 12 月 31 日	
	金额/万元	占比	金额/万元	占比	金额/万元	占比
短期借款	70 700.00	14.45%	116 200.00	51.64%	32 000.00	17.95%
应付票据	0.00	0.00%	0.00	0.00%	1 000.00	0.56%
应付账款	95 261.80	19.46%	58 968.11	26.20%	54 943.54	30.82%
预付账款	23 329.36	4.77%	15 841.16	7.04%	16 358.67	9.18%
一年内到期非流动负债	14 800.00	3.02%	0.00	0.00%	5 000.00	2.80%
其他流动负债	81 338.55	16.62%	3 624.27	1.61%	7 738.93	4.34%
非流动负债	203 973.05	41.68%	30 402.00	13.51%	61 240.14	34.35%
负债合计	489 402.75	100.00%	225 035.54	100.00%	178 281.29	100.00%

公司 2007 年 12 月 31 日流动负债占总负债的比例从期初的 83.34% 下降到 65.65%，主要原因是公司为华泰一期技改项目借入长期借款。公司 2008 年 12 月 31 日流动负债占总负债的比例从期初的 65.65% 上升至 86.49%，主要原因是公司增发募集资金到位后，归还了华泰一期技改项目先期投入的银行借款使长期借款减少 31 000 万元；短期贷款增加 84 200 万元。2009 年，流动负债占负债总额的比例从期初的 86.49% 下降到 58.32%，其中，短期借款占比下降明显，主要原因是新疆华泰重化工有限责任公司取得国开行银团贷款，偿还了部分短期借款。同时，这也导致了非流动负债占负债总额的比例从 13.51% 上升到 41.68%。其他流动负债同比增长较多，主要原因为本期发行 9 亿元短期融资券。

从负债总额角度来看，公司 2007－2009 年负债总额呈现成倍增长，从 2007 年年末的 178 281.29 万元到 2009 年年末的 489 402.75 万元。这主要与公司生产规模扩大，生产所需的运营资金增加相匹配。公司充分利用了短期借款与长期借款相结合，互相补充的灵活方式来渡过资金难关。2007－2009 年年末，公司短期借款分别为 32 000 万元、116 200 万元、70 700 万元，增长率分别为 68.42%、263.13%、－39.16%。公司非流动负债主要为长期借款，2007 年年末至 2009 年年末长期借款分别为60 800万元、29 800 万元、189 000 万元，增长率分别为 334.29%、－50.99%、534.23%。

由于进一步扩大产能的需要，未来资金缺口仍然较大。立足长远，为保证公司的财务风险处于适度水平，资产负债率不再继续上升（2009 年公司资产负债率为 65.45%），公司急需通过资本市场股权融资来填补资金缺口。

2. 第二次增发的情况

（1）增发的准备过程。此次非公开发行股票方案于 2009 年 9 月 29 日经公司第三届董事会第三次会议通过，并于 2009 年 10 月 16 日经公司 2009 年第四次临时股东大会通过，会议作出了以下决议：本次非公开发行股票拟募集资金总量及投资项目；本次非公开发行股票数量不超过 28 000 万股（含本数），不低于 7 000 万股（含本数）。在该范围内，具体发行数量提请中泰化学股东大会授权董事会根据实际情况与保荐机构（主承销商）协商确定。

2010 年 1 月，中国证监会审核通过本次非公开发行申请，公司获得中国证监会《关于核准新疆中泰化学股份有限公司非公开发行股票的批复》（证监许可［2010］305 号）核准文件。

此次非公开发行股票募集的资金将投资于新疆华泰重化工有限责任公

司，建设华泰二期项目。该公司设立于 2004 年 1 月 16 日。经营范围：一般经营项目（国家法律、行政法规有专项审批规定的项目除外）聚氯乙烯树脂、化工产品、装饰材料、塑料制品的生产和销售；机电产品，金属材料、建筑材料的销售；烧碱、盐酸的生产和销售；氯化聚乙烯、液氯、氯化钙、次氯酸钠、压缩氢、氯化石蜡、纳米 PVC、硬化油、亚磷酸二正丁脂的生产和销售，塑料制品制作及安装。金属制品的防腐，强力清洁消毒液（I）型的生产、销售。货物与技术的进出口业务（法律法规另有规定的进出口项目除外）；仓储服务。第一类压力容器、第二类低、中压容器制造；化工石油设备管道安装。蒸汽生产销售。截至本协议签署之日，新疆华泰重化工有限责任公司注册资本 1 676 971 688 万元。

华泰二期项目即 36 万吨/年聚氯乙烯树脂配套 30 万吨/年离子膜烧碱项目，预计使用募集资金不超过 380 000 万元，将使公司新增聚氯乙烯树脂产能 36 万吨/年，离子膜烧碱产能 30 万吨/年，17.5 亿度/年发电能力。该项目经有资质的设计部门出具了《可行性研究报告》表明项目建成投产后，具有良好的发展前景。该项目总投资约为 398 866 万元，其中不超过 38 亿元通过本次非公开发行募集资金解决，其余由公司自筹资金解决。

（2）发行情况。2010 年 4 月，经过东方证券股份有限公司的保荐，中泰化学进行第二次非公开发行股票，发行前公司总股本 536 860 000 股，此次拟发行 232 700 000 股，发行后总股本 769 560 000 股。

①发行对象。本次发行对象范围包括新疆国资委、公司前 20 名股东（不含控股股东、实际控制人）、符合法律法规规定的证券投资基金管理公司、证券公司、信托投资公司（以其自有资金）、财务公司、资产管理公司、保险机构投资者、合格境外机构投资者（QFII）、自然人以及其他合法投资者等不超过 10 名的特定对象。基金管理公司以其管理的 2 只以上基金认购的，视为一个发行对象；信托投资公司作为发行对象的，只能以自有资金认购。

上述发行对象中，除新疆国资委在本次发行前为公司的控股股东及实际控制人外，其他发行对象与公司不存在关联关系。截至公告之日，新疆国资委直接和间接持有中泰化学股份共计 129 202 302 股，占公司总股本的 24.07%，为公司的控股股东及实际控制人。

②发行股票的价格、发行数量、限售期。

第一，发行股票的种类和面值。本次发行的股票种类为境内上市人民币普通股（A 股），每股面值为人民币 1.00 元。

第二，发行方式。本次发行的股票采用向不超过10名特定对象非公开发行的方式发行。

非公开定向增发作为一种私募行为，不必实施复杂的发行程序，而且只需要向有限特定数量的机构投资者询价，可以大大节省时间和资金成本。一般来说，非公开发行的发行对象有判断和承担风险的能力，因此，定向增发对中泰化学资格的要求和信息披露的要求较之公开发行要低。同时，定向增发有利于引入新的战略投资者、注入新的优质资产。另一方面，公司近几年由于高速扩张带来了负债总额的迅速增长，资产负债率已超过65%，继续采用负债方式融资可能会使公司面临较大的财务风险，不利于公司后续融资的实现和未来发展。综上考虑，公司选择了非公开定向增发的股权融资方式。

第三，发行价格。本次发行价格不低于定价基准日（本次非公开发行股票的股东大会决议公告日）前20个交易日股票交易均价的90%，即发行价格不低于13.75元/股，最终确定发行价格为16.33元/股。

定价原则：本次发行采取投资者竞价方式确定发行价格和发行对象，共有11位投资者提交申购报价单，均为有效申购。按照价格优先等原则确定发行对象，中泰化学和保荐机构（主承销商）最终确定发行价格为16.33元/股，高于根据定价基准日确定的发行底价。本次非公开发行价格16.33元/股与发行底价13.75元/股的比率为118.76%；与发行申购日（2010年4月6日）前20个交易日公司股票交易均价20.55元/股的比率为79.46%；与发行申购日（2010年4月6日）公司股票收盘价21.77元/股的比率为75.01%。

第四，发行数量。本次发行数量不超过28 000万股，不低于7 000万股。实际发行股票数量为23 270万股。

第五，限售期。新疆国资委认购的本次非公开发行的股票自发行结束之日起36个月内不得转让，其余8名特定投资者认购的本次非公开发行的股票自发行结束之日起12个月内不得转让。

第六，募集资金总量。截至2010年4月9日，8名发行对象已将认购资金全额汇入保荐机构（主承销商）指定账户。2010年4月9日，经上海会计师事务所有限公司以上会师报字（2010）第0867号《验资报告》验证，截至2010年4月9日16：00止，保荐机构（主承销商）已收到8家参与中泰化学本次非公开发行股票的发行对象缴纳的认购股款3 799 991 000元。

截至2010年4月12日，保荐机构（主承销商）已将上述认股款项扣除承销及保荐费用后划转至公司指定的本次募集资金专项存储账户。2010年4月12日，经中审亚太会计师事务所有限公司以中审亚太验字（2010）第010316号《验资报告》验证，本次发行募集资金总额3 799 991 000元，扣除发行费用80 351 120元，募集资金净额3 719 639 880元。本次发行不涉及购买资产或者以资产支付，认购款项全部以现金支付。

（3）二级市场反应。2009年10月，公司2009年第四次临时股东大会通过本次非公开发行股票决议。2010年1月，中国证监会审核通过本次非公开发行申请。这一期间，公司股价呈波动性上升，在2010年1月达到峰值，可见，资本市场极为重视公司本次增发，反映出资本市场的有效性。本次定向增发后，公司股票股价整体呈上升趋势，并在2010年4月公司成功进行增发时上涨到半年内的最高值。公司股票价格一直显著高于行业整体水平和市场整体水平，说明公司在市场上具有较好的影响，投资者对公司未来发展持有乐观积极的态度。二级市场表现如图3－61所示。

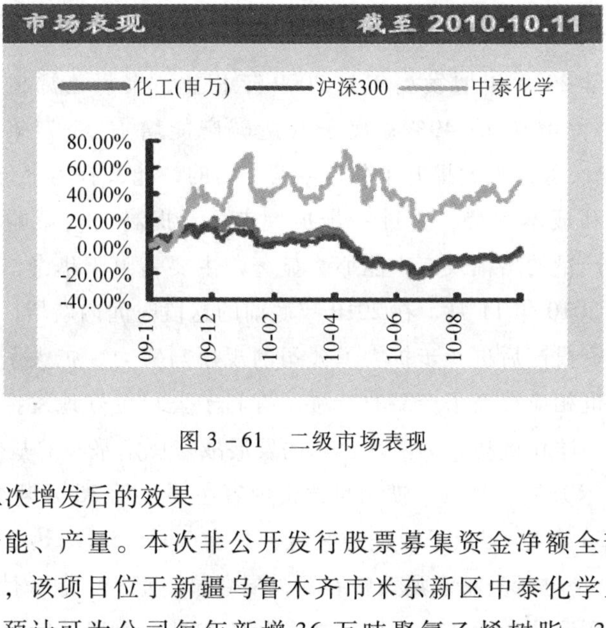

图3－61　二级市场表现

3. 第二次增发后的效果

（1）产能、产量。本次非公开发行股票募集资金净额全部投资于华泰二期项目，该项目位于新疆乌鲁木齐市米东新区中泰化学工业园，项目达产后，预计可为公司每年新增36万吨聚氯乙烯树脂、30万吨离子膜烧碱生产能力以及17.5亿度发电能力。表3－93是本次募集资金使用情况。

表 3－93　　2010 年定向增发募集资金实际用途　　单位：元

项目名称	预计总投资	本次募集资金净额	募集资金实际投资额
新疆华泰重化工有限责任公司 36 万吨/年聚氯乙烯树脂配套 30 万吨/年离子膜烧碱二期项目	3 988 660 000	3 719 639 880	3 719 639 880

注：募集资金少于项目总投资部分公司自筹资金解决。

本次定向增发募集资金于 2010 年 4 月到位，2010 年 11 月，华泰二期项目建成投产。投产后，公司主营产品聚氯乙烯树脂和离子膜烧碱的产能及产量增速明显，中泰化学 2009 年及 2010 年主要产品产能及产量总额如表 3－94 所示。

表 3－94　　中泰化学 2009 年及 2010 年主要产品产能及产量总额

	聚氯乙烯树脂产能	聚氯乙烯树脂产量	离子膜烧碱产能	离子膜烧碱产量
2009 年	46.0 万吨/年	45.22 万吨	35.0 万吨/年	33.57 万吨
2010 年	90.0 万吨/年	51.32 万吨	65.0 万吨/年	40.02 万吨

中泰化学 2010 年增发当年与 2009 年相比，聚氯乙烯树脂产能增加 95.65%，产量增加 13.49%；离子膜烧碱产能增加 85.71%，产量增加 19.21%。此次募资大大提升了公司主营产品的产能，有利于公司更好地发挥规模效益和成本优势，为进一步扩大市场，提高公司影响力奠定了基础。不过，产量的增幅没有产能那么显著，主要是由于华泰二期项目建成投产时点为 2010 年 11 月，在 2010 年底前的这段时间内新增产量有限。

本次募资投产后进一步扩大了公司的规模与实力，扩大了公司主营产品的产能，也相应提高了产品的产量，有利于公司更好地发挥资源能源优势和产业链一体化优势，为实现公司的发展战略奠定坚实的基础。

（2）技术升级。华泰二期项目建设内容主要包括 36 万吨/年聚氯乙烯树脂装置、30 万吨/年离子膜烧碱装置，配套 2×135MW 热电联产装置以及 100 万吨/年电石渣制水泥熟料装置，配套公用工程、服务性工程。

①节能环保技术设备。本项目技术装备先进，实现节能降耗和清洁生产。离子膜烧碱生产采用目前世界上最先进的高电流密度零极距自然循环电解装置；聚氯乙烯树脂生产采用产能高、自动化程度高、产品质量好的 108M3 大型聚合装置；生产过程采用 DCS 全程控制系统，同时采用了先进的

环保技术和措施。本项目的工艺技术和装置水平具有国内领先水平，使烧碱电耗、盐耗、聚氯乙烯树脂电石消耗等主要能源及原材料单耗均低于全行业平均水平。“三废”进行深度治理和综合利用，彻底解决废弃物的排放。

②循环经济生产技术模式。通过电石渣制水泥熟料综合利用装置，解决电石法聚氯乙烯工艺中存在的电石渣污染问题。通过“石灰石—电石—聚氯乙烯—水泥”的循环经济产业链，“实现一次钙（石灰石）资源，电石、水泥两次使用”，使钙资源在生成聚氯乙烯树脂的同时，电石渣又成为水泥生产的主要原料。

氯碱生产过程中，既需要大量的蒸汽，又消耗大量的电能，本项目配套了2×135MW热电联产装置，高压锅炉生产出来的9.8MPa高压蒸汽首先用来发电，发出来的电进行氯碱化工产品的生产，发电之后抽出的约1MPa和0.3MPa低压蒸汽再输送到工业园各用汽工序，在冬季还可为周边地区居民取暖供热，形成能源的二次利用，发电成本和用汽成本都非常低廉，是提高能源效率和保护环境的最佳用能形式，符合国家倡导的循环经济生产模式。

通过热电联产装置和电石渣制水泥熟料装置的建设，形成“煤炭—发电—烧碱、聚氯乙烯树脂—水泥”一条龙的循环经济产业链，走能源资源综合利用的可持续发展道路，实现了资源配置最优化和投资效益最大化。

（3）市场影响力和品牌效果。公司在疆内、外市场和中亚市场具有较强的竞争力，本次募集资金投资项目是公司战略发展规划的重要步骤，未来几年内，公司将发展为国内具有成本领先优势的大型氯碱生产企业，市场占有率将稳步上升，具有良好的市场前景。表3-95为增发前后年度中泰化学市场份额变动情况。

表3-95　　本次增发前后中泰化学市场份额变动情况

产品	市场	2010年	2009年
聚氯乙烯树脂	疆内市场	89.20%	79.83%
	国内市场	4.09%	4.29%
烧碱产品	疆内市场	73.26%	70.51%
	国内市场	1.98%	1.89%

注：1. 地区市场占有率=中泰化学在该地区销售量÷地区总消费量（不含企业自用部分）；
2. 疆内市场数据来源于公司销售部门调研统计数据。

公司聚氯乙烯树脂和烧碱产品占据了新疆市场的绝大部分份额，处于市场主导地位。从全国市场来看，中泰化学产品的市场占有率从2009年到

2010 年有所提升，2010 年以 51.32 万吨聚氯乙烯树脂产量占市场份额的 4.54%，名列行业第 5 位，以 40.02 万吨烧碱产量占市场份额的 1.92%，名列行业第 12 位。

在公司市场的占有率稳步提升，影响力不断加大的同时，公司教育员工牢固树立品牌意识，坚持“执着、追求，为顾客提供优质产品和满意的服务”的质量方针，坚持严格的质量控制制度，确保 ISO9001 质量体系的有效运行，保持并不断提高公司产品在客户中的信誉，以质量创名牌，以信誉求发展；导入 CI 系统，整合企业形象设计，形成企业经营理念共识，整合企业文化；在开拓新市场的同时，扩大公司的知名度，不断提升公司品牌价值。

（4）股东回报。本次投资项目紧密围绕主业，与公司发展战略、未来发展目标一致，具有良好的盈利前景，很好地提高了公司的利润水平，保证了股东回报的实现。华泰二期项目投产后，预计年均实现营业收入 299 255.67万元（不含税），年均实现税后净利润 50 169.62 万元，项目财务内部收益率为 16.37%（税后），投资回收期为 7.06 年（税后，含建设期），项目资本金财务内部收益率为 22.94%。该项目投产后，实际实现的投资收益情况如表 3－96 所示。

表 3－96　　中泰化学 2010 年增发募投项目收益情况

36 万吨/年聚氯乙烯专用树脂配套 30 万吨/年离子膜烧碱工程项目	2010 年实际效益	2011 年实际效益	2012 年 1－9 月项目实际效益
净利润（万元）	5 382.74	27 060.97	6 994.76

2010 年、2011 年均达到预计收益，项目 2010 年、2011 年实现收益对 2010 年、2011 年净利润的贡献率分别为 18.53%、51.70%。2012 年 1－9 月实现净利润 6 994.76 万元，完成预计收益的 22.23%，对当期净利润的贡献率为 25.07%。未完成预计收益的主要原因为：欧债危机、国内房地产宏观调控等经济形势影响，导致聚氯乙烯树脂市场价格下降，且原材料成本和人力资源成本有所上升。截至 2012 年 9 月份，该项目累计收益为 39 438.47万元，占中泰化学几年净利润总额的 36.09%。该项目收益累计占中泰化学近几年利润的 1/3 以上，是近几年中泰化学收益的主要来源点之一。

此次投资项目依托新疆的资源和能源优势，充分利用国家和新疆维吾尔自治区的产业发展政策，加快实施自治区优势资源转换战略，扩大生产规模，提高综合竞争力，提升利润水平，有助于实现公司的可持续发展。

公司具有发展氯碱工业的原盐、石灰石、电石、煤炭、电力等资源、能源组合优势，竞争优势明显。通过利用募集资金建设华泰二期项目，公司将形成“原盐—煤炭—电力—石灰石—电石—烧碱—聚氯乙烯树脂—电石渣制水泥”的完整产业链，能够使公司扩大生产规模，充分发挥规模效益，增强公司的成本领先优势，将资源优势尽早转化为效益优势，进一步提高公司的盈利能力，对于公司的持续快速发展具有重要意义，有利于公司的长远发展，是对公司和股东利益最大化的体现。

（5）产业链。从表3－97可以看出，2010年底与2009年底相比，中泰化学控股子公司增加了三个，涉及能源提供、原材料提供和产品销售方面。由此可以看出，公司利用本次非公开发行募集的资金扩大产能的同时，还加强了产业链的建设和完善。在能源供应方面，加强了公司自给自足能力，进一步加速了公司纵向一体化的发展步伐；在原材料方面，公司进一步加深对原材料副产品的加工，提高了对资源的利用效率，也提升了公司的经营效率；在销售方面，公司对销售的建设也在加强，增加库尔勒化工来帮助其加大主营产品的销售，有利于扩大市场影响力，进一步提高市场份额。同时，我们发现，新增的三家子公司均为非合并方式成立的，均为中泰化学通过从资本市场融得的资金新建的子公司，以完善自身产业链。可见，本次非公开发行对中泰化学完善产业链有重大作用。

表3－97　　截至2010年12月31日中泰化学控股子公司情况一览表

公司名称	成立时间	注册资本和实收资本（万元）	持股比例（%）	主要业务
华泰公司	2004年1月	90 000	99.65	聚氯乙烯树脂、烧碱的生产和销售
博达焦化	2002年10月	3 000	66.67	电石、焦炭的生产与销售
托克逊盐化	2002年12月	500	96.59	工业用盐开采及销售
新疆中化建	2000年3月	300	83	化工产品的进出口贸易
奇台矿产	2005年3月	300	66.67	获得石灰石矿的采矿权，尚未从事经营活动
中泰矿冶	2007年6月	500	100	化工产品销售
中鲁矿业	2007年6月	500	100	石灰销售
阜康能源	2009年8月	26 000	100	塑料制品、建筑材料的销售
准东热电	2010年7月	6 000	100	蒸汽、热力及其附属产品的销售
准东煤业	2010年7月	4 000	100	金属材料、建筑材料、化工产品的销售
库尔勒化工	2010年8月	6 000	100	聚氯乙烯树脂、化工产品的销售，对烧碱、聚氯乙烯树脂等生产项目的投资

（6）财务状况变化。本次募集资金投资项目建成投产后对公司的生产经营状况和财务状况产生了重大影响，主要体现在如下几个方面：

①对总体财务指标的影响。净资产和利润总额均呈现成倍增长，营业

收入增幅达22.69%。此次股权融资成功后，公司的净资产总额大幅提高，从2009年的2 553 942 362.14元提高到发行后2010年的6 592 425 387.17元，比发行前增长158.13%。净资产规模的扩大将有助于提高公司未来的风险抵御能力，有利于企业的成长性和发展能力提高。

本次增发后，公司进一步壮大主要产品的产能，增加产量，营业收入取得了一定的增长。最为显著的盈利变动是：利润总额的增幅达到176.50%，2010年的利润总额将近是2009年的1.5倍。公司利润总额的显著增加，主要原因是公司2010年产能扩张后，产量相应增加，公司利用其成熟的销售渠道，以接近100%的产销率使得公司销售同步增长。随着宏观经济的回暖，聚氯乙烯树脂的价格保持高位，而且公司有良好的成本控制，使得公司保持了较高的毛利率，利润空间较大，利润总额大幅增加。表3－98为公司2010年度增发前后的主要财务数据。

表3－98　　2010年增发前后年度财务状况

项目	发行前（2009年）	发行后（2010年）	增幅
归属于上市公司股东的所有者权益	2 553 942 362.14	6 592 425 387.17	158.13%
利润总额	127 230 639.36	351 797 412.94	176.50%
营业收入	3 326 500 661.04	4 081 123 546.00	22.69%

②对关键财务比率的影响。本次成功增发后，公司盈利能力、偿债能力和营运能力指标都出现了较为明显的变动。表3－99为公司增发前后年度主要财务指标变动情况。

表3－99　　2010年增发前后年度主要财务指标

项目	指标	发行前（2009年年末）	发行后（2010年年末）
主要盈利能力指标	毛利率	15.25%	23.09%
	资产收益率	1.72%	3.39%
	基本每股收益	0.192	0.271
	净资产收益率（全面摊薄）	4.04%	4.42%
	净资产收益率（加权平均）	4.11%	5.64%
主要偿债能力指标	流动比率	0.46	0.68
	速动比率	0.41	0.57
	资产负债率（母公司报表）	37.22%	21.52%
	资产负债率（合并报表）	65.45%	31.48%
	利息保障倍数	3.15	6.25

续表

项目	指标	发行前（2009年年末）	发行后（2010年年末）
主要营运能力指标	应收账款周转率（次）	94.30	74.98
	存货周转率（次）	20.91	14.19
	总资产周转率（次）	0.54	0.48

从表3－99可以看出，增发后的2010年反映企业盈利能力的主要指标：毛利率、资产收益率、基本每股收益、净资产收益率较2009年均有所提高，企业表现出良好的盈利效果。这主要是由于公司主营业务为聚氯乙烯树脂、离子膜烧碱的生产和销售，2010年华泰二期项目建成投产后，公司生产规模扩大产生一定规模效应，综合毛利率保持较高水平。同时，公司积极投入电石原料基地建设，电石原料的内部供给能力提高，聚氯乙烯树脂的成本优势显现。随着2010年企业利润比2009年成倍增加，带动了每股收益、资产收益率和净资产收益率的上升。

公司进行本次股权融资后，其主要偿债能力指标：流动比率、速动比率、利息保障倍数2010年都大于2009年数值，资产负债率2010年较2009年显著降低，这反映出公司偿债能力的提升。流动比率和速动比率有所提高主要是因为股权融资均以现金形式募集，流动资产、速动资产增加，而流动负债基本稳定。利息保障倍数2010年较2009年提高了一倍，较高的利息保障倍数为公司获得银行贷款提供了较好的信用基础，为公司继续扩大融资及偿还到期债务提供了可靠保障，它的变动主要是受两方面影响：公司产能的扩大带来了利润的增加；公司募集资金归还了长期借款，减少了利息费用。负债的减少，资产的增加也使得资产负债率从65.45%下降到31.48%，负债率的降低大大地降低了公司的偿债压力，改善了公司的财务状况，进一步降低了公司的财务风险。

总体来说，公司营运能力2010年较2009年均呈现下降情况，其中，应收账款周转率下降的主要原因是公司为扩大市场投放量，放宽了信用政策，使得公司未结算销售款项增加；存货周转率2010年较2009年同期下降6.72次，主要原因是公司2010年华泰二期项目建成投产扩大了生产规模，相应购进原材料及产成品期末存量增加；总资产周转率从2009年的0.54下降到2010年的0.48，主要原因是公司本次增发使得资产显著增加，而增发资金投入的项目投产在2010年11月，在短时间内将新增资产完全

转换成营业收入较为困难。但从长期来看，公司资产的使用效率还是较高的，2011 年融资得到的资金得到了足够的时间消化，完全转换为产能和利润后，资产周转率提升到了 0.57。

③对资本结构的影响。本次增发从资本市场上成功地融到了一大笔资金，解决了公司的资金难题，改善了公司的财务状况，优化了公司资本结构，公司整体实力和抗风险能力显著增强，增强了其发展后劲。

负债总额占资产总额的比重从 65.45% 降到了 31.48%，股东权益占资产总额的比重从 34.55% 上升到了 68.52%。企业资本结构由负债为主变成了以股东投入资本为主，这减轻了公司的财务风险。一般来说，定向增发的发行对象主要有三类：财务投资者、战略投资者和公司的大股东或关联方。通过定向增发，引进的这些投资者不仅能为公司注入了资金，更为公司带来了优质资产，增强公司的持续发展能力，对公司财务结构和治理结构优化起到了很大的作用。2010 年度增发对资本结构的影响如表 3－100 所示。

表 3－100　　2010 年度增发对资本结构的影响

	2009 年 12 月 31 日		2010 年 12 月 31 日	
	金额（万元）	比例（%）	金额（万元）	比例（%）
资产总额	747 716.95	100.00	966 796.92	100.00
负债总额	489 402.75	65.45	304 391.46	31.48
股东权益	258 314.20	34.55	662 405.46	68.52
归属于上市公司股东的股东权益	255 394.24	34.16	659 242.54	68.19

其中，股东权益具体变动情况如表 3－101 所示。

表 3－101　　2010 年度增发前后股东权益变动情况　　单位：元

项目	期初数	本期增加	本期减少	期末数
股本	536 860 000.00	617 480 000.00	0	1 154 340 000.00
资本公积	1 270 632 939.26	3 623 303 590.49	388 621 003.60	4 505 315 526.15
盈余公积	113 655 411.70	39 142 193.50	0	152 797 605.20
未分配利润	627 290 061.13	291 272 638.66	139 184 993.50	779 377 706.29
股东权益	2 553 942 362.14	4 592 514 207.52	554 031 182.49	6 592 425 387.17

注：股东权益是指归属母公司所有者的股东权益。

④对现金流量的影响。相比 2009 年，2010 年主营业务成本增幅超过

20.82%（见表3－102），主要是由于公司新增华泰二期项目建成投产，扩大了主营产品的产能和产量，所需投入成本也增加。销售费用增加主要是因为生产规模扩大，产品产量的增加，产品销售运输成本加大。管理费用增加主要是因为公司生产规模的扩大，设备厂房修理费用加大；同时考核职工薪酬的费用加大。财务费用增加主要是公司为加快华泰二期项目建设进度，在本次募集资金到位之前，根据项目进度的实际情况暂时以自筹资金和银行贷款先行投入，因此利息费用有所上升。公司2010年度的利润水平显著提高，导致了所得税费用相应增加。

经营活动产生的现金流量净额变动不大，公司扩大的产能还没来的及转换为收入和利润。投资活动产生的现金流量净额为负数，主要是公司所处行业为资金密集型行业，不断扩大生产能力和生产规模，使得资本性支出较大。筹资活动产生的现金流量净额2010年比2009年减少，主要是2010年新疆华泰重化工有限责任公司归还国家开发银行银团贷款及公司归还短期融资券导致偿还债务支付的现金增加。

表3－102　　2010年度增发前后现金流变化情况　　单位：元

项目	2010年	2009年	增减百分比
主营业务成本	3 451 274 583.22	2 856 544 051.78	20.82%
销售费用	316 459 602.52	233 450 922.08	35.56%
管理费用	203 400 726.90	118 780 594.69	71.24%
财务费用	77 352 286.25	60 907 472.21	27.00%
所得税费用	61 316 697.81	22 308 338.04	174.86%
经营活动产生的现金流量净额	634 535 071.69	665 546 207.90	－4.66%
投资活动产生的现金流量净额	－1 987 015 617.49	－2 310 896 189.78	14.02%
筹资活动产生的现金流量净额	1 494 378 113.83	2 153 639 228.08	－30.61%

（7）其他隐性收益。公司这次增发是抓住了国家对西部地区，尤其是对新疆优势产业支持力度进一步加大的有利时机，精心准备的定向增发。这一资本和资源有机结合的成功范例，得到了中国证监会和自治区领导的高度评价。与此同时，根据项目建设需要和公司融资后良好的资本结构，公司通过银行贷款、融资租赁、信托投资和股权投资等方式，与国家开发银行签订了195亿元的开发性金融合作协议，其中，已落实80亿元项目建设资金，使公司下一步的重大项目建设得到充足的资金保障。

（四）2011年及2012年发行两期公司债券

中泰化学在2011年和2012年分两期成功地进行公司债券发行，每期融资总额13亿元，两期共26亿元。通过IPO上市、首次增发和第二次非公开增发后，公司已经通过资本市场融得大量权益资本，中泰化学也获得了长足的发展，为什么在此之后没有进行发行债券融资呢？我们将从多个角度深入剖析企业当时所处的市场环境和企业自身状态及发展阶段来解答。接着，将介绍中泰化学本次债券发行的具体准备及发行情况。最后，分析本次债券发行之后的效果：公司的产能和产量变化、技术升级、市场影响力和品牌效应、股东回报、财务状况和其他隐性福利，等等。

1. 发行公司债的背景

（1）当时的市场行情和市场前景。

①聚氯乙烯树脂产能。2011年上半年，聚氯乙烯树脂产能约为2 161万吨，在产企业97家，平均产能22.3万t/a。其中，电石法产能为1 770万吨，乙烯法产能为391万吨，分别占总产能的81.9%和18.1%。目前50万－100万t/a产能的大省（区）主要是内蒙古、新疆、山东等，平均产能已超过29万t/a。预计到2011年年底，聚氯乙烯树脂产能会达到2 261万吨，同比增长10.6%左右。

从生产工艺看，电石法已经成为工艺主导；从产能集中区域看，新疆、内蒙古以及山东等地区成为产能主导。中泰化学地处新疆，通过技术升级已经实现全面运用电石法制造聚氯乙烯树脂，在聚氯乙烯行业具有很强的竞争优势。但是，首先，该行业仍然处于快速扩张期，产能在短期内会快速增长，中泰化学想要保持已有竞争优势，必须进一步提升产能；其次，地处新疆既是中泰化学的优势也为它带来诸多挑战，区域内产业集群发展快有助于完善公司产业链，而区域内像新疆天业等强大的竞争对手也使得中泰化学必须不断提升技术、扩大产能、完善产业链、扩大市场份额才能在与这些强劲对手竞争中获得优势。由此可以看出，尽管中泰化学已经具有较强的竞争优势，但保持和扩大其已有竞争优势还需要强大的资金支持，现在的中泰化学仍然具有从资本市场获得大量资金的需求。

②烧碱产能。自2010年起，烧碱产能突破了3 000万吨大关，达到3 021.1万吨，同比增长7.55%。至2011年6月底，烧碱产能约为3 288万吨，生产企业182家，单个企业平均产能约为18.1万t/a。其中，离子膜产能2 843万t/a，占产能的86.5%，隔离膜法装置产能445万t/a，占产能的13.5%。预计至2011年年底，烧碱产能将达到3 438万t/a，产能增长率约为13.8%。其中，山东、江苏、浙江、天津、山西、河南、内蒙

古、新疆、四川等地是烧碱的主要省区。

较聚氯乙烯树脂，中泰化学在烧碱产业的竞争优势相对较弱。目前，烧碱行业处于行业内完全竞争，产能集中到少数省区的时期。在这种状况下，中泰化学想扩大竞争优势，只能通过降低生产成本和扩大市场份额两条途径。降低成本的方法可以分为三个方面：首先，基于规模经济原则，扩大公司产能降低成本；其次，改进生产工艺，提高生产效率；最后，完善上游供应链，降低原材料成本。三方面都需要强大的资金支持才能有效完成，为降低生产成本，中泰化学需要获得大量外部融资。扩大市场份额的方法可以分为两个方面：首先，完善下游销售端口，新市场；其次，改进生产工艺，提高产品质量。生产工艺的改进自然需要大量资金支持，销售端口的完善更多的是扩大销售网点的覆盖面以及开拓国外市场，销售网点的建设和市场推广也费用不菲。因此，为在烧碱行业建立竞争优势，从资本市场获得大量融资势在必行。

（2）当时的行业竞争情况。

①聚氯乙烯行业。公司发行债券前，我国聚氯乙烯树脂生产企业约100多家，其中，上市公司30家，生产装置平均规模不足16万吨/年。天津大沽化工股份有限公司是全国最大的PVC生产厂家，2010年，PVC产量为74.88万吨，约占当年全国总产量的6.63%。中泰化学2010年PVC产量为51.32万吨，占市场份额的4.54%，排名第5位。受华泰二期36万吨/年聚氯乙烯树脂配套30万吨/年离子膜烧碱项目影响，2011年公司聚氯乙烯树脂生产81.99万吨。同比增长59.76%。据中国氯碱工业协会统计，截至2011年11月末，公司聚氯乙烯树脂产量居全行业第二位。

②烧碱行业。目前，全国约有两百多家烧碱企业，90%以上为国有企业，平均生产规模约9.5万吨/年，平均产量约8万吨。上海氯碱化工股份有限公司是全国最大的烧碱生产企业，2010年，烧碱产量约72.63万吨，占市场份额的3.48%。中泰化学2010年烧碱产量为40.02万吨，占市场份额的1.92%，排名第12位。2011年，生产烧碱61.44万吨（含自用量），完成年计划的102.40%，同比增长53.52%。截至2011年11月末，公司烧碱产量已居全行业第四位。

销售方面，公司产品作为行业领域知名品牌，销售订单的签署与执行稳定而持续。2011年，新疆华泰重化工有限责任公司二期项目稳定运行，产量较上期有较大增加，公司积极开拓销售市场，订单较上年大幅上升，公司产销率保持在较高水平。

经过从资本市场获得资金进行快速发展，中泰化学在聚氯乙烯和烧碱行业都已经建立了较强的竞争优势。但是，氯碱行业目前属于高速膨胀阶段，公司之间竞争异常激烈，想要保持现有竞争优势或扩大这一竞争优势，产能扩张和技术升级必须持续进行，公司也需要继续通过资本市场获取资金支持，融资需求依然旺盛。

（3）当时的政策情况。为了遏制氯碱行业的盲目扩张，促进产业结构升级，国家发改委2007年颁布了《氯碱（烧碱、聚氯乙烯）行业准入条件》，在产业布局、规模、能源消耗和环保等方面对氯碱行业新建、改扩建项目进行了准入限制，提高了氯碱行业的产业集中度，进一步优化了资源配置，尤其对于电石法聚氯乙烯生产企业起到了制约和导向性作用，也使得规模偏小的氯碱企业面临更大的竞争压力，而具有资源优势、规模优势和采取循环经济的龙头企业将从中受益，有望在竞争中取得更大的市场份额。《氯碱（烧碱、聚氯乙烯）行业准入条件》将会遏制氯碱行业盲目扩张的趋势，促进产业结构升级，规范行业发展，而且将会促进靠近资源、能源产地的公司的发展。

2010年1月6日，环保部制定了《环境风险评估技术指南——氯碱企业环境风险等级划分方法》，对氯碱企业的环境风险划分等级，为氯碱企业开展环境污染责任保险提供技术支持。这无形中加强了对氯碱行业环保方面的要求，但同时也促进了行业工艺进步和装置水平的提升，有利于降低事故发生率。

2010年1月11日，发改委公布了《国家重点节能技术推广目录（第二批）》，目录涉及氯碱行业生产中的新型高效节能膜极距离子膜电解技术，主要通过减小极间距达到降低电耗的目的。目前，膜极距离子膜电解技术的推广比例小于1%，预计至2015年，行业推广比例达50%，幅度较大有利于氯碱行业节能环保和技术升级换代。

2010年3月14日，工信部发布了《关于印发聚氯乙烯等17个重点行业清洁生产技术推广方案的通知》。涉及聚氯乙烯行业多项技术，其目的在于大规模和集中示范、推广清洁生产技术，并明确了2012年各行业的推行目标。工信部还于2010年5月31日发布了《关于印发电石法聚氯乙烯行业汞污染综合防治方案的通知》，明确了电石法聚氯乙烯发展工作的基本思路、目标、具体技术方案以及实施办法。

2010年5月5日，国务院发布了《关于进一步加大工作力度确保实现

"十一五"节能减排目标的通知》，进一步强化了节能减排目标责任，加大了淘汰落后产能力度，严控高耗能、高排放行业过快增长。制订了单位生产总值能耗、主要污染物排放量指标，使全国氯碱企业不得不降低负荷以应对。

2010 年 12 月 6 日，工信部发布了《部分工业行业淘汰落后生产工艺装备和产品指导目录》，其中包括氯碱行业的汞法烧碱、石墨阳极隔膜法烧碱、未采用节能措施的普通隔膜法烧碱生产装置。

2011 年 1 月 19 日，环保部发布了《关于加强电石法生产聚氯乙烯及相关行业汞污染防治工作的通知》，规定到 2015 年底前，电石法 PVC 生产企业要全部使用低汞触媒；通知在发布后 60 日后，新建、改建、扩建的电石法 PVC 生产项目必须使用低汞触媒；2015 年底前全部淘汰高汞触媒。

2011 年 4 月 27 日，发改委发布了《产业结构调整指导目录（2011 版)》。鼓励零极距、氧阴极等离子膜烧碱电解槽节能技术、废盐酸制氯气等综合利用技术；限制新建乙炔法 PVC、起始规模小于 30 万 t/a 的乙烯氧氯化法 PVC、新建纯碱、烧碱、电石。该目录加强了技术创新、环保和节能减排的力度，增加了现有企业的竞争压力。

2011 年 7 月 11 日，国务院颁布了《公路安全保护条例》，盐城违规超载现象，条例的实施将使得超载得到遏制，但与此同时，氯碱企业物流运输成本也将明显增加。

税收方面根据 2011 年 7 月财政部、海关总署、国家税务总局联合发布的《关于深入实施西部大开发战略有关税收政策问题的通知》中规定："自 2011 年 1 月 1 日至 2020 年 12 月 31 日，对设在西部地区的鼓励类产业企业减按 15% 的税率征收企业所得税。"

国家对于氯碱行业新建产能相关要求的提高无形中增加了公司产能扩张的成本和资金需求，这也促使中泰化学进一步从资本市场获得大量资金帮助公司扩张产能。

（4）当时的企业发展情况。

①债券发行前公司股东及控股情况。在本次债券发行前，公司总股本为 1 154 340 000 股，其中，人民币普通股 804 881 063 股，有限售条件股份 349 458 937 股。公司前十名股东及其持股情况如下，其中，新疆维吾尔自治区人民政府国有资产监督管理委员会持有 11.17% 的股份，是公司的控股股东。公司前十名股东所持股权占总股权的 36.67%，前十大股东控制力被削弱；公司控股股东新疆维吾尔自治区人民政府国有资产监督管理

委员会所持股权与第二、第三大股东乌鲁木齐环鹏有限公司及新疆三联投资集团有限公司持股之和相近。公司股权受前两次增发的影响，股权稀释效应比较明显，前十大股东对公司的控制力已经下降至2/3以下，如果股权被进一步稀释，公司控股股东对公司的控制力将受到很大的影响，甚至可能影响公司相关决策；同时，控股股东仅持股11.17%，对公司的控制力已经很弱，再进一步引入权益资本，稀释股权，将对控股股东对公司的控制造成很大影响。而中泰化学现阶段的发展急需大量资金，不能进行权益融资，公司想获得大量资金，只能通过向资本市场发行债券获得债权融资。截至2010年中泰化学前十名股东及其持股情况如表3－103所示。

表3－103　　截至2010年中泰化学前十名股东及其持股情况

序号	股东名称	持股数量（万股）	持股比例	持有有限售条件股份数量（万股）	质押或冻结的股份数量（股）
1	新疆维吾尔自治区人民政府国有资产监督管理委员会	12 895.88	11.17%	1 875.00	0.00
2	乌鲁木齐环鹏有限公司	7 500.00	6.50%	0.00	4 217.01
3	新疆三联投资集团有限公司	4 578.50	3.97%	0.00	0.00
4	新疆化工（集团）有限责任公司	3 673.63	3.18%	0.00	0.00
5	新疆投资发展（集团）有限责任公司	2 731.66	2.37%	0.00	0.00
6	乌鲁木齐国有资产经营有限公司	2 701.20	2.34%	0.00	0.00
7	郑海若	2 600.00	2.25%	0.00	0.00
8	于浮海	2 329.12	2.02%	0.00	0.00
9	全国社会保障基金理事会转持二户	2 252.99	1.95%	0.00	0.00
10	中国银行—易方达深证100交易型开放式指数证券投资基金	1 067.45	0.92%	0.00	

本次债券发行前中泰化学控股子公司有11家，均为与公司生产、销售有关的企业，基本情况如表3－104所示。

表3－104　　截至2010年中泰化学控股子公司情况一览表

公司名称	成立时间	注册资本和实收资本（万元）	持股比例（%）	主要业务
华泰公司	2004年1月	90 000	98.33	聚氯乙烯树脂、烧碱的生产和销售
博达焦化	2002年10月	3 000	66.67	电石、焦炭的生产与销售

续表

公司名称	成立时间	注册资本和实收资本（万元）	持股比例（%）	主要业务
托克逊盐化	2002 年 12 月	500	94	工业用盐开采及销售
新疆中化建	2000 年 3 月	300	83	化工产品的进出口贸易
奇台矿产	2005 年 3 月	300	66.67	采矿权证正在办理中，尚未从事经营活动
中泰矿冶	2007 年 6 月	500	100	化工产品销售
中鲁矿业	2007 年 6 月	500	100	石灰销售
阜康能源	2009 年 8 月	26 000	100	塑料制品、建筑材料的销售
准东热电	2010 年 7 月	6 000	100	蒸汽、热力及其附属产品的销售
准东煤业	2010 年 7 月	4 000	100	金属材料、建筑材料、化工产品的销售
库尔勒化工	2010 年 8 月	6 000	100	聚氯乙烯树脂、化工产品的销售，对烧碱、聚氯乙烯树脂等生产项目的投资

通过前两次增发融资，中泰化学产业链已经得到了进一步完善，不仅健全了公司尚有原材料的供给链，对于原材料生产产生的副产品也设立相关子公司进行生产，提高了公司的资源利用率和经营效率。但是，电力是氯碱行业生产中的主要原料，而新疆地区主要通过火力发电，因此，公司对煤电的相关需求是非常巨大的。随着煤炭资源越来越紧缺，煤电价格也越来越高，掌控煤炭资源、建立自主发电设施、完善煤电副产品生产，将成为中泰化学未来发展的重大趋势。为此，公司需要进一步完善以煤电为中心的产业链，需要花费大量资金设立或控股相关子公司。因此，从产业链角度，中泰化学本阶段资金需求依然旺盛。

②债券发行前公司资信情况。本次债券发行前，公司在各大银行等金融机构的资信情况良好，与其一直保持长期合作伙伴关系，获得很高的授信额度，间接债务融资能力强。

截至 2011 年 6 月 30 日，中泰化学及子公司共拥有中国工商银行股份有限公司、中国农业银行股份有限公司、交通银行股份有限公司、兴业银行股份有限公司、华夏银行股份有限公司、国家开发银行股份有限公司等银行总授信额度 748 000 万元，已使用授信额度 151 260 万元，尚未使用的授信总额为 596 740 万元。

表 3－105 是中泰化学近三年发行债券及偿还情况。

表 3－105　　中泰化学本次发债前三年债券发行及偿还情况

债券名称	发行规模	起息日期	年利率（%）	债券期限	截至本募集说明书签署日偿还情况
新疆中泰化学股份有限公司 2009 年度第一期短期融资券	9 亿元	2009 年 8 月 27 日	3.42%	365 天	已到期兑付本息
新疆中泰化学（集团）股份有限公司 2010 年度第一期短期融资券	9 亿元	2010 年 11 月 2 日	3.73%	365 天	未到期
新疆中泰化学（集团）股份有限公司 2011 年度第一期中期票据	8 亿元	2011 年 2 月 18 日	6.12%	5 年	未到期
新疆中泰化学（集团）股份有限公司 2011 年度第二期中期票据	8 亿元	2011 年 3 月 17 日	6.23%	5 年	未到期

中泰化学与主要客户发生业务往来时，均遵守合同约定，未发生过严重违约现象。本次债券发行分为两期，第一期债券经中国证监会核准并全部发行完毕后，公司的累计公司债券余额为 13 亿元（不含短期融资券和中期票据），占公司 2010 年 12 月 31 日经审计的合并资产负债表中所有者权益合计的比例为 19.63%。第二期债券经中国证监会核准并全部发行完毕后，公司的累计公司债券余额为 26 亿元（不含短期融资券和中期票据），占公司 2011 年 12 月 31 日经审计的合并资产负债表中所有者权益合计的比例为 34.29%。两期债券发行后债券余额均未超过最近一期经审计净资产额的 40%。

首先，公司建立的良好的信用记录有助于公司本次债券的成功发行；其次，前两次增发和首发对资本结构的改善以及对净资产的提升也扩大了本次债券发行融资的上线，帮助中泰化学通过本次债券发行融得大量资金。

③债券发行前公司主要业务情况。本次发债前主营产品收入构成如表 3－106 所示。

表 3－106　　本次发债前主营产品收入构成　　金额单位：万元

项目	2011 年 1－6 月	2010 年		2009 年		2008 年
	金额	金额	增长率	金额	增长率	金额
聚氯乙烯树脂	266 033.11	319 993.81	28.41%	249 194.37	－6.30%	265 960.47
氯碱类产品	66 482.37	77 324.76	2.11%	75 724.93	1.70%	74 459.66

续表

项目	2011 年 1－6 月	2010 年		2009 年		2008 年
	金额	金额	增长率	金额	增长率	金额
其他	14 074. 27	10 793. 78	39. 62%	7 730. 77	176. 84%	2 792. 47
合计	346 589. 75	408 112. 35	22. 69%	332 650. 07	－3. 08%	343 212. 60

注：1. 氯碱类产品为离子膜烧碱和盐酸、次氯酸钠等其他氯产品，以离子膜烧碱为主，下同；2. 其他主要包括焦炭销售收入和商业收入。

中泰化学实现主营业务收入增长的主要原因是由于公司主要产品的产销量不断提高；由于 2009 年全年 PVC 价格较低，导致中泰化学主营业务收入较 2008 年同期减少 10 562. 53 元。聚氯乙烯树脂和氯碱类产品占营业收入的比例分别为 99. 19%、97. 68%、97. 36% 和 95. 94%，是中泰化学的主要利润来源。

2011 年 1－6 月的主要产品营业收入已经超过 2009 年全年水平。说明中泰化学 2011 年业务经营良好，且业务扩张迅速。中泰化学业务的快速增长需要产能和产量相匹配，而扩大产能，资金支持必不可少，公司融资需求依然旺盛。

④债券发行前公司财务情况。本次债券发行前三年公司资产负债情况如表 3－107 所示。

表 3－107　　债券发行前中泰化学资产负债情况　　单位：万元

项目	2011 年 6 月 30 日	2010 年 12 月 31 日	2009 年 12 月 31 日	2008 年 12 月 31 日
资产总额	1 300 252. 78	966 796. 92	747 716. 95	473 826. 82
负债总额	601 454. 08	304 391. 46	489 402. 75	225 035. 54
所有者权益	698 798. 70	662 405. 46	258 314. 20	248 791. 28

2004 年以来，中泰化学所有者权益飞速增长，主要增长发生在 2006 年，主要原因是 2009 年公司第二次增发，获得大量权益融资，增加了公司所有者权益。同时，公司负债总额表现为先增长再下降再次出现增长的趋势：2009 年公司第二次增发后，增发所融资金一部分用于偿还公司债务，使得债务总额下降，这也使得公司 2010 年债务总额达到新低，整体偿债能力达到最高。三次股权融资优化了中泰化学的资本结构，也为本次发行债券融资奠定了基础。

本次债券发行前三年公司经营业绩和经营现金流情况如表 3－108 所示。

表 3-108　　债券发行前中泰化学经营绩效和现金流情况　　单位：万元

项目	2010 年度	2009 年度	2008 年度
主营业务收入	408 112.35	332 650.07	343 212.60
主营业务利润	32 393.87	8 084.73	11 154.70
利润总额	35 179.74	12 723.06	12 654.10
净利润	29 048.07	10 492.23	11 469.14
经营活动产生的现金流量净额	63 453.51	66 554.62	31 132.53

从表 3-108 可以看出，2009 年第二次增发之后，公司主营业务扩张非常迅速，如此快速的扩张对产能的要求也越来越高，而本次债券发行前公司经营活动产生的现金流量净额并没有发生很大变化，在这种业务高速增长、内部资金缺乏的态势下，中泰化学通过资本市场进行外部融资的动机愈发强烈。

本次债券发行前三年公司主要财务指标如表 3-109 所示。

表 3-109　　债券发行前中泰化学主要财务比率情况

项目	2010 年度	2009 年度	2008 年度
流动比率	0.68	0.46	0.47
速动比率	0.57	0.41	0.41
资产负债率（%）	31.48	65.45	47.49
应收账款周转率（次）	74.98	94.30	98.93
存货周转率（次）	14.19	20.91	22.10
每股经营活动现金流量（元）	0.55	1.24	0.58
每股净现金流量（元）	0.12	0.44	-0.78
每股收益（元）	0.27	0.13	0.14
净资产收益率（全面摊薄）（%）	5.64	4.11	4.80

从表 3-109 可以看出，由于公司上市以来的三次权益融资，公司短期偿债能力和长期偿债能力有所提高。但是流动比率小于 1 低于适宜值，速动比率在 0.5 左右比较适中；而资产负债率得到了明显的改善，公司当前资产负债率已经适宜进行大规模债权融资。在资本结构允许的情况下，发行债券融资比发行股票融资周期更短，能够解决公司短期的资金需求，并且不会稀释公司控股股东的控制权，所以在这种情况下，选择发行债券融资对公司更有利。

由于经营规模的扩大和在建产能的增加，处于扩张期的中泰化学的盈利能力维持在较低水平，这一时期，公司进行权益融资难度较大；但是随着新建项目的逐渐投产，公司净资产收益率也逐渐提高，这也体现了资本市场资金对公司发展的推动作用。2009 年公司第二次增发后，每股收益还维持在 2008 年水平，说明公司整体收益水平有很大的提升。

周转效率方面，应收账款周转率和存货周转率的下降进一步体现中泰化学近几年来销售的快速增长，业务规模的扩大，带来赊销和存货的增长。

每股经营现金流的增加说明中泰化学近几年销售质量的提高，自身产生现金流的能力有所增强。而每股净现金流的下降说明两点：首先，公司仍然处于快速扩张期，大量的对外进行投资；第二，公司内部产生的现金流以及现有的融资规模已经不能满足其快速扩张对资金的需求，很有必要通过资本市场进行大额融资。

本次债券发行前三年公司资产结构如表 3 – 110 所示。

表 3 – 110　　债券发行前中泰化学资产结构　　金额单位：万元

项目	2011 年 6 月 30 日		2010 年 12 月 31 日		2009 年 12 月 31 日		2008 年 12 月 31 日	
	金额	占比	金额	占比	金额	占比	金额	占比
流动资产	474 601.34	36.50%	191 550.03	19.81%	131 217.66	17.55%	91 710.38	19.36%
长期投资	41 031.86	3.16%	35 631.86	3.69%	21 928.50	2.93%	2 262.91	0.48%
固定资产	634 400.39	48.79%	665 558.45	68.84%	302 235.40	40.42%	224 698.69	47.42%
无形资产及其他资产	150 219.19	11.55%	74 056.58	7.66%	292 335.39	39.10%	155 154.84	32.74%
资产总计	1 300 252.78	100.00%	966 796.92	100%	747 716.95	100%	473 826.82	100%

中泰化学总资产呈快速增长态势，主要原因为中泰化学固定资产和在建工程增加形成。从资产结构来分析，中泰化学的资产结构比较稳定，固定资产和在建工程占总资产的比重始终在 59% 以上，存货和长期股权投资在总资产中占比相对较小，符合化工企业发展的特点。

公司固定资产增长较快。2009 年固定资产增加主要是因为新疆华泰重化工有限责任公司一期技改部分项目、中泰矿冶年产 50 万吨电石一期 20 万吨电石项目、博达焦化 24 万吨焦化炉及新增动力站、余热利用节能等技措项目达到预定可使用状态转入固定资产，外购办公用房交付使用转入固定资产。2010 年固定资产增加主要是因为子公司新疆华泰重化工有限责任公司二期项目、中泰矿冶电石项目结转为固定资产。

公司处于高速扩张期，固定资产和长期股权投资的快速增加，新建工程和并购需要大量的资金支持，在高速扩张的现阶段，中泰化学需要持续的资金支持，以保证其快速发展，所以在长时期内，公司都存在旺盛的融资需求。

本次债券发行前三年公司负债构成如表 3 – 111 所示。

表 3 – 111　　　　债券发行前中泰化学负债结构　　　　金额单位：万元

项目	2011 年 6 月 30 日		2010 年 12 月 31 日		2009 年 12 月 31 日		2008 年 12 月 31 日	
	金额/万元	占比	金额/万元	占比	金额/万元	占比	金额/万元	占比
流动负债	391 485.39	65.09%	283 056.22	92.99%	285 881.89	58.41%	194 633.54	86.49%
其中：短期借款	131 322.03	21.83%	55 000.00	18.07%	70 700.00	14.45%	116 200.00	51.64%
应付账款	114 503.43	19.04%	116 967.31	38.43%	95 261.80	19.46%	58 968.11	26.20%
其他应付款	9 601.63	1.60%	1 778.91	0.58%	1 755.55	0.36%	2 944.12	1.31%
其他流动负债	92 420.49	15.37%	90 755.79	29.82%	91 523.17	18.70%	0.00	0.00%
长期负债	209 968.69	34.91%	21 335.25	7.01%	203 520.86	41.59%	30 402.00	13.51%
其中：长期借款	50 000.00	8.31%	20 000.00	6.57%	189 000.00	38.62%	29 800.00	13.24%
负债合计	601 454.08	100.00%	304 391.46	100.00%	489 402.75	100.00%	225 035.54	100.00%

2010 年，公司短期负债占负债总额的比例达到峰值，已经超过 90%，继续维持如此高的流动负债比例会对公司短期偿债风险造成很大影响，进而提升公司财务风险，对公司发展不利。鉴于此种情况，且公司存在旺盛的融资需求，所以，公司有必要调整期债务结构，引入长期负债，偿还其现有短期负债，进而调整公司债务结构，因此，公司有动机进行本次偿还期限为 7 年的长期债券融资。

2. 发行公司债的情况

（1）发行前的准备过程。

①募集资金用途。公司债券发行分为两期。第一期发行债券所募集资金将用于偿还公司债务、优化公司债务结构以及补充流动资金；第二期发行债券多募集资金将用于补充流动资金。

第一期债券发行前，公司需偿还的债务有 8 260 万元，具体债务如表 3 – 112所示。

表 3 – 112　　　　第一期债券发行前公司需偿还的债务明细

贷款银行名称	贷款方式	金额（万元）	贷款期限
建设银行乌鲁木齐人民路支行	流动资金贷款	5 000	2010.12.29 – 2011.12.28
建设银行乌鲁木齐人民路支行	流动资金贷款	2 260	2011.1.7 – 2011.12.28

续表

贷款银行名称	贷款方式	金额（万元）	贷款期限
建设银行乌鲁木齐人民路支行	流动资金贷款	1 000	2011. 1. 24 - 2011. 12. 28
合计		8 260	

第一期债券发行所募得的13亿元资金用于全部偿还以上债务后还剩余的12.174亿元用于补充公司流动资金，其中，4.174亿元用于补充母公司流动资金，5亿元用于补充控股子公司新疆华泰重化工有限责任公司流动资金，3亿元用于补充全资子公司中泰矿冶流动资金。

截至2011年3月31日，母公司货币资金余额为8.6亿元，该部分货币资金将主要用于下属子公司项目的建设，为保证母公司生产经营的正常运营，使用本期公开发行公司债券募集的4.174亿元资金补充母公司流动资金是十分必要和切实可行的。随着2010年底新疆华泰重化工有限责任公司二期年产36万吨PVC、30万吨离子膜烧碱项目的顺利投产，公司的业务规模进一步扩大，公司2011年营业收入和营业成本都将大幅度增长，根据目前2010年新疆华泰重化工有限责任公司比较合理的存货周转率、应收账款周转率等数据测算，2011年新疆华泰重化工有限责任公司经营性流动资金至少需增加5亿元。新疆中泰矿冶有限公司目前已经开工的年产60万吨电石项目将于2012年底前建成，产能将扩大1倍以上，届时，公司业务规模扩大，需要补充不少于3亿元流动资金。

第二期债券发行所募得的13亿元资金拟用于补充公司流动资金，其中，4.826亿元用于补充母公司流动资金，后续8.174亿元用于补充控股子公司阜康能源流动资金。

截至2011年12月31日，母公司货币资金余额为2.39亿元，该部分货币资金将主要用于下属子公司项目的建设，为保证母公司生产经营的正常运营，使用本次公开发行公司债券募集的4.826亿元资金补充母公司流动资金是十分必要和切实可行的。新疆中泰化学阜康能源公司目前已经开工的一期、二期共80万吨PVC，60万吨烧碱项目将于2012年陆续建成投产，届时该公司的产能将超过新疆华泰重化工有限责任公司，根据新疆华泰重化工有限责任公司已经投入和即将投入的流动资金初步测算，为了维持阜康能源的日常生产和经营，需要投入不少于8.174亿元的流动资金。

①债券偿付方案。第一期和第二期债券的偿付方案基本一致。

在债券存续期内，宏观经济环境、资本市场状况、国家相关政策等外部因素以及公司本身的生产经营存在着一定的不确定性，这些因素的变化会影响到公司的运营状况、盈利能力和现金流量，可能导致公司无法如期从预期的还款来源获得足够的资金按期支付本期债券本息，从而使投资者面临一定的偿付风险。

在债券的计息期限内，每年付息一次；若投资者放弃回售选择权，则第一期至2018年11月3日一次兑付本金，第二期至2019年3月22日一次兑付本金；若投资者部分或全部行使回售选择权，则第一期回售部分债券的本金在2016年11月3日兑付、未回售部分债券的本金至2018年11月3日兑付，第二期回售部分债券的本金在2017年3月22日兑付、未回售部分债券的本金至2019年3月22日兑付。如遇法定节假日或休息日，则顺延至其后的第1个交易日。债券还款资金主要来源于中泰化学自身经营活动现金流。

随着中泰化学自备电厂投入运营和在建项目陆续投入生产，中泰化学营业成本将进一步降低，主营业务收入将进一步增加，预测中泰化学未来偿债能力将进一步增加，为偿付本期债券本息提供了有力保障。

为了保障债券偿付，本次债券发行还提出了两方面的债券偿付保障方案：

第一，流动资产变现。长期以来，公司财务政策稳健，注重对流动性的管理，资产流动性良好，必要时可以通过流动资产变现来补充偿债资金。截至2011年12月31日，公司合并报表流动资产余额为401 614.45万元，其中，存货为37 310.41万元，占流动资产的比例为9.29%；应收账款为10 339.80万元，占流动资产的比例为2.57%。若出现公司现金不能按期足额偿付本期债券本息时，公司拥有的变现能力较强的流动资产可迅速变现为本期债券本息及时偿付提供保障。

第二，外部融资渠道通畅。作为A股上市公司，中泰化学经营情况良好，运作规范，盈利能力较强，具有广泛的融资渠道和较强的融资能力，可通过资本市场进行股权融资和债务融资。

（2）发行情况。两期债券发行都由东方证券股份有限公司作为债券受托管理人，由承销团采取余额包销的方式承销，在深圳证券交易所上市交易。面向全市场发行（含个人投资者）公开发行，不向公司股东优先配售。两期发行总额均不超过13亿元（含13亿元）。债券面值100元，按面值平价发行，票面利率均为7.30%。债券期限为7年期，附加第5年末中泰化学上调票面利率选择权和投资者回售选择权。债券形式采用实名制记账式公司债券。

债券中包含的利率上调选择权是指中泰化学有权决定是否在本期债券存续期的第 5 年末上调本期债券后 2 年的票面利率。上调幅度为 0 至 100 个基点（含本数），其中，一个基点为 0.01%。中泰化学将于本期债券第 5 个计息年度付息日前的第 20 个交易日，在中国证监会指定的信息披露媒体上发布关于是否上调本期债券票面利率以及上调幅度的公告。

债券中包含的投资者回售选择权是指中泰化学发出关于是否上调本期债券票面利率及上调幅度的公告后，投资者有权选择在本期债券第 5 个计息年度付息日将其持有的本期债券全部或部分按面值回售给中泰化学。本期债券第 5 个计息年度付息日即为回售支付日，中泰化学将按照深交所和债券登记机构相关业务规则完成回售支付工作。

自中泰化学发出关于是否上调本期债券票面利率及上调幅度的公告之日起 3 个交易日内，债券持有人可通过指定的方式进行回售申报。债券持有人的回售申报经确认后不能撤销，相应的公司债券面值总额将被冻结交易；回售申报日不进行申报的，则视为放弃回售选择权，继续持有本期债券并接受上述关于是否上调本期债券票面利率及上调幅度的决定。

两期债券均采用单利按年计息，不计复利，逾期不另计息。每年付息一次，到期一次还本，最后一期利息随本金的兑付一起支付。应支付的利息金额为投资者截至兑息债权登记日收市时所持有的本期债券票面总额与对应的票面年利率的乘积；于本金支付日向投资者支付的本息金额为投资者截至兑付债权登记日收市时所持有的本期债券最后一期利息及所持有的债券票面总额的本金。

两期债券发行均采取网上面向社会公众投资者公开发行和网下面向机构投资者询价配售相结合的方式。网上认购按照“时间优先”的原则实时成交，网下认购采取机构投资者与联席主承销商签订认购协议的形式进行。网上、网下预设的发行数量分别为 0.65 亿元和 12.35 亿元。中泰化学和联席主承销商将根据网上公开发行情况及网下询价配售情况决定是否启动回拨机制：如网上发行数量获得全额认购，则不进行回拨；如网上发行数量认购不足，则将剩余部分全部回拨至网下发行。本期债券采取单向回拨，不进行网下向网上回拨。

两期债券发行相关时点如表 3－113 所示。

表 3-113　　两期债券发行相关时点明细

项目	第一期	第二期
发行首日	2011 年 11 月 3 日	2012 年 3 月 22 日
起息日	2011 年 11 月 3 日	2012 年 3 月 22 日
付息日	2012-2018 年每年的 11 月 3 日	2013-2019 年每年的 3 月 22 日
回收部分债券付息日	2012-2016 年每年的 11 月 3 日	2013-2017 年每年的 3 月 22 日
本金支付日	2018 年 11 月 3 日	2019 年 3 月 22 日
回收部分债券本金支付日	2016 年 11 月 3 日	2017 年 3 月 22 日

经鹏元资信评估有限公司综合评定，中泰化学的主体信用等级为AA+，本期债券的信用等级为 AA+。

(3) 市场反应。中泰化学第一期债券发行工作于 2011 年 11 月 7 日结束，发行总额为 13 亿元，具体发行情况如下：

网上社会公众投资者的认购数量为 0.65 亿元人民币，占本期公司债券发行总量的 5.00%。

网下机构投资者的认购数量为 12.35 亿元人民币，占本期公司债券发行总量的 95.00%。

第二期债券发行工作于 2012 年 3 月 22 日结束，发行总额为 13 亿元，具体发行情况与第一期一致。

3. 发行公司债后的效果

(1) 产能、产量。发行债券所募集资金部分用于补充新疆华泰重化工有限责任公司以及新疆中泰矿冶有限公司的流动资金。

新疆华泰重化工有限责任公司二期年产 36 万吨 PVC、30 万吨离子膜烧碱项目以及新疆中泰矿冶有限公司 60 万吨电石项目在一定程度上提升了中泰化学烧碱以及聚氯乙烯树脂的产能，有利于企业扩大在全疆以及全国的市场份额。

(2) 技术升级。公司离子膜烧碱生产采用目前世界最先进的高电流密度零极距自然循环电解槽、DCS 控制技术，固体离子膜烧碱生产采用国际先进的瑞士博特公司粒碱生产工艺。聚氯乙烯聚合工艺采用天津大沽化工股份有限公司聚合专利技术，聚合装置采用了国内先进、成熟的 $108m^3$ 反应釜，溢流堰板浆料汽提塔，二段式沸腾干燥床，全自动包装机。这些技术在降低生产成本以及环境保护方面发挥了显著的作用并取得了明显成效。

(3) 市场影响力和品牌效果。中泰化学于 2006 年上市，并在之后的几年中在资本市场进行了多次增发融资，历次融资规模较大，在同行业中以及资本市场中都产生了较大的影响，企业市场份额也有所提升，得到了当地政府的政策及产业帮助。随着历次融资的进行，企业产业规模也逐步加大，由此也增加企业员工数量，吸收了当地一大部分劳动力，在很大程度上提升了当地就业率。同时，员工的薪酬待遇、福利等水平都有所上升，因此，公司在当地有极高的声誉以及影响力。

（4）产业链。从表 3－114 可以看出，2012 年底较 2010 年底中泰化学子公司增加了两个，主要涉及产品物流和原材料副产品加工。由此可以看出，在公司通过本次债券发行所融资金扩大产能的同时，还加强其产业链的健全。针对东部市场以及国外市场远距离销售问题，公司专门设立了物流子公司以完善产品配送降低销售成本，同时促进公司市场扩张；在原材料方面，公司进一步加深对原材料副产品的加工，提高对原材料的利用率，提升公司经营效率。同时，我们发现，新增的两家子公司均为非合并方式成立的，及中泰化学通过通过从资本市场融得资金新建子公司，以完善自身产业链。可见，本次债券发行对中泰化学完善产业链有重大作用。

表 3－114　　截至 2012 年中泰化学控股子公司情况一览表

公司名称	成立时间	注册资本和实收资本（万元）	持股比例（%）	主要业务
华泰公司	2004 年 1 月	90 000	98.33	聚氯乙烯树脂、烧碱的生产和销售
博达焦化	2002 年 10 月	3 000	66.67	电石、焦炭的生产与销售
托克逊盐化	2002 年 12 月	500	94	工业用盐开采及销售
新疆中化建	2000 年 3 月	300	83	化工产品的进出口贸易
奇台矿产	2005 年 3 月	300	66.67	采矿权证正在办理中，尚未从事经营活动
中泰矿冶	2007 年 6 月	500	100	化工产品销售
中鲁矿业	2007 年 6 月	500	100	石灰销售
阜康能源	2009 年 8 月	26 000	100	塑料制品、建筑材料的销售
准东热电	2010 年 7 月	6 000	100	蒸汽、热力及其附属产品的销售
准东煤业	2010 年 7 月	4 000	100	金属材料、建筑材料、化工产品的销售
库尔勒化工	2010 年 8 月	6 000	100	聚氯乙烯树脂、化工产品的销售，对烧碱、聚氯乙烯树脂等生产项目的投资

续表

公司名称	成立时间	注册资本和实收资本（万元）	持股比例（%）	主要业务
中泰物流	2012 年 1 月	10 000	100	仓储服务、货运代理，物流园建设投资及相关产业服务；销售：金属材料、机电产品、塑料制品、化工产品
托克逊能化	2012 年 10 月	5 000	100	化工产品（危险品除外）、机电产品、金属材料、建筑材料的销售

（5）股东回报。本次债券发行为股东带来的回报主要是公司经营方面的提升。本次债券发行成功后，公司将所融资资金投入到扩大主营产品产能方面，取得了一定成效，聚氯乙烯树脂和离子膜烧碱的市场占有率和公司品牌影响力获得进一步的提升。公司在扩大产能的同时，对生产的上游产业进行整合，主要原材料（煤炭、电、盐、石灰石等）都逐渐自行提供，这大大缩减了产品生产成本，降低了公司的经营风险，加大了产品利润空间，很好地保证了公司股东回报率的实现。

其次，债务投资者的进入和债务融资的增加提高了公司的财务杠杆，财务杠杆的提高也提高了股东的获利能力，有债务投资者资金带来的利润基本都由股东进行分配，这也隐性地提高了股东回报。

（6）财务指标变化。本次募集资金到位后，对公司的经营和财务状况产生了重大影响，主要体现在如下几个方面：

①对总体财务指标的影响。净资产基本维持不变，营业收入增幅达到 74.29%，利润出现负增长。由于本次债券发行属于债权融资，不影响公司所有者权益，因此，债券发行后公司净资产没有出现很大变化。企业营业收入基本规模决定了其市场份额和市场竞争力，行业竞争力较强的企业通常拥有领先的技术、良好的成本控制、成熟的销售渠道，这些因素有助于提高产品的市场优势和价格竞争力，从而决定了产品的市场占有率。中泰化学在本次增发之后，积极扩大主要产品的产能和产量，运用成熟的销售渠道，带来了营业收入的显著增长。受到公司外部环境因素的影响，近两年的公司利润不增反降，原材料价格的上涨带来的生产成本的上升，国内外市场不景气带来的销售费用的增加，为完善产业链设立或并购子公司带来的管理费用的增加是利润下降的主要原因。表 3 – 115 为公司第一次增发

前后年度的主要财务数据。

表 3－115　　债券发行前后年度财务状况

项目	发行前（2010 年）	发行后（2012 年）	增幅
归属于上市公司股东的所有者权益（调整后）	6 624 054 607.61	7 183 745 290.30	8.45%
利润总额（调整后）	351 797 412.94	321 385 014.15	－8.64%
营业收入	4 081 123 546.00	7 112 887 951.78	74.29%

②对关键财务比率的影响。公司通过发行债券从资本市场融得资金后，除了在总体财务指标上反映出有利变动，在关键财务比率上也呈现较好效果。表 3－116 为公司本次增发前后年度主要财务指标变动情况。

从表 3－116 可以看出，本次债券发行后的 2012 年反映企业盈利能力的主要指标：净资产收益率和总资产净利率较 2010 年均有下降。这主要是由于：一是公司本次增发主要是缓解现金流压力和偿还债务，构建的资产相对较少，利润增长不高；二是本次所融资金所构建的项目周期较长，在近两年内不能构成利润增长点；三是外部环境造成公司近两年净利润的下降也是造成盈利能力下降的原因之一。公司总资产周转率从 2010 年的 48% 下降到 2012 年的 38%，总资产周转率下降的主要原因是公司融得的资金大多用于偿还债务和缓解现金流压力，投入工程的资金也都是用于启动在建工程扩大产能和偿还前期贷款，而工程周期较长，没有能够形成实际的产能，这就导致新增资产没有能够增加利润，进而导致总资产周转率的下降。公司进行债权融资后，其资产负债率显著上升，从 31.48% 变化到 67.24%，公司后续融资将因此更多地依靠权益融资。

表 3－116　　债券发行前后年度主要财务指标

项目	发行前（2010 年年末）	发行后（2012 年年末）
净资产收益率	4.42%	3.79%
总资产净利率	3.39%	1.50%
总资产周转率	48.00%	38.00%
资产负债率	31.48%	67.24%

③对资本结构的影响。此次发行成功后，给公司引入债权主体，债权人的加入也增强了对公司治理的监督，有利于提高公司管理效率，均衡股权人对公司治理的影响。本次债券发行对公司股权结构不产生重大影响。股东权益变动情况如表 3－117 所示。

表 3－117　　本次债券发行前后股东权益变动情况　　单位：元

项目	2010 年	两年内增加	两年内减少	2012 年
股本	1 154 340 000.00	0.00	0	1 154 340 000.00
资本公积	4 505 315 526.15	－22 799 873.94	0	4 482 515 652.21
盈余公积	152 797 605.20	81 453 449.02	0	234 251 054.22
未分配利润	779 377 706.29	506 058 505.23	0	1 285 436 211.52
股东权益	6 624 054 607.61	559 690 682.69	0	7 183 745 290.30

注：股东权益是指归属母公司所有者的股东权益。

④对现金流量的影响。营业成本增加主要是因为生产规模扩大，产品产量的增加，产品运输费用增加，同时，本年度单位成本较上年有一定的上升。销售费用增加主要是因为产量增加，产品的运输及包装费用加大。公司生产规模的扩大，员工人数有所增加，管理成本同步上升使各项管理费用的支出增加。财务费用的增加，主要是因为本次支付债券融资的利息费用。公司经营活动正常，现金流量净额充足。公司利润的降低，使得所得税费用也相应降低。公司经营性现金流量净额下降，主要受到经营利润下降的影响。由于增加对下属子公司建设的投入，公司 2012 年投资活动产生的现金流净额较 2010 年增加 223.26%。本次发行债券融资也使得筹资活动产生的现金流量净额增加 244.00%。由此可以看出，本次债券发行融资有效地保障了公司对下属子公司的建设，以完善公司产业链结构和扩大产能。具体内容如表 3－118 所示。

表 3－118　　本次债券发行前后现金流量变动情况

项目	2010 年（元）	2012 年（元）	增减百分比
主营业务成本	3 138 654 615.38	5 682 460 727.1	81.05%
销售费用	316 459 602.52	742 669 442.60	134.68%
管理费用	203 400 726.90	281 716 035.13	38.50%
财务费用	77 352 286.25	107 248 580.10	38.65%
所得税费用	61 316 697.81	42 404 034.81	－30.84%
经营活动产生的现金流量净额	634 535 071.69	590 787 920.83	－6.89%
投资活动产生的现金流量净额	－1 987 015 617.49	－6 423 174 348.64	223.26%
筹资活动产生的现金流量净额	1 494 378 113.83	5 140 632 525.11	244.00%

（7）其他隐性收益。本次发行公司债是中泰化学继前两次增发后第一次采取发债的形式进行融资，发行债券在一定程度上降低了企业的资金成本，也说明中泰化学能够在资本市场上更自如地获得资金。这一方面得利于我国资本市场近些年来的发展，另一方面也是中泰化学通过自身发展所获得的投

资者信任。中泰化学的企业形象和在资本市场的认知度得到了不断提高。

本次发债充分利用了政策机遇，通过发行公司债券融资不但提升了上下游产业链的整体合力，也提高了与合作伙伴的合作层次。通过调整融资结构，公司能够提前归还银行贷款，降低手续费、理财、汇差等方式节约财务费用3 200多万元。这样一来，公司在银行方面的信誉大幅提升，有益于今后从银行方面获得更大额、更优惠的贷款。此外，有利于公司与非银行金融机构、投资机构以及上下游客户的深度合作，从而能够进一步拓宽融资渠道，创造利用资本市场进行融资的条件，保证了集团公司大发展对建设资金的需求。

（五）上市后第三次增发

1. 第三次增发的背景

（1）本次增发前公司股东及控股情况。在本次增发前，公司总股本为1 154 340 000股，其中，人民币普通股960 885 429股，有限售条件股份193 454 571股。截至2013年8月30日，公司前十名股东及其持股情况如表3－119所示。其中，新疆中泰化学（集团）有限责任公司持有公司16.72%的股份，是公司的控股股东。

表3－119　　2013年增发前公司前十大股东构成

序号	股东名称	股东性质	持股总数（股）	持股比例（%）
1	新疆中泰（集团）有限责任公司	国有法人	193 011 621	16.72
2	乌鲁木齐环鹏有限公司	国有法人	75 000 000	6.50
3	新疆三联投资集团有限公司	境内非国有法人	45 784 998	3.97
4	乌鲁木齐国有资产经营有限公司	国家	27 011 952	2.34
5	全国社会保障基金理事会转持二户	国有法人	19 541 832	1.69
6	中国银河证券股份有限公司客户信用交易担保证券账户	境内一般法人	13 318 638	1.15
7	海通证券股份有限公司客户信用交易担保证券账户	境内一般法人	12 181 429	1.05
8	招商证券股份有限公司见客户信用交易丹巴奥证券账户	境内一般法人	8 613 378	0.75
9	毛继红	自然人	8 250 000	0.71
10	宏源证券股份有限公司客户信用交易担保证券账户	境内一般法人	6 788 584	0.59

公司的前十名股东总持股比例为35.47%，持股比例较低，对公司的控制力较弱。本次增发采用定向增发形式，发行对象范围包括新疆中泰化学（集团）有限责任公司和华安基金管理有限公司，其中，新建中泰化学（集团）有限责任公司在本次增发前已经是公司控股股东，相比公开增发而言，本次定向增发预计不会对公司实际控制权造成严重影响，相反会加强公司大股东对公司的控制力。

（2）增发前公司财务情况。本次增发前三年公司资产负债情况如表3－120所示。

表3－120　　2013年增发前三年公司资产负债情况　　单位：万元

项目	2012年12月31日	2011年12月31日	2010年12月31日
资产总额	2 192 536.28	1 527 723.43	966 796.92
负债总额	1 474 161.75	769 513.99	304 391.46
少数股东权益	2 950 801.95	1 581 654.10	311 945.84
归属于上市公司股东的股东权益	715 896.08	715 583.32	659 242.54

本次增发前三年公司经营业绩和经营现金流情况如表3－121所示。

表3－121　2013年增发前三年公司经营业绩和经营现金流状况　单位：万元

项目	2012年度	2011年度	2010年度
营业总收入	711 288.80	712 242.00	408 112.35
利润总额	4 770.87	32 138.50	61 087.59
归属于上市公司股东的净利润	3 046.17	27 070.40	48 995.89
归属于上市公司股东的扣除非经常性损益的净利润	287.23	19 045.37	45 669.70
经营活动产生的现金流量净额	53 530.97	59 078.79	163 585.74

本次增发前三年公司主要财务指标如表3－122所示。

表3－122　　2013年增发前三年公司主要财务指标

项目	2012年度	2011年度	2010年度
流动比率	0.52	1.44	0.68
速动比率	0.45	1.31	0.57
资产负债率（母公司报表）（%）	59.24	39.65	21.52
资产负债率（合并报表）（%）	67.24	50.37	31.48
应收账款周转率（次）	56.61	81.25	74.98

续表

项目		2012 年度	2011 年度	2010 年度
存货周转率（次）		14.19	16.48	14.19
每股净资产（元）		6.20	6.20	5.71
每股经营活动现金流量（元）		0.51	1.42	0.55
每股现金流量（元）		-0.60	0.68	0.12
扣除非经常性损益前每股收益（元）	全面摊薄	0.235	0.424	0.271
	加权平均	0.235	0.424	0.271
扣除非经常性损益前净资产收益率（%）	全面摊薄	3.78	6.85	4.42
	加权平均	3.77	7.18	5.64
扣除非经常性损益后每股收益（元）	全面摊薄	0.165	0.396	0.244
	加权平均	0.165	0.396	0.244
扣除非经常性损益后净资产收益率（%）	全面摊薄	2.66	6.38	3.98
	加权平均	2.65	6.69	5.09

2010－2012 年，中泰化学资产负债率持续上升，从 31.48% 上升到 67.24%，翻了一番还要多，主要原因是公司在 2011 年和 2012 年分两期进行了公司债券的发行，26 亿元的公司债券的发行很大程度提高了中泰化学的资产负债率。资产负债率的上升将影响公司后续债务融资的进行，因此，为降低公司资产负债率、调整公司资本结构，采用股票增发进行融资对中泰化学更为有利。

本次增发前三年公司资产结构如表 3－123 所示。

表 3－123　　2013 年增发前三年公司资产结构　　金额单位：万元

项目	2012 年 12 月 31 日		2011 年 12 月 31 日		2010 年 12 月 31 日	
	金额	占比	金额	占比	金额	占比
流动资产	342 160.82	14.84%	295 951.37	13.50%	401 614.45	26.29%
固定资产	1 652 486.71	71.66%	1 138 073.66	51.91%	593 791.97	38.87%
在建工程	196 307.60	8.51%	657 139.59	29.97%	399 231.08	26.13%
工程物资	3 602.12	0.16%	5 429.38	0.25%	43 627.89	2.86%
其他资产	111 318.75	4.83%	95 942.27	4.38%	89 458.04	5.86%
资产总计	2 305 876.00	100.00%	2 192 536.28	100.00%	1 527 723.43	100.00%

从资产结构上看，公司固定资产、在建工程所占比重较大，这与公司所处的行业特点相适应：公司所处的氯碱化工行业属于资本密集型行业，

资本投入较大，主要为固定资产投资。

2010 - 2012 年，总体上来看，公司流动资产、在建工程、工程物资比重逐渐降低，其他资产比重维持稳定，而固定资产比重逐渐上升。这主要是因为公司前期融资投入建设的工程逐渐投产，从在建工程划转到固定资产，工程物资也随之进行结转。因此，固定资产逐渐增加的同时，在建工程与工程物资逐渐减少。

本次增发前三年公司负债结构如表 3 - 124 所示。

表 3 - 124　　　2013 年增发前三年公司负债结构　　　金额单位：万元

项目	2012 年 12 月 31 日		2011 年 12 月 31 日		2010 年 12 月 31 日	
	金额	占比	金额	占比	金额	占比
短期借款	80 246.71	4.99%	41 000.00	2.78%	112 980.00	14.68%
应付票据	5 904.58	0.37%	4 882.19	0.33%	0.00	0.00%
应付账款	296 931.22	18.47%	255 552.60	17.34%	136 708.76	17.77%
预收款项	47 226.39	2.94%	38 266.30	2.60%	26 810.05	3.48%
其他流动负债	155 490.50	9.67%	209 300.86	14.20%	338.21	0.04%
非流动负债	1 048 684.07	65.25%	905 775.40	61.44%	490 948.15	63.80%
负债合计	1 607 269.95	100.00%	1 474 161.75	100.00%	769 513.99	100.00%

2010 年，非流动负债占总负债的比例仅为 7.01%，是由于该年末公司非公开发行股票募集资金到位，华泰公司使用募集资金偿还了国家开发银行银团贷款。2011 年以来，公司非流动负债占总负债的比例保持在 60% 左右，主要是由于公司采用长期借款、公司债券、中期票据等长期债务融资工具为项目建设筹集资金。

由于进一步扩大产能的需要，未来资金缺口仍然较大。立足长远，为保证公司的财务风险处于适度水平，资产负债率不再继续上升（2012 年公司资产负债率为 67.24%），公司急需通过资本市场股权融资来填补资金缺口。

2. 第三次增发的情况

（1）增发的准备过程。此次非公开发行股票方案于 2012 年 11 月 4 日经公司第四届董事会第二十二次会议审议通过，并于 2012 年 11 月 21 日经公司 2012 年第六次临时股东大会审议通过。

2013 年 2 月 6 日，中国证监会发行审核委员会审核通过本次非公开发行申请，2013 年 3 月 11 日公司获得中国证监会《关于核准新疆中泰化学股份有限公司非公开发行股票的批复》（证监许可［2010］305 号）核准文件，证监会核准公司非公开发行不超过 73 746 万股新股。

本次非公开发行股票募集资金净额全部向公司控股子公司新疆中泰化学阜康能源有限公司增资，用于建设中泰化学阜康工业园 120 万吨/年聚氯乙烯树脂、100 万吨/年离子膜烧碱循环经济项目（二期），总投资 722 034.73万元。本次募集资金净额不超过募集资金投资项目所需金额，不足部分由公司以自筹资金解决。

本次募集资金投资项目建设内容主要包括 80 万吨/年聚氯乙烯树脂装置、60 万吨/年离子膜烧碱装置，配套公用工程、服务性工程。为加快项目建设进度，募集资金到位之前，公司已经根据项目进度的实际情况暂时以自筹资金和银行贷款先行投入，并在募集资金到位后，以募集资金对前期投入的自筹资金和银行贷款进行置换，再以剩余的募集资金继续投资建设上述项目。原定本次募集资金使用用途如表 3 - 125 所示。

表 3 - 125　　2013 年非公开增发募集资金拟使用用途

项目名称	预计总投资（万元）	本次拟以募集资金投入（万元）	项目批文
中泰化学阜康工业园 120 万吨/年聚氯乙烯树脂、100 万吨/年离子膜烧碱循环经济项目（二期）	722 034.73	157 717.57	新疆维吾尔自治区发展和改革委员会 20101026 号文备案；环评报告经新疆维吾尔自治区环境保护厅以"新环评价函［2011］930 号"文批复同意。

但由于公司本次实际募集资金净额与预计募集资金金额有较大差距，将影响本次募集资金投资项目的投资进度和建设进度。2013 年 10 月 11 日，公司公告将结合氯碱行业市场情况，决定及时进行战略调整：为降低本次募集资金的投资风险，决定暂停建设阜康工业园 120 万吨/年聚氯乙烯树脂、100 万吨/年离子膜烧碱循环经济项目（二期），即 80 万吨/年聚氯乙烯树脂、60 万吨/年离子膜烧碱项目。募集资金将按照规定存放本公司募集资金专户，待募集资金投资项目确定后及时进行调整。

（2）发行情况。2013 年 9 月 17 日，经过东方证券股份有限公司的保荐，中泰化学进行上市后第三次增发股票募集资金，采取非公开发行股票的方式。发行前，公司总股本 1 154 340 000 股，此次拟发行 235 899 078 股，发行后总股本 1 390 239 078 股。

①发行对象。本次发行对象范围包括新疆中泰化学（集团）有限责任公司和华安基金管理有限公司。发行对象总数为2名，不超过10名。按照价格优先等原则确认发行对象，最终确定的发行对象与发行数量如下：

两个发行对象中：新疆中泰化学（集团）有限责任公司是中泰化学的控股股东，本次增发前持有公司16.72%的股权；华安基金管理有限公司与中泰化学无关联关系。

②发行股票的价格、发行数量、限售期。

第一，发行股票的种类和面值。本次发行的股票种类为境内上市人民币普通股（A股），每股面值为人民币1.00元。

第二，发行方式。本次发行的股票采用向不超过10名特定对象非公开发行的方式发行。

非公开定向增发作为一种私募行为，不必实施复杂的发行程序，而且只需要向有限特定数量的机构投资者询价，可以大大节省时间和资金成本。一般来说，非公开发行的发行对象有判断和承担风险的能力，因此，定向增发对中泰化学资格的要求和信息披露的要求较之公开发行要低。同时，本次定向增发的两个对象分别是公司控股股东和机构投资者，一方面能够提高公司控股股东的控制力，另一方面机构投资者的引入能够帮助改善公司治理结构。再者，公司近几年由于高速扩张带来了负债总额的迅速增长，资产负债率已超过67.24%，继续采用债务融资可能会使公司面临较大的财务风险，不利于公司后续融资的实现和未来发展。综上考虑，公司选择了非公开定向增发的股权融资方式。

第三，发行价格。本次发行价格不低于定价基准日（本次非公开发行股票的股东大会决议公告日）前20个交易日股票交易均价的90%，即发行价格不低于6.96元/股，2013年3月21日，中泰化学实施了2012年度利润分配方案，每10股派发现金红利2元（含税），本次发行底价由不低于6.96元/股相应调整为不低于6.78元/股。根据上述定价方式，本次发行采取投资者竞价方式确定发行价格和发行对象，共有1位投资者提交申购报价单，为有效申购。按照价格优先等原则确定发行对象，公司和联席主承销商最终确定发行价格为6.78元/股，等于根据定价基准日确定的发行底价。

第四，发行数量。根据投资者认购情况，本次发行股票数量为235 899 078股。

第五，限售期。中泰集团认购本次发行的股份限售期为36个月。其他投资者认购本次发行的股份限售期为 12 个月。

第六，募集资金总量。经中审亚太会计师事务所有限公司出具的中审亚太验字（2013）010650 号《验资报告》验证，本次发行募集资金总额为 1 599 395 748. 84 元，扣除发行费用（含承销保荐费、律师费、会计师费、信息披露费等）22 220 000. 00 元后的募集资金净额为 1 577 175 748. 84 元。

3. 第三次增发后的效果

（1）公司股权结构。本次增发之后，公司股权结构发生较大变化，具体情况如表 3 - 126 所示。

表 3 - 126　　　　本次增发后公司前十大股东构成

序号	股东名称	股东性质	持股总数（股）	持股比例（%）
1	新疆中泰（集团）有限责任公司	国有法人	340 503 621	24. 49
2	华安基金 - 农业银行 - 华融国际信托 - 华融开阳权益投资单一资金信托计划	境内一般法人	88 407 078	6. 36
3	乌鲁木齐环鹏有限公司	国有法人	75 000 000	5. 39
4	新疆三联投资集团有限公司	境内非国有法人	45 784 998	3. 29
5	乌鲁木齐国有资产经营有限公司	国家	27 011 952	1. 94
6	全国社会保障基金理事会转持二户	国有法人	19 541 832	1. 41
7	中国银河证券股份有限公司客户信用交易担保证券账户	境内一般法人	14 031 637	1. 01
8	海通证券股份有限公司客户信用交易担保证券账户	境内一般法人	12 181 429	0. 88
9	招商证券股份有限公司见客户信用交易丹巴奥证券账户	境内一般法人	8 644 806	0. 62
10	毛继红	自然人	8 250 000	0. 59

从表 3 - 126 可见，本次增发之后，华安基金有限公司进入前十大并成为公司第二大股东；原公司第十大股东宏源证券股份有限公司退出了前十大股东行列；公司原控股股东中泰化学（集团）有限责任公司所持股权在本次增发后增加至 24. 9% 。

本次增发后，公司前十大股东及控股股东所持股权都有较大程度增加，公司第二大股东引入基金投资者。一方面，本次增发能够增强公司大股东对公司的控制力；另一方面，本次增发引入机构投资者将有利于公司治理结构的改善和整体风险的降低。

（2）市场反应。本次增发前后股票市场的反映通过公司股票价格能够反映出来，我们对中泰化学在本次增发前后公司股票二级市场价格变化情况与深证成指进行了比较，具体情况如图 3－62 所示。

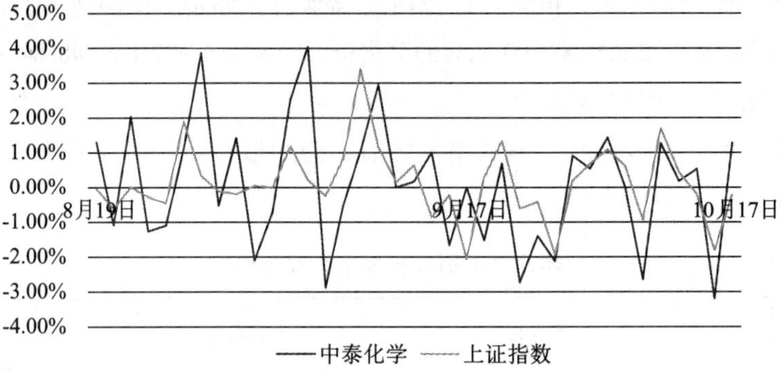

图 3－62　上市后第三次增发前后一个月公司股价市场反应

从图 3－62 我们可以看出，本次增发前后中泰化学股价整体呈现上升趋势，本次增发前一个月，中泰化学平均收盘价为 5.69 元/股，增发后一个月平均年收盘价为 5.64 元/股。中泰化学在本次增发前一个月，公司股票二级市场表现强于上证指数，表现出资本市场对公司本次增发的期望；本次增发之后一个月，公司股票二级市场表现弱于深证成指，主要原因可能是本次增发带来总股本的增长，从而带来对公司股票价格的冲击，此外，短期的股价波动不能反映出市场的理性行为，后续应将观察窗口期拉长。同时，由于本次增发募集资金的用途目前尚未确定，未来最终确定的投资去向将真正影响公司的价值和股票市场的反应。

第四章

资本市场铸造企业价值

企业价值的提升离不开产品市场和资本市场（如图 4－1 所示），这两个市场相互依存、相互促进：优秀的企业得以在资本市场筹集资金，利用筹集到的资金可以进一步提高其产品质量和客户服务质量，从而提升其品牌价值和在行业中的竞争力，最终提高市场份额；企业对产品市场业务的价值管理通过营业利润和营业收入现金流量进一步支撑了企业在资本市场的业绩表现，投资者据此对当前和未来的成长性作出判断，这又将影响企业资本市场的融资能力，从而进一步影响企业未来成长能力。

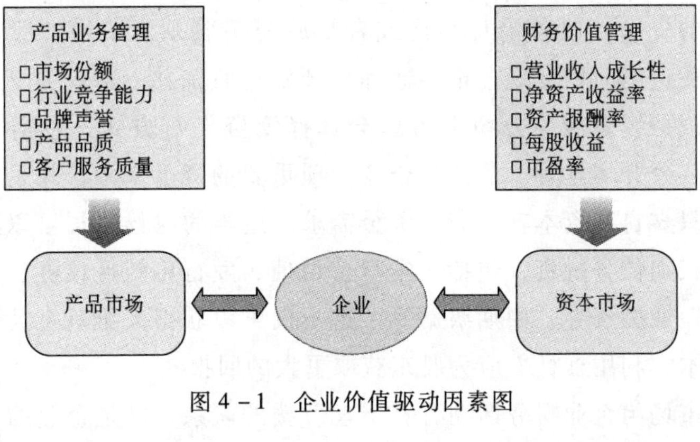

图 4－1　企业价值驱动因素图

企业作为市场经济最基本的组成单位，具有其独特的生命特征。在企业这个生命体中，管理团队是大脑中枢，资金运动是血液循环系统，经营管理是消化、呼吸系统，公司治理是安全保障，企业文化和品牌是气质与形象。中泰化学作为在资本市场中成功运作的典型案例，通过资本市场，满足了其资金需求，完善了公司治理并促进了品牌建设。

一、庞大的资金来源助推企业快速发展

目前，我国资本市场为公司提供了广阔的融资平台，公司可通过上市融资等多渠道从资本市场筹集资金来加速公司自身的扩大。与此同时，通过资本市场的多元化融资渠道，可优化公司的资本结构和股权结构。

中泰化学成功地利用资本市场融资平台，先后完成了五次融资，募集了大量的资金，有效地解决了公司发展中遇到的资金短缺问题，保证了公司的发展与壮大。

（一）广阔的资本市场拓宽企业融资渠道

我国目前已形成由主板、中小板、创业板、新三板市场和产权交易市场构成的境内多层次资本市场的雏形。企业在资本市场上可通过多种渠道和方式解决资金难题，比如：首次公开发行并上市、公开增发和非公开增发、配股、私募股权融资、认股权证、发行可转换债券融资、发行公司债、非公开债务融资、短期融资券、中期票据、融资租赁、股权回购、股份质押等等。

一般而言，股份有限公司除了设立时募集资金，设立后为扩大规模，筹措更多的资金，改善治理结构或者是原公司股东为了增加股票的流动性，以便在适当时候变现，都会选择公开发行股票并上市。为了能够快速扩张，实现持续发展，公司上市后会选择增资发行方式，包括非公开增发、配股、公开增发等。负债是企业一项重要的资金来源，几乎没有一家公司可以只靠自有资本就能满足资金需求。适当的时候公司可以通过资本市场进行长期债务融资，包括：发行公司债、发行可转换债券、非公开债务融资、短期融资券、中期票据等。这不仅可以获得大量资金，还可以降低融资成本，利用杠杆效应为股东获取更大的回报。

资本市场与企业财务活动有着千丝万缕的联系，既是企业的融资场所又是企业的投资基地，为企业提供良好的机遇，影响企业与其他各方面的关系。同时，资本市场还具有聚散风险，改善企业的治理结构、提升品牌的影响力等作用。但是对于企业来说，资本市场最重要的职能依旧是融资。企业成功地运用资本市场提供的融资平台，可以募集大量的资金，满足企业发展扩张的需求。利用筹集到的资金不断扩大产能，不断提升市场占有率，则可以进一步提高其在行业中的地位和影响力。中泰化学便是通过资本市场成功运作的案例。

中泰化学通过资本市场已经完成了 4 次股权融资（截至 2013 年 10 月）。IPO 共募集资金 6.6 亿元，上市后 3 次增发股权融资共募集资金近 64 亿元。与中泰化学同期在沪深两市上市的公司有 65 家，他们当中只有 28 家公司进行过后续股权融资且次数最多 2 次，后续融资次数达到 2 次的公司共 3 家。可见，与同期上市公司相比，中泰化学后续融资行为更为活跃。在国内众多的氯碱企业中，有 22 家企业在沪深两市上市。氯碱业公司首发融资额度一般不高，平均每家公司首发融资 5 亿元。在股票增发融资方面，22 家公司中有 8 家公司进行了股票增发融资，股票增发融资超过 2 次的公司只有 2 家，中泰化学为其中一家。可见，与同行业上市公司相比，中泰化学的资本市场融资活动十分活跃。

除了在资本市场上进行股权融资，中泰化学还发行了公司债、短期融资券、中期票据，还进行了非公开债务融资。在整个氯碱业中通过发行债券进行融资的公司较少，仅有 5 家，而多次发行债券融资的仅有包括中泰化学在内的 3 家公司。氯碱业平均每家公司通过发行债券融得资金 3.4 亿元，而中泰化学发行两期公司债融资共募集资金 26 亿元，占行业总额的 36.83%。可见，其债券融资在同行业中最为活跃。另外，中泰化学还使用了融资租赁、股权回购（股份质押）等金融工具来缓解资金压力。

（二）多元的融资渠道改善企业资本结构

融资渠道种类多样，中泰化学在对项目科学论证的基础上，对融资渠道的运用已经达到极致：2006 年在深圳证券交易所首次公开发行上市；2007 年上市后第一次增发；2010 年上市后第二次增发；2013 年上市后第三次增发；2011 年和 2012 年还分两期进行了公司债券的发行；同时，在此期间公司还通过国内各大银行进行贷款融资、与相关融资租赁机构通过租让固定资产回购融得资金等等。

化工行业资产负债率普遍偏高，根据国家统计局对化工行业资产负债情况进行的统计，1999 年到 2011 年化工行业资产负债率均在 50% 以上，整个制造业各行业资产负债率均高于 50%。在制造业当中，化工行业也属于资产负债率较高的行业。

银行向客户进行贷款是存在贷款额度的，目前国内大多数银行都采用资产负债比率法进行贷款额度的定量计算。有的银行直接规定借款人的资产负债率不得高于 70% 或者 80%，有的银行则将客户的各项财务指标与行业平均值进行比较，然后结合定性分析对客户的资产负债率进行调整，得出银行对该客户可接受的最高资产负债率。从制造业整体情况及化工行业在制造业中的情况来看，化工企业从银行取得的贷款额度会比较低，通过贷款获得融资的难度较大。

因此，资本结构将不仅仅影响公司的融资能力，还会影响其偿债风险。资本结构中的负债占比过高将压缩公司债权融资的空间并提高公司长期偿债的风险，对于公司长期发展是不利的。

中泰化学也意识到自身资本结构的缺陷，结合自身快速扩张的情况，通过改变融资渠道策略以及多元化融资渠道以改善自身资本结构。

2003 年至 2012 年中泰化学资产负债率变化情况如表 4－1 及图 4－2 所示。

表 4－1　　2003－2012 年中泰化学资产负债率变化情况

年份	资产负债率（%）
2003 年	62.97
2004 年	64.21
2005 年	69.85
2006 年	40.61
2007 年	37.22
2008 年	29.37
2009 年	17.94
2010 年	31.48
2011 年	50.37
2012 年	67.24

2006 年 IPO 上市前，由于缺乏资本市场股权融资渠道，中泰化学扩张融资大多通过银行贷款，而单一的借款融资也逐渐提高了公司的资产负债

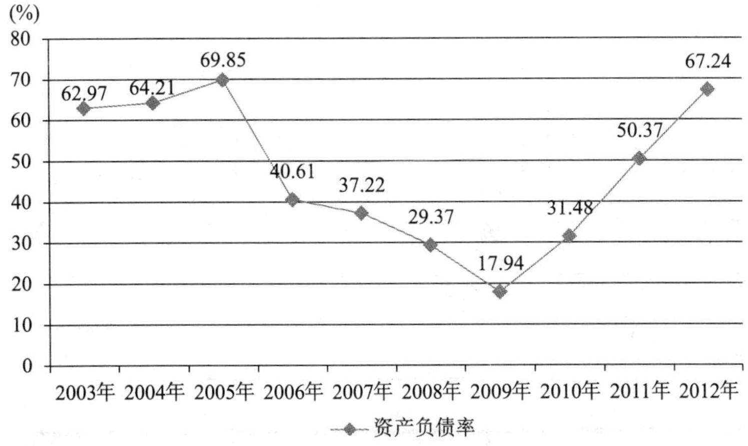

图 4－2　2003－2012 年中泰化学资产负债率变化情况

率，公司资产负债率达到高点，公司 2003 年、2004 年和 2005 年资产负债率分别为 62.97%、64.21%、69.85%。上市前三年公司资产负债率均大于 60%，高于正常资本结构下的资产负债率，单一的融资结构导致公司资本结构逐渐偏离适宜公司发展的区间。2006 年公司成功 IPO 上市，公司资产负债率下降到 40.61%，下降到 50% 以下，股权融资渠道的引入改善了公司资本结构。

首发上市以后，中泰化学在 2007 年、2010 年和 2013 年进行了三次股权增发，公司资产负债率进一步下降，2009 年达到最低点，资产负债率仅为 17.94%，远远低于 50%。随着资产负债率的逐渐下降，公司具有了债务融资的能力，为通过发行公司债券融资奠定了基础。

为改善资本结构，同时获取融资，中泰化学在 2011 年和 2012 年分两期进行债券发行。两期债券发行后，公司资产负债率再次回到高位，达到 67.24%。由此，2003 年至 2012 年中泰化学资产负债率平均值为 47.13%，靠近 50%，通过不同融资渠道的交替运用，公司资本结构始终围绕比较适宜的值波动，公司资本结构也相对合理。

不仅融资方式的选取恰当，融资时机的确定也值得推广。公司首发融资时点是 2006 年 11 月 24 日，上市后第一次增发时点是 2007 年 12 月 20 日，第二次增发时点是 2010 年 4 月 9 日，第三次增发时点是 2013 年 9 月 17 号，债券发行是 2011 年和 2012 年。2006 年 10 月至 2013 年 9 月深圳中小板指数走势如图 4－3 所示。

图 4－3　2006－2013 年深圳中小板指数走势

注：图中圈为首发上市时间，三角为三次上市后股票增发时间，方框为债券发行时间。

从上图可以看出，中泰化学进行股权增发的时点都是深圳中小板指数处于相对高位的时点，在这些时点进行股权增发能够帮助公司从资本市场融得更多的资金；同时在深圳中小板市场处于相对低谷的时期公司进行了债券发行，一方面是公司资本结构的限制，另一方面则是由于股票市场低迷，通过债务融资筹集资金是真正保护既有股东利益的表现。

综合来看，中泰化学通过股权融资和债务融资的交替使用，多渠道融资同时进行，将带来以下几点好处：首先，融资渠道的多元化将降低公司融资压力，提升公司融资能力；其次，股权债务融资的交替使用有利于公司不断调整自身资产负债率，改善自身资本结构；最后，资产负债率的不断调整，不同融资方式的交替运用，有利于延长公司的融资生命周期。

二、良好的市场监督推动公司治理改善

随着资本市场发展与改革的不断深入以及内部公司治理结构的不断优化，资本市场的新型功能——公司治理完善功能开始浮出水面。公司治理的规则可以体现在公司法、证券法规、上市要求之中，也可以体现在公司章程和股东合同等公司内部规定之中。在竞争激烈的资本市场中，公司治理健全的企业更容易得到投资者的青睐，可以比较容易地以较低的成本筹

集到较大数额的资金，从而能够快速发展；而公司治理不健全的企业则较难筹集到资金，筹资成本比较高，能筹集的数额较小，从而导致自身发展困难。因而资本市场对公司治理的作用机理就是通过更大的透明度、协调机制和监管系统，加大对企业的监督，从而减少代理成本。

中泰化学进入资本市场之后，确定了法人治理结构，保持较高的透明度，依法定期不定期地披露信息，接受股东、监管部门和社会公众的监督，从而有利于公司治理的改善。以下从优化治理结构、加强团队建设和促进人才培养三个方面来具体说明良好的市场监督推动了中泰化学公司治理的改善。

（一）优化治理结构

经过10多年的发展，我国资本市场已达到一定规模，成为我国金融体系的重要组成部分。我国资本市场在促进公司治理方面起到了积极的作用，具备了公司治理的功能。其在公司治理中的作用表现在：

一方面，企业为了上市，必须首先进行股份制改造，深化企业改革，转变经营机制，建立现代企业制度，加强信息披露工作，使企业的透明度提高，从而促进了企业法人治理结构的改变和完善。在我国，公司治理是与企业改革、企业改制等联系在一起的，资本市场的发展对我国企业改革和公司治理起到了促进作用。

另一方面，企业上市后成为公众公司，我国资本市场通过股东投票机制、并购接管机制和价格机制，发挥对公司管理层的激励、监督和约束作用。

股东投票机制赋予外部股东在股东大会上通过基于股权而享有的投票权就股份公司的重大经营政策和人事安排进行投票表决，它是从公司外部影响公司决策管理层的经营管理活动的一种制度措施。投票机制通过股权结构对企业经营管理发挥监督作用。

接管市场机制也称控制权机制，通过收集股权的投票代理权取得对企业的控制权以达到接管公司和更换不良管理层的目的，是对上市公司的经营管理层的治理失误进行的一种公开的、强制的市场修正。同时，资本市场上的恶意收购会迫使经营者尽职尽责，以避免恶意收购的发生。健全的国有企业治理机制下，企业所有者与企业经营者形成相互制衡的关系，合理的企业剩余索取权与控制权分配，以及并购的发展，又都能促进资本市场的健康发展。

价格机制反映了企业管理效率和经营管理水平。通过股票的市场价格，出资者可以了解企业的经营管理水平，这就降低了代理成本中的监督成本。同时，利益相关者还可以依据股票的市场价格采取相应的行动，例如出售公司股票、更换企业管理层等，这就会迫使经营者努力经营、提高管理效率。

（二）加强团队建设

随着当今社会瞬息万变的发展，经济竞争激烈，关系错综复杂，靠“孤胆英雄”是不可能取得成功的。团队建设作为一种探索开创性的组织活动，往往是由一些具备不同知识技能与经验的人员组合而成，运用集体的智慧与力量去完成任务。团队建设与管理直接关系到企业的功能状态与运营效率，关系到企业的成败与企业目标的实现。中泰化学上市以后，为提升资本运作的质量，通过各种方式加大了对企业团队的建设工作。

1. 管理团队的建设

双“50”的理论告诉我们，50%的工作问题因管理不善而产生。作为企业“领头羊”的管理层，是决定企业发展和影响企业业绩的核心群体，其能力的高低、决策的正确与否，势必对企业产生长远的重大影响。中泰化学自成立以来，能取得如此骄人的成绩，与它高效能的管理团队是密不可分的。首先，建立起了彼此信赖的团队，这是整个中泰化学获得协力合作十分关键的一步。如果没有彼此间的充分的信任，管理层之间互相猜忌，就会丧失合作的基础，整个管理团队也就势必形如散沙，毫无战斗力量，整个中泰化学都将成为一滩烂泥。其次，在充分了解掌握各自不同的知识潜能的基础上，明确每个人的角色身份与工作职责，在有效的分工合作中达到管理团队技能的充分利用，形成相辅相成的团队知识技能体系。再次，在信任、沟通、分工的基础上，逐步形成管理团队共有的团队意识与思维模式，并在工作中形成共同的工作语言、协调的工作方式与一致的管理风格。

中泰化学上市之后，对企业的管理团队产生了如下两个方面的影响：一方面，上市改善了公司的形象，改良了公司的治理结构，使中泰化学拥有充裕的资本金或资金流，这有利于中泰化学实现跨越式发展，企业盈利能力增强，同时也有利于激励整个管理团队为更好地实现中泰化学成为世界级具有传世地位的能源化工企业的目标而努力。中泰化学的上市给整个管理团队树立了新的信念，即让中泰化学在资本市场中能取得更具竞争力的地位。而信念是一个高效能团队的精神支柱和精神图腾，信念的牵引使中泰化学的管理层对企业的发展有了更为明确的方向，从而能够更好地领导整个企业。另一方面，外部监督的进一步加强，对中泰化学的管理团队提出了更高的要求。企业更加重视高层管理人员培训，把提高企业经营管理者的素质和创业能力作为重要基础工作，认真组织实施。中泰化学通过请进来、送出去的方式，加强管理团队与外界的交流，掌握最新的管理理念和信息，增强了整个管理团队的竞争力。另外，随着现代企业制度的建立和资本市场对上市公司的强制规范要求，中泰化学管理模式和治理结构迅速朝着一个规范的上市公司方向发展，管理人员所占的比例呈现下降趋势，管理幅度不断加宽，这一方面体现了企业管理效率在一定程度上的大幅提升，另一方面也体现了员工团队的建设收到了显而易见的成效。

2. 技术员工队伍的建设

倾尽全力打造一支专业理论功底深厚、实践经验丰富、结构合理的高素质技术人才队伍，是企业产品研发取得突破性进展的关键环节。而对于化工行业，产品的同质性比较高，低成本成为企业竞争优势的主要来源，这也要求必须有一支高素质的技术队伍。

中泰化学进入资本市场之后，面临的竞争更加激烈，对技术人才的需求更为强烈。一方面，公司通过与北京化工大学、青岛科技大学、北京石油化工学院等院校合作开展员工培训和产学研结合工作，对公司专业技术人员进行再教育，提高他们的核心素质能力；其次，结合公司技术领域人力资源现状，在加强技术人员培养的同时，也越来越重视对人才的使用，从而逐步构建技术人员梯队，形成一个老、中、青相结合的具有较强技术开发能力的研发团队；再次，加强技术的交流，督促企业技术人员更加关注国内外新技术、新形式的发展，如充分借助项目与合作伙伴进行交流，以便更准确及时地了解最新的行业信息和发展动向。

中泰化学通过以上一系列的措施来加强企业技术人才的培养，以提高企业在资本市场的竞争地位，从而为获取更多的融资提供保障。

3. 普通员工队伍的建设

几年来，中泰化学始终把建设一支水平高、业务精、战斗力强的员工团队作为企业建设的重中之重。公司始终坚持“四留人”原则，尊重人、

关心人、做员工的贴心人，尊重每个员工的个性，尊重员工的个人意愿，尊重员工的选择权利，所有员工在人格上人人平等，在发展机会面前人人平等。不管是固定员工还是临聘员工，都一样看待，并拥有同样的权利和承担同样的义务。近几年，中泰化学提拔重用了一大批有能力、有作为的优秀员工。公司员工的年龄结构也趋于年轻化。对于新进入企业的员工，第一时间起公司就时时关注他们的成长，与他们结对、交心、沟通，并采用各种形式让他们充分展示自己，使他们能时时感受到企业的关心和关注。特别是在培养、培训上，公司经常组织员工参加各种培训，鼓励其岗位成才，对于他们的点滴进步都给予充分的肯定。对员工的生活也给予最大的关心，尽可能地营造一种和谐、富有激情的工作生活环境，使他们真正体会到企业的温暖，从而感恩企业。

中泰化学上市之后，为了给提高资本运营质量提供优秀的人力资本支持，不断加强人力资源管理，通过引进人才、培养人才、培育高效率的员工团队等手段进行人力资本运营，使每位员工从内心深处产生追求进步、大胆创新、提升自我的动力。中泰化学以提升管理层素质为重点，以提升员工素质为关键，打造出企业良好的形象，创造出企业优秀的业绩，实现了公司快速健康的发展。

（三）促进人才培养

资本市场的快速发展促进了现代企业制度的建立和管理模式的创新，进而人才资源在社会和经济发展中的作用日益突出。公司改制上市后，面对竞争激烈的资本市场和投资者对于管理效率的监督和要求，首先受到冲击的将是人才市场，人才紧缺，尤其是高素质人才的匮乏将成为企业发展的最大制约因素，其中作为国民经济支柱的国有企业将更为突出。因此促进人才培养，防止人才流失并进一步引进人才，已成为上市公司改革和发展的重大课题。与此同时，资本市场的充足资源和专业化要求也成为促进人才培养的强有力保证。

1. 现代企业制度和管理模式创新要求培养专业人才

资本市场的发展促使改制上市的企业纷纷建立起现代企业制度。现代企业制度是指以市场经济为基础，以完善的企业法人制度为主体，以有限责任制度为核心，以公司企业为主要形式，以产权清晰、权责明确、政企分开、管理科学为条件的新型企业制度。建立现代企业制度，无论是制度创新，还是提高劳动生产率，归根到底还是人的因素在起作用。只有合理地配置人才资源，不断地把人的积极性调动起来，把人的才能和创造性充分地发挥出来，企业才会有生机和活力，才能有发展。因此，如何最大限度地发挥企业内部广大干部职工的主观能动性和创造性，成了搞活企业的关键，以人为本的管理成为现代企业管理的精髓和核心。现代企业之间的竞争，说到底是人才的竞争，也可以说一个企业是否注重人才管理，已成为衡量该企业管理是否现代化的一个重要标志。

2. 资本市场促进人才培养机制完善

资本市场的作用机制在完善公司治理结构的前提下，同时也促进了人才培养机制的完善。通过解决委托代理问题，建立有效的激励机制和约束机制是现代企业人才管理的重要内容。有效的激励机制和约束机制，应通过完善规章制度，用制度管理人，使得人人平等，缓解矛盾，方便操作。资本市场的投票机制和接管机制自动为上市公司建立起“优胜劣汰”的管理者竞争模式，监督管理者勤勉尽职从而形成淘汰机制。而资本市场的发展也为企业人才培养的激励机制提供了强有力的资源保障和模式选择。来自资本市场的充足融资可以投向人才培养和技术研发，提升以专业人才和核心技术为竞争力的企业的综合实力。随着公司股权的日益分散和管理技术的日益复杂化，来自资本市场的股权激励是使管理者以股东的身份参与企业决策、分享利润、承担风险，从而勤勉尽责地为公司的长期发展服务的一种激励方法。

三、公开的信息披露促进企业品牌建设

中泰化学严格遵循公开、公平、公正原则，及时、准确、完整地披露相关信息，不作选择性信息披露，积极维护中小投资者的知情权。除了按要求披露信息外，公司还通过投资者互动平台、电话、传真、电子邮件等形式加强与投资者的沟通，力求提高信息披露的透明度。同时，公司进一步加强了与监管机构的经常性联系和主动沟通，积极向监管机构报告公司相关事项，确保公司信息披露更加规范。

（一）提升品牌知名度

资本市场的持续融资带来的发展后劲除了使中泰化学的资源和资本规

模急速扩张以外，也极大地提高了中泰化学在资本市场以及产品市场的知名度，同时产业链一体化和专业品牌的建设在很大程度上进一步提升了企业的市场竞争力。

作为公司重要的无形资产，中泰化学积极树立产品品牌形象。聚氯乙烯和烧碱产品在新疆自治区市场的销售占据绝对控制地位，品牌“青峰”也逐渐树立起了强势品牌地位，在新疆自治区市场的影响力也随着市场的拓展而不断扩大。

近些年来，中泰化学在不断巩固新疆自治区市场的基础上，积极开拓新市场，也正是由于上市之后企业品牌知名度大幅度提升，在聚氯乙烯市场需求旺盛的华东、华南地区销量快速增长，烧碱产品在市场空间较大的华东、华南、华中地区也保持了很高的销量比例。此外，凭借地处新疆的地域优势，不断增加向中亚国家、俄罗斯等的出口量。

中泰化学以诚信为本，有效保证商品质量，不断提升服务品质，切实维护客户的合法权益，努力为客户营造放心的消费环境，客户满意度逐年上升，品牌建设获得了良好的成效。

（二）打造良好企业文化

公司上市说明企业新一轮发展具备了较好的基础条件，也会给企业发展带来信心和诸多机遇，但并不必然带来企业的长久健康和最终成功。决定上市公司成败的根本性因素之一，是企业文化的科学重塑与及时跟进，如果将公司上市的成功仅仅维系于新的制度条例和有形结构这一方面，给企业带来的将会是不可预期的结果。我国的《公司法》、《证券法》对上市公司都规定了具体条件和要求，因此企业必须建立规范性文化，以约束自己的市场行为，广泛适应世界性竞争的博弈规则，使企业在竞争中赢得主动。

中泰化学在充分吸取国内外优秀企业文化营养的同时，从2010年开始逐步建立起了具有中泰化学特色的文化体系，并形成《企业文化手册》，通过企业文化部的宣传和培训，使公司广大员工深刻领会公司核心理念。先进的文化形成了公司核心价值观，企业凝聚力和向心力大为增强，推动了企业快速发展。良好的企业文化可分为企业使命、企业愿景、企业哲学、企业核心价值观和企业精神。中泰化学在各个方面都有很好的诠释。

1. 企业使命——富民、兴疆、强国

富民是造福员工，惠及民生，使员工在经济上富裕、精神上富有，在企业效益增长的前提下，增加员工收入，增强员工幸福感。

兴疆是以企业自身的发展，促进地方经济的大发展，为新疆的长治久安做贡献。

强国是通过企业做大做强，加快发展民族工业，增强我国化工行业的国际竞争能力。

2. 企业愿景——成就世界级具有传世地位的能源化工企业集团

成就世界级具有传世地位的能源化工企业集团，就是要做全国绿色能源和低碳化工的领跑者，做行业发展制高点的占领者，做全球快速增长经济体的新挑战者。这是中泰人的民族大气魄、战略大胆识、历史大胸襟。

3. 企业哲学——和合、致中、信诚、达泰

“和”是指和平、和谐、和睦，是一种承认与尊重，追求人心和善、人际和顺、民族和睦、社会和谐。“合”是指合作、结合、融合，是一种凝聚，提倡和而不同、相互包容、求同存异、共生共长。“中”是中华民族的生存智慧和道德标准，意指平衡、协调、适度。“致中”是要追求中常之道，内外协调，保持平衡，不走极端，实现和谐。

“信”是诚实、讲信用。“诚”是践诺、取信于人。“信诚”就是要做到言必信、行必果，强调做企业、做员工要守“信”重“诚”，对客户、对他人要真心诚意，人己无欺；信守诺言，信义为本；坦诚相待，表里如一；信誉至上，公正公平。“泰”意为平安稳定、高大持久。“达泰”就是要实现中泰化学持续有效发展，保证基业长青，成就中泰的传世地位。

4. 企业核心价值观——人为本、公为上、和为贵

所谓“人为本”，是指中泰化学坚持员工是企业的第一资源，“以人为本”就是一切为了员工，一切依靠员工。

所谓“公为上”，是指强调国家利益、民族利益、企业利益至上，强调个体利益服从于整体利益，局部利益服从于大局利益，强调企业的社会责任、政治责任、经济责任。

所谓“和为贵”，是指和谐文化是中泰化学的主题文化，它主张文化兼容，讲求和谐发展，追求同心协力，强调团结协作。

5. 企业精神——脚踏实地、拼搏奉献、百折不挠、自强不息

中泰化学的企业精神是在企业多年发展历程中形成的宝贵精神财富，它主要表现为脚踏实地、埋头苦干的务实精神；负重前进、百折不挠的拼

搏精神；不计时间、不讲报酬的奉献精神；勇于登攀、自强不息的创新精神。

（三）加强社会责任意识

中泰化学力争在保持稳健发展、实现股东利益最大化的同时，积极关注社区建设、环境保护、公益事业等问题，主动承担社会责任，充分尊重和维护相关利益者的合法权益，加强与各方的沟通和合作，实现股东、债权人、客户、供应商、员工、社会等各方利益的协调平衡，共同推动公司持续、健康的发展。

中泰化学积极投身社会公益活动，努力以自身发展影响和带动地方经济，促进企业与社会和谐发展。中泰化学的发展离不开自治区党委、自治区人民政府的正确领导和支持，离不开新疆各族人民的关心与厚爱，中泰化学将始终与新疆各族人民同呼吸、共命运，始终站在加强民族团结、加快经济发展的前列，锐意进取，扎实工作，携手上下游企业，加速发展，为实现新疆经济社会的跨越式发展和长治久安做出更大贡献。

四、资本市场开拓企业未来发展之路

2006 年中泰化学在深圳证券交易所挂牌上市，至今已经经历了 7 年时间，资本市场给中泰化学带来了很多变化，为中泰化学的发展提供了各种保障，促进了中泰化学战略目标的实现，也为中泰化学未来的发展开拓了方向。

（一）企业整体实力提升

2006 年 IPO 上市以来，中泰化学利用股权增发和债券发行等方式通过资本市场获得超过百亿元的融资，为公司提供了充足的现金流以保证公司扩大产能，健全产业链，提升生产技术，扩大市场份额。2006 年至 2012 年间公司产能持续增长，聚氯乙烯树脂和离子膜烧碱产能的平均增长率达到 36.36% 和 31.85%，2012 年公司产能较 2006 年分别增加 479.15% 和 360.25%，企业规模呈倍数增长。资本市场的资金支持也推动了中泰化学横向和纵向的并购活动，横向并购进一步提高了公司的生产能力，而针对上下游的纵向并购则健全了公司的产业链。通过几年的发展，中泰化学拥有了自己的原材料生产基地，电力、以及矿盐资源都能够依靠自己提供；产品链得到扩展，拥有专门的公司生产原材料的副产品，提高资源利用率；拥有自己的销售公司，在市场推广和扩大市场份额方面具有明显优势；拥有专门针对国外市场的产品贸易公司，有利于公司开拓国外市场；拥有自己的产品物流公司，有利于降低产品销售成本。资本市场融资资金的注入也帮助中泰化学学习国内外先进生产技术，更新生产设备，提升产品质量和生产效率。公司上市以来，在资本市场的帮助下，市场份额不断扩大，2005 年公司在聚氯乙烯行业排名第 13 位、在离子膜烧碱行业排名第 11 位，2011 年排名分别上升到第 2 位和第 4 位，在行业中的地位明显上升，市场影响力显著增大。

中泰化学上市后，资本市场对公司的监管，促进了公司治理的改善，管理团队得到优化，人才培养机制也逐渐建立健全。上市后，证监会对公司董事会、监事会的硬性规定促进了董事会、监事会的建立和完善；股权融资引进的机构投资者能够有效地对公司管理进行监督，以提高公司管理效率；债务融资引进的债权人也能够对公司股东起到制衡作用，以减轻股东对公司的过分控制，监督股东行为，规范公司管理。通过资本市场获得大量融资后，公司规模不断扩大，对管理团队的管理能力提出了更高的要求，这也促使公司不断加强管理团队的建设，在公司规模扩大、基层人员数量快速增长的同时，管理人员比例增长不高，且公司管理费用率基本不变，体现了公司在管理团队建设上做出的努力，管理团队的经营管理能力得到了明显提升。此外，公司影响力以及规模的扩大有利于公司招揽优秀人才和加强人才培养。

资本市场除了能够为公司发展带来现实帮助外，还能够提供很多隐性福利。公司上市后，股权投资者的投资以及潜在投资者的存在，扩大了公司的影响力，有利于公司品牌的宣传，提高公司知名度。同时，由于利益相关者的增加，公司社会责任情况也逐渐受到关注，这也促使公司加强社会责任意识。最后，公司规模不断扩大，公司人员数量也急速增加，想要管理如此庞大的一个员工团队，公司逐渐建立一个有效的企业文化体系，较好地凝聚全体员工的力量。

（二）企业未来发展展望

中泰化学多元化的融资渠道既扩大了其融资规模也延长了其融资生命

周期，因此未来一段时间其生产规模依然呈现高速增长趋势，前期融资建设的很多项目将在不久后陆续投产，未来一段时间，中泰化学的生产规模增长速度较现阶段将更快。

融资建立健全了中泰化学产业链，提高了中泰化学在原材料和销售环节的竞争优势，提升了公司的整体竞争力，依托其成本优势，未来的中泰化学较同行业其他公司竞争优势将更为明显。设立的销售公司和进出口贸易公司将在未来促进公司市场扩张的步伐，使得其市场份额在未来会有一定的提升，公司在新疆自治区市场的优势将继续保持，对华北市场的长期建设也将收到成效，未来公司华北市场份额将有所扩大，国外市场在近几年的发展中有所成长，伴随公司对国外市场的重视程度和投资的增加，国外市场对公司经营的贡献也将增加。

进入资本市场已逾 7 年，资本市场对公司治理结构的管理效应也逐渐显现，现有治理结构已经适应公司发展的需要，未来一段时间，中泰化学治理结构将维持在一个比较稳定的状态。同时团队建设的加强和人才引进的不断加快，也会在将来一段时间提升公司整体人员素质和管理团队的管理能力。

随着品牌建设的深入开展，公司的品牌知名度也将逐渐提高，品牌优势将逐渐建立。企业文化对员工的影响的逐渐深入也将提升公司的整体凝聚力，增强公司发展的原动力。社会责任意识的加强使得公司更关注利益相关者的存在，并切实维护利益相关者的利益，反过来，利益相关者对公司的社会形象也更为认可，公司的社会认可度将得到有效提高。

依靠资本市场，中泰化学未来发展之路将更为广阔。

后记　二次创业　转型升级

在我国 PVC 行业的发展历程中，2003－2007 年是高峰期，2008 年爆发全球性经济危机后，国内 PVC 扩能步伐也逐渐放缓，PVC 行业成本逐年增加，整个行业盈利空间不断被压缩，高速扩张后的 PVC 低端市场已经趋于饱和。与此同时，我国已跻身世界塑料工业大国行列，塑料产业链的发展已与全球塑料产业融为一体，在我国蓬勃发展的庞大消费市场的带动下，塑料产业链各主要环节外贸进出口走向成为业界关注的焦点。目前，塑料行业高增长态势不减，依然处在一个高速发展期，“十一五”期间，建筑塑料、农用塑料、包装塑料等，仍然是拉动塑料产业快速发展的动力，年均消费量增长 18%，这种高速增长还将持续相当一段时间。

中泰化学自设立以来，充分依托新疆的资源优势，坚持以先进技术改造传统产业，生产规模不断扩大。目前公司具有年产 150 万吨聚氯乙烯树脂、110 万吨离子膜烧碱的生产规模，位居全国氯碱行业前列。为了积极推进产业结构调整和产业升级，增强企业核心竞争力，根据公司战略规划和实际情况，公司投资设立独资公司新疆中泰新型材料有限公司，进行高档 PVC 型材、新型墙体材料、PVC 管材项目和新型保温板项目建设；投资厦门凯纳石墨烯技术有限公司，涉足石墨烯技术开发、应用及其衍生产品领域。公司对 PVC 结构材料和 PVC 功能材料领域的涉足，正式拉开了公司转型升级的大幕。

一、我国及新疆塑料工业发展现状

随着我国经济的持续稳定快速发展，塑料工业发展潜力很大，特别是西部塑料制品产业发展迅猛。国家推动节能减排和循环经济发展政策、经

济和技术创新、社会主义新农村建设速度加快、城市化进程不断推进、人们生活水平大幅度提高、促进国内消费上升等积极因素都直接推动了塑料行业的可持续发展。我国的塑料制品加工位居世界前列，其发展方向由大量依靠进口逐步转为立足国内多种生产满足市场需求。

我国是一个有13亿人口的大国，建筑业市场十分巨大。塑料建材不仅能大量代钢、代木，替代传统建材，而且有节能、节材、保护生态、改善居住环境、提高建筑功能与质量、降低建筑自重、施工便捷等优点。建筑业是国民经济的支柱产业，今后5－15年我国建筑业将会有较大的发展，它将成为我国新的消费热点和新的经济增长点。预计“十二五”期间，塑料建材市场将保持15%的年均增长速度。

经过20多年的成长与发展，我国塑料新型节能建筑材料行业已经具备了世界第一位的产能规模和第一位的市场需求。目前塑料新型节能建筑材料的产能布局除传统的三大产能集结区：辽宁、河北、山东外，北京和天津等形成了渤海湾产能集结区，安徽、江苏、浙江和上海等形成了长三角产能集结区，广东、深圳等形成了珠三角产能集结区，并向西南、西北地区快速扩散。

1. PVC异型材的发展

目前我国PVC型材的发展成果令人瞩目：1998年只有10%的门窗使用PVC型材，到2012年底有49%的门窗使用PVC型材。1998年至2012年的14年间，我国PVC型材的产量增长了接近2000%，从年产15万吨增长到年产接近300万吨。

随着国家继续加大保障性住房建设规模，型材市场将保持一定程度的刚性需求。同时，随着国家“十二五”规划的实施和节能标准的提高，东北、华北、华东等省市已陆续出台门窗节能政策，对门窗节能提出更高的要求，这将有利于节能环保的塑料型材的推广。

相比而言，该行业市场集中度较高，2011年前5家企业产能就达到288万吨，企业扩能势头不减。塑料新型节能建筑材料市场竞争也十分激烈，为拓展盈利空间，寻求差异化、开拓另类产品已被众多企业所关注，许多企业相继推出了自主研发的专利型产品。

2. 大口径管材的发展

目前，塑料管材已发展成为塑料制品中的一类重要产品，被广泛应用于建筑用给水管、排水管，城市埋地给水管、排水管、燃气管，农村用给排水管、灌溉管，以及工业用排污废水和输送化学流体等，满足了国民经济各个领域对管材的不同需求。

近十年来，塑料管道发展十分迅速。塑料管材在生活和工业应用中，以其环保、安全而越来越受青睐。塑料管材的增长速度约为管材平均增长速度的4倍，以环保型绿色塑料管材替代铸铁管和镀锌钢管已成为新世纪发展的潮流。塑料管材在发达国家，特别在欧洲得到了成功的推广和广泛的使用；在我国的发展相对滞后，但近几年随着我国综合国力的增强、人民生活水平的提高，塑料管道行业有了突飞猛进的发展。

我国塑料加工工业协会塑料管道专业委员会公布的《中国塑料管道行业“十二五”期间发展建议》显示，“十二五”期间，塑料管道生产量将保持10%左右的速度增长，到2015年，预计全国塑料管道产量将超过1 320万吨，塑料管道在全国各类管道市场中占有率超过50%。

现在我国管材产量仅次于美国，居世界第二位。但我国还不是管材强国，尤其是在国外发展非常快、技术水平较高的大口径塑料埋地排污管领域，我国无论是技术水平还是应用水平，都与国外差距很大。在2005年召开的建筑工程和市政用塑料管道生产与应用技术交流大会上，专家提出，对于大口径塑料埋地排污管，国内企业要抓住机遇，努力发展，尽早实现产业水平的提升和结构的优化。随着我国城市化进程加快，现代城镇建设中排污管需求量将持续大幅增长。我国城市化程度预计在2020年将达65%，“十一五”期间平均每年塑料管道工程用量达到200万吨。可见，大口径塑料排污管在我国有非常诱人的市场前景。

尽管我国大口径塑料排污管需求量增长很快，但目前国内能够生产这种管材的企业却为数不多。目前，我国双壁波纹管生产企业主要产品集中在直径500毫米以下的管材，能生产直径500毫米以上管材的厂家不足10家。预计在今后20年内我国将进入建设排污管网的高峰期，届时直径500毫米—1 600毫米的大口径塑料埋地排污管市场将有巨大的供需缺口。

3. 墙体板的发展

随着经济的发展，全球资源日益减少，能源已经越来越紧张。我国目前的能源消耗已居世界第二位。建筑能耗在我国能源消耗总量中所占比例已达27%（约为3.5亿吨标煤），单位建筑面积能源消耗为发达国家3倍多，据预测，到2020年我国建筑能耗将达到10.9亿吨标煤，同时使得城市空气污染指数将达到世界卫生组织所公布最高标准的2—5倍。迄今为止，全国城镇既有建筑面积接近 200 亿平方米，已累计建成节能建筑面积只有 10.5 亿平方米，仅占 5% 左右。大力发展节能型住宅，不仅能节约能源、保护环境，也是实现国家节能减排总目标的重要手段，还能给住户带来许多切实的好处。

近年来，随着我国建筑行业的高速发展，相应地也带来了一些资源和环境问题。而在建筑中墙体材料的用量达到 70%，是所有建筑材料中用量最大的。因此，墙体材料也是消耗原料、能源的大户，它的好坏对于建筑节能起着举足轻重的作用。我国传统墙体材料在使用过程中保温隔热性差，不能起到良好的保温作用，造成采暖效果大打折扣，能源白白被浪费。我国每年墙体材料生产能耗和建筑采暖能耗接近 1.5 亿吨标准煤，约占全年能耗总量的 15% 左右。而我国又是一个能源和资源紧缺的国家，由此可见，传统墙体材料的更新换代对于节约能源刻不容缓。

传统墙体材料使用最多的资源是粘土、石灰石和砂石，年开采量超过 50 亿吨，破坏耕地近 6700 公顷，造成大量的植被破坏和水土流失。另外，传统墙体材料生产中还要排放大量的烟气和粉尘，污染环境。目前，我国每年传统墙体材料企业取土 14 亿立方米，占地 500 多万亩，对土地资源的占用十分巨大。

新型墙体材料的出现正可以解决以上难题，在满足实际使用的需求下，还能够做到不浪费资源、不污染环境，并有效地消耗了大量的工业废弃物，做到一举多得。在性能方面，新型墙体材料与传统墙体材料相比，具有节能、利废、隔热、轻质、高强等众多优点。因此，实施墙材革新与新型墙材的推广可以促进社会的可持续发展。

由于国民经济的持续、快速、健康发展，居民住宅已成为新的消费热点，为新型墙体材料带来了新的机遇和广阔的市场前景，我国新型墙体材料产量和在墙体材料总量中的比例均在逐渐增加。

4. 新疆塑料工业发展现状

新疆塑料行业自 20 世纪 60 年代中期诞生以来，迄今已有 50 年的历史。到目前为止，已形成了以塑料制品加工业为主体，包括合成树脂（含改性树脂、功能高分子材料）、塑料机械与模具制造等配套关联的工业体系。

塑料制品产量的高速增长，主要得益于基础设施建设热潮和产业援疆引发的新疆经济大发展。而周边国家经济形势的逐步回暖，对各类塑料制品的需求也日渐旺盛，使处于对外贸易前沿的新疆各口岸塑料制品出口形势向好，同时出口产品的新疆本地化生产比重逐步加大。

近年来，在城市化建设和产业援疆等政策的引领下，新疆经济进入了一个新的全面发展时期，给包括塑料建材在内的各类建筑材料创造了新的消费市场和发展机遇。自治区塑料协会统计显示，近年来各类塑料建材产销量年增长率均保持在20%以上，这种高速增长还将持续相当一段时间。

随着新疆振兴规划出台，中央将加大对新疆的财政投资，另外还有对口省份的财政支援、央企重点项目的投资，预计未来3年新疆固定资产投资额将有巨幅上升，给各类建筑塑料建材制品提供了良好的发展机会。

二、公司涉足PVC新材料领域

1. 投资设立新疆中泰新型材料有限公司

为深入贯彻落实科学发展观，加快结构调整和产业升级，发展循环经济，积极实施节能减排，根据国家关于能源战略的规划，基于公司产业结构升级的经营战略目标，进一步延伸聚氯乙烯产业链，优化公司产品结构，拓宽聚氯乙烯的销售市场，中泰化学投资设立全资子公司新疆中泰新型材料有限公司（以下简称“中泰新材”）。中泰新材总体规划项目拟包括：8万吨高档PVC型材、2万吨新型墙体材料、2万吨PVC管材项目和2万吨新型保温板项目。根据公司规划，为保证项目顺利开展，公司正进行8万吨异型材、2万吨新型墙体材料和2万吨大口径管材项目建设的可研编制、项目报批等前期工作。

后续公司还将逐步引入国内外技术领先的同行业企业，通过合资、合作等方式不断扩大企业的生产规模，优化产品结构，实现产业升级，进一步延伸公司的产业链和产品的价值链，以利于扩大聚氯乙烯树脂销售市场，提高企业的竞争力，增强企业抗风险能力。

2. 投资厦门凯纳石墨烯技术有限公司

为了积极推进产业结构调整和产业升级，增强企业核心竞争力，根据公司战略规划和实际情况，公司向国内首批从事石墨烯、石墨烯微片生产研发的新兴专业化高科技企业厦门凯纳石墨烯技术有限公司（以下简称“厦门凯纳”）投资，涉足石墨烯技术开发、应用及其衍生产品领域。

石墨是由一层层以蜂窝状有序排列的平面碳原子堆叠而形成的，当把石墨片剥成单层之后，这种只有一个碳原子厚度的单层物质就是石墨烯。单层石墨烯厚度只有0.335纳米，像是一张六边形网格构成的平面，这种独特的二维结构使其具有诸多优异的性能。首先，石墨烯的结构非常稳定，迄今未发现有碳原子缺失的情况。测试发现，石墨烯是目前已知的强度最高的物质，其强度比世界上最好的钢还要高100倍。其次，石墨烯稳定的正六边形结构使电子能够极为高效地迁移，在室温时其迁移效率高达15000cm^2/V·S，作为单质，它是世界上电阻率最小的材料。同时，石墨烯具有超大的形状比，比表面积高达2 600平方米每克，具有较高的室温热导率、高透明度、耐腐蚀等特性。石墨烯集世界上最优质的各种材料品质于一身，石墨烯复合材料有望能够保持石墨烯的这些优异性能。

厦门凯纳是国内首家从事石墨烯、石墨烯微片生产研发的新兴专业化高科技企业。该公司拥有顶尖的研发团队，在石墨烯生产及应用领域开展了许多开创性的工作，拥有自主知识产权，目前拥有4项与石墨烯相关的国家发明专利授权和2项专利申请。厦门凯纳自2007年起与华侨大学陈国华教授及其团队合作，启动石墨烯技术的研发，成为国内首批专业从事石墨烯研发的企业，率先向国内外提供高品质的石墨烯相关产品。2011年厦门凯纳与华侨大学共建石墨烯工程技术研究中心，专项研究石墨烯技术，公司已经生产出石墨烯、石墨烯微片等产品。

为进一步加快公司产业结构调整和升级，坚持产学研相结合的发展道路，中泰化学向厦门凯纳投资1 412.78万元，占厦门凯纳公司注册资本的35%。投资资金用于石墨烯技术开发、应用及其衍生产品领域的研究。公司充分依托在阜康工业园建设的研发实验基地，对石墨烯技术开发、应用及其衍生产品领域进行研究，重点研究石墨烯与PVC产品的结合和应用，改变PVC性能，建立新材料理念，实现普通塑料多功能化、通用塑料高性能化，实现科技创新资源与产业资本相结合，加快科技成果向现实生产力的转化，逐步涉足新兴材料领域。

公司对上述PVC新材料领域的投资及发展规划，是公司产品升级、产业结构调整的重要一步，是企业转型升级的重要标志。